普通高等教育“十二五”规划教材

汽车类高端技能人才实用教材

汽车市场营销与实务

李　茜　祁艳丽　主编

王　欢　王亚维　李　峰　副主编

電子工業出版社

Publishing House of Electronics Industry

北京·BEIJING

内 容 简 介

本书针对我国汽车产业的发展和高等职业教育的需要，结合当今我国汽车营销的实践和特点，突出体现市场营销的实用性、可操作性主旨，对汽车营销理论和营销实践活动进行了全面综合和系统论述。全书共分为7章，主要内容包括：市场营销和汽车市场营销的相关概念、汽车市场营销环境分析、汽车消费者购买行为分析、汽车市场营销战略、汽车市场营销策略、汽车整车销售实务、汽车售后服务管理。本书在每一章后都附有案例分析和实训项目练习，使读者在掌握汽车市场营销学的基本原理和主要内容的同时，加强营销技能的训练。同时，每章内容中穿插的大量相关链接也为读者自学提供了很好的参考。

本书适合作为高职高专和应用型本科汽车类相关专业教材，也可作为汽车市场营销从业人员的参考读物。

图书在版编目(CIP)数据

汽车市场营销与实务 / 李茜，祁艳丽主编. —北京：电子工业出版社，2012.8
汽车类高端技能人才实用教材
ISBN 978-7-121-17552-7

I. ①汽… II. ①李… ②祁… III. ①汽车－市场营销学－高等职业教育－教材 IV. ①F766

中国版本图书馆 CIP 数据核字(2012)第 150358 号

策划编辑：竺南直
责任编辑：王二华
印　　刷：
装　　订：涿州市京南印刷厂
出版发行：电子工业出版社
北京市海淀区万寿路 173 信箱　邮编：100036
开　　本：787×1092　1/16　印张：16　字数：408 千字
印　　次：2012 年 8 月第 1 次印刷
印　　数：4000 册　　定价：30.00 元

凡所购买电子工业出版社图书有缺损问题，请向购买书店调换。若书店售缺，请与本社发行部联系，联系及邮购电话：(010) 88254888。

质量投诉请发邮件至 zlts@phei.com.cn，盗版侵权举报请发邮件至 dbqq@phei.com.cn。

服务热线：(010) 88258888。

出版说明

自 2002 年起，中国汽车行业开始进入爆发式增长阶段。2009 年，中国取代美国成为世界上最大的汽车销售市场，当年中国的汽车产量超过了日本和美国的总和，成为名副其实的汽车产销量双重世界第一。2011 年，平均每月产销量突破 150 万辆，全年汽车销售超过 1850 万辆，再次刷新全球历史纪录。未来十年自主品牌将完成从"中国制造"到"中国创造"的发展过程。预计未来十年，我国汽车市场年均增长率将达到 7.1%，到 2020 年中国汽车市场的销量有望占据全球汽车总销量的一半以上，中国汽车市场前景非常广阔。汽车行业突飞猛进的发展对汽车专业人才特别是高端技能型人才的培养提出了前所未有的高要求。一个是行业的发展和扩张在人才数量上的要求，全国每年汽车专业高端技能型人才的缺口在数十万人；另一个是技术的进步和发展对于人才培养质量的要求，大量新技术、新工艺的应用对于从业技术人员在学科基础理论和职业技能方面提出了更高的要求。

作为全国最大的汽车类高等职业学校，西安汽车科技职业学院近年来根据汽车行业发展的需要，紧贴职业岗位，引进吸收德国奥迪、瑞典沃尔沃、英国捷豹路虎等世界顶尖企业汽车职业教育的先进理念和思想，深入开展教学改革，形成了一套独特的课程体系和教学模式。《汽车类高端技能人才实用教材》就是我们近年来教学改革成果的总结，是课程改单和新的教学模式的具体体现。

这套系列教材具有以下几个特点：

一是实用性。在编写过程中，从企业岗位需求和学生发展空间两个方面考虑编排内容，既注重专业基础和专业理论的系统性，又重点考虑了职业技能训练的需求，对于学习汽车类专业的学生而言，是一套学习效率很高的教材。

二是通俗性。在编写过程中，充分考虑到高职学生文化基础的现实状况，降低对学生文化基础知识的要求，让大多数学生能够学得懂。

三是系统性。从机械和电子技术基础课程，到汽车的基本理论，汽车的各种技术，再到汽车的最新技术的介绍；从基本的电工、机械实验，到专业实习，再到职业技能实训，形成了一整套较为完备的汽车理论教学和实训教学的体系。

四是适度超前性。除了涉及目前已经应用的各种汽车技术和技能知识之外，还在新能源汽车、先进车载网络技术等方面进行了介绍，为学生开拓了视野，为其将来向行业的深度和广度发展具有一定的引导作用。

五是实践性。力图采用项目教学和任务驱动教学等方法进行编排，强调理论验证实验、基本专业技能实习和职业技能实训的重要性，将实践教学环节贯穿于课程教学的始终。

本套教材紧紧把握高职教育的方向和培养目标，严格按照新的国家职业标准对人才的要求编排内容，贯彻以技能训练为主，着重提高学生操作技能的原则。在技能训练的内容安排上富有弹性，在保证教学的前提下积极培养学生的创新能力。

本套教材内容丰富、图文并茂、体例饱满，选材来源于最新的技术手册；难易适中、应用性强，有利于知识的吸收和技能的迅速提高。可作为高等职业技术院校或应用型本科汽车类各专业的必修课教材，也可作为成人高校汽车类各专业的教材，同时可作为相关从业人员的参考用书。

教材编写过程中，由于各种原因，疏漏和不尽如人意之处在所难免，敬请广大师生提出宝贵意见，以便再版时修订完善。

《汽车类高端技能人才实用教材》编委会

前　言

2011 年，我国汽车市场实现了平稳增长，汽车产销量双超 1 840 万辆，再次刷新全球历史纪录。2012 年 5 月份最新数据显示，国内汽车产量为 1 570 856 辆，同比增长 16.19%；销量为 1 607 195 辆，同比增长 15.97%。2012 年 1~5 月份，汽车累计生产 8 000 298 辆，同比累计增长 3.19%；累计销售 8 023 508 辆，同比累计增长 1.70%。中国汽车市场在展现巨大潜力的同时，也面临着不断加剧的品牌竞争。随着中国汽车市场的繁荣和产品同质化竞争的日益激烈，各种营销策略层出不穷，这一切在客观上都为我国汽车市场营销注入了新的活力。不少企业也越来越重视汽车市场营销，把提高品牌竞争力、制定正确的营销策略、招揽优秀的汽车营销人才作为当前的重要任务。为顺应目前汽车市场形势，提高汽车从业人员的营销理论和技能，培养后备汽车专业营销人才队伍，我们编写了本书。本书主要针对高职高专和应用型本科汽车类专业的学生，也适合不同知识背景和工作经历的人员自学之用。

本书在编写过程中，认真总结了多年的教学经验，注意吸收先进的职业教育理念和方法，并针对我国汽车产业的发展和高等职业教育的需要，结合当今我国汽车营销的实践和特点，突出体现实用性、可操作性。在内容上注重汽车市场职业岗位对人才知识、能力的要求，力求与相应的职业资格标准相衔接，对汽车营销理论和汽车营销实践活动进行全面综合和系统论述。本书运用案例分析、相关链接、营销实训等形式，注重理论知识的实践性，注重培养学生的动手能力。

全书共分 7 章，主要内容包括汽车营销的相关概念、汽车市场营销环境分析、汽车消费者分析、汽车市场营销战略、汽车市场营销策略、汽车整车销售实务、汽车售后服务管理。通过这几部分的学习，读者可以比较系统而完整地掌握汽车市场营销的基本原理、主要内容和操作实务。本书选取的一些报纸、期刊、书籍、网站的资料和大量前沿案例也给读者在学习过程中开拓视野、提供帮助。为方便教学，本书配有电子课件，任课教师可登录华信教育资源网（http://www.hxedu.com.cn）免费注册下载。

本书建议学习 72 学时，其中：汽车市场营销概述 8 学时；汽车市场营销环境分析 8 学时；汽车消费者购买行为分析 8 学时；汽车市场营销战略分析 8 学时；汽车市场营销策略分析 12 学时；汽车整车销售实务 16 学时；汽车售后服务管理 12 学时。根据不同专业的学习要求，教师和读者也可酌情调整学时分配。

本书由李茜、祁艳丽担任主编，王欢、王亚维、李峰担任副主编，王忙海担任主审。具体章节编写分工如下：王欢第 1 章；祁艳丽第 2、3 章；李茜第 4、6 章；王亚维第 5 章；李峰第 7 章。最后由李茜、祁艳丽对全书进行统稿。本书的编写得到了西安汽车科技职业学院和电子工业出版社有关领导的支持与帮助，在此表示衷心感谢！

本书在写作过程中，引用了大量报纸、期刊、书籍、网站的资料，由于时间仓促，未能与著作者一一联系，在此表示衷心的感谢。

编　者

目　录

第1章 概 述

本章学习目标

1. 掌握市场营销和汽车市场营销的相关概念。
2. 掌握汽车市场营销观念演变。
3. 了解我国汽车产业的发展及现状。
4. 理解我国汽车市场营销的现状。

案例导入

小张最近很郁闷，已经毕业10多天了，还没有找到合意的工作。虽然眼下中、高职学生的就业形势并不理想，但眼看着同学们一个个走上工作岗位，自己心里十分着急。回想起前些天参加的那场自己差点通过的面试，小张感到非常懊悔和遗憾。

当地颇有名气和规模的IT公司到小张的学校来招聘市场部、销售部工作人员。得益于经济学科的专业背景，小张很快入围并顺利通过了综合素质笔试，但是最后一轮的面试交流给踌躇满志的小张泼了一头冷水。在面试考官询问小张"营销、销售有何区别"、"市场部和销售部谁重谁轻"、"你觉得哪个部门更适合你"这些问题之后，小张被PASS了，考官给出的结果是"混淆概念"。

虽然曾经学过营销学这门课程，但小张却非常懊悔在校时没有认真听讲，以至于使自己错失了一个好机会，对此，他感到非常遗憾。于是，他再次翻开了在校时的营销学课本。

什么是市场？什么是市场营销？营销与推销之间到底有何区别？市场部与营销部谁重谁轻？先做市场还是先做销售？在本章将会学习到市场营销的一些基本概念。

1.1 汽车市场营销相关概念

1.1.1 市场与汽车市场

1. 市场

在现代社会经济条件下，几乎所有的经济现象与经济活动都与市场有关，几乎所有经济方面的学科也都不同程度地涉及市场。那么"市场"该有怎样的含义呢？"汽车市场"又是怎样一个概念呢？

市场是商品经济的产物，哪里有商品生产和商品交换，哪里就会有市场。因此，"市场"就成为人们使用最频繁的术语之一。"市场"一词，最早指买主与卖主聚集在一起的场所，就像我们现在的集贸市场，人们在这里挑选想要购买的物品并讨价还价。随着商品经济的发展，市场的概念也不断发展着，在不同的商品经济发展阶段，市场有着不同的含义。同样，在不同的使用场合，市场的概念也不尽一致。

（1）市场的一般含义

市场是以商品交换为内容的经济联系形式，是社会分工和商品生产的产物。因此，只要社会分工和商品生产存在，市场就必然存在；只要社会分工在趋于精细，商品生产在不断发展，市场也会不断扩大和发展。

相关链接

市 场 起 源

《周易·系辞》就市场的起源写道："神农日中为市，致天下之民，聚天下之货，交易而退，各得其所。"司马光在《资治通鉴》中也说："神农日中为市，致天下之民，聚天下之货，交易而退，此立市始。"这两种说法都认为原始市场是从神农氏的时代开始出现的。但神农是传说中的上古帝王，不一定实有其人。不过有一点可以肯定，我国古代社会进入农业时期，社会生产力有了一定发展后，先民们就开始有了少量剩余产品可以交换，因而产生了原始市场。"市"在古代也称作"市井"。这是因为最初的交易都是在井边进行的。《史记正义》写道："古者相聚汲水，有物便卖，因成市，故曰'市井'。"古时在尚未修建正式市场之前，常是"因井为市"的。这样做有两点好处，一是解决商人、牲畜用水之便，二是可以洗涤商品。《风俗通》云："于井上洗涤，令香洁。"

（2）市场的具体含义

市场的具体含义可以概括为一个"场所"、三个"总和"和一个"整体"。

① 市场是商品交换的场所。

② 市场是各种商品交换关系的总和。

③ 市场是人口数量、购买能力、购买欲望及交换的总和。

④ 市场是现实的和潜在的具有购买能力的总需求。

⑤ 市场是买方、卖方和中间交易机构（中间商）组成的有机整体。

2. 汽车市场

汽车市场，是将汽车作为商品进行交换的场所，是汽车的买方、卖方和中间商组成的一个有机整体。汽车市场里交易的商品可以是新车，可以是汽车配件，也可以是二手车，甚至可以是维修服务、汽车用品、汽车金融产品等。汽车市场可以分为狭义的汽车市场和广义的汽车市场。

狭义的汽车市场是指有形市场，即汽车交易的场所，主要有以下几类。

① 汽车品牌专卖店，特点：在同一专卖店中销售同一品牌的汽车。

② 汽车超市，特点：代理多个品牌的汽车。

③ 汽车大道，特点：集汽车交易、服务、信息、文化的多种功能于一体的场所。

广义的汽车市场是指有形市场和无形市场。现代经济中，市场已经不单指具体商品交易的场所，商品交易过程已经由于通信、交通等的发展而突破了时间、空间的限制，交易方式也日趋多样化。

通过互联网销售汽车是目前常见的一种形式。最先应用网上购物经营模式的是福特、通用为代表的美国公司，随后是以丰田为代表的一批日本和欧洲企业。通过电子商务，汽车的销售渠道被大大缩短，节省了大量的人力、物力、财力，同时也使成本和库存得以降低。现在美国通过互联网销售的汽车，其数量已占美国全年汽车总销售量的 6%左右。

相关链接

第一家汽车直销网站

2000 年 6 月福特汽车完成世界上第一笔汽车网上直销生意，居住在加拿大的 CaroleSage 女士通过福特加拿大 BuyerConnection（以下简称 BC）网站在线购买了一辆汽车，包括汽车定制、选件、议价、贷款等手续均在网上完成，然后在福特经销商试乘试驾与提车。当时，福特 BC 网站是全球开通的唯一一家汽车直销网站。

1.1.2　营销的相关概念

1．需要、欲望、需求

（1）需要、欲望、需求的基本概念

① 人的需要，指人没有得到某些满足的感受状态。马斯洛需求理论中最底层的需要就是人们需要食品、空气、水、衣服和住所用以生存，同时,当以上的需求满足后，人们还强烈需要娱乐、教育和文化生活。这些需要都不是社会或营销者所能创造的，它们存在于自身的生理和心理结构之中。

② 人的欲望，当人们趋向某些特定的目标得以满足时，需要就变成了欲望。一种需要可以用不同的具体满足物来满足。例如，一个人需要一辆车，欲望是得到一辆宝马汽车。各种社会力量和各种机构，诸如商业公司、4S 店不断地激发人类形成和再形成种种欲望。

③ 人的需求，指对有能力购买并且愿意购买某个产品的欲望。许多人都想要一辆宝马汽车，但是只有极少数人能够并愿意买一辆。因此，一个企业不仅要估量有多少人想要本公司的产品，更重要的是，应该了解有多少人真正愿意并且有能力购买。

（2）需要、欲望、需求三者之间的关系

营销者并不创造需要，需要存在于营销活动之前。营销者连同社会上的其他因素，只是影响了人们的欲望。营销者可能向消费者建议，一辆宝马车可以满足人们对社会地位的追求，然而营销者并不创造人们对社会地位的需要。营销者可以通过制造适当的产品，使其富有吸引力，使目标消费者有支付能力从而满足需要。需要、欲望、需求三者之间的关系如图 1-1 所示。

2．产品

人们靠产品来满足自己的各种需要和欲望。从广义上来说，任何能满足人类某种需要或欲望的东西都是产品。因此市场营销学的产品包括实体产品和无形产品。实体产品是指对人有某种效用的实物，如一辆汽车、一台电视等；无形产品是指围绕产品提供的各种服务。人们购买实体产品，主要目的不在于拥有该产品，而在于使用它来满足需要和欲望。如人们购买汽车不是为了观赏和摆设，而是用以代步。所以实体产品是满足人们需要的核心产品，但如果制造商只关心产品实体，忽视围绕产品提供的各种服务，那就目光短浅，容易造成“营销近视”。产品实体是向人们传送服务的工具。

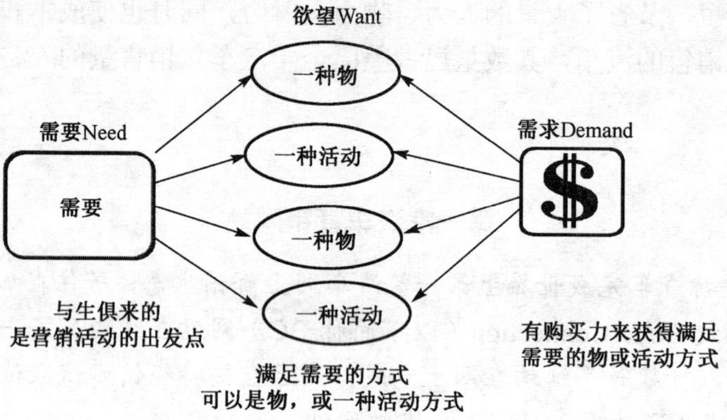

图 1-1　需要、欲望、需求三者之间的关系

营销者的任务：一是推销产品实体，二是提供产品实体中所包含的各种服务。例如一个汽车厂，营销者只重视生产汽车，不注意提供各种维修服务，在现代市场竞争中，必然影响销售，不能实现营销目标。

3．价值和满意

如果某个公司的产品或提供的服务能够给目标购买者带来价值并令他们满意，那么该公司的产品和服务是成功的。顾客选择哪家公司的哪种型号产品的依据是看其能够带来的最大价值。价值就是顾客所得到与所付出之比。所得到的包括功能利益和情感利益；而所付出的包括金钱、时间、精力和体力。由此可知，价值可用以下公式表达：

价值=利益/成本=（功能利益+情感利益）/（金钱成本+时间成本+精力成本+体力成本）

可通过以下五种方法提高购买者所得的价值：

① 增加所得利益；

② 降低消费成本；

③ 增加所得利益的同时降低成本；

④ 利益增加幅度比成本增加幅度大；

⑤ 成本降低幅度比利益降低幅度大。

例如：一名顾客在两件商品中选择，这两件商品的价值分别为 Va、Vb；如果 Va 与 Vb 的比值大于 1，这位顾客会选择 Va，否则，会选择 Vb；如果比值等于 1，他会觉得两者之间没什么差别。

4．交换和交易

（1）交换的概念及要求

交换，是指通过提供某种东西作为回报，获得需要的产品的方式。交换是构成营销活动的基础。一般来说，人们可以通过四种方式获得它所需要的产品。

① 自行生产。一个饥饿的人可以通过打猎、捕鱼、采集野果等来解除饥饿。这个人不必与其他任何人发生联系。在这种情况下，既没有市场，更无所谓营销。

② 强行取得。一个饿汉可以从另一个人那儿夺取食物。对另一个人来说除了可能被伤害之外，便失去了解除饥饿的物品。

③ 乞讨。饿汉可以向别人乞讨食物，除了一声“谢谢”之外，乞讨者没有拿出任何有形的东西。

④ 交换。这个饥饿的人可以用某些东西，如钱、别的货物或某些服务等，与一个拥有物品的人交换食物。

市场营销活动产生于第四种获得产品的方式——交换。交换的发生必须具备五个条件：a．至少需要具有交换两方；b．每一方都有被对方认为有价值的东西；c．每一方都能沟通信息和传送货物；d．每一方都可以自由接受或拒绝对方的产品；e．每一方都认为与另一方进行交易是适当的或称心如意的。具备了上述条件，就有可能发生交换行为；而交换能否真正产生，取决于买卖双方能否通过交换而比交换前得到更多的满足。所以交换也可描述成一个价值创造的过程。

（2）交易的概念及要求

交易是交换活动的基本单元，是由双方之间的价值交换所构成的。交换是一种过程，在这个过程中，如果双方达成一项协议，我们就称为发生了交易。交易通常有两种方式：一是货币交易，如甲支付 5 万元给 4S 商店而得到一辆汽车；二是非货币交易，包括以物易物、以服务易服务等。

一项交易通常要涉及三个方面：a．至少两件有价值的物品；b．双方同意的交易条件、时间、地点；c．有法律制度来维护和迫使交易双方执行承诺。

5．营销管理

营销产生于人类的需要和欲望；需要和欲望要由产品来满足；消费者在对产品作选择时，要考虑价值和期望满足；营销者面对市场开展营销活动实质上就是使潜在交换成为现实而进行的一系列活动；为了使这些活动有效，营销者必须对其进行管理。

营销管理是指为实现营销目标，而对整个营销活动，包括营销计划的编制和执行、营销手段的采用、分销渠道的选择、产品价格的制定等，进行控制、调节。任何营销活动在实践过程中都会发生偏差，影响营销目标的实现。所以，营销管理是市场营销活动不可缺少的重要环节。

综上所述，我们对市场营销作如下概括：市场营销是个人和集体通过创造并同别人进行交换产品和价值，以获得其所需所欲之物的一种社会过程。这一定义包含了营销的基本概念，如图 1-2 所示。

图 1-2　营销的基本概念

6．市场营销

（1）市场营销的基本概念

国内外众多学者对市场营销的定义有不同的方法和角度，社会实践中人们对市场营销的理解也是仁者见仁、智者见智。美国西北大学凯洛格管理学院教授、世界著名的市场营销学权威菲利普·科特勒认为：市场营销是个人或组织通过创造并同他人交换有价值的产品以满足他们需要的一种社会性经营管理活动。市场营销的内涵如表1-1所示。

表1-1 市场营销的内涵

实质	本质	主体	对象	目的	媒体	宗旨	手段	原则
经营活动	商品交换	个人、组织	市场	满足要求	产品	利人利己	整体营销	等价交换

相关链接

菲利普·科特勒博士，是现代营销集大成者，被誉为“现代营销学之父”，任美国西北大学凯洛格管理学院终身教授，美国管理科学联合市场营销学会主席，美国市场营销协会理事，营销科学学会托管人，管理分析中心主任，杨克罗维奇咨询委员会成员，哥白尼咨询委员会成员，中国GMC制造商联盟国际营销专家顾问。

菲利普·科特勒的《营销管理》(Marketing Management: Application，Planning，Implementation and Control，1967第一版，与凯文·凯勒合著）不断再版，已是第十三次再版，是世界范围内使用最广泛的营销学教科书，该书成为现代营销学的奠基之作，它被选为全球最佳的50本商业书籍之一，许多海外学者把该书誉为市场营销学的“圣经”。

（2）市场营销与推销的区别

谈起市场营销，很多人第一想到的就是推销，其实二者是不能等同的。市场营销就是以市场为导向，以满足顾客需求为宗旨，通过提供相应的产品或服务最终实现赢利的目的。

推销是将产品或服务卖出去，包括人员推销、促销。推销不是营销，推销只是营销的一种手段，但是两者又是相互联系的，市场营销包括推销。两者的区别可从以下几个方面来看。

① 出发点不一样。市场营销就是先探寻顾客需求，谁是目标顾客，目标顾客要的是什么，然后根据顾客需求制定产品，通过多种渠道销售出去。推销就是先有产品，把产品卖掉就可以了。

② 途径不一样。市场营销的销售方式是多样的，如广告宣传、渠道、公共关系、营业推广、人员推销等。推销是依靠单一的人员推销、促销。

③ 利益着重点不一样。市场营销看重的是长远的利益，推销则是短期的利益。推销是把产品卖出去，获利就完事了。市场营销则是注重通过提供顾客满意的产品，反馈使用消费者的信息，为以后产品上改进不足之处，维护老客户，开发新客户，培养客户的忠诚度，树立自己的品牌形象。

相关链接

鞋子的市场

美国一家鞋业公司的总经理派一位推销员到非洲国家去了解公司的鞋能否在那里找到销路。一星期后，这位销售员发来电报说：“这里人不穿鞋，因而这里一点市场也没有。”

接着该鞋业公司的总经理决定派最好的推销员到这个国家进行仔细调查。一星期后，该推销员发来电报说：“这里的人不穿鞋，是一个巨大的市场。”

鞋业公司总经理为了弄清情况，再派他的市场营销副总经理去解决这一问题。两星期后，市场营销副总经理发来电报说：“这里的人不穿鞋，但是他们有脚疾，穿鞋对脚会有好处的。

他们的脚比较小，所以我们必须重新设计我们的鞋子，而且我们必须在教育他们穿鞋有益方面多下功夫。在开始之前必须得到部落首领的同意，向部落首领赠送礼品。这里的人没有什么钱，但是他们这里种植我们以前从未尝过的嘴甜的菠萝。我估计鞋的潜在销售期在三年以上，因而我们的一切费用包括推销员费用都将得到补偿。总体算来，我们还可以赚到垫付款30%的利润。我认为，我们应该毫不迟疑地去干。”

启示：第一位推销员只懂得被动的发现需求；第二位推销员懂得积极地创造需求；而营销副总经理懂得积极地创造需求并且能够设计满足需求的方案，这才是市场营销活动的过程。

7. 汽车市场营销

汽车市场营销是汽车企业为了更大限度地满足市场需求、达到企业经营目标而进行的一系列活动。其基本任务包括两个：一是寻找市场；二是实施一系列更好地满足市场需求的营销活动。

汽车市场营销是一种从汽车市场需求出发的管理过程。核心思想是交换，是一种买卖双方互利的交换，即卖方按买方的需要提供汽车产品或服务，使买方得到满足，而买方则需付出相应的货币，使卖方得到满足，双方各得其所。

1.2 汽车市场营销观念演变

相关链接

追求完美的劳斯莱斯

至今为止，世界上最骄傲而总产量又最少的极品汽车可能就是劳斯莱斯了。劳斯莱斯从组装到试车，每一部分要花两个星期的时间。每一部劳斯莱斯车都非常坚固、零故障、低耗油、低磨损。无论什么车型，以 100 千米/小时的速度长时间行驶，放在水箱上端的银币绝对不会掉下来（非常小的摇动性），车里只听到车内钟表秒针的滴答声（非常小的噪声）。在第一次世界大战后，在各种汽车公开性能审查会上，它都拿到“世界第一”的称号。劳斯莱斯最有名的车称为“银色幽灵”，这种银色车像幽灵般的不声不响，静悄悄的行驶。劳斯莱斯的座右铭是“技术是崭新的，而且不被任何对手赶上”。“好的车无论经过多少年都会被保持下去。”

劳斯莱斯公司还宣布劳斯莱斯的车体部分（格调与设备）可以按照客人地嗜好专门特制。劳斯莱斯不是只管卖“车”，而是要把“威信”与“名誉”卖出去。劳斯莱斯的不同凡响之处在于：纵然你有万贯家产、金山银山，如果仅是一般的老百姓，甚至是首相、大臣、元帅、大使或大财阀，也不一定能买到。劳斯莱斯的牛气由此可见一斑。

劳斯莱斯公司的营销观念有什么特点？汽车市场营销观念的演变又经历了哪几个阶段呢？

1.2.1 生产观念

生产观念是指导销售者行为的最古老的观念之一。这种观念产生于20世纪20年代前，是在卖方市场条件下产生的。在资本主义工业化初期及第二次世界大战末期和战后一段时期内，由于物资短缺，市场产品供不应求，生产观念在企业经营管理中颇为流行。中国在计划经济旧体制下，由于市场产品短缺，企业不愁产品没有销路，在经营管理中也奉行生产观念，具体表现为：工业企业集中力量发展生产，轻视市场营销，实行以产定销；商业企业集中力量抓货源，工业生产什么就收购什么，工业生产多少就收购多少，也不重视市场营销。除了物资短缺、产品供不应求的情况之外，有些企业在产品成本高的条件下，其市场营销管理也受产品观念支配。企业经营哲学不是从消费者需求出发，而是从企业生产出发。

生产观念认为，消费者喜欢那些可以随处买得到而且价格低廉的产品，企业应致力于提高生产效率和分销效率，扩大生产，降低成本以扩展市场。其主要表现是“我生产什么，就卖什么”。美国汽车大王亨利·福特曾傲慢地宣称：“不管顾客需要什么颜色的汽车，我只有一种黑色的。”也是典型表现。显然，生产观念是一种重生产、轻市场营销的商业哲学。

相关链接

T型车的起初售价是850美元，而同期与之相竞争的车型售价通常为2 000至3 000美元。到了20世纪20年代，由于生产效率的提高和产能扩大，T型车的价格已降至300美元（考虑到通货膨胀，大概相当于今天的3 300美金）。亨利采用工业垂直整合的方法来优化汽车生产，他特别指定了零件供应商应如何制造运送部件的柳条箱，使拆卸了的柳条箱木条可以作为预制部件用于汽车的主体之中。他甚至连加工的边角木料与木屑也不放过，将其制成一种名为“Kingsford”的木炭，并同样成为市场主导品牌。

然而贯穿整个T型车的生产历程之中，却鲜有较大的革新。亨利相信T型车是每一个人所需要与追求的，并拒绝他人改进的建议。而此时他的竞争对手正在以更低的价格生产更加舒适与外观新颖的汽车，T型车不断丢失市场份额，最终其销量在1927年为雪佛兰公司所超越。福特汽车公司不得不在1927年5月26日将T型车停产，全面投向A型车的生产。而T型车引擎的生产一直延续到1941年8月4日，在该车停产后仍有17 000部引擎被制造。

1.2.2 产品观念

产品观念也是一种较早的企业经营观念。产品观念认为，消费者最喜欢高质量、多功能和具有某种特色的产品，企业应致力于生产高值产品，并不断加以改进。它产生于市场产品供不应求的“卖方市场”形势下。最容易滋生产品观念的场合，莫过于当企业发明一项新产品时。此时，企业最容易导致“市场营销近视”，即不适当地把注意力放在产品上，而不是放在市场需要上，在市场营销管理中缺乏远见，只看到自己的产品质量好，看不到市场需求在变化，致使企业经营陷入困境。

相关链接

20世纪30年代，美国以生产大型轿车著称，而且车越大利润越高，逐利的美国老板一味求大，从来没有碰过钉子。1957年丰田在美国开设第一家全资子公司，开始正式进入美国市场，推出第一代“皇冠”车型，表现非常不理想，直至1966年，8年间丰田几乎一无所获，第一轮进军美国市场失败了。于是，丰田准备开始第二轮进军。首先，丰田展开大规模的市场调查，委托美国当地的专业市场调查公司访问大量的“大众”汽车的消费者，调查了美国特性、道路条件和顾客对物质生活用品的兴趣所在等几个方面，发现了美国市场由于需求趋势变化而出现的产销差距。1966年10月，丰田推出了“花冠”，1967年进入美国市场，立即引起巨大的反响，销量直线上升，20世纪60年代后半期，在美国的销量达到百万辆以上。

1973 年 10 月，第四次中东战争爆发，石油输出国组织（OPEC）发出了原油产量消减 25%的通告，石油价格上涨了近 3 倍。突如其来的石油危机给了美国汽车工业沉重的打击，1979 年，第二次石油危机接踵而来，石油价格又一次大幅上涨，丰田充分利用这次机遇，发挥自己节能、价廉的优势，一路高歌，当年在美国的市场占有率就达到了 17%，1980 年上升到 24%。在日本车的冲击下，美国一些小厂损失惨重，纷纷倒闭，"美国汽车公司"依靠雷诺公司的追加投资才勉强维持生计，克莱斯勒公司处于破产的边缘。从此以后，丰田登上了世界第二的宝座。日本通产省认为，日本车的成功主要是由于美国车厂对于美国汽车市场偏好小型车的快速变化没能及时作出反应所致。美国通用汽车公司总裁就曾说过："在消费者没有见到汽车之前，他们怎么会知道需要什么样的汽车呢？"这种典型的产品观念无疑使通用在日本进入美国市场的较量中丧失了机会：石油价格飞涨时期，美国设计师们仍然在忙于如何把车做得更长，如何设计更多闪闪发光的镀件，如何设计更大排量的汽车，完全不顾消费者的使用成本和产品需求的变化。

1.2.3　推销观念

推销观念（或称销售观念）产生于 20 世纪 20 年代末至 50 年代前，是为许多企业所采用的另一种观念，表现为"我卖什么，顾客就买什么"。这种观念认为，消费者通常表现出一种购买惰性或抗衡心理，如果听其自然的话，消费者一般不会足量购买某一企业的产品，因此，企业必须积极推销和大力促销，以刺激消费者大量购买本企业产品。推销观念在现代市场经济条件下被大量用于推销那些非渴求物品，即购买者一般不会想到要去购买的产品或服务。许多企业在产品过剩时，也常常奉行推销观念。

推销观念产生于资本主义国家由"卖方市场"向"买方市场"过渡的阶段。在 1920－1945 年间，由于科学技术的进步，科学管理和大规模生产的推广，产品产量迅速增加，逐渐出现了市场产品供过于求，卖主之间竞争激烈的新形势。尤其在 1929—1933 年的特大经济危机期间，大量产品销售不出去，因而迫使企业重视采用广告术与推销术去推销产品。许多企业家感到：即使有物美价廉的产品，也未必能卖得出去；企业要在日益激烈的市场竞争中求得生存和发展，就必须重视推销。推销观念仍存在于当今的企业营销活动中，如对于顾客不愿购买的产品，往往采用强行的推销手段。

这种观念虽然比前两种观念前进了一步，开始重视广告术及推销术，但其实质仍然是以生产为中心的。

相关链接

雪佛莱和奥兹莫比尔的买一送一

美国的雪佛莱和奥兹莫比尔汽车厂的生意面临巨大的难题。它积压了一批"托罗纳多"牌轿车，型号是 1986 年的，由于未能及时脱手，导致资金不能回笼。仓租利息负担沉重，使工厂面临要倒闭的局面。该厂的总裁对本厂经营和生产进行了反思，总结出自己企业经营失败的原因是推销方式不灵活，他针对全企业存在的问题，对竞争者及其他商品的推销术进行了认真的比较，最后设计了一种大胆的推销方式"买一送一"。决定在全国主要报刊刊登特别广告：谁买一辆"托罗纳多"牌轿车，就可以免费获得一辆"南方"牌轿车。

买一送一的做法由来已久，但一般的做法是免费赠送一些小额的商品。如买录像机送一盒录像带等，这种施以顾客一点小恩惠的推销方式开始还起到很大的促销作用，但后来慢慢不大起作用了。在美国这个社会，商业广告充斥每个角落，报纸、书刊、电视、电台、橱窗、路边、房顶等地五花八门的广告比比皆是。推销商品方法之多，范围之广，已使人有点视而不见、麻木不仁了。雪佛莱和奥兹莫比尔汽车以买一辆汽车赠送一辆汽车的超群出众的方法，一鸣惊人，使许多对广告习以为常的人也刮目相看，并相互转告。许多人看了广告以后，不辞远途而来看个究竟。该厂的经销部原来是门可罗雀，一下子变得门庭若市了。

1.2.4 市场营销观念

市场营销观念是作为对上述诸观念的挑战而出现的一种新型的企业经营哲学。这种观念是以满足顾客需求为出发点的，即“顾客需要什么，就生产什么”。尽管这种思想由来已久，但其核心原则直到20世纪50年代中期才基本定型，当时社会生产力迅速发展，市场趋势表现为供过于求的买方市场，同时广大居民个人收入迅速提高，有可能对产品进行选择，企业之间为实现产品的销售竞争加剧，许多企业开始认识到，必须转变经营观念，才能求得生存和发展。市场营销观念认为，实现企业各项目标的关键，在于正确确定目标市场的需要和欲望，并且比竞争者更有效地传送目标市场所期望的物品或服务，进而比竞争者更有效地满足目标市场的需要和欲望。

市场营销观念的出现，使企业经营观念发生了根本性变化，也使市场营销学发生了一次革命。市场营销观念同推销观念相比具有重大的差别。

西奥多·莱维特曾对推销观念和市场营销观念作过深刻的比较，指出：推销观念注重卖方需要；市场营销观念则注重买方需要。推销观念以卖主需要为出发点，考虑如何把产品变成现金；而市场营销观念则考虑如何通过制造、传送产品及与最终消费产品有关的所有事物，来满足顾客的需要。可见，市场营销观念的4个支柱是：市场中心，顾客导向，协调的市场营销和利润。推销观念的4个支柱是：工厂，产品导向，推销，赢利。从本质上说，市场营销观念是一种以顾客需要和欲望为导向的哲学，是消费者主权论在企业市场营销管理中的体现。

许多优秀的企业都是奉行市场营销观念的。如日本本田汽车公司要在美国推出一种雅阁牌新车。在设计新车前，他们派出工程技术人员专程到洛杉矶地区考察高速公路的情况，实地丈量路长、路宽，采集高速公路的柏油，拍摄进出口道路的设计。回到日本后，他们专门修了一条9英里长的高速公路，就连路标和告示牌都与美国公路上的一模一样。在设计行李箱时，设计人员意见有分歧，他们就到停车场看了一个下午，看人们如何放取行李。这样一来，意见马上统一起来。结果本田公司的雅阁牌汽车一到美国就备受欢迎，被称为全世界都能接受的好车。

相关链接

迪斯尼乐园的经营理念

美国的迪斯尼乐园，欢乐如同空气一般无所不在。它使得每一位来自世界各地的儿童美梦得以实现，使各种肤色的成年人产生忘年之爱。因为迪斯尼乐园成立之时便明确了它的目标：它的产品不是米老鼠、唐老鸭，提供的全是欢乐。在乐园大门口有旅客接待站，对带孩子的旅客可以免费提供童车和婴儿车；门口还有狗舍，狗不得入园，但可以寄养；进入大门后还有轮椅供残疾人使用。在园内许多景区也都有许多的童车、婴儿车及轮椅供人使用。公共场所的椅、桌、窗台、玻璃等都显得干净、利落；草地、花卉、树木修饰整齐；娱乐设施几乎都保持良好状态。迪斯尼致力于研究“游客学”，了解谁是游客、他们的起初需求是什么。在这一理念指导下，迪斯尼站在游客的角度，设立调查统计部、信访部、营销部、工程部、财务部等部门来不断地了解顾客的需求和偏好的信息。

为了实现服务承诺，迪斯尼公司将“给游客以欢乐”的经营理念落实到每一员工的具体工作中，对员工进行评估和奖例，凡员工工作表现欠佳者，将重新培训，或将受到纪律处罚。此外，公司还经常对员工开展传统教育和荣誉教育，告诫员工：迪斯尼数十年辉煌的历程、商誉和形象都具体体现在员工们每日对游客的服务之中。创誉难，守誉更难。员工们日常的服务工作都将起到增强或削弱迪斯尼商誉的作用。公司还指出：游客掌握着服务质量优劣的最终评价权。他们常常通过事先的期望和服务后的实际体验的比较来确定服务质量的优劣。因此，迪斯尼教育员工：一线员工所提供的服务水平必须努力超过游客的期望值，从而使迪斯尼乐园真正成为创造奇迹和梦幻的乐园。同时，为了调动员工的积极性，迪斯尼要求管理者勤奋、正直、积极地推进工作。在游园旺季，管理人员常常放下手中的书面文件，到餐饮部门、演出后台、游乐服务点等处加班加点。这样，加强了一线岗位，保证了游客服务质量，而管理者也得到了一线员工一份新的友谊和尊重。

1.2.5 社会市场营销观念

社会市场营销观念是对市场营销观念的修改和补充，产生于20世纪70年代西方资本主义出现能源短缺、通货膨胀、失业增加、环境污染严重、消费者保护运动盛行的新形势下。因为市场营销观念回避了消费者需要、消费者利益和长期社会福利之间隐含着冲突的现实。社会市场营销观念认为，企业的任务是确定各个目标市场的需要、欲望和利益，并以保护或提高消费者和社会福利的方式，比竞争者更有效、更有利地向目标市场提供能够满足其需要、欲望和利益的物品或服务。社会市场营销观念要求市场营销者在制定市场营销政策时，要统筹兼顾三方面的利益，即企业利润、消费者需要的满足和社会利益。

相关链接

近年来，中国以火箭般的速度由单纯的汽车制造基地转变为巨大的汽车消费市场。来自世界各地的汽车商人，瞄准中国消费市场发动一轮又一轮的冲锋。但在中国汽车业高速发展的光环背后，尾气排放引发环境污染、能源消费吃紧的苗头也逐渐显现。

当刺激的价格战不再是促进消费者购买决策的唯一途径时，品牌的魅力便发挥着越来越大的作用。政策倾向，消费者环保意识增强，中国新能源汽车市场的商机日见明显，这些因素都促进使国际汽车制造商纷纷在中国市场发动以环保为重点诉求的品牌攻势。

丰田开展“环保之旅”

尽管不是最早提出环保理念的汽车制造厂商，但在品牌的环保宣传方面，日本丰田汽车早就展开了品牌“环保之旅”，成为世界汽车环保意识觉醒的受益者。

宣称“没有环保就没有汽车的未来”的丰田汽车公司，自2003年起开始推广“今天、明天、丰田（Today，Tomorrow，TOYOTA）”系列广告。该广告以开阔的绿色环境中飞驰的车影，与蓝天、白云、草地融为一体的汽车等场景，直接体现其产品的环保特征。

同时，丰田与中国汽车技术研究中心联手，开展关于混合动力车的研究活动，探讨将混合动力车引进中国的问题。丰田希望通过合作，提高在中国销售混合动力车的可能性。据悉，丰田公司新款混合动力轿车 Prius 已经停在了中国市场的大门口。

专家分析，混合动力车有可能成为未来国内销售的主要车型，而蛰伏着的丰田正是看准了中国新能源汽车市场的巨大商机。

大众力推“D”文化

柴油车技术不仅是德国大众在汽车环保研发中着重研发的核心，也是其进行品牌推广的利器。当下，大众正积极地在中国推行其品牌的“D”文化，即柴油机文化。

大众轿车品牌，是最早推出多款柴油轿车并进行市场培育的国际汽车品牌。一汽大众先是推出柴油发动机的捷达 SDI，开始在中国市场破冰；随后又派出宝来 TDI 大张旗鼓地宣传柴油轿车众多环保优点；接着是奥迪 A6 柴油版继续探路；柴油版高尔夫和柴油版 POLO 也在其合资供应商的生产计划之中。

据悉，大众还参与了国家环保总局的《柴油车排放污染控制技术政策》研究工作，为其在中国的发展赢得技术上的空间。

专家认为，中国可能成为未来世界上最大的柴油车市场。依靠大众在国际柴油轿车领域的领先地位，加之在中国市场的捷足先登，如果中国消费者能够接受柴油轿车，大众至少可以占据50%的份额。

通用绘制“氢”蓝图

众所周知，通用的主攻方向是氢燃料电池车的研发。通用以“环保动力先锋”的品牌标签，竭力向中国消费者绘制“氢经济”时代的未来交通系统。

2003年11月，通用汽车全球范围内规模最大的一次高科技巡展——2003能源动力高新科技全球巡展活动在北京开展，首次全面地向中国观众展现其在新能源新动力利用方面的近期、中期和远期的研发成果、目标及战略。通用研发的未来轿车“氢动3号”燃料电池车也在北京长城亮相。

据悉，目前美国通用公司和上海通用正在研究向中国市场推出混合动力车的可行性，如果开始实行，将会引进一款小型 SUV 混合动力车。

汽车环保意识的提升使得中国消费者对一个汽车品牌代表的环保内涵有了更高的期待。人们更愿意看到，汽车制造商，这个汽车环保系统中的一员，对汽车环保的承诺不止是在树立、推广品牌方面，而是以市场实际为基础，持之以恒地将汽车环保进行到底，让更科学的、实际使用功能更好的环保汽车走进中国寻常百姓的生活。

以上几种营销观念的比较，如表1-2所示。

表1-2 几种市场营销观念的比较

市场观念	出发点	方法	目标	汽车企业表现
生产观念	产品产量	降低成本，提高生产效率	在销售增长中获利	“我只生产黑色的汽车”

续表

市场观念	出发点	方法	目标	汽车企业表现
产品观念	产品质量	生产高质量、多功能产品	用高质量的产品推动销售量增长	“我要生产最好的汽车”
推销观念	产品销量	加强推销和宣传活动	在扩大市场销售中获利	重视广告和人员推销活动，服务的主动性增强
营销观念	顾客需求	运用整体营销策略	在满足顾客需求中获利	生产的汽车花色品种多，以迎合消费者的需求
社会营销观念	社会利益	运用整体营销策略	满足消费者需求，同时维护社会的长远利益	生产污染小、低油耗、安全性好的环保型汽车

1.2.6 其他营销观念

1. 关系营销观念

得克萨斯州A&M大学的伦纳德·L·贝瑞（Leonard L. Berry）教授于1983年在美国市场营销学会的一份报告中最早对关系营销做出了如下定义：“关系营销是吸引、维持和增强客户关系。”1996年又给出更为全面的定义：“关系营销是为了满足企业和相关利益者的目标而进行的识别、建立、维持、促进同消费者的关系并在必要时终止关系的过程，这只有通过交换和承诺才能实现”。工业市场营销专家巴巴拉·本德·杰克逊（Jackson B.B.，1985）从工业营销的角度将关系营销描述为：“关系营销关注于吸引、发展和保留客户关系。”摩根和亨特（Morgan and Hunt，1994）从经济交换与社会交换的差异来认识关系营销，认为关系营销“旨在建立、发展和维持成功关系交换的营销活动”。顾曼森（Gummesson，1990）则从企业竞争网络化的角度来定义关系营销，认为“关系营销就是市场被看作关系、互动与网络”。

所谓关系营销（Relationship marketing，也称作“关系营销学”）是指在营销过程中，企业还要与消费者、竞争者、分销商、供应商、政府机构和公众等发生交互作用的营销过程，它的结构包括外部消费者市场、内在市场、竞争者市场、分销商市场等，核心是企业不仅要争取新顾客，而且要保住老顾客。

相关链接

我国国有民营企业——联想集团公司自1984年以20万元人民币起家，到1997年营业额为125亿人民币，联想品牌价值为41.06亿人民币，其迅猛发展的势头令世人瞩目。联想成功的王牌之一是坚实的关系网——由一批忠诚的顾客与合作者构成。这张关系网不仅给联想带来丰厚的利润，更是联想构建国际企业大厦的基石。那么，联想这张关系网是如何结成的？

联想关系营销的策略

1. 联想与顾客的关系：心连心

为了提高顾客的满意度，联想推行五心服务的承诺：“买得放心，用得开心，咨询后舒心，服务到家省心，联想与用户心连心”，大大拉近了顾客与公司的关系。

① 满足营销顾客在各个阶段的需求。不少企业对关系营销缺乏重视，只重视顾客购前和购买阶段的营销工作，却忽视了售后阶段的营销工作。他们不断地花大量的人力、物力和财力去吸引新顾客，却不想方设法去提高服务质量，满足顾客的需要，导致老顾客不断“跳槽”，

因为竞争对手能提供更优质的服务。企业出现了严重的恶性循环，不断吸引新顾客，不断失去老顾客。尽管企业花费了大量的销售费用，但效果甚微。

而联想非常注意在各个环节都与顾客保持联系，最大限度地满足顾客的需要。在购前阶段，联想不仅采取广告、营业推广和公关等传统的营销手段，而且通过新产品发布会、展示会、巡展等形式来介绍公司的产品，提供咨询服务。在顾客购买阶段，联想不仅提供各种优质售中服务（接受订单、确认订单、处理凭证、提供信息、安排送货、组装配件等），而且帮助零售商店营业人员掌握必要的产品知识，使他们能更好地为顾客提供售中服务。另外还推出家用电脑送货上门服务，帮助用户安装、调试、培训等。在售后阶段，联想设立投诉信箱，认真处理消费者的投诉，虚心征求消费者的意见，并采取一系列补救性措施，努力消除消费者的不满情绪。另外联想还加强咨询、培训、用户协会及“1+1”俱乐部刊物等工作，经常性举办各种活动，如“电脑乐园”、“温馨周末”等，向消费者传授计算机知识、提供信息、解答疑问。这样，联想创造和保持了一批忠诚的顾客。此外，忠诚顾客的口头宣传可起到很好的“蚁群效应”，增强企业的广告影响，也大大减低了企业的广告费用。

② 建立健全的服务网络，提供优质的服务。联想把帮助顾客使用好购买的电脑看做自己神圣的职责，在“龙腾计划”中提出了全面服务的策略：一切为了用户，为了用户的一切，为了一切的用户。联想在全国104家城市设有140多家联想电脑服务站，保证遍布全国的联想电脑用户都能接受到完善、周到、快捷的服务。为提高服务人员的服务质量，联想制定了持证上岗制度，公司的维修人员上岗都必须经过考试，拿到上岗证方可上岗，这对提高维修水平起到很好的保障作用。

2. 联想与代理商的伙伴关系

1993年以前，联想的销售模式为直销。1994年，联想开始建立安全的代理体制。联想的代理队伍日益壮大，到1996年代理商和经销商就达到500多家。在个人电脑市场上，由于竞争激烈，商家的利润越来越薄，经销商们很容易唯利是图，“跳槽”现象时有发生。然而，联想的队伍不但稳定，而且越来越多的经销商加入了联想的代理队伍。那么，联想靠的是什么来发展与代理商的合作关系呢？第一，信誉保证。联想对代理伙伴承诺了许多优惠的条件：向代理商提供质量可靠、技术领先、品种齐全的产品；建立合理的价格体系和强有力的市场监督体制；通过强大的市场宣传攻势来营造更好的电脑销售氛围；向代理商提供良好的售后服务保障，等等。联想以实实在在的行动实现自己的承诺，取得很好的口碑。第二，保障代理商的利益。许多电脑厂商迫于竞争的压力，逐渐压缩流通环节的利润，而联想却在考虑如何保障代理商的利益；通过加强内部管理和运筹能力来降低成本，向市场提供极具竞争力的价格；通过对市场进行强有力的控制和监督，防止代理商违规操作，进行恶性的削价竞争，只要代理商坚决地执行联想制定的价格，就可以获得较好的利润。第三，与代理商共同发展。将代理商纳入联想的销售、服务体系，也纳入分配、培训体系，大家荣辱与共，一同成长。

3. 联想与合作伙伴结盟关系

1988年联想公司进军海外市场的第一步，并不是贸然在海外设立子公司，而是在香港寻找合作伙伴——香港导远公司和中国技术转让公司。因为联想公司深知本身虽然以中国科学院为后盾，有雄厚的技术开发能力，但缺乏海外营销的经验和渠道，所以必须与合作伙伴结盟，以扬“技术”之长、避“国际营销”之短。事实证明，联想走出的关系营销的这一步是十分正确的。三方各合资经营的香港电脑公司取得了极大的成功，在开办当年，公司营业额达到 1.2 亿港元，不仅收回全部的投资，还拿出 100 万港元购买了香港一家有生产能力的 Quantum 公司，为香港联想自行研制开发产品建立了一个基地。

2. 网络营销观念

网络营销是以互联网为载体，以符合网络传播的方式、方法和理念实施营销活动，以实现组织目标或社会价值。网络营销产生于 20 世纪 90 年代，发展于 20 世纪末至今。

与许多新兴学科一样，“网络营销”同样也没有一个公认的、完善的定义。广义地说，凡是以互联网为主要手段进行的、为达到一定营销目标的营销活动，都可称之为网络营销（或叫网上营销）；也就是说，网络营销贯穿于企业开展网上经营的整个过程，包括信息发布、信息收集，到开展网上交易为主的电子商务阶段，是为实现企业总体经营目标所进行的，以互联网为基本手段营造网上经营环境的各种活动。

相关链接

2007 年 5 月 4 日，大众汽车在自己的网站上发布最新两款甲壳虫系列——亮黄和水蓝，首批新车共 20 辆，均在线销售。这是大众汽车第一次在自己的网站上销售产品。网站采用 Flash 技术来推广两款车型，建立虚拟的网上试用驾车。将动作和声音融入活动中，让用户觉得他们实际上是整个广告的一个部分。参与性很强。用户可以自由选择网上试用驾车的不同环境，高速公路，乡间田野或其他不同场景。网上试用驾车使得网站流量迅速上升。每个用户花费时间翻倍，达到 19 分钟，每页平均浏览 1.25 分钟。并最终成功生成了 25 份在线订单。

3. 绿色营销观念

绿色营销是指企业在生产经营过程中，将企业自身利益、消费者利益和环境保护利益三者统一起来，以此为中心，对产品和服务进行构思、设计、销售和制造。美国威尔斯大学的肯毕提（Ken Peattie ）教授曾指出：“绿色营销是一种能辩识、预期及符合消费的社会需求，并且可以带来利润及永续经营的管理过程。”从本质内涵上看，企业绿色营销是企业以环保观念作为其经营指导思想，以绿色消费为出发点，以绿色文化作为企业文化核心，在满足消费者绿色消费需求的前提下，为实现企业目标而进行的营销活动。它是传统市场营销的进一步扩展和深层次延伸，也比传统市场营销意义更深远，更具时代性。

相关链接

以旧换新促消费

2009 年 5 月份，国家正式公布了鼓励汽车“以旧换新”的实施方案。方案规定，符合条件的老旧汽车报废更新单辆补贴金额，原则上不高于同型车辆的单辆车辆购置税金额，具体标准是中型载货车 6000 元，轻型载货车 5000 元，微型载货车 4000 元，中型载客车 5000 元，轻型载客车 4000 元，微型载客车 3000 元，其他车型 6000 元。但是消费者购买的新车已经享受了 1.6 升及以下乘用车减半征收车辆购置税政策的，就不能再享受老旧汽车报废更新补贴政策。

汽车以旧换新政策的实施不仅促进了汽车消费，更重要的是加快了淘汰高排放、高污染“黄标车”和老旧汽车的进程。2010 年全国共办理汽车以旧换新补贴车辆 45.9 万辆，发放补贴资金 64.1 亿元，拉动新车消费 496 亿元。2010 年全国日均补贴车辆数约为 2009 年日均补贴车辆的 12 倍。从车型看，汽车以旧换新补贴轿车数量占比最高，其次为大中型载客车、轻微型载货车。

4. 形象营销观念

在现代高科技背景下，社会进入“无差别化”时代，商品生命周期缩短，市场瞬息万变，商品力的相对地位下降了。尤其是在买方市场下，企业竞争已不是孤立的产品竞争，而是升级为企业整体形象的竞争。这时，形象力对企业的生存和发展显得日益重要起来。形象力与商品力、营销力一起成为决定企业生存和发展的三大要素。由此，借助企业形象、品牌形象、产品形象等形成的形象力来展开的营销活动——“形象营销”便应运而生。

形象营销是指基于公众评价的市场营销活动，就是企业在市场竞争中，为实现企业的目标，通过与现实已经发生和潜在可能发生利益关系的公众群体进行传播和沟通，使其对企业营销形成较高的认知和认同，从而建立企业营销良好的形象基础，形成企业营销宽松的社会环境的管理活动过程。企业塑造和提升营销形象就是期望企业营销在利益关系公众中树立稳固的心理地位，使其对企业有较好的评价，产生认同感和归属感，从而便于企业进行产品推广、市场扩张和培养忠诚顾客，为企业市场目标的实现和长远发展营造宽松的社会环境。

相关链接

佟大维代言丰田新皇冠

2011 年 3 月 1 日起，佟大为代言的皇冠广告片在各大卫视播出，全面覆盖国内六大区域，向年轻消费者发出“等你一试”的邀请。与此同时，一汽丰田各 4S 店推出“试驾皇冠赢 IPAD”大型抽奖活动，以及购车零利率、置换返现金等优惠措施。

佟大为在《婚姻保卫战》中驾驶皇冠为事业打拼、为爱情奋斗的场景，给人留下深刻印象。在广告片中，佟大为到 4S 店咨询皇冠，销售顾问请他亲自体验一下，于是他驾车驶向上海街头。皇冠超过 5 米的舒展车身，活力十足的动感外观，光洁如镜的精致漆面，V6 发动机特有的嘶哑轰鸣，后驱车独有的灵活转向，超薄卡片式智能钥匙、一键式启动、AFS 智能前大灯随转系统等高端配置，出色的静谧性与媲美音乐厅的高级音响等商品魅力，尤其给力的刹车及由 VDIM 车辆动态综合管理系统等高科技装备带来的安全保障与驾驶乐趣，在短短十几妙内表现得淋漓尽致。

在另一个版本广告中，佟大为演绎精彩夜生活，进一步张扬皇冠的年轻与活力。这是皇冠首次启用国内一线男星代言。从近期代表作《奋斗》、《婚姻保卫战》等可以看出，佟大为青春、阳光、善良的形象与皇冠年轻、动感、活力的特质完美融合；佟大为塑造的人物大多事业与家庭并重，品味高雅且富有责任感，与皇冠大气儒雅的品牌形象及代表皇冠车主的“雅仕精神”高度契合；充分体现了皇冠用户群日益年轻化，备受年轻商务精英青睐的市场趋势，以及皇冠车主感情丰富、时尚鲜活的生活方式。以佟大为代言广告为契机，一汽丰田同步发起春季营销攻势。

1.3　汽车产业发展及现状

1.3.1　我国汽车产业的发展

相关链接

中国的第一辆汽车

1901 年，第一辆进口汽车登陆上海。从此，中国有了汽车的概念。但也有人说，慈禧乘坐过的一辆汽车是我国进口的第一辆汽车，现还有实物陈列在颐和园内。

大清统治者慈禧太后，虽昏庸无知、保守顽固，但却与中国大地上出现的第一辆汽车结下不解之缘。而这开创中国历史上拥有汽车的先河，也又一次暴露慈禧的愚昧和可笑。慈禧当年处理朝政之余，喜欢游览，经常乘坐她的豪华大轿和马车去颐和园、西山、八达岭等景区游玩。中国出现的第一辆汽车，它的价值要比现在的 10 辆新的奔驰车还高。这辆车是袁世凯送给慈禧的礼物。

1901 年，官拜直隶总督的袁世凯为了讨好慈禧，用 1 万两白银购进一辆第二代奔驰牌小轿车作为慈禧六十大寿的贡礼送给了慈禧太后。此车设计新颖、工艺精湛。慈禧一生享尽了富贵，却从没有见过这种先进的洋玩意儿，看后心中大喜。可是她第一次乘坐汽车去颐和园游览时，汽车驶出紫禁城后，她突然发现，原来的马车夫孙富龄成了现在的汽车司机，他不仅坐着，而且还坐在自己前面，他不但与自己平起平坐，而且还坐在前面，这还了得，有失自己尊严，立即责令他跪着开车。慈禧的话谁敢不从？司机只好跪着驾驶，但手不能代替脚踩油门和刹车，路上险些酿成惊天大祸，这可吓坏了当时的王公大臣，他们纷纷下跪乞求慈禧不要冒这个险。无奈，慈禧被人搀扶下车，中途又换上她的十六抬大轿。慈禧后来就对汽车失去了兴趣，因为她不能容忍司机坐在她面前开车，她认为司机应跪着。因此这辆车被弃置一旁。后来，此车作为皇宫遗物在紫禁城闲置起来。

辛亥革命后，这辆汽车又从紫禁城移到颐和园至今。经专家鉴定，这是我国进口的第一辆汽车，距今已 111 年，成为一辆世界罕见的老爷车，受到世人瞩目。此车目前仍停放在颐和园。时至今日，虽然慈禧这位在清朝历史上赫赫有名的人物早已远逝；但是，她的这辆御用汽车、这辆传世的“老爷车”，在饱经了中国近代历史的百年沧桑、内忧外患、纷飞战火之后，却居然奇迹般地保存到了今天。这对于中国汽车发展史来说，不能不说是件幸事。而今，这件珍贵的汽车文物——“中国头号汽车古董”，仍然静静地停放在北京颐和园的德和园。

仔细端详这一百岁汽车文物，这是一辆黑色木质车厢、黄色木质车轮与辐条、铜质车灯、实心轮胎、两轴四轮的敞开式古典汽车。乍看上去，就其外观与其说是一辆汽车，倒不如说更酷似昔日的一辆四轮马车。在它的车厢内设有两排座位。前排座位是司机席，后排座位则是乘客席，前排只能乘坐一人，后排可以乘坐两人。在车厢的上方撑有一顶由四根立柱支起的车篷，车篷的四周围缀有黄色的丝穗。

至于“汽车的心脏”——发动机，则被巧妙地装置在了乘客席座位的下面。经专家考证，这是一台横置式气缸、10 马力的汽油发动机。发动机旁的齿轮变速箱将动力传递给后轴，最高速度为 19 千米/小时。前悬挂是一横置钢板弹簧，后悬挂是两个普通钢板弹簧。车厢两侧的翼子板系三合板制成。论模样，这一“老爷车”，虽与今日飞驰在公路上当代汽车的长相已相差很远；但其原理、发动机、悬挂系统、转向系统、传动系统已与今日汽车很接近。

有关中国第一辆汽车，还有另一种说法。1901 年，对了解汽车史的人来说是个值得关注的一年。当时距离装有内燃机的现代汽车于 1886 年降生德国已经 15 年了。这一年，一位叫李恩时（Leinz）的匈牙利人携两辆美国制造的“奥兹莫比尔（Oldsmobile）”牌汽车自香港运到了上海，开启了中国汽车风气之先河。现知，这是两辆黑色木质车身的汽车，一辆是折叠式软篷车顶，一辆是凉篷式车顶。外表与当地的马车十分相似。车上有两排座位，前排为司机席，后排为乘客席。木质车轮辐条，实心轮胎，另装有煤油灯和手捏喇叭。1902 年 1 月 30 日上海公共租界工部局开会决定向李恩时的汽车颁发临时牌照，准许上街行驶。每月缴税金两银元。

1. 我国汽车工业的发展历程

我国的汽车工业起步较晚。1929 年 5 月，我国的第一辆国产汽车在辽宁省沈阳市问世。该车由张学良将军掌管的迫击炮厂制造，是民生工厂厂长李宜春从美国购进“瑞雪”牌汽车进行了拆卸，除发动机、后轴、电器设备和轮胎等采用原车部件外，对其他零件进行重新设计制造，终于研制成功我国第一辆“民生”牌汽车。随后，沈阳民生工厂进行小批量生产。1931 年“九一八”事变爆发，日本入侵东三省，扼杀了我国汽车工业的萌芽。日本却乘机盗取成果，成立了同和汽车株式会社，到 1945 年日本投降，已达年产量 5000 辆的生产能力。直到 20 世纪 50 年代，新中国成立后才开始建立自己的汽车工业。我国汽车工业经历了从无到有、从小到大，创建、成长和全面发展三个阶段。

（1）创建阶段（1953 年—1965 年）

新中国成立后，毛泽东主席、周恩来总理等第一代国家领导人亲自筹划建立中国自己的汽车工业。1953 年 7 月，第一汽车制造厂（简称“一汽”）在吉林省长春市奠基。

工夫不负有心人，在经过 3 年的技术攻关后，1956 年 7 月 14 日，“一汽”总装线上开出由中国人自己制造的第一批解放牌载货汽车。这批 12 辆、代号为 CA10 型的汽车结束了中国不能造车的历史，如图 1-3 所示。“解放”这个由毛主席命名的中国第一汽车品牌也开启了装备中国汽车的历史航程，也开创了中国汽车的“解放时代”。CA10 型是以苏联莫斯科斯大林汽车厂出产的吉斯-150 型载重汽车为蓝本制造的，车重 3 900 公斤，装有 90 匹马力、四行程六缸发动机，最大速度为 65 千米/小时，载重量为 4 吨。整车结构较之苏联 1955 年以前生产的汽车做了部分改进，安全可靠，结构坚固，使用寿命长，更适合我国大规模建设。还可以根据需要把它改装成公共汽车、起重汽车、工程汽车、冷藏汽车等车型。之后，解放牌汽车跑遍了中国 960 万平方千米的国土，甚至登上了号称“世界屋脊”的青藏高原，国人无不为之骄傲。

图 1-3　解放 CA10 型载货汽车

1958 年先后试制成功 CA71 型“东风”牌小轿车和 CA72 型“红旗”牌高级轿车，如图 1-4、图 1-5 所示。1964 年，我国试办了中国汽车工业公司，组织和规划全国汽车工业的生产和发展。其下属公司有：以“一汽”为主体，生产“解放”牌汽车的长春汽车分公司；以南京汽车制造厂为主体，生产“跃进”牌汽车的南京汽车分公司；以济南汽车制造厂为主体，生产“黄河”牌汽车的济南汽车总厂；以北京汽车制造厂为主体，生产“北京”牌吉普车的北京汽车分公司；以四川汽车制造厂为主体，生产“红岩”牌重型越野车的重庆汽车公司。此外，还有轴承制造分公司、物资供应公司、汽车配件销售公司、武汉汽车制造总厂等。

图 1-4 东风 CA71 型轿车

图 1-5 红旗 CA72 型轿车

1966 年以前，汽车工业共投资 11 亿元，形成“一大四小”5 个汽车制造厂，年生产能力近 6 万辆、9 个车型品种。1965 年底，全国民用汽车保有量近 29 万辆，其中国产汽车 17 万辆（“一汽”累计生产 15 万辆）。经历 15 年的发展，我国汽车工业的雏形已经形成。

（2）成长阶段（1966 年—1980 年）

这个历史阶段，主要是贯彻中共中央的精神，建设“三线”汽车厂，以中、重型载货汽车和越野汽车为主，同时发展矿用自卸车。出于备战考虑，国家确定在“三线”的山区建设以生产越野汽车为主的第二汽车制造厂（简称“二汽”）、四川和陕西汽车制造厂。

1967 年 4 月 1 日，第二汽车制造厂在湖北省十堰市的深山沟里正式破土动工。“二汽”是我国汽车工业第二个生产基地，与“一汽”不同，“二汽”是依靠我国自己的力量创建起来的工厂。“二汽”的建成，开创了中国汽车工业以自己的力量设计产品、确定工艺、制造设备、兴建工厂的纪录，检验了整个中国汽车工业和相关工业的水平，标志着中国汽车工业上了一个新台阶。与此同时，“川汽”、“陕汽”和与“陕汽”生产配套的陕西汽车齿轮厂，分别在原四川省重庆市大足县和陕西省宝鸡市（现已迁至西安）兴建和投产，主要生产重型载货汽车和越野汽车，满足了冶金行业采矿生产装备需要。

在此期间，“一汽”、“南汽”、“上汽”、“北汽”和“济汽”5 个老厂分别承担了包建和支援“三线”汽车厂（“二汽”、“川汽”、“陕汽”和“陕齿“）的建设任务，其自身投入技术，改造扩大生产能力。地方发展汽车工业，几乎全部仿制国产车型重复生产。据粗略统计，解放牌车型 20 多家，北京 130 车型 20 多家，跃进车型近 20 家，北京越野车近 10 家。改装零产件品种增多，厂家增加到 2 100 家。

这一时期，由于当时全国汽车供不应求，再加上国家再次将企业下放给地方，因此带来中国汽车工业发展的第二次热潮。1976 年，全国汽车生产厂家增加到 53 家，专用改装厂增加到 166 家，但每个厂平均产量不足千辆，大多数在低水平上重复。从 1964 年起，上海汽车厂批量生产了上海牌（原凤凰牌）轿车，逐渐形成 5 000 辆的年产水平，同时，上海一批零部件厂和附配件厂也随着汽车工业的发展而相继成长。

汽车工业经过这一阶段的摸索成长，1980 年生产 22.2 万辆，是 1965 年产量的 5.48 倍；1966—1980 年生产中类汽车累计 163.9 万辆；汽车生产向多品种、专业化发展，生产厂点近 200 家；1980 年大中轻型客车生产 1.34 万辆，其中长途客车 6 000 多辆；1980 年全国民用汽车保有量 169 万辆，其中载货汽车 148 万辆。

（3）全面发展阶段（1981 年以后）

十一届三中全会确定了改革开放的政策，加速了经济发展，提高了人民生活水平。汽车需求量的激增对汽车工业提出了加快发展的要求。由于国际形势的缓和，一些大型军工企业也转为生产汽车，这些企业有资金、有设备、有技术，成为我国汽车企业的一支主力军。

1984 年我国把汽车工业作为发展国民经济的支柱产业。1987 年我国针对汽车“缺重少轻，轿车几乎空白”的不利局面，又把轿车工业作为我国汽车工业发展的重点，中国汽车工业开始了战略转移，一举建成了生产 3 万辆新型“红旗”轿车和 15 万辆合资轿车生产基地，轿车成为企业创利的主导产品。

1994 年我国颁布了第一部《汽车工业产业政策》，中国汽车业自此进入了快速发展时期。随着经济发展水平的不断提高和轿车开始进入家庭，中国已经成为世界上增长最为迅速的市场，对全球汽车产业产生了巨大的影响。

如今，中国汽车工业在中国加入 WTO 后，进入了一个市场规模、生产规模迅速扩大的时期，全面融入世界汽车工业体，而且正在加快与世界全面接轨的步伐。在这个重要的历史关头，只有实事求是地面对历史，才能脚踏实地的面对未来，从而也才能虚心地吸纳全球经济一体化所带给我们的科学成果和现代理念，信心百倍地去锻造我们的光荣与梦想。

纵观我国汽车工业的发展历程，尽管遭受了各种艰难险阻，经过多年建设，特别是近几十年来在改革开放的方针指引下加快发展，已经初步建立了具有一定规模的中国特色的汽车工业体系，取得了不少经验和教训，培养了一大批从事汽车研究、设计、生产、管理的人才，这些都为我国汽车工业的腾飞奠定了基础。可以肯定地说，中国汽车工业不仅正在迎来一个有史以来最好的发展时期，而且必将在崛起之时成为各国汽车制造商们的一个强大而友善的竞争对手。

2．我国汽车市场营销的发展历程

（1）1978 年到 20 世纪 80 年代中期

这个时期市场营销处于无为阶段。1978 年改革开放之初，中国的汽车产量为 14.9 万辆，其中用于物资运输的卡车为 9.6 万辆，越野车 1.2 万辆，轿车产量仅为 2 640 辆。那个时代汽车作为紧俏物资，由物资部门管控，按计划统配包销，因此还不存在市场营销，当然也就无所作为。

（2）20 世纪 80 年代中期到 90 年代中后期

这个时期市场营销观念开始树立。以机构改革为标志，计划分配体系逐步被打破，市场经济体系开始建立。1984 年，中国汽车的第一个中外合资企业——北京吉普诞生；1985 年，上海大众汽车公司成立；同年，南京汽车引入了意大利菲亚特的依维柯汽车；广州汽车与法国标致的合资项目也获批准。1986 年，全国轿车总量突破 1 万辆。此后连年大幅上升，到 1994 年，轿车产量超过 25 万辆，1996 年，载客汽车产量占总产量的比例首次超过载货汽车，实现了过去以载货汽车为主到以载客汽车为主的转变。汽车从物资属性向消费品属性转化。

这个时期中国经济正在从双轨制向市场经济转变，中国的汽车产销模式发生巨大变革，改变了过去产销分离的模式。汽车生产企业开始建立自己的销售体系，代理制和特许销售模式取代指令性计划分配，市场营销观念开始树立。

（3）20世纪90年代中后期到2004年

这个时期市场营销围绕4P展开。1994年《汽车产业政策》出台，明确了中国政府坚决发展汽车产业的决心，增加了国外汽车企业投资的信心。上海通用、广州本田等新的一批合资企业相继获准组建、成立，带动了全球汽车主要企业相继落户中国，新车型、新产品不断涌现。与此同时，吉利、奇瑞（参数配置）等一批自主品牌的汽车开始投放市场。

1999—2003年是中国汽车市场的车型时代。在这5年间，每年新增乘用车的车型由6个上升为70个。这一阶段，汽车厂商竞争的实质是车型类别的较量，通过市场细分，用不同规格和类别的车型填补市场空白，成为获取市场份额的重要手段。这个时期品牌专营店受到厂商的倚重取代多级分销，4S模式成为主流。渠道在汽车领域的作用已发生进一步变化，由早期较为单一的价格传递模式转变为以企业理念、品牌内涵等为核心的价值传递模式。消费者对渠道所提供的服务有了更高的期望和要求，原来渠道的标准已无法满足他们的需要。因此，渠道提升与新产品开发应保持一致的步伐，才能使其产品的优势在市场上得以充分体现。市场营销鼻祖凯特勒的4P理论受到推崇并得到广泛应用。

（4）2004年至今

从2004年开始，“品牌竞争”成为汽车市场营销的主旋律。从以生产制造为中心，转向以客户为中心，汽车营销创新时代到来。从产品角度选择车型的时代已经结束了。尽管产品引进已经从过去国外落后、转向最新车型的引进，甚至全球同步开发同步上市，但由于近年来车型的极大丰富，消费者已经很难对目前市场上的车型进行有效地选择。因此也开始出现了新的思维模式：首先选定3～5个比较喜爱、信任、与自己个性相符的品牌，再从这些品牌中挑选出相应的车型；然后消费者对车型的款式、价格和配置等进行比较，选定自己所要购买的轿车。这种思维模式的重大转变在于，消费者的购买过程由“产品备选名单”转为“品牌备选名单”，再到“产品备选名单”。如果某款车型在消费者初期选择时未进入其品牌备选名单，这款产品首先被排除在外，即便随后可能因为消费者的“偶然发现”而进入备选，这款车型在消费者选择的优先级上也是排名靠后的。在消费者选择后期，产品也必须具备十分明显的性价比特征，才有可能进入消费者视野，吸引消费者更多的注意力。图1-6所示为2002—2011年我国汽车销量统计。

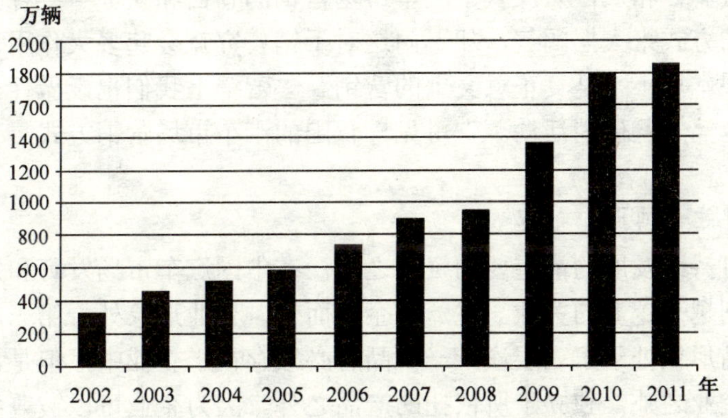

图1-6 2002—2011年中国汽车销量统计

1.3.2 我国汽车市场营销的现状

1. 我国汽车市场营销发展中存在的问题

与汽车产量快速提高形成鲜明对比的是我国汽车市场营销的相对滞后，客观上讲，我国汽车营销总体上处于产品不断更新、价格不断下降、宣传手段不断创新、渠道服务不断拓展提升的阶段。但是，在营销理念与基本理论体系方面还存在很大的创新空间。我国汽车市场营销发展中主要存在以下几个问题。

（1）汽车营销渠道的监管体系不完善

汽车营销渠道的环节主要包括：汽车营销渠道的起点生产企业、中间商和终点消费者。汽车营销渠道是汽车产品从汽车生产企业向最终消费者直接或间接转移汽车所有权所经过的途径，是联系汽车生产者和消费者的纽带。销售渠道也称分销渠道，指产品从生产者向最终消费者或用户流动时所经过的途径或环节，或者说是指企业将产品传递给最终购买者的过程中所使用的各种中间商及实体分配的总和。销售渠道的完善性、返利制度的合理性及激励制度的有效性，都会直接影响销售。目前，汽车厂家都是通过对产品的控制，特别是对产品利润的控制来实现对经销商的管理，厂家处于绝对控制地位。然而，一旦产品滞销，厂商关系就会出现恶化。经销商为了完成厂家的任务指标和获得利润，就降价、窜货，甚至低于进价销售，这不仅乱了厂家的价格体系，还严重影响了品牌形象。

（2）缺乏整体规划管理理念

进入汽车交易市场交易的经销商有外来的，也有自营的，大家的利益目标不尽相同，而交易市场的经营者为了自身利益，往往将同一品牌的几个经销商同时招入，导致价格战时常发生。进场经营的经销商素质高低不一，因此，为他们提供的服务也无法统一，专业性也就相对较差。另外，企业对不同消费者的需求理解不够透彻，目标客户不明确，远远没有做到像丰田公司那样从汽车驾驶学校到每个家庭的完整的市场覆盖，尚须向以需求管理为核心的整合营销发展。

（3）汽车市场营销方式混乱落后

目前，无论是汽车企业还是各级经销商，真正按照市场营销观念从事经营活动的仍占少数。时下最具影响力的营销手段是“车展”和“价格战”。越来越热的车展现象并不能代表汽车市场营销的进步，相反，只反映了汽车市场营销的苍白和缺失——各大汽车企业好像只能通过车展这样的方式来大摆阔气，却不问这对于销售究竟会起多大作用，而停留在价格战阶段的汽车销售根本算不上是真正意义上的营销。“营销上我们也没做什么，就是按照厂家的策略走，另外也搞一些促销活动。”可见，我国的汽车市场营销方式、手段仍然停留在简单、低级的阶段。

（4）汽车品牌意识薄弱

品牌是企业可持续发展的最重要的资源之一。在中国汽车市场发育和发展的过程中，品牌的概念正在受到越来越多的关注。就一个企业而言，企业形象处于第一层次，品牌形象处于第二层次，产品形象处于第三层次。一个品牌必须存在于企业中，但是，这个品牌又可以独立于所代表的企业之外，独立于所依托的产品之外。因为企业可以被兼并、联合或重组，也可能破产倒闭，产品可以换型或更新，但品牌的价值却是永恒的，是不断增值的。同一个产品，换一块牌子就可以身价百倍，这充分说明了品牌的重要价值。“兰博基尼”跑车无论在被德国大众公司收购前还是收购后，品牌形象的核心价值并没有因为企业间的购并而发生改变。因此，开发、塑造和管理品牌，是企业形象的根本，是产品价值人格化的体现。对汽车中具有强烈个性的轿车而言，品牌意味着市场定位，意味着产品质量、性能、技术、装备和服务等的价值，最终体现了企业的经营理念。因此，品牌是企业制胜的法宝，是消费者所追求的一种理念，是企业和消费者中间的桥梁。品牌能够创造价值，然而很多汽车品牌却没有深入分析消费者的感觉与消费心理需求，推出适当的产品品牌价值塑造体系。广告仍然停留在统一营销形象的狂轰滥炸阶段。整个品牌塑造手段，仍然停留在单向介绍企业产品，而不是针对消费者的潜在需求，塑造品牌的价值形象。虽然目前我国的汽车专卖店均以品牌特许连锁经营的名义经营，但是在经营中品牌的概念却经常被忽视，而这失去的正是品牌专卖的实质和灵魂。

（5）汽车营销渠道忠诚度降低

无论是国内还是国外汽车厂家的销售体系一般都是以自己为中心，强调对渠道的控制。以前汽车市场的快速发展，都是汽车厂家靠经销商获得高额利润来维持其忠诚度。目前，随着我国加入 WTO 时间的延续，国外汽车大量进入中国，汽车市场竞争日趋激烈，经销商的利润不断降低，导致经销商对厂家的忠诚度也降低。

（6）汽车营销服务功能不完善，仍处于简单的产品维修阶段

虽然汽车市场数量较多，但服务功能完善的并不多，常常等到车辆出现问题了，消费者才到维修站进行修理，远远没有达到营销人员主动联系消费者，为其提供汽车维护保养的阶段。目前，国内汽车企业普遍存在重营销、轻服务现象，营销渠道服务能力不足主要体现在以下几个方面：①备件供应不及时、备件供货率不能满足备件缺货；②对于一些高档车的进口部件，普遍缺货，且供应不及时；③维修技术，对于专营店无法解决的技术难题，经销商迫切需要厂家提供支持，而目前厂家的技术支持还不能满足经销商的需要；④商家不仅需要产品的营销广告，也需要增加服务营销广告的投入。

（7）集四位一体的 4S 专卖店在发展中存在诸多问题

首先，汽车专卖店的投入成本和运营成本高。例如，上海通用的一个品牌标识就要 20 万元，在广州一个大的专卖店的各项营业费用将近 50 万元。其次，同一品牌在同一地区的专卖店数量过多。迅速扩张起来的专卖店存在潜在的危险，一旦市场放开，高额的成本将成为其进一步发展的障碍。最后，售后服务体系的不完善，主要体现在两个方面：一是售后服务人员技术等“软件”缺乏；二是零部件的垄断销售，导致售后服务的利润过高，最高可达到 50%以上，而国外通常在 20%左右，售后服务的惊人暴利极大地损害了消费者的利益，最终也必然影响汽车的销售。

2. 我国目前汽车市场营销模式

汽车工业的发展和汽车产销量的增加，使得国内众多汽车厂家重新审视自己的营销模式，为取得更大的市场份额开拓创新。当前，我国汽车工业已经形成了比较完整的产品系列和生产布局，一汽集团、东风汽车、上汽集团、长安汽车等大型企业集团的发展已具有一定规模，商用汽车、家用轿车的品种和产量都得到了很大的发展。当然，企业实力决定营销体系的制定。对于不同实力的生产企业，它们的生产规模、资本实力、产

品开发能力、企业名声、产品品种等各方面都会存在差异，这就决定了市场营销策略会有较大差别。随着我国汽车营销市场的发展，在营销体制、营销模式和营销渠道上的差别在逐渐缩小。

目前，我国汽车销售是以多品牌销售店模式（普通经销商）与专卖店模式并存（如表 1-3 所示）。网点布局杂乱无章，转行做汽车经销商的太多，竞争无序，真有些像当年家电那样大打汽车价格战，弄得老百姓雾里看花，不知道汽车到底还能降多少价，持币待购的准汽车消费者大有人在。在整车销售中的让利，再在汽车保险、汽车精品等中赚回来，没有形成真正的规范化和规模化销售体系；同时销售环节过多，导致销售成本上升。

表 1-3 主要轿车品牌营销模式

厂家名称	品牌名称	网点称谓	营销模式	功能组合
上海通用	别克	授权销售服务中心	品牌专营	三位一体
广州本田	雅阁	特约销售服务店	品牌专营	四位一体
广州风神	风神	专营店	品牌专营	四位一体
一汽轿车	红旗	分销中心（自营）	品牌专营	三位一体
一汽大众	捷达	特约销售代理	特许代理	营销中心
一汽大众	奥迪	销售服务中心	品牌专营	三位一体
上海大众	桑塔纳	特许专卖店	品牌专营	四位一体
上海大众	帕萨特	特许专卖店	品牌专营	四位一体
东风神龙	富康	经销商（分等级）	品牌专营	三位一体
重庆长安	奥拓	分销中心	自营与代理双轨制	销售维修中心

普通经销商通常是多品牌销售，这种多品牌代理的连锁形式使其订单量较其他形式的渠道要多，而订单量大迫使生产商为其提供价格更优惠的车。连锁企业利用价格优势逐步将其他形式的渠道驱逐出市场，从而其销售量进一步加大，促使其有更大的实力从生产商处得到更加物美价廉的汽车产品，以进一步降低汽车价格。汽车经销商中，一批私营、股份制的商家迅速崛起，有的企业或企业集团被多个汽车厂家所看好，成为多个品牌的特许专营，他们正在成为汽车销售服务领域的生力军和主力军。

除此之外，我国汽车市场营销模式还有以下几种形式。

（1）汽车超市

汽车超市（也称汽车商店），可以代理销售多家品牌的汽车，也就是可以为客户提供多种品牌的选择和服务。中国加入 WTO 以后，欧盟准备大力推行汽车销售改革、取消汽车特许经营，在我国汽车销售业内引起了一定的反响，使汽车超市模式得到了一定的发展，成为品牌专营模式的一种补充。当前，我国汽车超市已逐步向多品牌、多功能方向发展。汽车超市不仅开展多品牌汽车的展示和销售，而且具有配件供应、车辆置换、试乘试驾、维修保养、装饰美容、休闲娱乐等多功能。汽车超市的最大特点是以汽车服务贸易为主体，拓展服务领域，提高服务效益。汽车超市在世界各国都比较流行，中国汽车超市正在发展中，如北京北方轿车超市就同时销售上汽大众、上汽通用、东风本田、广州本田等多个轿车品牌。

（2）汽车大道

所谓汽车大道是在方便顾客进入的快速路两侧，建立若干品牌的汽车专卖店，形成汽车专卖店集群。汽车大道集汽车交易、服务、信息、文化的多种功能于一体，具有规模大、环境美、效益好、交易多、影响广等特点，是一种集品牌专营、汽车超市等多种汽车营销模式优势于一体的较先进的汽车营销模式。汽车大道体现了国际汽车营销模式由单一模式向集约化模式发展的趋势。近几年，汽车大道模式在美国、日本和欧洲等汽车生产大国得到了较快发展。中国加入 WTO 以后，这一较先进的汽车营销模式传入国内，有的地方政府和汽车销售企业已着手规划汽车大道。相信在不久的将来，汽车大道将会成为中国汽车营销模式中的主流模式之一。

（3）汽车租赁

汽车租赁业被称为“朝阳产业”。它因为无须办理保险、无须年检维修、车型可随意更换等优点，以租车代替买车来控制企业成本，这种在外企中十分流行的管理方式，正慢慢受到国内企事业单位和个人用户的青睐。

相关链接

汽 车 租 赁

国外汽车租赁已成为一种非常重要的汽车营销模式，在美国，以汽车租赁的方式销售的新车约占新车销售的三分之一。

在我国，各地的汽车销售公司纷纷推出汽车租赁业务。有的销售公司联营成立租赁有限公司，根据顾客需要，租车方式灵活。私人或单位租车，一般只出示户口本或单位营业执照、本人驾驶证、身份证或介绍信，并交一定的押金，就可以租到一辆适用的车辆，然后按照租期的天数，交付一定的租金。如果客户方没有人能驾驶，又急于用车，公司还可派专人随车为用户服务，这种情况就不收或少收押金，只计算租用期间的费用。

随着我国加入 WTO，世界著名的汽车租赁公司也首次进入中国市场，世界著名的汽车租赁公司——欧洲汽车公司与我国第一家实行汽车联网租赁的北京世纪通汽车俱乐部签署全方位合作协议，标志着国外汽车租赁知名品牌首次进入国内市场。

目前在汽车市场上还出现了汽车租售业务，并成为汽车销售的新热点。汽车租售是介于分期付款和租赁之间的一种新的售车形式，把租赁和销售巧妙地结合起来。消费者只需通过出示身份证、驾驶证，交纳一定的押金，再买一份汽车保险，就可以向汽车销售商“租”辆新车，以后再按月交一定的租金，就拥有这辆车的使用权和“准”所有权。平时，汽车的常规保养由销售商负责，消费者只管开车。租用期满，如果想买下来，就可将以前的租金抵作购车款，再补足余额，即可成为这辆车的合法拥有者。若不想购买，则把车退回即可。

在一般情况下，汽车租售需要消费者与汽车经销商签订一份租赁合同，规定租用期限（一般为 4 年）、每个月交纳的租金（1 年大约是整车价的 1/5）、每年限定使用的千米数（一般为 2 万千米以内），以免双方发生纠纷。汽车租售与分期付款相比，每月租金支出明显减少，租赁使用期要长得多，更诱人的是最后还可以得到汽车所有权，一举两得。在一些国家，汽车租售业务已占到整个汽车市场销售业务三分之一的比例。

（4）汽车金融信贷

汽车金融信贷是经中国银行业监督管理委员会批准设立的，为中国境内的汽车购买者及消费者提供金融服务的非银行金融机构。通用汽车金融公司就是其中较有代表性的之一。

在海外，通过汽车金融公司贷款购车是最为普遍的汽车贷款方式。现在国内也有多家汽车金融公司可以提供购车贷款服务。而目前中国市场上主要的汽车金融公司有上汽通用、创富、大众、福特、丰田、戴克和北京现代等公司，各公司所提供的金融产品既有相同又各有特色，分别适用于不同的车型。通常情况下，这种公司具有门槛低、首付比例低、贷款时间长、审批灵活、速度快等特点，可以说汽车金融公司贷款逐渐成为许多消费者选择购车贷款的主要渠道之一。

（5）以旧换新

近年来，二手车交易日趋活跃。为把旧车市场纳入有序轨道并通过二手车的置换来拓展新车市场，进而推动全国汽车行业的全面发展，一些汽车集团也随后成立车辆置换公司。开展以旧换新业务，从而加快现有车辆的更新速度，满足不同层次消费者的购车需求。

富康轿车在京开展的以旧换新业务是通过北京汽车服务公司和北京兵工汽车贸易公司联合推出的，为那些想把旧车卖掉再买新车的消费者提供便利条件。旧车车主可将欲出售的任何一种旧车交由北京机动车交易市场驻北京市场专业人员进行鉴定、评估，在旧车经过作价后由车主补足余额，就可开走任意一款全新的富康车。旧车经由北京汽车服务公司的专业人员检修处理后，再以拍卖的形式出售。

（6）买断销售

买断销售是指销售商和生产厂家就某产品在一定区域内达成协议，以非常优惠的价格从厂家批量采购产品，然后以低于市场价的价格对外销售，从而实现短期内大批量销售该产品的一种营销方式。买断销售的实质就是一种变相的价格战，只不过价格战发动者由厂家转换成某些经销商。买断销售可以帮助经销商俘获商家、俘获消费者。尽管买断销售风险巨大，但为了占领市场，买断销售模式是经销渠道从完全依附厂家走向独立的重要标志。

经销商买断车型后自由定价，把最大的利润空间让给消费者。这样，厂家消化了大量库存，经销商完成任务赚到了钱，消费者也能买到心仪很久的车型，表面看来是一件“三赢”的好事。但买断销售使经销商的阵营可能出现两极分化。有资金实力的经销商通过买断销售稳赚不亏，而那些没有资金实力的经销商，很可能最终被这些有实力的经销商“买断”。经销商通过买断销售能够迅速积累客户，为售后服务带来更多的客源，很可能在经销领域造就汽车销售“巨无霸”，这也标志着国内汽车经销商正在摆脱和厂家之间的依附地位。买断销售给消费者带来的是实惠和好处，既能便宜几万元买到新车，又能摆脱价格战的困扰，而且，优胜劣汰的精华经销商在售后服务上又能提供更多的保障。更重要的是，买断销售对于汽车销售的刺激作用给了人们一个良好的信号，因此，更多的厂家出现这种买断销售将是消费者乐意看到的。

买断销售存在着五大风险：①价格多变的风险；②卖不出去的风险；③威胁新车销售的风险；④资金链断裂的风险；⑤买断价格不可控的风险。此外，买断销售对经销商资本运作能力的考验在于：使用自有资金很有可能降低公司抗风险的能力，而银行贷款势必增加项目成本。为此，经销商要准确地把握资金回笼时间和周转率、融资方式的选择、资金链条等情况，就算一个小小的偏差，都会让经销商处于骑虎难下的窘境。

相关链接

2002 年央视买断 5 000 辆（单价：26.9 万元）帕萨特 VX052，以每辆车 23.9 万元的价格让利消费者，被抢购一空；2006 年，央视独家买断的高尔夫车型，以大众品牌在国内有史以来破记录的低价 5.98 万元，以一天 100 余辆的销量再创销售奇迹。

到目前为止，上海大众、一汽大众、东风雪铁龙、一汽夏利、东南汽车、奇瑞、吉利等陆续加入到买断式销售的阵营。可见，在买断式销售的“危与机”面前，经销商如何取舍显得生死攸关。这实际上是经销商开始尝试用巨资买断车型来重构其在销售市场的版图——经销商买断那些市场上表现波澜不惊却暗藏机会的车型，以此击败竞争对手。

3. 我国未来汽车市场营销模式

（1）借助娱乐与体育等多元化产业的跨界营销

21 世纪，商业的本质就是娱乐大众，越来越多的消费者用于娱乐消费。当技术改变世界的时候，娱乐化正在改变商业的目的。娱乐化是打动人心、与消费者构建情感最有效的方式。在营销过程中若能为消费者创造更加轻松、愉悦、人性化、感性的氛围，则可以提高知名度，吸引众多消费者。例如：《意大利任务》中的 mini cooper 的精彩演出，还是凯迪拉克在《黑客帝国》中的精彩上演，抑或《非常人贩》中的奥迪 A8 的疾速飞驰，《变形金刚》中全部美国品牌概念车的集体亮相。在娱乐性大片的欣赏过程中，汽车品牌得到了潜移默化的传播。同时体育营销与娱乐营销非常相似，就是借助赞助、冠名、代言人等与体育有关的营销手段来推销自己的品牌。比如：贝克汉姆的定制汽车，科比·布莱恩特的豪华车队，这些都是把体育文化融入到品牌文化中，从而提高企业知名度。

（2）倡导多元化的营销模式

在营销技术方面，我国的汽车营销模式要注重吸收和推广国内外成功的汽车营销经验和技术，如二手车交易、新旧车置换、汽车直销等方面；在经营理念方面，中国的汽车营销模式除要考虑如何满足消费者对汽车产品使用功能方面的需求外，还要注重社会、企业、消费者三者利益的有机结合，注重满足消费者在获得汽车产品及其使用功能过程中，对于产品以外的需求，如以旧换新等需求的满足。中国汽车产业的发展状况、各营销模式的优缺点、特定的适用范围和庞大的消费群体，决定了我国汽车营销模式的多元化方向。要依据市场规律和市场变化，结合汽车生产企业和销售企业的特征和特定的消费群体，建立各具特色、多种形式的汽车营销模式，如将传统的营销模式（普通经销商、专卖店经销、汽车超市、汽车大道等）与新型的营销模式（汽车电子商务、汽车俱乐部等）有机结合起来，不断对现有的汽车营销模式进行创新，以适应各种不同层次汽车消费者的需求。

（3）电子商务的不断发展

电子商务和网络营销的出现，为汽车营销提供了新的形式和渠道。随着经济全球化和汽车产业的全球化趋势进一步发展，汽车电子商务和网络营销已成为中国赶超世界先进国家汽车营销水平的重要途经。当前，国内少数几个市场领先轿车企业已经开始探索汽车电子商务（如网上采购）和网络营销（如订单销售）。通过网上车市，人们可实现个性化、便利化、高效化购车；同时商家也可节省不少的店面固定资产开支、人工费用等。网上车市可以使人们通过互联网了解汽车的每一个零部件，快速进行同价位车型各项数据的比较，根据消费者的经济实力、用途和喜好确定车型。使购车环节变得简单化，购买不再受时间和空间限制，自然大大提供了便利。但目前国内还存在企业和个人信用能力较低，社会信用制度不健全、消费观念跟不上、网络建设布局不合理、网络营销法规尚未建立、企业运用互联网的能力有待提高、专业化和社会化的物流配送体系还未形成、网上资金流通的保证系统尚待完善等问题。

（4）社区店的网络服务

4S 店维修部门维修时会产生大量污染和噪声，越来越多的 4S 店不得不离开市中心，改建在城市边缘，这样不利于汽车的维修和保养。众所周知，汽车销售利润远远小于汽车服务，因此，汽车服务越来越被消费者关注。对于消费者来说需要的是便捷、优质和廉价的服务，而现在很多 4S 店不仅路程远而且收费较高，因此可以建立快修功能的“社区店”。社区店主要是本着“贴近购买力，贴近保有量”的原则，只要有需求就可以兴建，这样会降低投资风险同时也方便了消费者。

（5）汽车俱乐部营销

随着一轮一轮的价格战，汽车销售的利润越来越低，汽车产业的价值链正向售后服务市场延伸。汽车俱乐部越来越成为受关注的焦点。俱乐部营销则是指企业通过组织俱乐部，吸收会员参加，并为会员提供相关服务，以培养并维系会员对企业的忠诚，进而使企业在营销上获益的推广模式。可以说，俱乐部营销是汽车厂商征战市场的“必打牌”，更为汽车服务商所重视。表 1-4 所示为部分汽车俱乐部会员产品。

表 1-4　部分汽车俱乐部会员产品

<table>
<tr><th colspan="2">服务项目</th><th>内容</th></tr>
<tr><td rowspan="15">汽车服务</td><td rowspan="5">救援服务</td><td>送油服务</td></tr>
<tr><td>紧急救援（拖车服务、车辆泵电）</td></tr>
<tr><td>拖带服务</td></tr>
<tr><td>更换备胎</td></tr>
<tr><td>蓄电池亏电</td></tr>
<tr><td rowspan="2">车险服务</td><td>代办车辆保险</td></tr>
<tr><td>代办定损理赔</td></tr>
<tr><td rowspan="2">维修保养</td><td>汽车检测（四轮定位、胎压、刹车系统、水箱等）</td></tr>
<tr><td>车况技术鉴定</td></tr>
<tr><td>洗车</td><td>加盟商户消费优惠</td></tr>
<tr><td>装饰美容</td><td>会员享受折扣</td></tr>
<tr><td>团购优惠</td><td>消费优惠</td></tr>
<tr><td rowspan="2">车辆买卖</td><td>新车推介、试乘试驾、咨询</td></tr>
<tr><td>二手车买卖、鉴定</td></tr>
</table>

续表

服务项目		内容
车主服务	车务代办	违章缴费（电子违章提醒、违章缴费代办）
		代办维修
		代缴税费
		补证审证
		代办验车
	通行便利	粤通卡 ETC 电子标签，自动扣费
	车务提醒	税费缴纳时间
		验车时间
		保险到期时间
		换季保养
		交通信息
	代驾服务	酒后代驾
		接送服务
		商务代驾
		长途代驾
		旅游代驾
	服务区服务	高速公路道路信息（道路维修、改道绕行等）公告
		景区门票优惠（实体票、电子票）
		服务区专享服务（获赠咖啡、奶茶）
		印刷品免费取阅（旅游资料）
		服务区商务中心（WIFI 上网、传真、打印服务）
		网上服务（出行攻略、服务商家查询）
		彩信、电子杂志
	培训指导	汽车培训班
		专家技术指导
休闲服务	休闲旅游	会员活动（自驾、聚会、讲座、论坛）
		高端杂志资讯
		酒店、机票预订服务
		示卡打折优惠（景区、酒店、餐饮、休闲、购物）
		自驾旅游

（6）体验式营销

在当前市场竞争环境下，单纯依靠提供良好的产品与优质的服务已很难赢得消费者的长期青睐。在产品严重同质化的情况下，人们对品牌能提供的精神价值感兴趣。企业通过体验的方式与消费者进行情感互动，在欢声笑语中将品牌精神与品牌信息潜移默化地传达给他们，无疑是最佳的营销选择。作为一种崭新的营销模式，体验式营销吸引了诸多厂商的眼球，将企业竞争的“门槛”提高。体验式营销也因此成为厂商增加品牌价值、树立公司形象、吸引顾客和增加顾客忠诚度的有力武器。汽车企业开展体验式营销模式，要着重提供体验型产品和服务。企业根据消费者潜在的心理需求和情感需要，结合顾客在使用产品和享受服务过程中的感觉和感受，有针对性地为消费者开发、设计和提供更“人性化”、更具“灵性”的车型及相应的服务，以此来满足消费者的体验需要。

相关链接

菲亚特推出了以服务为主题的“航空式服务”、“上门售车”等项目，还开展了主题为“超越你的想象”创新的体验式营销活动，通过这种广泛深入的互动交流和极具趣味性又有意外惊喜的试驾活动，使消费者从感性和理性上对菲亚特汽车的时尚、科技和高性价比等特点进一步认知。

对汽车行业而言，体验式营销除了注重汽车性能，更强调汽车与生活、休闲及个性色彩的结合，透过感情及联想的诉求，给驾驶者提供更多的体验空间。

面对未来，汽车厂家之间的终端竞争日趋激烈，不同企业之间的市场份额将在新一轮较量中兼并或重组，渠道争夺更加残酷。越来越多的商家对私家车、商务车等特定领域车辆的需求更加迫切。我国汽车工业要想取得长足的发展，其营销模式走向扁平化是必然趋势，尽量拉近厂商与消费者之间的距离。营销模式的创新关键在营销理念的细分，厂商必须细分自身产品的目标客户，站在消费者立场找到与社会的平衡点，如研发更加省油、安全、功能更加人性化的产品。随着消费者自我意识的不断提高，消费者越来越“聪明”。“货比三家”和追求个性化，使汽车市场越来越考虑消费者的需求。例如：新崛起的“长城”汽车，就是用自己多元化的产品体系，迎合了大多数年轻消费者的需求，“炫丽”、“酷熊”、“哈弗”等灵巧、排量合适的车型陆续上市，占领各种车型的销量前端。

本章小结

本章是整本书的导论，通过分析市场营销的方方面面，说明了我国搞好汽车市场营销的重要性，同时也说明了今后我国汽车市场营销机会和挑战并存。为了能应对这样的挑战，必须树立正确的汽车市场营销观念，认识新的汽车市场营销特点，探索新的汽车市场营销规律，创新汽车市场营销方法，开展新的汽车市场营销活动，促进汽车市场及汽车市场营销活动的发展。

案例分析

美国福特汽车和通用汽车的早期竞争

美国福特汽车公司是1903年由亨利·福特与詹姆斯·卡曾斯·道奇兄弟等创办的，由福特任总经理。1912年福特公司聘用詹姆斯·库兹恩任总经理。库兹恩上任后实施了如下3项决策。

① 对产品“T型车”做出降价的决定，即将1910年定的售价950美元降到850美元以下。

② 按每辆“T型车”850美元的目标，着手改革公司内部的生产线，在占地面积为278英亩的新厂中首先采用现代化的大规模装配作业线，使过去12.5小时出一辆“T型车”降到9分钟出一辆车，大幅度地降低了制造成本。

③ 在全国设置7 000多家代销商，广泛设立销售网点。

这 3 项决策的成功，使“T 型车”走向全世界，市场占有率占美国汽车行业之首。

1919 年，亨利 · 福特独占福特公司，库兹恩被解雇，福特自任总经理。福特一方面采用低价策略，1924 年，每辆“T 型车”售价已降到 240 美元，1926 年福特车产量占美国汽车产量的 1/2；另一方面又提出“不管顾客需要什么，我的车都是黑色的”，实行以产定销的策略，以“黑色车”来作为福特汽车公司的象征。结果“T 型车”在竞争中日益失利，1927 年 5 月终于停产。1928 年，福特汽车公司的市场占有率被通用汽车公司超过，退居第二位。

美国通用汽车公司于 1908 年成立，由杜邦财团控制，1928 年以前，它的市场占有率远远低于福特汽车公司。1921 年，斯隆就职于通用汽车公司，针对当时通用汽车公司的权力分散状况写了《组织研究》一文，提出了“集中决策控制下的分散作业”，使集权和分散得到很好的平衡。1923 年，斯隆任通用汽车公司总经理，改革了经营组织，使公司高层领导人抓战略性决策，日常的管理工作由事业部完成。同时，提出“汽车形式多样化”的经营方针，来满足各阶层消费者的需要。1923 年市场占有率仅 12%，远远低于福特汽车公司；到了 1928 年市场占有率达到 30%以上，超过福特汽车公司，1956 年市场占有率达 53%，成为美国最大的汽车公司，并一直保持其强盛的发展势头到 21 世纪的今天。

分析提示：

老福特对“T 型车”情有独钟，这是受当时生产观念的支配而忽视了消费者喜欢变化的结果。而相反，通用公司正是看到消费者喜好的变化而提出“汽车形式多样化”的经营方针，最终后来者居上，成为美国最大的汽车公司。

当前，企业生产什么、怎样生产、为谁生产不是由生产者和商家说了算，而是由消费者手中的“货币选票”来决定的。因此企业必须经过市场调查，了解消费者的实际需求，处处站在消费者的立场上来想问题，但消费者的需求是多方面的、多层次的和多变化的，这就要求企业不断转变营销观念来适应多变的营销环境。

请问：

1．假如自己当时是福特公司的一名营销主管，那么能否劝说老福特改变其经营理念？

2．如果能，说明具体办法，以及会给他提出什么样的建议？如果不能，说明理由。

营销实训

实训项目：汽车市场营销观念的判断

1．实训目的

通过各种方式查阅相关资料，了解自己所喜欢的汽车企业的行为是否符合社会营销的观念。

2．实训内容和要求

（1）内容：组建团队，给出汽车市场营销观念演变的定位，进行团队配合。

（2）要求：按汽车市场营销观念的相关知识进行资料的查找。

3．实训组织

把全班分成4～6人一组，以组为单位完成实训任务。

4．实训操作步骤

（1）进行团队组建，选择自己团队喜欢的汽车企业。

（2）通过各种方式查阅相关资料，了解所选汽车企业的行为是否符合社会营销的观念。

5．实训考核

（1）考核调查报告，从调查报告的格式、可行性、完整性等方面进行考核。（70%）

（2）考核个人在实训过程中的表现。（30%）

第 2 章　汽车市场营销环境分析

本章学习目标

1. 理解汽车市场营销环境的概念和特点。

2. 了解影响企业营销决策的微观环境与宏观环境因素；企业如何识别所处的营销环境的特点和变化，及时调整营销策略以适应营销环境的变化。

3. 掌握汽车市场营销宏观环境所包括的内容和具体的分析方法。

4. 理解汽车市场营销微观环境是指与汽车企业市场营销活动有密切关系的环境因素，对汽车企业当前或今后的经营活动产生直接影响。

案例导入

日本丰田公司应对环境变化的办法

1970 年，美国发布了限制汽车排放废气的“马斯基法”，而丰田早在 1964 年就把省油和净化技术列为自己的技术发展战略，并一直进行相应的技术研究。为了研制废气再循环装置和催化剂转换器，丰田在当时的 7 年间投入了 10 000 亿日元的资金和 1 万人的力量。仅废气处理系统就开发出丰田催化方式、丰田稀薄燃烧方式、丰田触媒方式三种，并很快在“追击者”高级轿车上安装了这些装置，从而在这一技术领域把美国人远远甩在了后边。同时，丰田还与其他日本汽车厂家一起开发了节约燃料 25%～30%的省油车，以后又开发出了防止事故发生和发生事故后保证驾驶人员安全的装置。这些对受石油危机冲击后渴望开上既经济又安全轿车的美国人来说，无异于久旱逢甘露。5 年间，在其他厂家的汽车销售直线下滑的情况下，丰田在美国的销量却增加了 2 倍。

一位美国汽车行业人士事后对照丰田的做法和当时美国汽车公司的反应，发表了这样的看法。

“在 1973 年阿以战争和接着出现的石油危机之后，对一些问题的回答是非常清楚的。整个世界陷于一片混乱之中，对这种局势我们必须立即作出反应。小型的、节油的、前轮驱动的汽车是今后的趋向。”

“做出这样的推测不必是什么天才，只需要看看 1974 年的销售数据就行了。通用汽车公司的汽车销售总数较上年下降了 150 万辆，福特公司的销售数也减少 50 万辆。小型车大多来自日本，而且销路极好。”

“在美国要提高生产小型车的效率是很费钱的事情。但是，有些时候，你除了作出巨额投资之外，没有任何其他的选择。通用汽车公司耗资数十亿元来生产小型汽车。克莱斯勒公司也对节油型号的汽车投入了一大笔钱。但是，对亨利（福特的董事长）来说，生产小型车是没有出路的。他最喜欢用的说法‘微型汽车，低微利润’。”

“你又能靠小型汽车赚钱，这毕竟是对的，至少在美国是这样。这一点，一天天变得更正确。但是这并不意味着我们就不应该制造小型汽车，即使不出现第二次石油短缺的前景，我们也必须使我们的经销商保持心情舒畅。如果我们不向他们提供消费者需要的小型车，这些经销商便会与我们分手，另谋出路，甚至去本田或丰田公司工作。”

“严酷的现实是，我们必须照顾购买力较低的那部分市场。如果再加上爆发石油危机的因素，这种论点就更是正确无疑了。我们不提供小型节油的汽车，就像开一家鞋店而告诉顾客：对不起，我们只经营9号以上的鞋。”

“制造小型汽车已成为亨利不愿意谈及的事。但是我坚持必须搞一种小型的、前轮驱动的汽车——至少在欧洲搞一种小型车的确很有意义。”

“于是派遣我们高级产品的设计师到大西洋彼岸去工作，很快装配出了一辆崭新的假日型汽车。这是一种前轮驱动和配有横置发动机的型号很小的汽车，简直妙不可言，也很受市场欢迎。”

从以上案例可以看出，日本丰田公司在营销环境发生变化时，在美国市场取得了良好的销售业绩，这和日本丰田公司能够正确分析汽车市场营销环境密不可分。

企业的市场营销活动是在一定的市场营销环境里进行的，任何企业都不能脱离现实的市场环境而从事营销活动，而市场营销环境又是随着时间的推移而不断变化的。各种环境因素的变化，对企业来说，既可以带来机会，又可能形成某种威胁。因此企业应该及时准确地把握市场营销环境的动态变化，以便避开威胁，利用机会。

2.1 汽车市场营销环境概述

汽车市场营销活动，是在不断发展、变化的环境条件下进行的，它既对汽车市场产生影响，又对汽车营销造成制约。这种影响市场和制约营销的两种力量，就是汽车市场营销环境，包括宏观环境和微观环境。汽车市场营销环境分析的目的：一是要发现汽车市场环境中影响汽车营销的主要因素及其变化趋势；二是要研究这些因素对汽车市场的影响和对汽车营销的制约；三是要发现在这样的环境中的机会与威胁；四是要善于把握有利机会，避免可能出现的威胁，发挥汽车市场营销者的优势，克服其劣势，制定有效的汽车市场营销战略和策略，实现汽车市场营销目标。

2.1.1 汽车营销环境的概念与特征

1. 汽车营销环境的概念

美国著名市场学家菲利普·科特勒将市场营销环境定义为：“企业的营销环境是由企业营销管理职能外部的因素和力量组成的。这些因素和力量影响营销管理者成功地保持和发展同其目标市场顾客交换的能力。”也就是说，市场营销环境是指企业有潜在关系的所有外部力量与机构的体系。因此，对汽车营销来说，汽车市场营销环境的研究是汽车营销活动最基本的课题。

汽车市场环境是汽车营销活动的约束条件。汽车营销管理者的任务不但在于适当安排营销组合，使之与外面不断变化着的营销环境相适应，而且要创造性地适应和积极地改变环境，创造或改变顾客的需要。这样才能实现潜在交换，扩大销售，更好地满足目标顾客日益增长的需要。

汽车市场营销环境分析的意义在于以下几点。

① 汽车市场营销环境分析是汽车企业市场营销活动的立足点。汽车企业的市场营销活动，是在复杂的市场环境中进行的。社会生产力水平，技术进步变化趋势，社会经济管理体制，国家一定时期的政治经济任务，都直接或间接地影响着汽车企业的生产经营活动，左右着汽车企业的发展。

相关链接

20 世纪 80 年代，我国准备引进生产乘用车车型，以满足国内市场的需要。当时国内改革开放刚开始，国外大多数企业采取观望态度或由一些规模不大的汽车公司以即将淘汰的产品提供合作生产。德国大众汽车公司通过对中国市场环境的深入研究，决定与我国合作生产轿车，并且经过论证、谈判、筛选，确定与实力最强的一汽集团和新发展的上汽集团合作生产适宜于中国制造、消费的轿车。一汽集团与上汽集团至今一直掌握着我国轿车市场中相当的份额，一汽大众和上海大众的产品销量也一直在国内车企中排名领先。

② 汽车市场营销环境分析使汽车企业发现经营机会，避免环境威胁。汽车企业通过对汽车市场营销环境的分析，在经营过程中就能发现经营机会，取得竞争优势；同时，避免环境威胁就是避免汽车营销环境中对企业不利的趋势。如果没有适当的应变措施，则可能导致某种产品甚至整个企业的衰退或被淘汰。

相关链接

在开创汽车市场的时代，许多人扔掉马车，换来汽车。对于这样一种市场来说，福特汽车顺应从乡村转入城市这一潮流，本身敞开式的 T 型车自然是完美无缺的。但是到了 20 世纪 20 年代，市场上的买主是已经有了自己一辆车的人，他们对自己运输方面的要求已不仅仅局限于经济实惠，而是要求有漂亮的颜色、四轮驱动、减振器、变速器、低压大胎和流线型车体。这时福特汽车公司只是对 T 型车进行局部改进；而通用汽车公司已通过对汽车市场营销环境的研究分析，转向提供多姿多彩、线条优雅的新型汽车。通用汽车公司的汽车既有方便的取暖器，又用自动离合器代替手柄，即使妇女驾车，也感到舒适惬意。由于福特汽车公司忽视了对变化了的汽车市场营销环境的分析，没能及时把握经营机会，又没有对来自通用汽车公司的竞争威胁做出有效的反应，当通用汽车公司推出新型车雪佛兰时，福特汽车公司的 T 型车只能黯然退出历史舞台。

③ 汽车市场营销环境分析使汽车企业经营决策具有科学依据。汽车市场营销经营受着诸多环境因素的制约，是一个复杂的系统，企业的外部环境、内部条件与经营目标的动态平衡，是科学决策的必要条件。企业要通过分析找出自己的优势和缺陷，发现由此给企业带来的汽车市场上相对有利的条件并加以利用，使企业在汽车营销过程中取得较好的经济效益。

相关链接

1983 年，美国经济从石油危机的影响中摆脱出来，汽车市场需求大增，而对美国最大汽车出口国日本却因“自愿出口限制”配额影响，每年只能从日本进口 10 万辆汽车，造成进口车供需之间巨大差距。加上此时日元升值，日本汽车制造商采取了高档车转移方针。而美国三大汽车厂商对低价车毫不重视，并趁日本车涨价之机调高同类车售价。引进日本三菱技术的韩国现代汽车公司，立足于对当时美国汽车市场营销环境的详细调查、预测和分析，确定了质优价廉的产品战略，提出“日本车的质量、韩国车的价格”的营销推广口号，进军美国汽车市场。韩国现代汽车公司 1986 年进入美国市场，当年汽车销量就达到 168 882 辆，是同期日本铃木公司 60 983 辆销量的 2.5 倍。

2. 汽车市场营销环境的特点

汽车市场营销环境是一个多因素、多层次而且不断变化的综合体。其特点主要表现在以下几个方面。

（1）客观性

企业总是在特定的社会经济和其他外界环境条件下生存、发展的。企业只要从事市场营销活动，就肯定会面对着各种各样的环境条件，也肯定会受到各种各样环境因素的影响和制约，这些因素中既包括宏观环境，也包括微观环境。一般来说，企业是无法摆脱营销环境影响的，只能被动地适应营销环境的变化和要求。因此，企业决策者必须清醒地认识到这一点，要及早做好充分的思想准备，随时应付企业将面临的各种环境的挑战。

（2）差异性

市场营销环境的差异性不仅表现在不同的企业受不同环境的影响，而且同样一种环境因素的变化对不同企业的影响也不相同。例如，不同的国家、民族、地区之间在人口、经济、社会文化、政治、法律、自然地理等各方面存在着广泛的差异性，这些差异性对企业营销活动的影响显然是很不相同的。再如，我国汽车企业处于相同的国内经济环境、政治法律环境、技术环境、竞争环境等，但这些环境对不同企业影响的程度是存在差异的。由于外界环境因素的差异性，汽车企业必须采取不同的营销策略才能应付和适应这种情况。

（3）相关性

市场营销环境是一个系统，在这个系统中各个影响因素是相互依存、相互作用和相互制约的。这是由于社会经济现象的出现，往往不是由某单一因素所能决定的，而是受到一系列相关因素影响的结果。例如，企业开发新产品时，不仅要受到经济因素的影响和制约，更要受到社会文化因素的影响和制约。再如，价格不但受市场供求关系的影响，而且还受到科技进步及财政政策的影响。因此，要充分注意各种因素之间的相互作用。

（4）动态性

营销环境是企业营销活动的基础和条件，这并不是意味着营销环境是一成不变的、静止的。恰恰相反，营销环境总是处在一个不断变化的过程中，今天的环境与十多年前的环境相比已经有了很大的变化。例如，国家产业政策，过去重点放在航天工业上，现在已明显向农业、轻工业、服务业倾斜，这种产业结构的变化对企业的营销活动带来了决定性的影响。再如，我国消费者的消费倾向已从追求物质的数量化为主流正在向追求物质的质量及个性化转变，也就是说，消费者的消费心理正趋于成熟。这无疑会对企业的营销行为产生最直接的影响。

（5）不可控性

影响市场营销环境的因素是多方面的，也是复杂的，并表现为企业的不可控性。一般情况下，宏观因素的变化对于企业来说是不可控的，例如，一个国家政治法律制度、人口增长及一些社会文化习俗等，企业不可能随意改变。这种不可控性对不同企业表现不一，有的因素对某些企业来说是可控的，而对另一些企业则可能是不可控的；有些因素在今天是可控的，而到了明天则可能变为不可控因素。另外，各个环境因素之间也经常存在着矛盾关系，例如，消费者对汽车的兴趣与热情就可能与客观存在的油价上涨相矛盾，那么这种情况就使企业不得不做进一步的权衡，在利用可以利用的资源前提下去开发新产品，而且企业的行为还必须与政府及各管理部门的要求相符合。

2.1.2　市场营销环境与企业活动

市场营销环境通过其内容的不断扩大及其自身各因素的不断变化，对企业营销活动造成影响。企业营销活动既要积极适应营销环境又要设法改变营销环境。

市场营销环境是企业经营活动的约束条件，对企业的生存和发展有着极端重要的影响。现代营销学认为，企业经营成败的关键，就在于企业能否适应不断变化的市场营销环境。由于生产力水平的不断提高和科学技术的不断进步，当代企业外部环境的变化速度，远远超过企业内部因素变化的速度。因此，企业的生存和发展，越来越取决于其适应外界环境变化的能力。“适者生存”既是自然界演化的法则，也是企业营销活动的法则，如果企业不能很好地适应外界环境的变化，则很可能在竞争中失败，从而被市场所淘汰。强调企业对所处环境的反应和适应，并不意味着企业对于环境是无能为力或束手无策的，只能消极被动地改变自己以适应环境，而是应从积极主动的角度出发，能动地去适应营销环境；也就是说企业既可以以各种不同的方式增强适应环境的能力，避免来自营销环境的威胁，也可以在变化的环境中寻找新机会，并可能在一定的条件下转变环境因素，或者说运用自己的经营资源去影响和改变营销环境，为企业创造一个有利的活动空间，然后再使营销活动与营销环境取得有效的适应。

美国著名市场学者菲利普·科特勒针对该种情况，提出了“大市场营销”理论。该理论认为，企业为了成功地进入特定市场或在特定市场经营，可应用经济的、心理的、政治的和公共关系技能，赢得若干参与者的合作。科特勒举例说，假设某家百货公司拟在美国某城市开设一家商店，但是当地政府的法律不允许它开店，在这种情况下，它必须运用政治力量来改变法律，才能实现企业的目标。“大市场营销”理论提出企业可以运用能控制的方式或手段，影响造成营销障碍的人或组织，争取有关方面的支持，使之改变做法，从而改变营销环境。这种能动的思想不仅对开展国际市场营销活动有重要指导作用，对国内跨地区的市场营销活动也有重要意义。因此，营销管理者的任务不但在于适当安排组合，使之与外部不断变化的营销环境相适应，而且要积极地、创造性地适应环境并积极改变环境，创造或改变目标顾客的需要。只有这样，企业才能发现和抓住市场机会，因势利导，进而在激烈的市场竞争中立于不败之地。

相关链接

20 世纪 70 年代后期，"可口可乐"和"百事可乐"相继去敲印度市场的大门。最初，印度政府拒绝了两大公司进入印度的要求，想要保护本国饮料市场。之后，印度政府又提出，他们若要进入，就必须接受一些附加条件，如规定产品出口份额等。两大公司辗转全世界，当然不愿接受印度政府的附加条件，因此转身就走，给印度人民留下了骄横专断、不可一世、不愿真心帮助印度富强的极坏印象。

生意人都知道"时间就是金钱"，百事却认为"真正的金钱是形象"，百事后来决定彻底改变原来那种令人不快的形象。百事公司向印度政府提出三条保证，要求印度政府提供重新进入的机会。印度政府提出，百事可乐在印度开分厂也好，建立合资企业也好，必须保证就地取材，以扶助当地农副产品生产。百事可乐接受了这一条件。根据计划，百事可乐公司将消费掉旁遮普邦生产的全部水果和 1/4 的蔬菜。

百事可乐公司还向印度政府保证，工厂开业后，将全部雇用印度当地的工人或农民，工厂规模越大，提供就业机会就越多。这一做法，对于每年有百万失业人口和人口总数 70%是农民的这样一个发展中国家来说，无疑是一个杰出的贡献。

成品的内销外销比重也是印度政府最为关心的问题。百事可乐公司想其所想，主动提出食品加工厂 50%的产品将出口外销，其中包括价值数百万美元的炸土豆片。大批的出口不仅为印度创造了外汇收入，而且在一定程度上保护了印度国内市场。

百事可乐公司转变形象的努力获得了成功，印度正式批准百事可乐进入印度市场开设合资公司。

2.2 汽车市场宏观环境

宏观环境（Macro-Environment）是指能影响整个微观环境和企业营销活动的广泛性因素——人口环境、自然环境、经济环境、科技环境、政策与法律环境及社会文化环境。一般来说，企业对宏观环境因素只能适应，不能改变。宏观环境因素对企业的营销活动具有强制性、不确定性和不可控性等特点。上述营销环境、微观环境与企业营销活动之间的关系如图 2-1 所示。

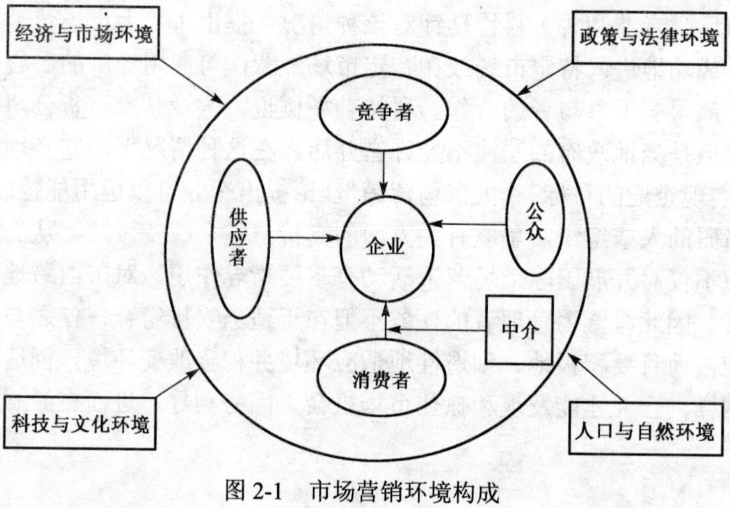

图 2-1　市场营销环境构成

2.2.1 人口环境

人口环境（Demography environment）是指一个国家和地区（企业目标市场）的人口数量、人口质量、家庭结构、人口年龄分布及地域分布等因素的现状及其变化趋势。

人口环境对企业的市场需求规模，产品的品种结构、档次及用户购买行为等市场特征具有决定性影响。例如，供老年人使用的汽车就应在安全、方便、舒适等方面满足老年人的需要，而不必过于强调汽车的最高车速和设计上的标新立异。同时，如果人口老龄化现象增加，将意味着适合老年人消费的大型车的市场规模扩大。

汽车市场营销人员在分析研究人口环境时，应注重区别人口环境对国际、国内两个汽车市场的不同影响。如对西方发达国家而言，由于汽车，尤其轿车已经作为耐用消费品广泛地进入家庭，对于这样的汽车市场，营销者就应更加重视研究目标市场的人口环境特点，以便展开正确的营销活动。

对国内汽车市场而言，由于汽车尚未广泛进入家庭，营销者在进行家用轿车市场的人口环境分析时，应着重分析高收入阶层的人口数量、职业特点、地理分布等因素的现状及其发展变化；同时，营销者还必须注意到我国人口众多，生活水平日益提高，人们对交通的需要迅速增加的事实，汽车特别是轿车作为耐用消费品广泛进入中国家庭已经起步。因而，汽车企业应加强对我国人口环境因素具体特点的研究，充分做好各项营销准备，以抓住不断增加的市场机会。

相关链接

1. 人口数量与汽车市场营销

在北京，随着人口数量的增加，直接导致城市规模不断扩大。伴随着五环路和六环路的建设与通车，北京城区的范围在一圈圈的扩大，许多从前人迹罕至的郊区，也逐渐发展成繁华的居住区。人们居住在这些远郊地区，却都要到原来的市中心上班，这无形中就增加了市民买车的需要。

2. 消费者的年龄结构与汽车市场营销

为了扩大市场容量，汽车生产厂家必须将目标市场向前延伸或向后延伸。过去汽车是为吸引年轻人而设计的，但在20世纪90年代末期“银发族”的消费能力不断增长，成为一股不可低估的力量，美国福特汽车公司抓住机会，推出了一系列专门为老人设计的汽车。这种车适合60岁以上视力减退、行动迟缓的老年人使用。福特公司在设计该车时询问了许多老人在驾车时遇到的问题。该车的设计特点是，驾驶室采用可旋转的驾驶座，以方便老人进出，后视镜特别加大，并且有雷达辅助停车装置。其系列当中最先进的车型还可以自动停车，手刹装置改为按钮式，车内的仪表盘加大，数据显示更清晰。车的外型也有改进，包括车顶加高，车门加大，门槛降低，这样更便于老人出入驾驶室。福特还将挡风玻璃做了特别改进以削弱刺激老人眼睛的强光。据说，许多老人都是因强光刺目而出事的。过去，汽车工业忽略了老年人，使他们失去了继续驾车的信心，而现在福特“老人汽车”足以让他们找回那份自信。

当然，汽车价格也较正常价格低，以照顾退休老人收入有所降低的特点。有关资料显示，世界上年龄最大的汽车驾驶员是加拿大阿尔伯塔省卡尔加里市一位名叫汤姆的世纪老人。1998年，当他已经101岁的时候，仍然顺利通过了视力检查和家庭医生的批准，领到了为期两年的新驾驶执照。

3. 消费者的性别结构与汽车市场营销

2012年初在我国已经拥有家用轿车的消费者中，女性占51.4%，男性占48.6%，女性车主比例首次超过男性。2011年初，这一数据为女性用户占43.1%，男性为56.9%。女性车主或准车主比例的增加使得汽车在设计和销售过程中更多地考虑到女性的偏好。

2012年初，北京某驾校最近三个月的报名学员统计显示，女性车主占到六成。女车主的增多是一个社会现象，是社会结构、家庭结构长期变化导致的。在十年前，开车只是男人的事，随着经济的发展、收入的提高和生活质量的提高，女性开始成为购车的主力军。这种趋势在汽车发达国家早已应验。

数据显示，早在2003年，美国CNW市场调查公司就发现，美国新车买主中有49%为女性。而且，80%的家庭购车决策权掌控于女性之手，在德国、法国、日本等这些汽车发达国家，女性车主都接近半数。

不少车企已经察觉到了这个现象，在经过细致的市场调查后纷纷在设计、营销上特意照顾到女性车主。有些车型在原有基础上增添了一些女性喜爱的亮色；个别车型在车内各处增加了化妆镜；有些紧凑型车，为了迎合女性消费者的审美特点，将外形设计得圆润、可爱。

2.2.2 自然环境与汽车使用环境

1. 自然环境

自然环境（Natural environment）是指影响社会生产的自然因素，主要包括自然资源和生态环境。自然环境对汽车企业市场营销的影响表现在以下两个方面。一方面自然资源的减少将对汽车企业的市场营销活动构成一个长期的约束条件。由于汽车生产和使用需要消耗大量的自然资源，汽车工业越发达，汽车普及程度越高，汽车生产消耗的自然资源也就越多，而自然资源总的变化趋势是日益短缺。另一方面生态环境的恶化对汽车的性能提出了更高的要求。生态与人类生存环境总的变化趋势也是日趋恶化，环境保护将日趋严格，而汽车的大量使用又会明显地产生环境污染，因而环境保护对汽车的性能要求将日趋严厉，这对企业的产品开发等市场营销活动将产生重要影响。

相关链接

我国汽车尾气排放标准有哪些

2007年4月27日，国家环保总局公布了相当于欧Ⅲ和欧Ⅳ标准的汽车尾气排放中国标准。中国Ⅲ号标准的尾气污染物排放限值比我国目前执行的第Ⅱ阶段标准尾气污染物排放限值降低了30%，并将于2007年7月1日起在全国开始实施，北京提前实行。

据国家环保总局官员介绍，环保总局早在2001年就启动了相当于欧Ⅲ标准的中国标准的制定。据参与该标准制定的清华大学污染控制研究所所长傅立新教授透露，北京地方性标准草案绝大部分内容参照了欧洲的欧Ⅲ标准，OBD和冷启动等要求都被保留。

目前，世界汽车排放标准并立，分为欧洲、美国、日本标准体系。欧洲标准测试要求相对而言比较宽泛，是发展中国家大都沿用的汽车尾气排放体系。并且，由于我国的轿车车型大多从欧洲引进生产技术，中国大体上采用欧洲标准体系。

中国汽车技术信息研究所专家李京生认为，中国有自己的国情，实施排放标准的背景也与欧洲有所不同，其中最直接涉及的就是城乡差别问题，因此中国应该有自己的标准。液位计我国机动车污染物排放标准中污染物排放限值大体等同欧盟排放标准，故国内也沿用类似称呼，但两者仍存有一定的技术差异。我国制定的《轻型汽车污染物排放限值及测量方法（Ⅰ）》等效于欧Ⅰ标准；《轻型汽车污染物排放限值及测量方法（Ⅱ）》等效于欧Ⅱ标准。而欧Ⅲ则比欧Ⅱ标准上了个台阶，有关专家做了一个形象的比喻：7 辆执行欧Ⅱ标准的汽车，相当于 1 辆化油器车的污染物排放量；14 辆执行欧Ⅲ标准的汽车，才相当于 1 辆化油器车的污染物排放量。按照轻型汽车Ⅲ号标准，家庭轿车和轻型汽车的一氧化碳排放量将在原有基础上减少 30%，碳氢和氮氧化合物则分别减少 40%。

汽车企业为了适应自然环境的变化，应采取的对策包括以下方面。

① 发展新型材料，提高原材料的综合利用。例如，“二战”以后，由于大量采用轻质材料和新型材料，每辆汽车消耗的钢材平均下降 10%以上，自重减轻达 40%；又如，在 2012 年第 12 届北京国际车展中各大厂商携带新车产品一一登场，此次车展最大的亮点莫过于碳纤维出现在越来越多的品牌车型中，轻质新材料已受到汽车制造商更多的关注。

② 开发汽车新产品，加强对汽车节能、改进排放新技术的研究。例如，汽车燃油电子喷射技术、主动和被动排气净化技术等都是汽车工业适应环境保护的产物。

③ 积极开发新型动力和新能源汽车，如国内外目前正在广泛研究电动汽车、燃料电池汽车、混合动力汽车、其他能源汽车等。

2．汽车使用环境

汽车使用环境是指影响汽车使用的各种客观因素，一般包括气候、地理、车用燃油、道路交通、城市建设等因素。

（1）自然气候

自然气候包括大气的温度、湿度、降雨、降雪、降雾、风沙等情况及它们的季节性变化。自然气候对汽车使用时的冷却、润滑、起动、充气效率、制动等性能及对汽车机件的正常工作和使用寿命产生直接影响。因而汽车企业在市场营销的过程中，应向目标市场推出适合当地气候特点的汽车，并做好相应的技术服务，以使用户科学地使用本企业的产品和及时解除用户的使用困难。

相关链接

日本汽车最初进入加拿大市场时经常生锈，加拿大消费者对产品质量产生了怀疑。原来加拿大的冬天天寒地冻，常常需要在道路上撒盐来融化冰雪。小汽车在公路上跑的时间一长，受盐的腐蚀，导致车身锈迹斑斑。日本汽车制造商经调查后，改进了车身的喷漆配方，添加了抗盐防锈漆，很好地解决了这一问题。

（2）地理因素

这里所指的地理因素主要包括一个地区的地形地貌、山川河流等自然地理因素和交通运输结构等经济地理因素。

地理因素对汽车企业市场营销的影响有以下两点。

① 经济地理的现状及其变化，决定了一个地区公路运输作用和地位的现状及其变化，它对企业的目标市场及其规模和需求特点产生影响。

② 自然地理对经济地理尤其对公路质量（如道路宽度、坡度、弯度、平坦度、表面质量、坚固度、遂涵及道路桥梁等）具有决定性影响，从而对汽车产品的具体性能有着不同的要求。

因而汽车企业应向不同地区推出性能不同的汽车产品。例如，汽车运输曾是西藏自治区交通运输的唯一方式，针对西藏的高原、多山、寒冷的地理气候特点，有些汽车公司推出了适合当地使用条件的汽车，而其他公司的汽车产品因不能适应当地使用条件，产品难以经受使用考验。

相关链接

为了使汽车更好地适应目标市场的地理环境，汽车生产厂家不但要针对地理环境进行设计，而且要针对驾驶环境进行测试。在西方发达国家的某些汽车生产厂家，有时还借助高新技术虚拟驾驶环境为汽车设计取得资料。

世界上最大的汽车内部系统制造商之一的约翰逊控制装置公司，曾经投资建立了自己的“舒适工程中心”。该中心的核心装置是一台汽车驾驶模拟装置，可以模拟不同条件下的汽车行驶环境，如道路上的景象、声响及汽车的承受力和减震性等。这种虚拟驾驶环境作为一种拟真的产品研制手段，可以为产品开发人员切身体验怎样把汽车设计的更为舒适提供更好的条件。

（3）车用燃油

车用燃油包括汽油和柴油两种成品油，对汽车企业营销活动的影响有以下几点。

① 车用燃油受世界石油资源不断减少的影响，将对传统燃油汽车的发展产生制约作用。例如，20 世纪在两次石油危机期间，全球汽车产销量大幅度下降。

相关链接

日本各汽车企业在 20 世纪 70 年代就成功地把握住了世界石油供给的变化趋势，大力开发小型、轻型、经济型汽车，在两次石油危机中赢得了营销主动，为日本汽车工业一跃成为世界汽车工业的强国奠定了基础，而欧美等国的汽车企业因没有把握好这一因素的变化，以致于形成日后竞争被动的局面。

② 车用燃油中汽油和柴油的供给比例影响到汽车工业的产品结构，进而影响到具体汽车企业的产品结构。例如，柴油短缺对发展柴油汽车就具有明显的制约作用。

③ 燃油品质的高低对汽车企业的产品决策具有重要影响，譬如燃油品质的不断提高，汽车产品的燃烧性能亦应不断提高。

车用燃油是汽车使用环境的重要因素，汽车企业应善于洞察这一因素的变化，并及时采取相应的营销策略。

相关链接

长期依赖石油 我国将不堪重负

2011年，我国原油消费量为4.53亿吨，其中进口量约为2.54亿吨，石油的对外依存度同比增长1.5%，超过了56%。清华大学中国车用能源研究中心执行主任张希良表示，如果我国能源结构完全按照现有情况发展下去，石油严重短缺、甚至危机到来之日将为时不远，2050年可能达到石油消耗峰值，其中汽车交通"功不可没"。

根据研究发现，汽车交通是我国石油需求增长的最主要驱动力，2000—2009年，我国汽车交通对新增石油消费总量的贡献达到47%以上。据此推测，2009—2030年，这一数字将高达45%～81%，2030年汽车交通耗油将占石油消费总量的41%～57%。

由此可见，我国已经不能重复发达国家曾走过的高耗油发展的传统道路，也决定了我国车用石油基液体燃料的供应总量将面临一定限制，因此必须在汽车交通发展过程中持续强化石油节约和替代。为此，我国政府应该加快出台更加严格的汽车燃油经济性标准，并考虑适时引入碳排放标准。

（4）公路交通

公路交通是指一个国家或地区公路运输的作用，各等级公路的里程及比例，公路质量，公路交通量及紧张程度，公路网布局，主要附属设施如停车场、维修网、加油站及公路沿线附属设施等因素的现状及其变化。

公路交通对汽车营销的影响有以下方面。

① 良好的公路交通条件有利于提高汽车运输在交通运输体系中的地位。公路交通条件好，有利于提高汽车运输的工作效率，提高汽车使用的经济性等，从而有利于汽车的普及；反之，公路交通条件差，则会减少汽车的使用。

② 汽车的普及程度增加也有利于改善公路交通条件，从而对企业的市场营销创造更为宽松的公路交通使用环境。

相关链接

经过40多年的建设，我国公路交通条件极大改善，公路里程大幅度增加，公路等级大幅度提高，路面状况大大改善，公路网密度日趋合理。预计到2020年，国家将建成"国家道路主干线快速系统"。该系统总规模3.5万千米，全部由高速公路、一级公路、二级汽车专用公路组成。这一系统以"五纵七横"十二条路线连接首都、各省省会、直辖市、中心城市、主要交通枢纽和重要口岸，通过全国200多个城市，覆盖全国近一半的人口，可实现400～500千米范围内汽车当日往返，800～1 000千米范围内可当日到达。因而，我国汽车企业将面临更好的汽车使用环境。

（5）城市道路交通

城市道路交通是汽车尤其轿车使用环境的又一重要因素，包括城市的道路面积占城市面积的比例、城市交通体系及结构、道路质量、道路交通流量、立体交通、车均道路密度及车辆使用附属设施等因素的现状及其变化。这一使用环境对汽车市场营销的影响，与前述公路交通基本一致。但由于我国城市的布局刚性较大，城市布局形态一经形成，改造和调整的困难很大；加之人们对交通工具选择的变化，引发了对汽车需求的增加，中国城市道路交通的发展面临巨大的压力，因而该使用环境对汽车市场营销的约束作用就更为明显一些。

有关方面现正着手考虑通过建立现代化的城市交通管理系统、增加快速反应能力和强化全民交通意识等手段，提高城市交通管理水平。同时，国家和各城市也将更加重视对城市交通基础设施的建设，改善城市道路交通的硬件条件。随着我国城市道路交通软、硬件条件的改善，城市道路交通对我国汽车市场营销的约束作用将得以缓解。

相关链接

城市道路交通状况

近20年来，我国城市获得了前所未有的发展。但是，一些城市所出现的交通拥挤堵塞问题也是空前严重的。目前，全国32个百万人口以上的大城市中，有27个城市的人均道路面积已经低于全国平均水平；20世纪90年代中后期，上海等城市中心区50%的车道上高峰小时饱和度更是达到95%，全天饱和度超过70%，平均车速下降到10千米/小时。为此，交通问题已经日益引发各城市政府的重视，并成为民众关心的焦点。2000年，国家公安部、建设部联合发文，要求全国部分城市实施道路交通的“畅通工程”，力图通过行政手段促进道路建设和交通管理协调，推动城市交通拥挤堵塞问题的缓解。

目前，许多城市里的交通问题是通过局部路段、局部道路交叉口的拥挤堵塞反映出来的。显然，按照西医“脚痛医脚，头痛医头”的观念，拓宽这些道路，在交叉口修建立交桥似乎是立竿见影的解决办法，但问题却很少这样简单。以美国的城市道路建设为例，城市里更宽更多的道路、立交桥在建成之初的确方便了人们的出行。但是，越来越多的事实表明，草率地选择多修路来解决城市交通问题，最终导致了美国城市里更为严重的交通构成失衡、交通拥挤及城市中心衰退等问题。究其原因就是不少研究者、决策者曾经错误地估计了道路建设对解决城市的交通问题的积极作用而忽略了其他方面，如交通需求、公共交通、交通管理等对解决城市交通问题作用的全面研究。结果，路修得越多，促进了私人轿车的消费，而道路拥挤情况依旧，公共交通也日益变得更加的萎缩。

典型的如洛杉矶和底特律两个城市。到20世纪60年代，虽然两市分别修建了多达数千千米的汽车专用道路，但交通拥挤问题依旧。同时，因服务水平下降，其公共交通严重萎缩，客运量分别下降到总客运量的1.5%、4.5%。两城市仍有大量承担不起私车交通的市区贫穷人口，于是又引出了如何为这部分人提供必须的交通条件及市中心衰退等社会问题。美国政府认识到城市交通设施建设的局限性和公共交通的重要作用，并于60年代通过了世界上第一个比较完善的《公共交通法》。

而北京在这方面似乎也走过一段弯路，前些年已修通投资巨大、立交众多的二环、三环主干道路81千米。但由于辐射道路干线和支线建设滞后，没有形成与环线相配套的完整道路及相应的管理系统，加上这些年机动车辆的迅猛激增和相应交通需求管理不力，环线进出口上往往堵塞，形成了新的交通问题。大城市解决交通问题的重点应不再局限于道路交通设施的建设，而应扩大到建立一个以社会化公共交通网络为主体，以快速交通为骨干的多层次、多元化交通方式协调运行系统。在这一系统中，道路建设、客运系统、货运系统及相应的交通管理与控制系统都将得到很好的研究和解决。

2.2.3 科技环境

科技环境（Science-Technological environment）是指一个国家和地区整体科技水平的现状及其变化。科学与技术的发展对一国的经济发展具有非常重要的作用。

科技环境对市场营销的影响如下。

① 科技进步促进国家综合实力的增强，国民购买能力的提高给企业带来更多的营销机会。

② 科学技术在汽车生产中的应用，改善了产品的性能，降低产品的成本，使得汽车产品的市场竞争能力提高。而今，世界各大汽车公司为了满足日益明显的差异需求，汽车生产的柔性多品种乃至大批量定制现象日益明显，都是现代组装自动化、柔性加工、计算机网络技术发展和应用的结果。再从汽车产品看，汽车在科技进步作用下，已经经历了原始、初级和完善提高等几个发展阶段，汽车产品在性能、质量、外观设计等方面获得了长足的进步。

③ 科技进步促进了汽车企业市场营销手段的现代化，引发了市场营销手段和营销方式的变革，极大地提高了汽车企业的市场营销能力。企业市场营销信息系统、营销环境监测系统以及预警系统等手段的应用，提高了汽车企业把握市场变化的能力，现代设计技术、测试技术及试验技术，加快了汽车新产品开发的步伐，现代通信技术、办公自动化技术，提高了企业市场营销的工作效率和效果，等等。

当今世界汽车市场的竞争日趋激烈，各大汽车公司十分注重高新技术的研究和应用，以赢得未来市场竞争的主动。相对世界汽车工业而言，我国汽车工业科技水平的落后状况尚很明显，科技进步的潜力十分巨大，我国汽车企业应不断地加强科技研究和加大科技投入，缩小同世界汽车工业先进水平的差距，以谋求更多的营销机会。

相关链接

自 1886 年世界上第一辆汽车发明以来，经过 100 多年的发展，汽车上应用的技术也日新月异。各种原来应用于军事上、航天上的发明都逐渐用在民用汽车上，如 ABS、SRS、AT、GPS、EFI 等电子或计算机控制技术。新技术的出现以及价格的下降使得汽车的发展更加快速。

1. 依靠科技进步可以节约自然资源，提高自然资源的综合利用率。

第二次世界大战后，世界汽车工业在科技进步的作用下，大量的轻质材料、电控技术被用于汽车工业，平均每辆汽车消耗的钢材量程下降态势，汽车自重减轻。加强对汽车节能、改进排放等新型技术的研究和利用，寻求合理的替代资源。

汽车燃油电喷技术，主动与被动排气技术等都是世界汽车适应自然环境变化的产物，研发零污染或低污染的新能源与清洁汽车技术将为汽车环境做出贡献。澳大利亚举行了一次奇特的汽车比赛，形形色色的太阳能汽车，日出而赛，日落而息，不用一滴燃油就跑完了全部的赛程。

2. 科技进步可以提高道路安全。

大量研究证明，疲劳驾驶易导致交通事故。2010 年，美国汽车协会（AAA）发布的一份基于美国高速公路安全管理局（NHTSA）收集的事故数据分析报告显示：17%的致命交通事故都是由于疲劳驾驶造成的。

注意力不集中和疲劳严重影响驾驶员的驾驶行为及反应速度，导致动作的灵敏度降低，操控准确性也随之降低，驾驶员需要更加频繁地修正转向操作的小幅失误。全新驾驶员疲劳探测系统从驾驶开始时对驾驶员的操作行为进行记录，并能够通过识别长途旅行中驾驶操作的变化，对驾驶员的疲劳程度进行判断。驾驶员转向操作频率变低，并伴随轻微但急骤的转向动作以保持行驶方向是驾驶精力不集中的典型表现。根据以上动作的出现频率，并综合诸如旅途长度、转向灯使用情况、驾驶时间等其他参数，系统对驾驶员的疲劳程度进行计算和鉴别。如果计算结果超过某一定值，仪表盘上就会闪烁一个咖啡杯的图案，提示驾驶员需要休息。驾驶员疲劳探测系统将驾驶员注意力集中程度作为衡量驾驶员驾驶状态的重要考虑因素，以使道路安全度提高。

2.2.4 经济环境

经济环境（Economic Environment）主要是指那些能够影响顾客购买力和消费方式的经济因素，包括消费者现实居民收入、商品价格、居民储蓄及消费者的支出模式等。

1. 消费者实际收入状况

消费者收入包括工资、奖金、退休金、红利、租金、赠给性收入等，但由于受通货膨胀、风险储备、个人税赋因素的影响，实际收入经常低于货币收入。实际收入只是货币收入扣除通货膨胀、风险储备、税收因素影响后的收入。可能成为市场购买力的消费者收入还有“可支配的个人收入”与“可随意支配的个人收入”之分，前者是指货币收入扣除消费者个人各项税款（所得税、遗产税）及交给政府的非商业性开支（学费、罚款等）后可用于个人消费、储蓄的那部分个人收入，这是影响消费者购买力和消费者支出的决定性因素；后者则是指再扣除消费者个人基本生活用品支出（食物、衣服等）和固定支出（房租、保险费、分期付款、抵押借款等）后的那部分个人收入。因此，企业市场营销人员必须注意经常分析这种消费者收入的变动状况及消费者对其收入的分配情况。一般情况下，可随意支配的个人收入主要用于对奢侈品的需求。

相关链接

消费者信心指数

消费者信心指数反映了消费者信心强弱，是综合反映并量化消费者对当前经济形势评价和对经济前景、收入水平、收入预期及消费心理状态主观感受（消费者满意指数），预测经济走势和消费趋向（消费者预期指数）的一个先行指标。

2012年2月消费者信心指数呈现上升态势。具体三个指数变动情况如下。

2012年2月消费者信心指数为105点，较上月上升1.1点，较上年同期上扬5.4点；反映消费者对当前经济形势满意程度的消费者满意指数为96.1点，较上月上升0.3点，较上年同期回落3.4点，在三个相关指数中回落较多，2012年2月份消费者满意指数呈上升态势；代表消费者对未来经济前景看法的消费者预期指数为110.9点，较上月上升1.6点，较上年同期上扬11.3点。2011年以来消费者信心指数走势时有起伏，尤其是2011年下半年以来，整体走势仍显示消费者信心指数较上年同期略有下降，尤其是消费者满意指数，在2011年下半年以来一直比较低，而且呈现逐月下降趋势。从2011年下半年以来消费者满意指数环比回落较大来看，扰动经济平稳发展的客观因素仍然存在，消费者心理仍然相对脆弱，尤其是当前物价水平上涨过快加重了消费顾虑倾向。2012 年初，消费者信心逐渐恢复，消费者对经济的前景持有乐观心态，三个指数都有明显的回升，如图 2-2 所示。

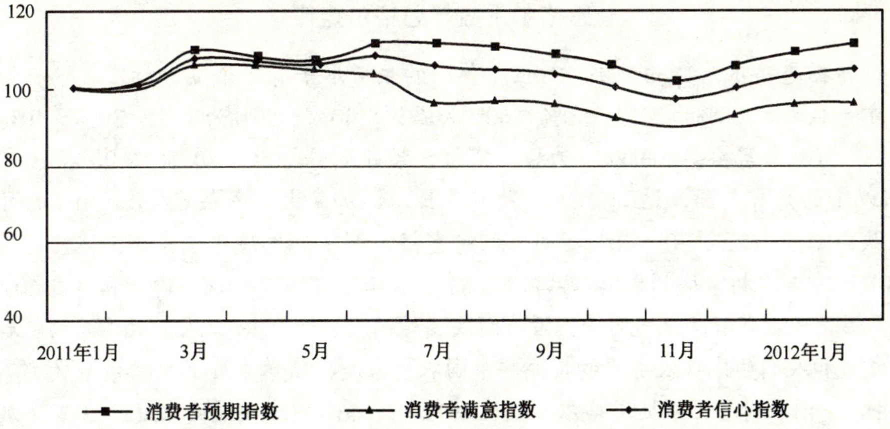

图 2-2　2011—2012 年全国消费者信心指数情况

2. 消费者储蓄与信贷状况

在消费者实际收入既定的前提下，其购买力的大小还要受储蓄与信贷的直接影响。从动态的观点来看，消费者储蓄是一种潜在的、未来的购买力。在现代市场经济中，消费者的储蓄形式有银行存款、债券、股票、不动产等，往往被视为现代家庭的“流动资产”，因为大都可以随时转化为现实的购买力。在正常状况下，居民储蓄同国民收入成正比变动，但在超过一定限度的通货膨胀的情况下，消费者储蓄向实际购买力的转变就极易成为现实。

消费者信贷是指消费者以个人信用为保证先取得商品的使用权，然后分期归还贷款的商品购买行为。它广泛存在于西方发达国家，是影响消费者购买力和消费支出的另一个重要因素。在西方国家，消费者信贷主要有四种形式：日常用品的短期赊销、购买住宅时的分期付款、购买耐用消费品时的分期计息贷款及日益普及的信用卡信贷。因此，研究消费者信贷状况与了解消费者储蓄状况一样，都是现代企业市场营销的重要环节。

相关链接

零利率打动消费者

2012 年很多汽车经销商推出吸引消费者的多种金融优惠活动，其中奇瑞推出四“0”购车活动，从 2012 年 3 月 1 日起，0 首付、0 利息、0 抵押、0 担保购车。活动中有两个方案可供消费者选择，若首付 20%，余款可选择 1～5 年期还款，贷款一年期免利息；若首付 50%，余款一年后一次付清，无须月供并免除利息。

3. 消费者支出模式的变化

所谓消费者支出模式，是指消费者收入变动与需求结构变动之间的关系。其变化状况主要受恩格尔定律的支配，即随着家庭收入的增加，用于购买食物的支出比例将会下降，用于住宅、家务的支出比例则大体不变，而用于服装、交通、娱乐、保健、教育及储蓄等方面的支出比重会大大上升。

相关链接

恩格尔系数与恩格尔定律

联合国根据恩格尔系数的大小，对世界各国的生活水平有一个划分标准，即一个国家平均家庭恩格尔系数大于60%为贫穷；50%～60%为温饱；40%～50%为小康；30%～40%属于相对富裕；20%～30%为富裕；20%以下为极其富裕。按此划分标准，20 世纪 90 年代，恩格尔系数在 20%以下的只有美国，达到 16%；欧洲、日本、加拿大，一般在 20～30%之间，是富裕状态。东欧国家，一般在 30～40%之间，相对富裕，剩下的发展中国家，基本上分布在小康。

1978 年，中国农村家庭的恩格尔系数约 68%，城镇家庭约 59%，平均计算超过 60%，中国是贫困国家，温饱还没有解决。当时中国没有解决温饱的人口为 2.48 亿人。改革开放以后，随着国民经济的发展和人们整体收入水平的提高，中国农村家庭、城镇家庭的恩格尔系数都不断下降。到 2003 年，中国农村居民家庭恩格尔系数已经下降到 46%，城镇居民家庭约 37%，加权平均约 40%，就是说已经达到小康状态。可以预测，中国农村、城镇居民的恩格尔系数还将不断下降。

恩格尔系数在中国是否适用学术界一直存有争议，持否定意见的人认为，中国居民生活状况并不符合恩格尔定律，如 1997 年福建省城镇居民恩格尔系数在全国各省中最高，达到 62%，海南省为 59%，而生活水平较低的陕西省城市居民恩格尔系数为 47%，宁夏为 46%。尽管有争议，但总体来看，中国城镇居民生活水平的变化还是符合恩格尔定律的。首先恩格尔系数是一种长期的趋势，随着居民生活水平的不断提高，恩格尔系数逐渐下降已为中国城镇居民消费构成变化资料所证实。20 世纪 80 年以前，城市居民恩格尔系数一直在 55%以上；1982—1993 年，尽管各年恩格尔系数有波动，但这十年间恩格尔系数一直在 50%～55%间；1994 年以来后，恩格尔系数一直在 50%以下。其次，同一年份不同收入水平的居民也符合恩格尔定律，如 1997 年按可支配收入排队五等分，其恩格尔系数依次为：55.7%、51.1%、47.9%、43.6%和 39.5%。2009 年末统计显示：2008 年，我国城镇居民家庭食品消费支出占家庭消费总支出的比重（恩格尔系数）为 37.9%；农村居民家庭为 43.7%。

国家统计局近期发布的统计公报显示，2011 年我国城镇居民食品消费支出占消费总支出的比重为 36.3%，同比上升 0.6 个百分点。这是在 2008 年之后，恩格尔系数出现的又一次反弹，而且反弹幅度不小。要知道在整个“十一五”期间，我国城镇居民恩格尔系数才降低了 1 个百分点。

当然，恩格尔系数反映的是居民生活水平变化的长期趋势，短期波动并不会影响长期趋势，也不能说明人民生活质量就出现了恶化，但是研究个别年份恩格尔系数走势出现的逆转仍然有利于政府对症下药改善民生。

由于我国消费价格指数中食品价格占比较高，农产品价格的波动往往会放大物价上涨的压力、提升通货膨胀的预期，进而不仅可能直接降低中低收入群体的即期生活水平，还可能导致民众紧缩未来消费意愿，致使经济景气形势下滑，因此尤须加以提防。

尤其要看到的是，2012 年尽管整体物价水平很可能低于 2011 年，但是食品价格走势仍有可能处于较高水平。特别是 2012 年 3 月食品价格又开始走高，尤其是大葱、玉米等产品领涨，网络上甚至出现了“向钱葱”这一新词，猪肉价格也出现了止跌迹象。未来如果出现较大程度的灾害天气，农产品价格难保不会再次冲高。

在市场流动性过剩情况已缓解的今天，保证农产品价格不快速上涨最根本的办法仍然是加大对“三农”的投入，这也是我国粮食产量八连丰的主要原因。其次是要保证农产品生产地有合理布局。农产品价格中有很大一部分在于物流成本，减少交通收费固然有利于缓解物流成本，但更重要的确保这些城市周边就有农田。最后，严厉打击各种囤积、炒作农产品的行为。

2012 年 6 月 21 日，证券时报发表文章评论称，恩格尔系数反弹，标志着通胀加剧和贫富差距继续被拉大，主要表现为消费品价格的全面上涨，使得城乡居民食品支出增加。同时，恩格尔系数反弹与中国经济的持续发展是不相吻合的。这说明国与民在分配上存在着国富民不强的问题，说明我国生产要素分配上存在着比较严重的问题。这种情况导致绝大多数居民收入下降、生活负担增加。

除此以外，消费者支出模式的变化还要受到两个因素的影响，一个是家庭生命周期，另一个则是消费者家庭所处的地点。显然，同样的年轻人，没有孩子的丁克家庭与普通家庭的消费方式差异较大。家庭所处的位置也会构成家庭支出结构的差异，居住在农村与居住在城市的家庭，其各自用于住宅、交通及食品等方面的支出情况也必然不同。

相关链接

2011 年我国居民生活消费市场回顾

据 2011 年国家统计局统计数据，目前我国有 4 亿多个家庭、6.5 亿多女性，妇女和家庭消费是我国居民生活消费的主体市场。

1. 2011 年城市家庭消费存在七个突出特点

《2011 年中国家庭消费现状及 2012 年消费预期》显示出 2011 年城市家庭消费的 7 个突出特点。① 家庭收入用于消费的比例增加。用于消费、储蓄、投资的比例是 61∶26∶13。消费的比例与 2010 年相比，增加了 6 个百分点。其中哈尔滨被调查者的消费比例最高，为 71.8%。② 女性个人消费约占家庭消费的 1/3。③ 家庭旅游消费额增加近六成。④ 近 7 成家庭有投资，股票、房产和银行理财产品位居投资前三位。⑤“服装服饰”和“与住房相关”的消费位居家庭及个人消费前两位。⑥ 50%的女性有教育培训消费，消费额有所增加。⑦ 近八成女性热衷于网上购物。

调查显示，2012 年家庭及女性个人消费预期前三位的是：① 服装服饰、化妆品、家用电器消费；② 50%以上家庭有旅游消费，且额度预计超万元；③ 近 8 成家庭有投资计划。

2. 2011 年家庭消费中存在三大突出问题

《家庭消费中的突出问题及改善家庭消费环境的对策建议》结果显示，2011 年家庭消费中存在三大突出问题。

① 消费安全是城市家庭消费中最担忧的问题。72.4%的被调查者对食品不放心。64.9%的被调查者对保健品不放心。42.8%的被调查者对化妆品不放心。45.9%的被调查者对童装玩具不放心。65.2%的被调查者对装修材料不放心。

②“物价上涨”为 2011 年家庭消费最焦虑的事情。65.2%的被调查者选择了此项。其中，表示“影响非常大”的占 21.4%，表示“影响比较大”的占 45.7%。在 10 城市中，物价上涨对兰州被调查者的影响最大；对低收入群体的影响最大。

③ 消费侵权事件频发，影响家庭消费。在 2011 年日常消费中，53.7%的被调查者遭遇

过侵权事件，主要集中在餐饮（26.5%）、服装（13.5%）、美容美发（8.6%）、化妆品（8.2%）和家庭装修（6.5%）。

从经济学的角度来看，居民收入、生活费用、利率、储蓄和借贷形式都是经济发展中的主要变量，直接影响着市场运行的具体情况。因此，注意研究消费者支出模式的变动走势，对于企业市场营销来说，具有重大意义，不仅有助于企业未来时期内避免经营上的被动，而且还便于企业制定适当的发展战略。

企业市场营销的重要任务之一，就是要把握市场的动态变化，市场是由购买力、人口两种因素所共同构成的。因而了解购买力的分布、发展和投向，是企业宏观营销环境的重要内容。

2.2.5 政策与法律环境

营销学中的政策与法律环境，又叫政治环境（Political Environment），是指能够影响企业市场营销的相关政策、法律及制定它们的权力组织。市场经济并不是完全自由竞争的市场，从一定意义上说，市场经济本质上属于法律经济，因而在企业的宏观管理上主要靠经济手段和法律手段。政策与法律环境正在越来越多地影响着企业的市场营销。

政府能制定和实施与宏观经济有关的政策，它们反过来又影响市场、企业和消费者。我国的汽车政策主要包括汽车产业政策、汽车企业政策、汽车产品政策和汽车消费政策。其中产业政策、税收、政府开支、利率、贸易协定等都是常见的几种影响因素。

1. 产业政策

为了适应国内外汽车产业发展的新形式，推进汽车产业结构调整和升级，全面提高汽车产业国际竞争力，满足消费者日益增长的需求，促进汽车产业健康发展，我国颁布的《汽车产业发展政策》等，在促进汽车产业与关联产业发展、激励汽车生产企业提高研发能力和技术创新能力方面起到了很重要的作用。

相关链接

解读《节能与新能—源汽车产业发展规划（2012—2020年）》

《节能与新能源汽车产业发展规划（2012 2020 年）》将由国务院发布实施，该消息引发了业内人士强烈关注。业界人士表示，该规划若能实施，有利于鼓励、扶持资源节约型消费，有助于推动新能源汽车的发展。

该规划将带着一系列产业扶持政策浮出水面。其中包括：在新能源汽车方面，2011 2020年，购买纯电动汽车、插电式混合动力汽车将免征车辆购置税；在节能汽车方面，2011 2015年，中重度混合动力汽车减半征收车辆购置税、消费税和车船税。

减免车购税、车船税直接降低了购车成本，而消费税属于价内税，对于企业来讲，在维持一定利润的前提下，减半相当于间接为汽车降价。

以下就分别以纯电动汽车比亚迪 E6 和较为成熟的混合动力车型普锐斯 PRIUS 为例，看看新政实施之后消费者可以减少多少花费。

用一个简单的计算公式来作分析说明：

购车费用=裸车价（含消费税）+车购税+车船税+车险费用+其他杂费

新能源汽车减免税以比亚迪 E6 为例。其指导价 36.98 万元。政策前，车购税为 369 800×10%/（1+17%）=31 606 元；政策后，车购税为 0 元。对消费者来说，购车费用减少了 3.16 万元，相当于车价降幅 8.5%。

节能汽车减免税以普锐斯 1.8LCVT 无级变速标准版为例。其指导标价 22.98 万元，车船税、消费税按上海地区税目税额表得到。政策前，车购税为 229800×10%/（1+17%）=19641 元，车船税为 450 元，消费税为 229 800×5%=11490 元；政策后，即减半后车购税 19 641/2=9820.5 元，车船税为 225 元，消费税 5 745 元。对消费者来说，购车费用减少了 9820+225+5745=1.58 万元，相当于车价降幅 7%。

2．税收

税收可以是直接的，也可以是间接的。直接税收，如收入税，减少了金钱的数量，即一个家庭可以花在企业提供的产品和服务上的收入。间接税，如购买税、增值税、购置税。我国的汽车购置税费高达 10%。

相关链接

车辆购置税

车辆购置税是对在我国境内购置规定车辆的单位和个人征收的一种税，由车辆购置附加费演变而来。就其性质而言，属于直接税的范畴。现行车辆购置税法的基本规范，是从 2001 年 1 月 1 日起实施的《中华人民共和国车辆购置税暂行条例》。车辆购置税的纳税人为购置（包括购买、进口、自产、受赠、获奖或以其他方式取得并自用）应税车辆的单位和个人，征税范围为汽车、摩托车、电车、挂车、农用运输车，税率为 10%。

车辆购置税实行从价定率的办法计算应纳税额，计算公式为：应纳税额=计税价格×税率。如果消费者买的是国产私车，计税价格为支付给经销商的全部价款和价外费用，不包括增值税税款（税率 17%）。因为机动车销售专用发票的购车价中均含增值税税款，所以在计征车辆购置税税额时，必须先将 17%的增值税剔除，即车辆购置税计税价格=发票价÷1.17，然后再按 10%的税率计征车辆购置税。

比如，消费者购买一辆 10 万元的国产车，去掉增值税部分后按 10%纳税。计算公式是：100 000÷1.17×0.1=8547 元。

如果消费者买的是进口私车，计税价格的计算公式为：计税价格=关税完税价格+关税+消费税。

当客观条件发生变化或不明朗的时候，就会抑制消费者的需要，出现持币待购的现象，如油价的上涨，可能出台的限制私家车使用的政策等。当客观条件有利于消费的时候，消费者的需要会变得强烈，潜在的消费需要会提前释放，如车价的大幅下降、消费税的下降等。所以创造一个有利于消费者的购车环境，是促进汽车消费的有力保障。

相关链接

泰国免除汽车零部件进口关税

曼谷邮报报道，泰国政府从 2012 年 4 月份起已免除 140 多种日本汽车零部件的进口关税。

此举主要是为了响应泰日经济合作伙伴协议（JTEPA）的要求，该协议有助于使泰国成为日本车企的生产基地。

被免除进口关税的140多种汽车零部件包括车轴、变速器、制动器、轮胎、燃料罐及发动机等。此次免除汽车零部件进口关税，将有助于泰国的汽车制造商以较低的价格从日本进口高质量的汽车零部件，从而有助于促进泰国汽车行业的发展。2003年至2011期间，日本企业向泰国汽车行业的投资已超过360亿美元，占其向亚洲地区总投资的24%。

3．政府开支

政府和其他企业一样，也购买商品和服务，不过购买的规模更大。这能刺激经济发展，也能使经济跌入萧条。我国政府在20世纪90年代中期降低通货膨胀的手段就大大减慢了各种基础建设的发展速度。

相关链接

香港2011年公车开支1.62亿港元

港府共有6 300多辆公车，2011年公车开支1.62亿港元。

依据港府的车辆计划，香港在维持公车总量不变的情况下，逐年将现有公车更换为环保动力车辆。

港府在2010年更换了373辆公车，其中242部是环保车辆，涉及开支为9 380万港元。

港府2011年更换375辆公车。其中，148部是环保车辆，涉及开支4 800万港元。

4．利率

政府的经济政策影响着利率，会给消费者和企业带来冲击。对于许多消费者来说，利率上升的一个最严重的后果是贷款的月偿还额上升。利率上升还会阻碍他们通过分期付款购买大件贵重商品。

相关链接

贷款利率和油价对购车的影响

2012年6月，贷款利率和油价出现了“双降”，消费者购车依然关注油耗和性价比。根据搜狐汽车调查显示，有三成多消费者还在等待车市优惠，但是更多消费者开始准备购车，两成消费者准备贷款买车，油价已经成为消费者选车首要考虑因素之一。

1．消费者选车最上心油耗

油价一直牵动着消费者的心。在调查中，超四成受访者表示会继续考虑小排量汽车，因为油价即便下调仍然不低，而且未来可能还会上涨。

2．贷款买车比例降息后增加

降息部分刺激了购车需求，有近两成受访者表示会因为利率下降而考虑贷款买车。

在本次调查中，有75.54%的受访者表示“打算近期购车或置换新车”，在降油价和降息两项政策叠加下有14.81%的受访者选择“可以享受更多实惠，打算尽快出手新车”。但是相较于油价和利率的下调，店面优惠对消费者吸引力更大。如即便是贷款购车，消费者更关注的也是能否享受厂家免手续费、免利息的优惠。

5. 贸易协定

国际贸易中企业经常受到贸易协定的影响，有的贸易协定是为了避免本国生产商受到进口商品冲击的贸易保护，有的协定是为了促进国家之间的贸易自由。例如，日本将汽车销售到欧美时，实施自愿出口约束，这样可以对日本进口增加配额，以保护欧美国家的国内汽车生产。

相关链接

政策与法律环境对市场营销的影响

1. 法律对工商业的限制和保护

（1）法律对工商业的约束

近几年来，全世界各国有关工商业的立法稳步增长，覆盖竞争、公平交易行为、环境保护、产品安全、广告真实性、包装与标签、定价及其他重要领域。

发达国家在企业市场营销方面的立法主要有三种类型：① 保护企业相互之间的利益，维护公平竞争的立法。这种立法的目的是要说明何为不公平竞争，以及如何防止不公平竞争。国际上较为著名的此类法律有：美国 1890 年通过的旨在禁止垄断行为的《谢尔曼反托拉斯法》；1914 年通过的旨在反对不正当竞争的《联邦贸易委员会法》；1936 年通过的旨在禁止价格歧视的《帕特曼法》；1950 年通过的有关企业兼并的《反吞并法》，等等。② 保护消费者利益免受不公平商业行为损害的立法。这种立法的核心在于防止企业以欺骗性广告或包装招徕顾客，或以次品低价引诱顾客的行为，否则将进行法律制裁。美国等发达国家的此类立法尤多，如《消费者公平信贷法》、《消费品定价法》、《广告法》等。③ 保护社会公众利益的立法。为保护环境、防止经济发展与生活水平反向变化现象出现，以及避免企业在生产过程中造成的负担，制定的旨在约束企业行为的立法。这方面的立法有各种专门的国际公约，各国也有具体的立法，如美国的《国家交通安全法》、《国家环境政策法》等。

无论法律的具体类型如何，都会对企业的市场营销活动构成某种约束。这种意义上，企业的市场营销人员必须掌握关于环境保护、消费者利益和社会利益方面的法律。一般来说，早期的法律重心多为保护竞争，而现代法律的重点则已经位移到了保护消费者。把握这一点对于企业开展市场营销业务尤为重要。不过，在企业立法方面一直存在着一个国际性的争论，即何处才是管制成本与管制利益的均衡点。而且，立法的公正性与执法的公正性远不是一回事，这是法律经济学上的难题，也是市场营销活动中所要经常面对的问题。

另外，立法与执法是相同意向的前后相连的两个过程，它们的承载主体各不相同。例如，美国的执法机构主要有联邦贸易委员会、联邦药物委员会、食品与药物管理局、联邦动力委员会、民用航空局、消费品安全委员会、环境保护局、消费者事务局等。显然，这些机构的行为状况对企业的市场营销行业与营销过程的影响作用不会完全相同。但这里却存在着一个具有国际普遍性的难题，即在立法机构与执法机构之间，真正熟知营销业务的人员在水平上并不完全对等。因此企业市场营销人员如果缺乏与其打交道的技巧，往往极易丧失机会与市场。

（2）国家政策和法律对工商业的保护

新的法律和政策将随经济形式的变化而不断变化。企业管理人员在制定产品及其营销计划的时候，必须注意这些变化。

中国在加入 WTO 以后，国家的产业政策、税收政策及进出口管理政策产生了重大调整。

以产业政策为例，国家将出台对幼稚产业的保护政策和战略性贸易政策。

所谓对幼稚产业的保护政策指对那些经济发展后起步的国家，必须选择某些具有潜在比较优势和发展前景的产业（幼稚产业）给予适当的、暂时的关税保护，以便逐步扶持其国际竞争的能力。中国加入 WTO 以后，农业、汽车产业、金融服务业等被国家定为幼稚产业。在这些领域国家在一定时期内实行一定的保护政策。

战略性贸易保护政策指由于不完全竞争和规模经济的存在，市场本身运动的结果处于一个“次优”的境地，政府可适当运用如关税、补贴等干预措施扶持本国战略性产业的成长，并带动相关产业的发展，从而增加本国的经济贸易福利，如谋取规模经济之外的额外收入、抢占国际竞争对手的市场份额。

中国在加入 WTO 以后，在承担相应开放市场义务的同时，对国内某些幼稚产业和战略性产业在一定时期内必将实行适当保护。在立法方面，反倾销法、反补贴法、进口保障法、维护公平竞争法、反垄断法等都将逐步出台。

2. 社会规范和商业道德对市场营销的影响

形成文字的法律法规不可能覆盖所有可能产生的市场弊端，而现有法律也很难全部执行。而且，除法律和规章以外，企业也要受社会规范和商业道德的约束。大量出现的商业丑闻使人们重新重视商业道德问题。因此，许多行业和专业贸易协会提出了关于道德规范的建议，许多公司制定了关于复杂的社会责任问题的政策和指导方针。

另外，公众利益团体，如那些保护消费者状况的团体，如消费者协会、动物保护委员会、妇女权益委员会等迅速崛起。他们会游说政府官员、呐喊、左右舆论导向，给企业的市场营销活动带来极大的影响。如果企业营销人员缺乏相应斡旋技巧，就难免给原有的目标市场造成威胁。

2.2.6 社会文化环境

社会文化环境（Cultural Environment）系指一个国家、地区或民族的传统文化（如风俗习惯、伦理道德观念、价值取向等）。它包括核心文化和亚文化。核心文化是人们持久不变的核心信仰和价值观，具有世代相传，并由社会机构（如学校、教会、社团等组织）予以强化和不易改变等特点。亚文化是指按民族、经济、年龄、职业、性别、地理、受教育程度等因素划分的特定群体所具有的文化现象，其根植于核心文化，但比核心文化容易改变。

社会文化环境对汽车营销的影响有以下两方面。

第一，社会文化环境影响着人们的行为（包括购买行为），对企业不同的营销活动（如产品设计、造型、颜色、广告、品牌等）具有不同的接受程度。

相关链接

社会文化对汽车市场营销的影响实例

某些性能先进、国际流行款式、深受外国人喜爱的“留背式”轿车，在推向中国市场时却遇到了销售不畅的麻烦。其原因就在于中国的集团消费者认为这种车“不气派”，生意人认为其“有头无尾”（不吉祥），结婚者认为其“断后”（断“香火”），等等。总之，这种车型被认为“不符国情”，致使有关企业不得不为改变上述文化观念，花费大量促销费用。

北方某公司曾成功地利用南方人爱“发”的心理特点，对“××大发”汽车的促销宣传取得了显著效果。

以上两例从正反两方面说明了社会文化对企业市场营销的重要影响。

第二，亚文化的发展与变化，决定了市场营销活动的发展与变化。

相关链接

“走出去”企业遭遇文化挑战

文化的内涵比较广泛，如属地文化、习俗、法律等，这些都是泛文化的东西。全球型企业文化可以分为三种：企业本身的主文化、东道国的属地文化、被收购或兼并企业的原文化。无论我国企业是在发达国家还是在发展中国家发展，如何处理好这三种文化之间的关系至关重要。不能仅仅强调属地文化、原文化，更需要建立属于我国企业自己的主文化。这个主文化包括价值观念、价值体系等。另外，主文化的刚性不能太强，但必须把握住在企业中的统领地位。

跨国企业几乎都有强烈的“原产地”国家背景和鲜明的本土文化。由于企业文化的差异，导致合资、合作失败的案例不在少数。例如，奔驰与克莱斯勒的合作，二者合作可谓是全球最强组合，但是由于企业文化的巨大差异，无法很好地融合，从而导致最终分手。再看沃尔沃与福特的合作也是如此。

我国企业在收购或与外国企业合资的过程中，经常容易失去自我，一味迎合外方企业文化，这点值得反思。从本质上讲，中国文化与西方文化融合存在困难。当然也要重视收购来的外国企业的属地文化和原文化。由于主文化太刚性，导致企业在“走出去”的过程中失败的案例也不少。例如，标致汽车1985年就进入中国，但是由于法国文化过于刚性，导致企业内部矛盾横生，影响产品在市场上的表现。尽管经历了广州标致的失败，但法国人似乎仍没有充分吸取教训，在东风标致和东风雪铁龙内部，文化问题还是没有完全理顺。再如，南京菲亚特，由于意方没有重视东道国的属地文化和合作方南京汽车的企业文化，最后导致合资以失败告终。

总之，社会文化环境影响着企业的营销活动。同时，营销活动对社会文化环境也有一定的能动作用。

2.3　汽车市场微观环境

微观环境（Micro-Environment）是指与企业关系密切、能够影响企业服务顾客能力的各种因素——企业自身、供应商、销售渠道、顾客、竞争对手和公众。这些因素构成企业的价值传递系统。营销部门的业绩，建立在整个价值传递系统运行效率的基础之上。

2.3.1　企业的内部环境

企业内部环境系指企业的类型、组织模式、组织机构及企业文化等因素。其中企业组织机构，即企业职能分配、部门设置及各部门之间的关系，是企业内部环境最重要的因素。

一般而言，企业内部基本的组织机构包括高层管理部门、财务部门、研究与发展部门、采购部门、生产部门、销售部门。营销部门必须与其他部门密切合作：营销计划必须经高层管理层同意方可实施；财务部门负责寻找和使用实施营销计划所需的资金；研究与开发部门研制适销对路的产品；会计部门核算收入与成本，以便使管理部门了解是否实现了预期目标。用营销概念来说，就是所有这些部门都必须“想顾客之所想”，并协调一致地提供上乘的顾客价值和满意度。

企业内部环境是企业提高市场营销工作效率和效果的基础。因此，企业管理者应强化企业管理，为市场营销创造良好的内部环境。

2.3.2 生产供应者

生产供应者，是指向企业提供生产经营所需资源（如设备、能源、原材料、配套件等）的组织或个人。供应商的供应能力包括供应成本的高低（由原材料价格变化所引起）、供应的及时性（由供应短缺或延迟、工人罢工所引起），这些因素是营销部门需要关注的，它们短期将影响销售的数额，长期将影响顾客的满意度。

相关链接

生产供应者对企业市场营销的影响

生产供应者对企业的市场营销会产生的实质性影响。1992 年，通用公司只有其德国子公司欧宝（Opel）公司赢利。该公司赢利的原因就在于其供应部最高经理罗佩茨先生出色的采购才能，使得欧宝公司从价格低廉的配套零部件中受益。大众汽车公司为摆脱不景气局面，不惜重金，于 1993 年将罗佩茨“挖走”，任命其担任供应董事，希望借此扭转大众公司的亏损状况。就连大众公司董事长也说：“ 就大众公司而言，罗佩茨的重要性比我还高。”罗佩茨的“跳槽”虽因涉嫌窃取了通用公司的商业秘密（在其加入大众公司的前一周尚参加了通用公司高层关于产品规划的会议），而在世界上引起了一阵轩然大波，但此例的确说明了生产供应者对企业市场营销（经济效益）的重要性。

所以，企业应不断地处理好同生产供应者之间的关系，以为企业的市场营销营造较为有利的“小气候”。我国不少的汽车企业对其生产供应者采取“货比三家”的政策，既与生产供应者保持大体稳定的配套协作关系，又让生产供应者之间形成适度的竞争，从而使本企业的汽车产品达到质量和成本的相对统一。实践表明，这种做法对企业的生产经营活动具有较好的效果。

对汽车企业的市场营销而言，企业的零部件（配套协作件）供应者尤为重要。汽车企业不仅要选择和规划好自己的零部件供应者，而且还应从维护本企业市场营销的长远利益出发，配合国家有关部门对汽车零部件工业和相关工业的发展施加积极影响，促其发展，以改变目前我国的汽车零部件工业和相关产业发展相对滞后的状况，满足本企业生产经营未来发展的配套要求。特别是现代企业管理理论非常强调供应链管理，汽车主机企业应认真规划自己的供应链体系，将供应商视为战略伙伴，不要过分牺牲供应商的利益，按照“双赢”的原则实现共同发展。

2.3.3 营销中介

营销中介（Marketing Intermediaries）是指协助汽车企业从事市场营销的组织或个人，包括中间商、实体分配公司、营销服务机构和财务中间机构等。

中间商是销售渠道公司，能帮助公司找到顾客或把产品售卖出去。中间商包括批发商和零售商。寻找合适的中间商并与之进行有效的合作并不是一件容易的事。制造商不能像从前那样从很多独立的小型经销商中任意挑选，而必须面对具备一定规模并不断发展的销售机构。这些机构往往有足够的力量操纵交易条件，甚至将某个制造商拒之门外。

相关链接

奥迪经销商网络建设

2012年奥迪的经销商网络建设进入高速扩张期，在扩张的同时保证经销商和消费者的利益是非常重要的。截至2012年3月，奥迪在全国拥有237个经销商网点，2013年奥迪的经销商网点将扩展到400家。经销商数量的增长，将给潜在消费者带来更大的便利。一汽大众奥迪只有在网络数量扩张的同时重视经销商经营质量的管理，才能使经销商网络的发展健康、稳健和合理。此外，未来奥迪还将调配更多的资源，向经销商提供更好的服务与支持，其中包括培训、技术支持、IT支持，还有经销商专属项目等，以确保在网络数量提高的同时，服务质量能大幅提升。

实体分配公司帮助企业在从原产地至目的地之间存储和移送商品。在与仓库、运输公司打交道的过程中，企业必须综合考虑成本、运输方式、速度及安全性等因素，从而决定运输和存储商品的最佳方式。

营销服务公司包括市场调查公司、广告公司、传媒机构、营销咨询机构。它们帮助公司正确地定位和促销产品。由于这些公司在资质、服务及价格方面变化较大，所以公司在作选择时必须认真对待。

财务中间机构包括银行、信贷公司、保险公司及其他金融机构。它们能够为交易提供金融支持或对货物买卖中的风险进行保险。大多数公司和客户都需要借助金融机构为交易提供资金。

营销中介对企业市场营销的影响很大，如关系到企业的市场范围、营销效率、经营风险、资金融通等。因而企业应重视营销中介的作用，获得他们的帮助，弥补企业市场营销能力的不足并不断改善企业财务状况。

相关链接

我国汽车租赁发展简况

我国汽车租赁业于1989年起源于北京，进入2001年前后，掀起了第三轮的汽车租赁企业发展高峰，从此，国内汽车租赁行业有了大跨步的发展，从原来仅限在北京、上海、广州等大型城市的汽车租赁业务，发展到了中小城市，乃至县镇。

据2006年底统计，中国13个中心城市，共有汽车租赁公司787家，租赁汽车44 864辆，租赁站点446个，从业人员14 682人，营业额20亿元。

2007年，中国汽车租赁市场经历了一场异常迅速的发展，各地的汽车租赁公司如雨后春笋般纷纷创立，国内汽车租赁市场到2007年已拥有2 000多家租赁企业，汽车租赁市场提供租赁车接近15万辆，营业额超过100亿元。虽然其发展速度比西方汽车租赁行业创始之初要快得多，但中国的汽车租赁市场仍处于起步阶段，绝大多数企业规模很小。

截至2008年6月底，中国13个中心城市的汽车租赁企业有800余家，但运营车辆仅4.5万辆，其中80%的企业运营车辆不足50辆。

我国汽车租赁行业，无论是从中国宏观经济的发展趋势还是微观的社会基础来看，都有无比光明的发展前途。预计到2015年，我国汽车租赁市场的租赁车辆需求将达到30～50万辆，营业收入将达到200亿元。

2.3.4 顾客（用户）

顾客是企业产品销售的市场，是企业赖以生存和发展的“衣食父母”。企业市场营销的起点和终点都是满足顾客的需要，汽车企业必须充分研究各种汽车用户的需要及其变化。

一般来说，顾客市场可分为五类，消费者市场、企业市场、经销商市场、政府市场和国际市场。消费者市场由个人和家庭组成，仅为自身消费而购买商品和服务。企业市场购买商品和服务是为了深加工或在生产过程中使用。经销商市场购买产品和服务是为了转卖，以获取利润。政府市场由政府机构组成，购买产品和服务用以服务公众，或作为救济物资发放。最后是国际市场，由其他国家的购买者组成。每个市场都有各自的特点，销售人员需要对此做出仔细分析。

2.3.5 竞争者

竞争是商品经济的基本特性，只要存在着商品生产和商品交换，就必然存在着竞争。任何企业的市场营销活动都要受到其竞争者的挑战，只要存在着需求向替代品转换的可能性，潜在的竞争对手就会出现。现代市场营销理论认为，竞争者有各种不同的类型，企业应针对不同类型的竞争者分别采取不同的竞争策略。

竞争者一般是指那些与本企业提供的产品或服务相似，并且所服务的目标顾客也相似的其他企业。从营销学的角度分析，企业在市场上面临着四类竞争者。

1. 愿望竞争者

愿望竞争者指提供不同产品以满足不同需求的竞争者，如出售旅游产品与出售电子产品之间的竞争。

例如，消费者要选择一种万元消费品，他所面临的选择就可能有电脑、电视机、摄像机、出国旅游等，这时电脑、电视机、摄像机及出国旅游之间就存在着竞争关系，成为愿望竞争者。

2. 属类竞争者

属类竞争者又称一般竞争者，指以不同的方法满足消费者同一需要的竞争者，如航运和客运之间的竞争。

例如，自行车、摩托车、轿车等都可以作为家庭交通工具，这三种产品的生产经营者之间必定存在着一种竞争关系，这种竞争关系就是一般竞争者。

3. 产品形式竞争者

产品形式竞争者也称行业竞争者，是指生产同种产品，但提供不同规格、型号、款式的竞争者。由于这些同种但形式不同的产品对同一种需要的具体满足上存在着差异，购买者有所偏好和选择，因此这些产品的生产经营者之间便形成了竞争关系，互为产品形式竞争者。

例如，轿车有手动变速、自动变速、手自一体，还有两厢车、三厢车，这就是产品形式竞争者。

4．品牌竞争者

品牌竞争者是指满足相同需求的、规格和型号等相同的同类产品的不同品牌之间在质量、特色、服务、外观等方面所展开的竞争。因此，当其他企业以相似的价格向同一顾客群提供类似产品与服务时，营销者将其视为竞争者。品牌竞争者之间的产品相互替代性较高，因而竞争非常激烈，各企业均以培养顾客品牌忠诚度作为争夺顾客的重要手段。例如，“奥迪”、“奔驰”、“宝马”、“大众”等品牌，这些企业之间必定存在品牌竞争的关系。

相关链接

汽车消费的成本与便利考量

消费者的需要可以用不同的方式来满足。比如，一个城市禁止摩托车后，原来的摩托车用户就会购买汽车或其他的交通工具来满足自己的出行需要。即使是同一种需要也并不是只有一种实现途径，比如，消费者需要汽车时，并非一定要购买，也可以选择“租车”。满足消费者需要的不同方法和途径可以相互替代。影响消费者选择的主要因素是成本与便利。如果租车成本比自己购买的成本低很多，就有可能去租车。从另一个角度来看，如果租车对消费者的长期使用带来诸多不便，消费者自然不会选择租车，这就要看哪个因素在消费者心里占主导地位。因此，一个城市限制汽车过快增长、解决交通拥堵问题常常通过提高汽车使用成本和发展公共交通双管齐下的办法。

2.3.6　有关公众

公众是指对企业的营销活动有实际的潜在利害关系和影响力的一切团体和个人。一般包括融资机构、新闻媒体、政府机关、协会社团组织及一般群众等。

公众对企业市场营销的活动规范、对企业及其产品的信念等有实质性影响。金融机构影响一个公司变化获得资金的能力；新闻媒体对消费者具有导向作用；政府机关决定有关政策的动态；一般公众的态度影响消费者对企业产品的信念，等等。现代市场营销理论要求企业采取有效措施与重要公众保持良好关系、树立良好企业形象，为此，企业应适时开展正确的公共关系活动。

企业的市场营销活动除了应重视研究本企业微观营销环境的具体特点外，更重要的是要研究市场营销的宏观环境。

2.4　企业适应环境变化的策略

营销者必须善于分析营销环境的变化，研究相应的对策，提高企业市场营销的应变能力。只有如此，企业才能在“商战如兵战”、“市场无常势”中立于不败之地。

2.4.1　企业对抗环境变化的策略

对企业市场营销来说，最大的挑战莫过于环境变化对企业造成的威胁。而这些威胁的来临，一般又不为企业所控制，因此企业应做到冷静分析、沉着应对。面对环境威胁，企业可以采取以下三种对策。

1．对抗对策

这种对策要求尽量限制或扭转不利因素的发展。比如，企业通过各种方式促使或阻止政府或立法机关通过或不通过某项政策或法律，从而赢得较好的政策法律环境。显然企业采用此种策略必须要以企业具备足够的影响力为基础，一般只有大型企业才具有采用此种策略的条件。此外，企业在采取此种策略时，其主张和所作所为，不能倒行逆施，而应同潮流趋势一致。

2．减轻策略

此种策略适宜于企业不能控制不利因素发展时采用。它是一种尽量减轻营销损失程度的策略。一般而言，环境威胁只是对企业市场营销的现状或现行做法构成威胁，并不意味着企业就别无他途，俗话说“天无绝人之路”、“东方不亮西方亮”。企业只要认真分析环境变化的特点，找到新的营销机会，及时调整营销策略，不仅减轻营销损失是可能的，而且谋求更大的发展也是可能的。

3．转移策略

这种策略要求企业将面临环境威胁的产品转移到其他市场上去，或者将投资转移到其他更为有利的产业上去，实行多角经营。如 KD 方式转移生产、产品技术转移等都是转移市场的做法。但转移市场要以地区技术差异为基础，即在甲地受到威胁的产品，在乙地市场仍有发展前景。企业在决定多角经营（跨行业经营）时，必须要对企业是否在新的产业上具有经营能力进行审慎分析，不可贸然闯入。

总之，当企业在遇到威胁和挑战时，营销人员，尤其是管理者，应积极寻找对策，率领全体职工努力克服困难，创出光明前景才是企业家的风度。

相关链接

KD——散件组装

在产品生产领域，KD 指散件组装，英文全称为：knockdown。

KD 有三种形式：CKD、SKD、DKD。CKD（Complete KnockDown）为全散件组装，SKD（Semi-KnockDown）则是半散件组装，一部分总成是现成的。DKD（Direct KnockDown）可以翻译为直接组装或成品组装，如汽车组装生产中，车身整体进口，安装车轮后出厂。

2.4.2 企业调节市场需求的策略

调节市场需求的水平、时间和特性，使之与供给相协调，是营销管理者的重要任务。现代市场营销理论总结出多种调节市场需求的方法。

1．扭转性经营

扭转性经营，即采取适当的营销措施，改变用户对本企业产品的信念和态度，把否定需求改为肯定需求。此策略适合于用户对本企业产品存有偏见或缺乏了解等情况下采用。

2．刺激性经营

刺激性经营，即设法引起用户的注意和兴趣，刺激需求，扩大需求规模。此策略一般适合于企业的新产品在推向市场时采用。

3．开发性营销

当用户对现有产品已感到不满足，希望能有一种更好的产品取代时，即意味着某种新产品也有了潜在需求，企业应尽快推出适合用户需要的新产品，将用户的潜在需求变为现实需求。

4．维持性营销

当某种产品目前的需求水平与企业期望的需求水平基本吻合，出现更大规模需求的可能性不大时，宜采用此策略，即维持营销现状，不再对此产品作更大的投资。

5．限制性营销

当产品呈现供求不平衡时，企业可以通过宣传引导、提价等措施，以抑制部分需求，当产品供过于求时，企业可以加强促销，以扩大需求，必要时还必须减少产品的供给，实行限制性营销。

有人说，市场营销管理的实质就是需求管理，这说明了调节市场需求对企业市场营销的重要性，它体现了企业市场营销的高超技艺。

2.4.3　环境分析的具体方法

企业只有不断地适应各种营销环境的变化，方可顺利地展开营销活动。为此，企业除了在技术上应建立预警系统，监视环境变化及加强营销环境变化的预测外，还必须掌握分析环境变化的具体方法。从而主动调整营销策略，使企业的营销活动不断地适应营销环境的变化。

对企业而言，并非所有的环境机会都具有相同的吸引力，也不是所有的环境威胁都产生相同的压力，因而企业对于每种营销环境的变化给企业带来的机会或环境威胁，应从数量上或程度上予以分析，运用比较的方法，找出和抓住最有吸引力的营销机会，避开最严重的环境威胁，这种分析方法就是环境分析。

环境分析的具体方法可以通过选择“潜在吸引力（或危害性）”和“成功可能性（或出现威胁的可能性）”两个指标进行。根据这两个指标的具体特点去评价某种环境变化的具体特点。环境分析方法如图2-3表示。如果某种环境变化对企业营销机会的“潜在吸引力”大，而企业营销活动的“成功可能性”也大，即处于图2-3（a）中阴影部分，表明该种环境变化将对企业的营销活动非常有利，企业应当抓住这样的机会；反之，如果某种营销环境变化对企业营销活动的“潜在危害性”大，而这种“危害出现的可能性”也大，即处于图2-3（b）中阴影部分，即表明该种环境变化将对企业的营销活动产生非常不利的影响，企业应及时调整营销策略，甚至改变营销战略，以避开或减轻营销环境变化对企业营销活动的威胁。

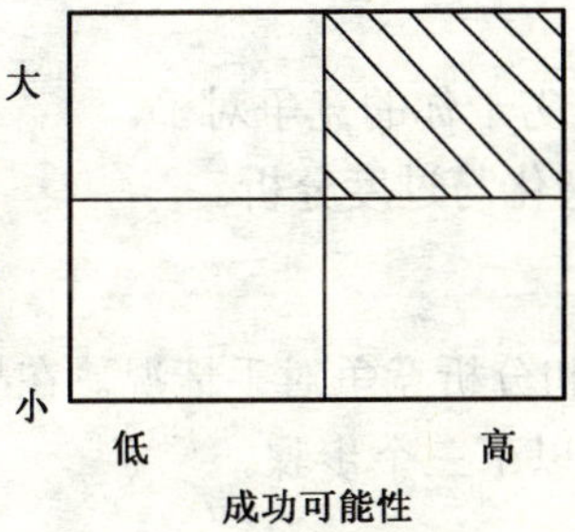

(a) 机会分析

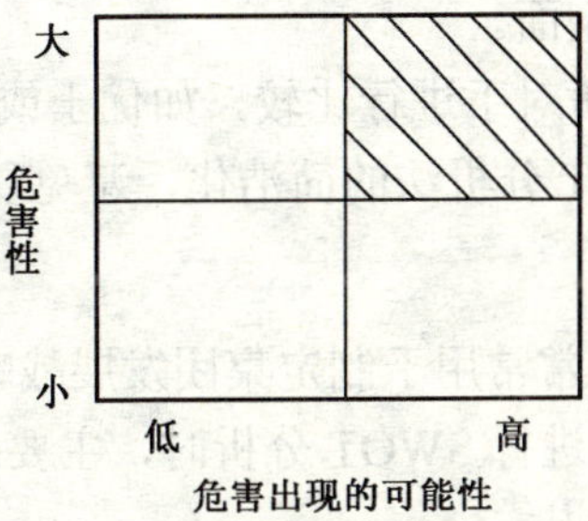

(b) 威胁分析

图2-3　营销的环境分析方法

弄清自己的营销机会和环境威胁，是取得营销业绩和谋求企业发展的基本前提。如果综合地考察企业面临的营销机会和环境威胁，企业在营销环境的变化过程中所处的地位和类型可能是：理想企业、风险企业、成熟企业、困难企业，如图 2-4 所示。显然，以理想企业所处的环境最好，以困难企业所处的环境最差。对于进入新的历史时期的我国汽车企业而言，大型汽车企业（集团）更多的可能属于风险企业，而某些中小型企业，尤其那些经营思想不端正，市场营销能力差的企业，则更多的可能属于困难企业。因此，各汽车企业对自己所处的地位和类型应保持清醒认识。

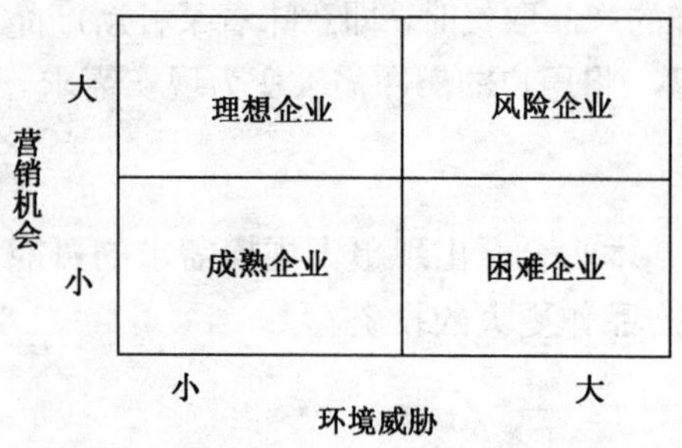

图 2-4　营销环境变化时企业类型

2.4.4　SWOT 分析法则

SWOT 分析指对企业优势（Strength）、劣势（Weakness）、机会（Opportunity）和威胁（Threats）的分析。因此，SWOT 分析实际上是将对企业各种内外部条件进行综合和概括，进而分析组织具备的优势和劣势、面临的机会和威胁的一种方法。其中，优劣势分析主要是着眼于企业自身的实力及与竞争对手的比较，而机会和威胁分析将注意力放在外部环境的变化及对企业的可能影响上。但是，外部环境的同一变化给具有不同资源和能力的企业带来的机会与威胁却可能完全不同，因此，两者之间又有紧密的联系。

SWOT 方法自形成以来，广泛应用于战略研究与竞争分析，成为战略管理和竞争情报的重要分析工具。分析直观、使用简单是它的重要优点。即使没有精确的数据支持和更专业化的分析工具，也可以得出有说服力的结论。但是，正是这种直观和简单，使得 SWOT 不可避免地带有精度不够的缺陷。例如，SWOT 分析采用定性方法，通过罗列 S、W、O、T 的各种表现，形成一种模糊的企业竞争地位描述，以此为依据作出的判断，不免带有一定程度的主观臆断。所以，在使用 SWOT 方法时要注意其局限性，在罗列作为判断依据的事实时，要尽量真实、客观、精确，并提供一定的定量数据弥补 SWOT 定性分析的不足，构造高层定性分析的基础。

1. 进行 SWOT 分析的基本规则

① 必须对公司的优势与劣势有客观的认识。

② 必须区分公司的现状与前景。

③ 必须考虑全面。

④ 必须与竞争对手进行比较，如优于或是劣于你的竞争对手。

⑤ 保持 SWOT 分析法的简洁化，避免复杂化与过度分析。

2. 主要步骤

SWOT 分析法常常用于制定集团发展战略和分析竞争对手情况。在战略分析中，它是最常用的方法之一。进行 SWOT 分析时，主要有以下三个步骤。

（1）分析环境因素

运用各种调查研究方法，分析公司所处的各种环境因素，即外部环境因素和内部环境因素。外部环境因素包括机会因素和威胁因素，是外部环境对公司的发展直接有影响的有利和不利因素，属于客观因素；内部环境因素包括优势因素和弱点因素，是公司在其发展中自身存在的积极和消极因素，属主动因素。在调查分析这些因素时，不仅要考虑历史与现状，而且更要考虑未来发展问题。

（2）构造 SWOT 矩阵

将调查得出的各种因素根据轻重缓急或影响程度等排序，构造 SWOT 矩阵。在此过程中，将那些对公司发展有直接的、重要的、大量的、迫切的、久远的影响因素优先排列出来，而将那些间接的、次要的、少许的、不急的、短暂的影响因素排列在后面。

（3）制订行动计划

在完成环境因素分析和 SWOT 矩阵的构造后，便可以制订出相应的行动计划。制订计划的基本思路是：发挥优势因素，克服弱点因素，利用机会因素，化解威胁因素；考虑过去，立足当前，着眼未来。运用系统分析的综合分析方法，将排列与考虑的各种环境因素相互匹配起来加以组合，得出一系列公司未来发展的可选择对策。

SWOT 分析在最理想的状态下，是由专属的团队来达成的。一个 SWOT 分析团队，最好由一个会计人员、一位销售人员、一位经理级主管、一位工程师和一位专案管理师组成。

3．分析要点

（1）竞争优势

竞争优势（S）是指一个企业超越其竞争对手的能力，或者指公司所特有的能提高公司竞争力的东西。

例如，当两个企业处在同一市场或说它们都有能力向同一顾客群体提供产品和服务时，如果其中一个企业有更高的赢利率或赢利潜力，那么，我们就认为这个企业比另一个企业更具有竞争优势。

竞争优势可以是以下几个方面。

① 技术技能优势。可以是独特的生产技术，低成本生产方法，领先的革新能力，雄厚的技术实力，完善的质量控制体系，丰富的营销经验，上乘的客户服务，卓越的大规模采购技能等。

② 有形资产优势。先进的生产流水线，现代化车间和设备，拥有丰富的自然资源储存，吸引人的不动产地点，充足的资金，完备的资料信息等。

③ 无形资产优势。优秀的品牌形象，良好的商业信用，积极进取的公司文化等。

④ 人力资源优势。关键领域拥有专长的职员，积极上进的职员，很强的组织学习能力，丰富的经验等。

⑤ 组织体系优势。高质量的控制体系，完善的信息管理系统，忠诚的客户群，强大的融资能力等。

⑥ 竞争能力优势。产品开发周期短，强大的经销商网络，与供应商良好的伙伴关系，对市场环境变化的灵敏反应，市场份额的领导地位等。

（2）竞争劣势

竞争劣势（W）是指某种公司缺少或做的不好的东西，或指某种会使公司处于劣势的条件。可能导致内部弱势的因素有以下几点。

① 缺乏具有竞争意义的技能技术。

② 缺乏有竞争力的有形资产、无形资产、人力资源、组织资产。

③ 关键领域里的竞争能力正在丧失机会。

(3) 机会

公司面临的潜在机会（O）是影响公司战略的重大因素。公司管理者应当确认每一个机会，评价每一个机会的成长和利润前景，选取那些可与公司财务和组织资源匹配、使公司获得竞争优势的潜力最大的最佳机会。

潜在的发展机会可能是以下 7 个方面。

① 客户群的扩大趋势或产品细分市场。

② 技能技术向新产品、新业务转移，为更大客户群服务。

③ 前向或后向整合。

④ 市场进入壁垒降低。

⑤ 获得并购竞争对手的能力。

⑥ 市场需求增长强劲，可快速扩张。

⑦ 出现向其他地理区域扩张，扩大市场份额的机会。

(4) 威胁

在公司的外部环境中，总是存在某些对公司的赢利能力和市场地位构成威胁（T）的因素。公司管理者应当及时确认危及公司未来利益的威胁，做出评价并采取相应的战略行动来抵消或减轻所产生的影响。

公司的外部威胁可能是以下 8 方面。

① 出现将进入市场的强大的新竞争对手。

② 替代品抢占公司销售额。

③ 主要产品市场增长率下降。

④ 汇率和外贸政策的不利变动。

⑤ 人口特征、社会消费方式的不利变动。

⑥ 客户或供应商的谈判能力提高。

⑦ 市场需求减少。

⑧ 容易受到经济萧条和业务周期的冲击。

4. 总结分析

由于企业的整体性和竞争优势来源的广泛性，在做优劣势分析时，必须从整个价值链的每个环节上，将企业与竞争对手做详细的对比，如产品是否新颖、制造工艺是否复杂、销售渠道是否畅通、价格是否具有竞争性等。

如果一个企业在某一方面或某几个方面的优势正是该行业企业应具备的关键成功因素，那么，该企业的综合竞争优势也许就强一些。需要指出的是，衡量一个企业及其产品是否具有竞争优势，只能站在现有潜在用户角度上，而不是站在企业的角度上。

企业在维持竞争优势过程中，必须深刻认识自身的资源和能力，采取适当的措施。因为一个企业一旦在某方面具有了竞争优势，势必会吸引到竞争对手的注意。一般来说，企业经过一段时期的努力，建立起某种竞争优势，然后就处于维持这种竞争优势的态势，竞争对手开始逐渐做出反应；而后，如果竞争对手直接进攻企业的优势所在，或采取其他更为有力的策略，就会使这种优势受到削弱。所以，企业应保证其资源的持久竞争优势。

相关链接

影响企业资源持久竞争优势的两个因素

资源的持久竞争优势受到两方面因素的影响：企业资源的竞争性价值和竞争优势的持续时间。

1. 评价企业资源的竞争性价值必须进行四项测试。

（1）这项资源是否容易被复制？一项资源的模仿成本和难度越大，其潜在竞争价值就越大。

（2）这项资源能够持续多久？资源持续的时间越长，其价值越大。

（3）这项资源是否能够真正在竞争中保持上乘价值？在竞争中，一项资源应该能为公司创造竞争优势。

（4）这项资源是否会被竞争对手的其他资源或能力所抵消？

2. 影响企业竞争优势持续时间的主要因素有三点。

（1）建立这种优势要多长时间？

（2）能够获得的优势有多大？

（3）竞争对手做出有力反应需要多长时间？

如果企业分析清楚了这三个因素，就可以明确自己在建立和维持竞争优势中的地位。

当然，SWOT 分析法不是仅仅列出四项清单，最重要的是通过评价公司的强势、弱势、机会、威胁，最终得出以下结论：

① 在公司现有的内外部环境下，如何最优地运用自己的资源；

② 如何建立公司的未来资源。

2.4.5 企业适应营销环境变化的措施

为了适应环境变化，企业必须在营销实践中找到一些行之有效的措施。具体措施有以下方面。

1. 加强市场营销计划的弹性

富有弹性的市场营销计划，有利于发挥营销计划的先导作用，使企业在实施营销计划时能够适应环境的变化。

因此，企业在制订营销计划时应做到以下几点。

（1）企业要在制订好市场营销基本计划的基础上，再建立一套或几套应急计划方案。

（2）企业要建立滚动性营销计划。

（3）计划指标要有合理的上限和下限幅度。同时，企业在制订计划和决策的早期阶段，应使计划和决策既处于大体形成，又处于实验性状态，突发事件来临后可游刃有余。

2. 重视后备资源的建设

如上所述，企业在制订应急计划后，还应落实应急措施和办法，积蓄打赢应急战的力量。

3. 提高控制水平

提高控制水平包括企业提高对流动资金、生产物资、生产指挥和中间商等市场营销重要因素的控制水平。

4. **建立快速应变的组织保证体系**

企业在组织领导体制上要有“统一指挥、个人负责”的指挥系统，完善企业内部的信息流通机制，加强各部门的协调配合，提高整个组织的灵活性和协调性。

本章小结

本章从汽车市场营销环境的概念入手，阐述了汽车市场营销环境的特点及其对汽车企业加快发展的意义。汽车企业营销环境可分为宏观环境和微观环境两部分。宏观环境主要有政治法律、经济、自然、人口、社会文化及科技等环境因素；微观环境主要有企业内部环境、供应商、营销中介、顾客、竞争者和公众等环境因素。汽车企业必须研究营销环境，以寻找机遇，规避威胁。

案例分析

奇瑞汽车产品分析

1. **产品环境分析**

（1）宏观环境

① 政策法律环境

国家的汽车工业振兴计划把奇瑞列入了扶持对象。2010 年之后短期内（特指 2~5 年）国家整体调控将以扩大内需、促进国民消费为主，对汽车行业的支持与拉动仍将持续。奇瑞股份奇瑞销售公司主营的中低端车在未来 5 年会有更为广阔的市场环境。奇瑞股份麒麟销售公司主营的中高端车型受其国产化与技术日趋成熟化的支持，在未来 5 年将有可持续发展的动力。奇瑞股份开瑞销售公司主要以微型车为主，打拼 2、3、4 线市场，在五菱的强大攻势下抢占市场份额，压力相对较大，但仍会持续增长。奇瑞股份国际公司主要针对海外市场，随着国际经济形势的复苏，2010 年之后也会有所成长。所以在未来的 3~5 年仍是汽车行业的火暴年份。

政府出台的《汽车产业调整振兴规划》中明确提出，政府采购车辆中，自主品牌比例不得低于 50%，这或许就是奇瑞高端品牌推广的一次契机。

② 经济环境

由于经济影响使外国企业推出新车的速度减慢，让奇瑞有可乘之机进入主流汽车市场。

各国受金融海啸冲击严重，各企业通过减产分割自保，对于新车型的推出采取压后减少的策略。受冲击较少的中国汽车市场，就会感到对新车型的需求得不到满足，奇瑞推出接近主流水平的新车能填补这一空白，而且国家政策扶持国内汽车企业，奇瑞有了一个比较稳固的后方支持，能放手去干，加上国际形势复杂，中国和各国频频发生外交冲突，使国人对国外品牌有抵触情绪，自主品牌如果在这个时候能推出性能质量上接近或超过国外品牌车型的汽车，会在国内汽车市场占有心理优势。

③ 社会文化环境

随着人们教育程度的普遍提高，人们更加注重生活质量的提高，因此对于使用汽车作为代步工具也成为了一种“潮流”。

该公司在安徽省，中央领导有三位政治局常委都是安徽人，神州 7 号飞船航天员落地后是用的奇瑞的礼宾车。

④ 人口环境

随着人们收入水平的提高，对汽车的需求量越来越大。特别是刚刚走上工作岗位的年轻人群体，对中低档汽车的需求量较大。而且，大多数准备结婚的青年男女也会选择中低档汽车。所以，单从人口环境考虑，像奇瑞汽车这类中低档汽车的市场还是比较大的。

⑤ 奇瑞自身

随着 2009 年奇瑞年销量接近 50 万辆，奇瑞的资产在 2009 年也得到了复苏，先后建立了重卡、电动车等项目，准备走多元化的路线，这是开创了一条新的征程，在 1～2 年的建设之后，未来 3～8 年将是创收的时期。

（2）微观环境

① 供应商

随着国际社会对环境污染的重视，传统的汽油机很有可能在将来被替换，到那时奇瑞股份的三家国内销售公司、国际公司可能都对新能源汽车进行全面销售（据说现在奇瑞正在研究新能源汽车），至于 5 年后奇瑞是否能超越其他厂家，那就看奇瑞的努力了。

② 企业内部

企业内部面临流程过长、工作推诿、员工福利等问题。随着社会的发展，城市的生活成本将会越来越大，工资待遇、工作环境将严重影响企业的稳定；人员流动和组织机构的不健全也将危及到企业的发展。

③ 顾客

④ 竞争者

比如：比亚迪、吉利。

2．产品的市场细分和定位

（1）奇瑞的市场细分

目前，奇瑞还没有建立以市场为导向的产销关系，就目前国内细分市场而言，低端竞争更加激烈，价格敏感度不断上升。

（2）奇瑞的定位

奇瑞代表了年轻、时尚的一代对汽车的追求。比如，奇瑞的价格不高，因为目标客户群体年纪轻，购买能力不比中年人。同时，车子的外形靓丽、颜色鲜艳，这些都与年轻人、追求新奇、张扬个性的价值观和心理特征相吻合。

奇瑞在自己的品牌后面加上了“QQ”，攀附腾讯 QQ 的品牌进行传播。这种品牌策略使得奇瑞 QQ 在很短的时间内成为国内汽车市场上耳熟能详的品牌。

奇瑞打起了“民族汽车工业”领先者的旗号，深得人心。在 2005 年 CCTV 中国年度经济人物评选中，奇瑞老总入选，入选的理由是，奇瑞创造了中国民族汽车制造史上的一个奇迹。这一点在当时让很多人都对奇瑞有了更多的好感。

奇瑞产品线从下往上走并不容易，它面临的最大障碍就是品牌因素。到目前为止，用户对奇瑞的品牌认知还是建立在其经济型汽车上的，而不是服务和品牌内涵方面。奇瑞要在中高档市场有所作为，必须提升其品牌形象。而这之前它必须研发出几款真正在市场上受欢迎的中高档产品。

请问：

1. 奇瑞公司面临的宏观环境和微观环境中的机会和威胁有哪些？

2. 通过资料收集，试从宏观环境和微观环境两方面分析你所熟悉的某个汽车公司的经营状况。

营销实训

实训项目：SWOT 在个人求职、职业生涯规划中的应用

1. 实训目的

掌握 SWOT 法则的内容和方法，利用 SWOT 分析工具分析个人技能、能力、职业、喜好和职业机会。

2. 实训内容和要求

（1）内容：对自己做全面细致的 SWOT 分析，了解自己的优点和弱点在哪里。

（2）要求：仔细评估自己感兴趣的不同职业中的机会和威胁所在。

3. 实训组织

以个人为单位完成实训任务。

4. 实训操作步骤

（1）评估自己的长处和短处。

列出自己喜欢做的事情和长处所在（如果觉得界定自己的长处比较困难，可以找一些测试习题做一做，做完之后，就会发现长处所在）。同样，通过列表，找出自己不是很喜欢做的事情和弱势。找出短处与发现长处同等重要，基于自己的长处和短处做两种选择：一是努力改正常犯的错误，提高技能；二是放弃那些对自己不擅长的技能要求很高的职业。列出自认为所具备的很重要的强项和对职业选择产生影响的弱势，然后再标出那些重要的强、弱势。

（2）找出职业机会和威胁。

不同的行业（包括这些行业里不同的公司）都面临不同的外部机会和威胁，所以找出这些外界因素将有助于找到一份适合自己的工作，这对求职是非常重要的。因为这些机会和威胁会影响第一份工作和今后的职业发展。如果公司处于一个常受到外界不利因素影响的行业里，很自然，这个公司能提供的职业机会将是很少的，而且没有职业升迁的机会。相反地，充满了许多积极的外界因素的行业将为求职者提供广阔的职业前景。请列出自己感兴趣的一两个行业（如汽车、保健、金融服务或者电信），然后认真地评估这些行业所面临的机会和威胁。

（3）提纲式地列出今后 5 年内个人的职业目标。

仔细地对自己做一个 SWOT 分析评估，列出从学校毕业后 5 年内最想实现的 4～5 个职业目标。这些目标可以包括：想从事哪一种职业，将管理多少人，希望自己拿到的薪水属哪

一级别。请时刻记住：必须竭尽所能地发挥出自己的优势，使之与行业提供的工作机会完满匹配。

（4）提纲式地列出一份今后 5 年的职业行动计划。

这一步主要涉及一些具体的东西。请拟出一份实现上述第（3）步列出的每一目标的行动计划，并且详细地说明为了实现每一目标，你要做的每一件事，何时完成这些事。如果觉得需要一些外界帮助，请说明需要何种帮助和如何获取这种帮助。比如，个人 SWOT 分析表明，为了实现理想中的职业目标，需要进修更多的管理课程，那么职业行动计划应说明何时进修这些课程。就此拟订的详尽的行动计划用于帮助你决策，就像公司事先制订的计划为职业经理们提供行动指南一样。

5．实训考核

（1）考核 SWOT 分析的可行性、完整性等。（70%）

（2）考核个人在实训过程中的表现。（30%）

第 3 章　汽车消费者购买行为分析

本章学习目标

1. 了解汽车消费者行为的概念和特点。
2. 了解影响消费者购买行为的因素。
3. 了解消费者的购买决策过程。
4. 掌握轿车消费者的购买心理和行为分析。
5. 了解汽车集团用户市场的特点。
6. 了解汽车集团用户的购买决策过程与影响因素。

案例导入

汽车设计更多为女性考虑　女性购车比例增高

汽车是一个有着 100 多年历史的厚重产业，一度被认为是男性主宰的天下，但是这种现象正在悄悄地改变。虽然这个行业还没有出现 IT 行业里的惠普前 CEO 菲奥娜、EBAY 玛格丽特·惠特曼那样的明星，但是也有诸如登上《财富》全球最具影响力的 50 名商界女性第 6 位的美国通用汽车公司副总裁莫林·肯普顿·达克斯等。近年来，中国车市蓬勃发展，各种商界女性评选中也逐渐多了不少车界女高管的名字，在她们中，上海通用的李征卉、一汽大众的刘陶、东风日产的郭伟及一汽马自达的宋晓娟等就是杰出代表。

1. 设计——越来越为女性考虑

眼下，女性购车者的比例越来越高。在车市的主力价位区间，很多车型因为精巧的外观、突出的女性气质，被正在崛起的女性购车者所喜爱，如飞度、雨燕、POLO、TIIDA、QQ、SPARK 等。而一些追求性能与动力的跑车，如保时捷、法拉利、玛莎拉蒂等车的外形也变得越来越柔美，这里面自然有空气动力学方面的要求，但是无疑这样的外形更容易讨女人们的欢迎，而“追求女孩子”正是跑车的另一种重要功能。

在家庭中，女人的发言权也越来越大，来自东风日产的一份研究报告指出，消费者在决定选购哪个汽车品牌时，女人的意见占 60%。在此情况下，越来越多的车企开始聘请女性作为设计师，在设计中加入女性元素来讨好女性消费者。今年 1 月，通用汽车 CEO 更换芭拉女士作为产品研发设计师；而福特汽车的 PRDBE 则是由设计师米·文德英伦率领 25 位男设计师完成的；雷诺汽车设计师安妮·艾桑斯，则将她操持家务的心得和妈妈的关怀用于 SOENIC 多功能休闲车的设计；VOLVO 更是专门为女性设计了一款概念车 YCC，设计师团队共有 6 人，她们都是清一色的女性。更有一些厂商在推出新车前，特地组织女性顾客前来评点。女性的重要性已经显而易见。

2. 调查——全方位了解女性需求

在中国车市丽人特刊中，成都商报与成都全搜索网站、专业调查公司神鸟数据联合发布了女性用车全面调查，为女性消费者在选车、购车、开车、护车时提供更全面更具参考性的调查数据和建设性意见。这份调查显示，未来一年内有购车计划的女性人群中年轻女性逐渐成为主流；15 万元以下的汽车车型受到大部分女性的喜爱，有能力全款购车的女性占到五成以上；除去安全性、质量和价格三个主要因素外，外观造型成为女性购车的首要考察目标；和大多数男性购车者不同，女性在选择汽车颜色时更加偏向个性，红色成为众多女性购车时的第一选择。

专业调查公司神鸟数据调查显示，颜色是购车的重要决定因素之一，尤其是对女性购车者，"外观颜色"在她们的潜意识中已被提升至仅次于"性能价格比"之后第二重要的位置，远高于"售后服务"、"油耗"、"配置"。而一名汽车企业女设计师告诉成都商报记者，如果把车比作一个移动的家，从小就爱玩过家家游戏的女性，可以说有着天生的布置家的能力，"比如我们即将上市的车型中增加了衣帽钩的细节，就是照顾到女性怕在车内把衣服弄皱的需求。其实这也是男性消费者共同的需求，只不过女性特别敏锐地把它发掘出来而已。"

也许有人认为，女性设计师对汽车造型、内饰上施加的影响，实在是微不足道，但不要忘记了，购车决策 60%是由女性做出的，也许往往就是女设计师细小的一笔，就能够打动这些"决策者们"的芳心。

（案例素材来源：四川新闻网-成都商报 2011 年 3 月 7 日）

营销的目的是要了解顾客如何选择、购买、使用和处置商品，从而更好地满足目标顾客群体的需要。这就需要把握市场的发展趋势，找到新的营销机会，这一点在上述案例中有所体现。

3.1　汽车消费者购买行为概述

汽车用户从总体上分为消费者个人和集团组织两大类，前者构成汽车的消费者市场，后者构成汽车的组织市场。消费者购买行为是指消费者为满足个人或家庭生活而发生的购买商品的决策过程。集团用户的购买行为主要是指工商企业为从事社会生产和建设活动，以及政府部门和非营利组织为履行职责而购买汽车产品的决策过程。营销通过对消费者和集团组织购买行为的研究，探索其购买行为的规律，从而制定有效的市场营销策略，实现企业营销目标。

3.1.1　消费者购买行为的特征

由于汽车商品本身的使用特点、产品特点及价值特点与一般商品有很大差别，因此，企业要在市场竞争中能够适应市场、驾驭市场必须研究和掌握消费者购买行为的基本特征。

1. 购买者多而分散

消费者的购买行为涉及每一个人和每个家庭，购买者多而分散。因此，消费市场是一个人数众多、幅员广阔的市场。由于消费者所处的地理位置各不相同，闲暇时间不一致，造成购买地点和购买时间的分散性。

2．购买量少，多次购买

消费者购买商品是以个人和家庭为购买和消费单位的，由于受到消费人数、需要量、购买力、储藏地点、商品保质期等诸多因素的影响，消费者为了保证自身的消费需要，往往购买量小、批次多，购买频繁。

3．购买需求的差异性大

消费者购买商品因受年龄、性别、职业、收入、文化程度、民族、宗教等影响，其需求有很大的差异性，对商品的要求也各不相同。而且随着社会经济的发展，消费者的消费习惯、消费观念、消费心理不断发生变化，从而导致消费者购买需求差异性大。

4．非专家购买

绝大多数消费者购买商品时缺乏相应的专业知识、价格知识和市场知识，尤其是对某些技术性较强、操作比较复杂的商品，更显得知识缺乏。在多数情况下，消费者购买商品时往往受感情因素的影响较大。因此，消费者很容易受广告宣传、商品包装及其他促销方式的影响，产生购买冲动。

5．购买行为的流动性大

消费者购买商品必须慎重选择，加之在市场经济比较发达的今天，人口在地区间的流动性较大，因而导致消费者购买行为的流动性很大，消费者购买行为经常在不同产品、不同地区及不同企业之间流动。

6．购买行为的周期性

对有些商品，消费者需要常年购买、均衡消费，如食品、副食品、牛奶、蔬菜等生活必需品；而有些商品消费者需要季节性购买或节日性购买，如一些时令服装、节日消费品；还有些商品，消费者需要等商品的使用价值基本消费完毕才重新购买，如电话机和家用电器。这就表现出消费者的购买行为有一定的周期性。

7．购买行为的时代特征

消费者的购买行为常常受到时代精神、社会风俗习惯的导向，从而使人们对商品产生一些新的需要。如 APEC 会议以后，唐装成为时代风尚，随之流行起来；又如社会对知识的重视，对人才的需求量增加，使人们对书籍、文化用品的需要明显增加。这些都显示出消费者的购买行为有时代特征。

8．购买行为的发展性

随着社会的发展和人民消费水平、生活质量的提高，消费需求也在不断向前推进。过去只要能买到商品就行了，现在追求名牌；过去不敢问津的高档商品如汽车等，现在普通人开始消费了；过去自己承担的劳务现在由劳务从业人员承担了，等等。这种新的需要不断产生，而且是永无止境的，使消费者购买行为具有发展性特点。

认清消费者购买行为的特征，有助于企业制定营销策略，规划企业经营活动，为市场提供消费者满意的商品或劳务，更好地开展市场营销活动。

3.1.2 汽车消费者购买行为要素

消费者的行为并非不可捉摸，通过精心设计和调查，消费者的行为是可以被理解和把握的，消费者行为虽然多种多样，但是在这些千差万别的行为背后存在着共性，因此，消费者的购买行为要素其实可以概括成“5W1H”（Who，What，When，Where，Why，How），也就是以下五个方面。

1．谁购车

这是分析汽车购买的主体和影响购买决策的角色。消费者购买的汽车不一定是自己使用，消费者使用的汽车也不一定是由自己购买的。一般地，消费者在购买活动中的角色可分为五种：消费倡导者、决策者、影响者、购买者和使用者。

① 消费倡导者，即本人有消费需要或消费意愿，或者认为他人有消费的必要，或者认为其他人进行了某种消费之后可以产生所希望的消费效果，这个人即属于消费的倡导者。

② 消费决策者，即有权单独或在消费中有权与其他成员共同作出决策的人。

③ 消费影响者，即以各种形式影响消费过程的一类人，包括家庭成员、邻居与同事、购物场所的售货员、广告中的模特、消费者所崇拜的名人明星等，甚至素昧平生、萍水相逢的过路人等。

④ 购买者，即直接购买商品的人。

⑤ 使用者，即最终使用、消费该商品并得到商品使用价值的人，有时称为“最终消费者”、“终端消费者”、“消费体验者”。

当然这些不同的角色也可以相互重叠。传统观念认为，购买汽车的重要角色是决策者，如一个家庭中的“父亲”是购买汽车的决策者，但是在现代家庭中独生子女的意见往往影响着购买者的决策。而且女性在家庭购买决策中的影响作用也越来越明显。

2．购买何种车

这是对消费者购买对象的分析。对大多数消费者而言，这是整个购买决策的核心内容，也是汽车营销者的研究重点。企业可以通过市场调研，了解消费者市场需要什么样的汽车，尽量在性能、外观、质量、价格等方面满足消费者的需要。

3．何时购买汽车

这是对汽车消费者购买时间的分析。购买时间一般与消费者的需求迫切性有关，如果急需使用，当然很快就会购买。表面上看，购买时间只与单个消费者有关，但从整个汽车消费市场来看，还是有一定的规律可循，如购车者都喜欢在周末或节假日去看车，在被称为“金九银十”的九、十月份和春节前是销售旺季，而在春节后是销售淡季等。了解这些基本规律，往往能起到事半功倍的作用，如汽车新产品投放、广告宣传、促销活动等时机的选择就可以参照这些规律进行，比较常见的如“周末车市”、“年末冲刺汽车展销会”等活动。

4．何处购车

这是对消费者购买地点的分析，主要从两个方面来分析：

① 汽车购买者决定在何处购车；

② 汽车购买者实际在何处购车。

虽然消费者购买地点的选择与购买习惯、个人偏好、是否方便快捷等因素有关，但在购买汽车这类价值较高的产品时，消费者一般都会选择信誉好、服务好的汽车销售中心。所以提高信誉和服务质量是吸引消费者的不二法门。

5．为何购车

这是对汽车购买者购买欲望和动机的分析。消费者的购买动机是多种多样的，不同的人会有不同的购买动机。例如，对要买同一款车的人来说，有的人是将其作为代步工具，有的人是因为个人兴趣，有的人是为了表现其生活方式，也有的人纯粹是随大流。企业应该通过对消费者的调查和预测，准确地把握消费者购车的原因，然后有针对性地进行营销。

6．如何购车

这是对消费者购买方式和付款方式的分析。购车者采取什么样的方式购车，是现场付款还是分期付款，是订购还是现场提车，企业应该充分考虑消费者的不同购买方式和不同要求，制定出相应的汽车营销策略。

在实际评估消费者购车信息时，还应在“5W1H”的基础上再加一个“H”（How much），这是对消费者购车预算的分析，这同样会影响企业营销计划的制订和营销策略的选择。

3.1.3 消费者购买行为模式

消费者的购买行为是一个复杂的过程，是受一系列相关因素影响的连续行为。一般来说，购买行为首先是受到某种（内部或外部）刺激而产生某种需要，进而产生购买动机，最后产生了购买行为，如图 3-1 所示。

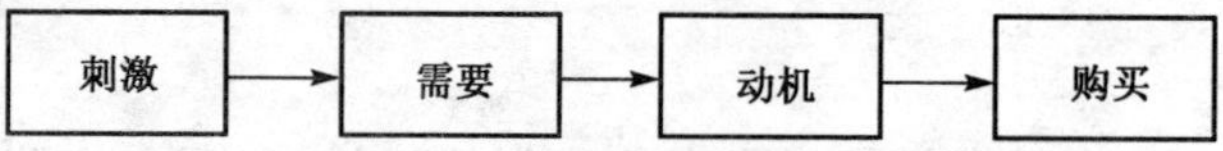

图 3-1 消费者行为模式

在消费者的购买行为形成过程中，有两个关键方面：刺激和反应。刺激分为两种：① 营销刺激，包括产品、价格、渠道、促销等因素，即汽车可控因素的刺激；② 其他刺激，包括经济、政治、文化、法律、科学技术、竞争等因素。营销刺激和其他刺激一起构成了汽车购买者的外在刺激。反应指购买者受到刺激后的一种最终反应，也就是做出的关于汽车购买的产品选择、品牌选择、经销商选择、购买时机和购买地点选择的决策。当然，购买者从接受刺激到作出反应，其间还要经历一个过程，这也就是具有一定特征的汽车购买者购买动机的形成，其中主要是指使消费者产生“不足之感”，进而产生“求足之愿”，即产生购买动机。

但是需要注意的是，消费者即使作出了购买决策也不一定发生购买行为，因为可能受其他条件（如资金不足）限制而最终不能执行购买决策，即不能产生相应的购买行为。企业如果能帮助消费者解决阻碍其购买行为发生的其他条件，则有助于消费者最终产生购买行为。例如，汽车经销商为购车者提供分期付款或与银行合作为消费者购车提供贷款，帮助消费者解决资金问题，即可促进消费者购车行为的发生。

3.2　影响消费者购买行为的因素

3.2.1　影响消费者购买行为的内在因素

影响消费者购买行为的内在因素很多，主要有消费者的个体因素与心理因素。购买者的年龄、性别、经济收入、教育程度等因素会在很大程度上影响消费者的购买行为。消费者心理是消费者在满足需要活动中的思想意识，支配着消费者的购买行为。影响消费者购买的心理因素有动机、感受、态度、学习。

1. 个体因素

（1）年龄

一个人在不同年龄阶段，所需要的商品和服务是不断变化的，审美观和价值观也会不同，从而表现出不同的购买行为。例如，年轻人通常容易接受新鲜事物，喜欢标新立异和追求个性。如果一辆汽车的目标市场是年轻人，相应的广告策略和促销策略都要符合年轻人求新求变的性格特征。

相关链接

萨奇兄弟公司 Yaris 车的定位

1999 年萨奇兄弟公司在欧洲推出 Yaris（丰田雅力士）车，该车的目标市场是欧洲市场上 20～30 岁非丰田车车主。为了迎合当时欧洲年轻一代的喜好，萨奇兄弟公司将 Yaris 车定义为“违背逻辑的轿车”，形容它：外观娇小玲珑，内部宽敞舒适。相应的广告画面也强调了“违背逻辑”，如让玩具飞机载着一个男孩腾空飞翔。

（2）职业

职业往往决定着一个人的地位及他所扮演的角色，同时也决定着他的经济情况，从而影响其消费模式。教授、律师及政府官员大多喜欢购买黑色轿车，代表庄重、沉稳与威严；年轻的艺员则喜爱红色及色彩鲜艳的轿车，代表青春活力。

（3）经济收入

消费者的收入是有差异的，同时又不断地变化着，因此会影响消费的数量、质量、结构及消费方式，从而影响购买行为。

① 消费者绝对收入的变化影响购买行为。

引起消费者绝对收入变化的主要因素是消费者工资收入的变化、财产价值意外变化等。同时，政府的税收政策变化、企业经营状况的变化，都会导致消费者绝对收入的变化。同样是在购买汽车的问题上，当该消费者收入较低时，首先关注的往往是汽车的价格和耗油量；而一旦收入提高，可能就会对汽车的安全性能和外观提出要求，对汽车售后维修、零部件的供给更为关注。

② 消费者相对收入的变化影响购买行为。

消费者相对收入、变化是指当其绝对收入不变时，由于其他社会因素，如商品价格、分配方式等产生变化，而使收入发生变化。

③ 消费者预期收入的变化影响购买行为。

消费者在购买贵重商品时，往往要对往后的收入情况作出一定的预期，尤其是打算采用贷款或分期付款购买方式时，这种行为的影响会更明显。现今，对于大多数中国消费者来说，汽车仍然属于一种奢侈品，因此，汽车生产企业必须考虑到消费者对未来收入的预期可能对其购买行为产生比较大的影响。除了消费者自身的工作环境和自身能力，总体经济环境和社会的稳定程度及社会保障体制的健全与否都会影响到消费者对未来收入的预期。

（4）教育程度

一般来说，消费者受教育程度越高，对精神生活方面的消费需求就越多。同时，其购买行为也会显得越理智。受教育程度高的消费者在购买汽车时，可能会更重视该车的性能及外观设计与时尚程度，而不只是单纯关心其价格。

相关链接

日本汽车公司开发新车迎合女性需求

由于女性在购车过程中越来越多地拥有决定权，日本汽车制造厂商在进行汽车开发时特别考虑到女性的喜好和需求。

据美国《世界日报》报道，日本汽车制造厂商在设计产品时会配合女性的需求与喜好，尤其注意收纳、清洁等细节，让女性乘车时保持愉快的心情。这两三年来，日本三菱汽车工业公司和马自达公司都成立了由女性员工组成的开发小组，成员有5～6人，年龄不到40岁，分别隶属于商品企划、业务等部门。这些成员会定期集会交换心得，有时还会到街上征询女性的意见，向开发团队表达女性的观点。三菱公司推出的微型车Colt品牌，在驾驶座旁特别设计了能安全放置购物袋的空间，还有首饰盒可以放置贵重珠宝。本田技研工业公司推出的新车也考虑到了女性的要求。

早在20世纪80年代，日本丰田汽车公司和日产汽车公司在开发汽车时就注意到了女性的需求。例如，车窗使用隔离紫外线的玻璃，车内安装方便化妆的镜子，色系采用粉红和橘色等鲜艳色彩，等等。

（素材来源：http：//goods.pclady.com.cn/new/0710/204358.html 2009-2-20 13:08:20）

2．心理因素

（1）动机

① 需要引起动机。

需要是人们对于某种事物的要求或欲望，指引和推动人为实现目标的各种行动。因此，需要是消费者购买行为的起点。了解消费者的需要，正是研究消费者购买行为的切入点。

就消费者而言，需要表现为获取各种物质需要和精神需要。根据美国心理学家马斯洛的"需要层次"理论，可将人的需要分为五个层次，即生理需要、安全需要、社会需要、尊重需要和自我实现的需要，形成一个自下而上的层次。当人的低级需要得到满足后，就会开始追求更高一级的需要。不同需要层次的消费者对汽车的要求是不同的，如果消费者购买汽车只是为了解决自己的出行问题，那么他想要的可能就是一辆经济实惠、简单实用的汽车。如果消费者为了获得他人尊重彰显自己的身份，那么他想拥有的就是一辆豪华气派、足以体现车主身份的汽车。消费者不同层次的需要通常通过他的意向、愿望、兴趣体现出来。营销人员可以在与消费者的交谈中了解消费者的需要层次，明确洽谈的重点。

需要产生动机，消费者购买动机是消费者内在需要与外界刺激相结合使主体产生一种动力而形成的。

② 购买动机的类型。

动机是为了使个人需要得到满足的一种驱动和冲动。消费者的购买动机是指消费者为了满足某种需要，产生购买商品的欲望和意念。购买动机可分为两类：生理性购买动机和心理性购买动机。

生理性购买动机指由人们因生理需要而产生的购买动机，如饥思食、渴思饮、寒思衣，又称本能动机，包括维持生命动机、保护生命动机、延续和发展生命动机。生理动机具有经常性、习惯性和稳定性的特点。

心理性购买动机是指人们由于心理需要而产生的购买动机。根据对人们心理活动的认识，以及对情感、意志等心理活动过程的研究，可将心理动机归纳为以下三类。① 动机。指由于个人情绪和情感方面的因素而引起的购买动机。根据感情不同的侧重点，可以将其分为三种消费心理倾向：求新、求美、求荣。② 动机。这是指建立在对商品的客观认识的基础上，经过充分的分析比较后产生的购买动机。理智动机具有客观性、周密性的特点。在购买中表现为求实、求廉、求安全的心理。③ 动机。这是指对特定的商品或特定的商店产生特殊的信任和偏好而形成的习惯，进而重复光顾的购买动机。这种动机具有经常性和习惯性特点，表现为嗜好心理。

消费者的需要有了明确的目标时，会转化成动机，动机是消费者行为的直接动因。动机源于需要，但将需要转化为动机的是商品的效用，没有效用的商品，即使具有购买能力，消费者也不会去购买；如果商品的效用很大，即使当前不具备购买能力，消费者也会筹措资金购买。汽车消费者购买汽车的动机概括起来大致有以下几种。

第一，求实购买动机。在购买过程中追求汽车的实际功效和作用，讲究经济实惠、经久耐用、使用方便，而不太注重汽车的外观。它是汽车消费中最具有普遍性、代表性的一种购买动机。

第二，求新购买动机。以追求汽车外观的新颖、时尚为主要目的的一种购买动机。具有这种购买动机的消费者比较注重汽车造型、颜色等外在的观感，而不太注重汽车的实用价值与价格高低，比较容易出现冲动性购买。

第三，求名购买动机。以追求名牌汽车、高档汽车来显示自己的身份和地位为主要目的的购买动机。

第四，求廉购买动机。消费者对汽车价格比较敏感，以价格的高低作为选购汽车的主要标准，不太注重汽车的品牌与服务。在经济收入不高的消费者中是一种普遍的购买动机。

第五，从众购买动机。消费者的购买行为受到周围人群影响较大，以大多数的购买行为为准则，以同众人一致作为追求的目标。这类消费者往往缺乏经验和市场信息，认为从众可以避免个人决策失误，有安全感。

第六，储备购买动机。以占有一定的紧俏商品为主要目的的购买动机。比如，消费者在听说政府将出台某项政策限制私人汽车过快增长的消息后，有可能会提前购买；或者当听说由于原材料涨价等原因可能导致汽车价格上涨时，也会产生购买动机。

第七，自我表现购买动机。以提高自己的社会声誉、地位为主要目的的购买动机。这类消费者只重视汽车的社会象征意义，而不太重视汽车的实际效用。这类消费者在享有一定社会地位的各界名流中比较多见。

消费者的购买动机是复杂的、多层次的，在实际购买活动中，通常不只存在一种购买动机，而是多种购买动机综合作用的结果，只不过在各种不同的场合下，各种动机的作用各有主次。

相关链接

女车主带来的汽车后市场商机

北京西郊汽配城的一家汽车用品店十分拥挤，这家店销量最大的多是车内挂饰、摆件、香水、方向盘套、卡通脚垫、靠垫。店主说："这些薄利多销的小物件，都是女车主在买。"一位正在购物的女顾客则说："我车里的毛绒玩具、挂件多达18件，后窗基本已封死，后座也成了史努比等的座位。每次看见这些可爱的物件我就无法克制购买冲动。"

女性车主的增加，无疑给汽车后市场带来了更多的商机，很多女性车主都希望通过自己精心的布置，让爱车变得时尚、个性、辨识度高，不但能得到身边人的称赞，还能吸引更多关注的目光。

一项调查显示，高达50%以上的女性车主对自己的爱车"过度"宠爱，这些宠爱体现在洗车频率高，保养也比男性准时。

一位汽车服务公司营业员说："就洗车这项业务而言，我们店女顾客明显多于男顾客。有一位女顾客，每周都要来两次。"某品牌 4S 店销售经理也表示："一般车辆在出保期后，都会流失很大一部分客户。但保留的客户中有60%左右为女性，女性一般比男性更加注重保养的时间，如果没有特殊情况都会按时保养。她们大多都会选择 4S 店，并且很在意服务态度和质量。"他透露了一个更加大胆的设想："有可能的话，我们会特地为女性车主准备一辆车，在等待车辆保养时，载她们去离店最近的购物城，以防女车主等待时会不耐烦。"

业内专家认为，女性车主数量的上升，对汽车后市场来说意味着很大的商机，如果能顺势推出吸引她们的产品和服务，将在激烈的竞争中出人头地。

人们的购买动机不同，购买行为必然是多样的、多变的。要求企业营销深入细致地分析消费者的各种需求和动机，针对不同的需求层次和购买动机设计不同的产品和服务，制定有效的营销策略，获得营销的成功。

（2）感受

促成消费者的购买行动，还要看他对外界刺激或情境的反应，这就是感受对消费者购买行为的影响。感受指人们的感觉和知觉。所谓感觉，就是人们通过感官对外界的刺激或情境的反应或印象。随着感觉的深入，各种信息在头脑中被联系起来进行初步的分析综合，形成对刺激或情境的整体反应，就是知觉。知觉对消费者的购买决策、购买行为影响较大。在刺激或情境相同的情况下，消费者有不同的知觉，他们的购买决策、购买行为就截然不同。消费者知觉是一个有选择性的心理过程，主要体现在三个方面。

① 选择性注意。在消费者获取汽车信息的时候，并不是所有关于汽车的信息都能照单全

收，消费者只是对与自己需要有关的、特别留意的、独特的信息才能留下深刻印象。比如，在车展时，一些惊险刺激的汽车表演、美轮美奂的展台、别处心裁的布置，就能引起消费者的注意。

② 选择性曲解。这是指消费者以个人意愿去曲解信息的倾向，常会造成先入为主的观念。如果汽车营销企业能始终坚持诚信经营、优质服务，努力提高企业的品牌形象，就会在消费者心中占据牢固的地位，这将是企业的一笔宝贵的财富。

③ 选择性记忆。消费者不可能将所有注意过的信息全部记住，而是有倾向性地记住自己喜欢的、感兴趣的、印象特别深刻的信息。营销人员在向消费者推销汽车时，必须留意消费者的兴趣点在哪里，而且介绍要简明扼要，不能有太多的信息干扰消费者。

相关链接

台湾三阳“野狼”摩托车广告效应

20世纪70年代，我国台湾摩托车市场竞争激烈，其中三阳工业推出125CC重型摩托车时的广告策略堪称经典。1974年3月26日，台湾两家主要的日报上，刊出一则没有注明厂牌的摩托车广告，面积是8栏50行，四周是宽阔的网线边，中间保留成一块空白。空白上端有一则漫画式的摩托车插图。图的下面有6行字，内容是“今天不要买摩托车，请您稍候6天。买摩托车您必须慎重地考虑。有一部意想不到的好车，就要来了。”次日继续刊出这则广告，内容只换了一个字：“请您稍候5天。”这天的广告引起了反应。同业们听说了是三阳的广告，纷纷向三阳发牢骚，询问“为什么这两天叫消费者不要买摩托车”？因为第一家摩托车店的营业额都减少了。第3天，继续刊出这则广告，内容仍只换了一个字，改为：“请您再稍候4天。”这天的广告又引起了反应，连广告主本身的各地经销店都抱怨销售减少了。第4天，内容取消了“今天不要买摩托车”一词，改为：“请再稍候3天。要买摩托车，您必须考虑到外型、耗油量、马力、耐用度等。有一部与众不同的好车就要来了。”这天的广告又引起了反应。广告主所属的推销员们大叫“受不了”。这几天的广告影响了他们的推销量。这3天中，里里外外的反应，使得广告主自己也有顶不住的感觉，几乎想中止这套预告性广告。广告代理业方面的专案小组负责人，则苦苦劝告广告主：要忍耐，要坚持。第5天的广告，内容稍改为：“让您久候的这部无论外型、冲力、耐用度、省油等都能令您心满意足的野狼125摩托车，就要来了。烦您再稍候两天。”第6天的广告内容又稍改为：“对不起，让您久候的三阳野狼125摩托车，明天就要来了。”第7天，这种新产品正式上市，果然造成大轰动。广告主发送各地的第一批几百辆新车，立即全部卖完。以后，接连不断的畅销，若干地区的经销商自己派人到工厂去争着取车，以应付购买的需要。“野狼”成为市场上的热门货，经销商的销售信心大增。广告主的市场声誉，亦随之大大改观。广告主以往所出产的其他型号摩托车，销路亦连带趋好。当时，广告代理业的专案小组调查得知，台湾全省每天约有200部摩托车的成交量。让消费者停止购买6天，至少可积存700～800部的成交量，一定可以从中争取得到不少的成交，自然造成了难得的畅销局面。负责核发摩托车牌照的各地公路监理所（站），亦证明了在那几天中，申请牌照的新摩托车确实少了许多。过了那几天，又突然增加了好多。

分析感受对消费者购买行为的影响目的是要求企业营销掌握这一规律，充分利用企业营销策略，引起消费者的注意，加深消费者的记忆，正确理解广告，影响其购买。

（3）态度

态度通常指个人对事物所持有的喜欢与否的评价、情感上的感受和行动倾向。作为消费者，态度对消费者的购买行为有着很大的影响。企业营销人员应该注重对消费者态度的研究。消费者态度来源于：与商品的直接接触、受他人直接或间接的影响、家庭教育与本人经历。

消费者态度包含信念、情感和意向，它们对购买行为都有各自的影响。

① 信念，指人们认为确定和真实的事物。在实际生活中，消费者不是根据知识，而常常是根据见解和信任作为他们购买的依据。

② 情感，指商品和服务在消费者情绪上的反应，如对商品或广告喜欢还是厌恶。情感往往受消费者本人的心理特征与社会规范影响。

③ 意向，指消费者采取某种行动的倾向，是倾向于采取购买行动，还是倾向于拒绝购买。消费者态度最终落实在购买的意向上。

态度影响着消费者对汽车的认知、学习、评估、选择、决策，态度导致人们喜欢或不喜欢某些事物，一经形成就成为一种模式，要改变消费者的态度是比较困难的。在购车行为中，消费者的态度可以是积极的，也可以是消极的。在一般情况下，汽车企业不要试图改变消费者的态度，而应该考虑如何改变自己的产品或形象，以符合消费者的态度。1989 年，美国福特汽车公司用 16 亿英镑收购了美洲虎，这个数字相当于美洲虎实际资产的近 5 倍。福特收购美洲虎的主要原因是，当时汽车行业的人已经预感到，随着经济的稳定乃至复苏，豪华车市场将再度出现热潮。欧洲用户普遍对欧洲自己生产的豪华车有相当的好感，而不愿意购买福特的豪华车。为了能够在欧洲创立自己的顶级豪华车品牌，福特才斥巨资收购了美洲虎。

在营销过程中，力求选择消费者信任的信息传达者或信息输送渠道，让消费者积极参加试乘试驾活动，有机会体验和了解产品，从而促使消费者产生积极肯定的态度。因此，研究消费者态度的目的在于企业充分利用营销策略，让消费者了解企业的商品，帮助消费者建立对本企业的正确信念，培养对企业商品和服务的情感，让本企业产品和服务尽可能适应消费者的意向，使消费者的态度向着企业的方面转变。

相关链接

别克塞欧轿车进军中国市场始末

在我国，2000 年以前的经济型轿车市场中还没有一款完全意义上的进口轿车，虽然价格便宜，但给消费者的印象是低质低价，缺乏一种具有竞争力的车型，这时通用将在海外市场上的一款欧宝车引进中国，取名赛欧，俗称小别克。别克赛欧推出后，在中国轿车市场引起很大轰动，这是通用抓住国内 10 万元轿车空白的一次成功的市场开拓。在赛欧还没有正式上市的日子里，上海通用借助新闻和公关的力量就把赛欧“10 万元家庭轿车”的概念炒作得深入人心，再加上赛欧与别克品牌的渊源，消费者对这款未曾谋面的轿车充满期待。赛欧成功的造就了 10 万元家庭轿车的概念，“制定”了中国家庭轿车的新标准，使中国消费者知道了 10 万元的家庭轿车应该配备什么样的标准。可以说，上海通用在前期只花费了新闻公关的宣传费用，就巧妙的借助媒体的力量和自身品牌的力量将这款经济型轿车提前推向市场，产生了强烈的市场等待效应。凭借着别克品牌效应和10万元轿车的概念，别克赛欧在中国轿车市场取得了巨大成功。2001年，上海通用又针对中国家庭市场推出赛欧的家庭版——赛欧SRV，将全新的汽车消费观引入中国普通消费者心中。2002年的产销量达到5万辆，成为这一级别市场最大赢家。

（4）学习

学习是指由于经验引起的个人行为的改变。即消费者在购买和使用商品的实践中，逐步获得和积累经验，并根据经验调整自己购买行为的过程。也就是说，消费者在购买和使用汽车的活动中，会想方设法获取知识、经验与技能，通过积累经验、掌握知识，不断地提高自身对汽车的认识，提高自身的评估决策能力，完善购买行为。学习是通过驱策力、刺激物、提示物、反应和强化的相互影响、相互作用而进行的。

驱策力是诱发人们行动的内在刺激力量。例如，某消费者重视身份地位，尊重需要就是一种驱策力。这种驱策力被引向某种刺激物——高级名牌西服时，驱策力就变为动机。在动机支配下，消费者需要作出购买名牌西服的反应。但购买行为发生往往取决于周围“提示物”的刺激，如看了有关电视广告、商品陈列，他就会完成购买。如果穿着很满意的话，他对这一商品的反应就会加强，以后如果再遇到相同诱因时，就会产生相同的反应，即采取购买行为。如反应被反复强化，久之，就成为购买习惯。这就是消费者的学习过程。

企业营销要注重消费者购买行为中“学习”这一因素的作用，通过各种途径给消费者提供信息，如重复广告，目的是加强诱因，激发驱策力，将人们的驱策力激发到马上行动的地步。同时，企业提供的商品和服务要始终保持优质，消费者才有可能通过学习建立起对企业品牌的偏爱，形成其购买本企业商品的习惯。例如，厂商通过汽车展销会、顾客联谊会、广告等措施来加强消费者对汽车产品的了解，激发消费者的联想，强化消费者的需要。

相关链接

消费者购车行为各有不同

一见钟情派

看重第一眼感觉，或是其整体风格能够引起其认同感和舒适感，再加上足够的品牌质量。

消费者更偏向外观，目标明确，定位准确；该买啥车，深思熟虑；看好了就买，干脆利索，出手果断。财大气粗底气足，潇洒中不乏理智精明。

慎重比较派

综合各种情况，注重实际。不惟价格，不求花俏；冷静等待，不急不躁。不为低价和新车所动，只待购车时机成熟。消费者购车时比较理性，采用性价比方法进行筛选，即性能越高，价格相对低的好。

理性分析派

车比三家，物有所值。站在专业角度对目前的车市进行一番分析再下定论，不仅要看车的情况，还要看本地的路况更适合什么车。

3.2.2 影响消费者购买行为的外在因素

1. 政治因素

影响市场购买活动的政治因素主要是国家政策。每个国家都有不同的政策。例如，在美国允许私人持有武器，而在我国就不允许。又如，为了保护环境，欧盟许多国家对汽车的排放量都作出了详细的规定，不符合环保规定的汽车在这些国家不允许生产，也不允许销售。国家政策会对消费者的购买行为产生极大的影响。例如，2011 年底，北京出台汽车“限购令”，对北京地区的消费者购车行为产生了很大的影响。

相关链接

北京治理“黄标车”

从 2009 年 4 月 1 日起，北京市各类黄标车全天禁止驶入五环路以内（含）的区域，这标志着北京市全面治理环境杀手“黄标车”的步伐进入实质性阶段。然而，“黄标”换“绿标”绝非仅仅是一个标志的转变，是对商用车生产企业产品升级的一个无声的号角，同时，黄标车主也希望能选购一辆品质可靠、性价比高的国Ⅲ车。除此之外，5 月份北京货运物流、大米批发价格都因此不同程度上扬。这是由于众多货运公司因“禁行令”停业，继续经营的公司运输价格则比以往增加了几倍；大米批发价格也因为运价上涨而不同程度上扬。

2. 相关群体

相关群体是指那些影响人们看法、意见、兴趣和观念的个人或集体。由于人们往往有迎合所处群体的倾向，因此，相关群体会产生某种趋于一致的压力，会影响个人的实际产品选择和品牌选择。从研究消费者行为的角度看，可以把相关群体分为两类：参与群体与非所属群体。

（1）参与群体

参与群体是指消费者置身于其中的群体，主要有以下两类。

① 主要群体是指个人经常性受其影响的非正式群体，如家庭、亲密朋友、同事、邻居等。

② 次要群体是指个人并不经常受到其影响的正式群体，如工会、职业协会等。

（2）非所属群体

非所属群体是指消费者置身之外，但对购买有影响作用的群体，它有两种情况，一种是期望群体，另一种是游离群体。期望群体是个人希望成为其中一员或与其交往的群体；游离群体是遭到个人拒绝或抵制，极力划清界线的群体。

企业营销应该重视相关群体对消费者购买行为的影响；利用相关群体的影响开展营销活动；还要注意不同的商品受相关群体影响的程度不同。商品能见度越强，受相关群体影响越大。商品越特殊、购买频率越低，受相关群体影响越大。对商品越缺乏知识，受相关群体影响越大。例如，许多厂家喜欢选择影视或体育明星作为产品形象代言人，就是针对消费者这种崇拜性购买行为的。

相关链接

明星代言汽车

1. 北京现代悦动与金城武

北京现代请金城武做悦动的代言被广泛关注。金城武性格内向，为人低调，即使身在娱乐圈也绝少绯闻。虽然出演过很多有名的电影，演技也逐渐提升，但因缺乏炒作，据称金城武在日本的人气已在走下坡路。悦动是北京现代的主打车型，其代表了北京现代“进取”的力量，与金城武的低调气质多少有点不搭。虽然两者不是那么的贴切匹配，但最终还是在争议中成功了，作为广告本身，关注越多， 效果越显著。

点评：金大帅哥低调内敛，深受女士喜欢，想不红都不行，反之悦动亦然。

2. 奔驰与李娜

6 月 19 日，“‘娜’是不一般”的李娜迎来了第二次的开心。这一天，在温布尔登网球公开赛迎来第 125 周年之际，同样有着 125 年历史的梅赛德斯-奔驰宣布，邀请李娜担任其全球品牌使者。据悉，李娜也是第一个担任奔驰全球品牌使者的中国人。尽管奔驰和李娜对双方合作涉及的金额只字未提，但有媒体爆出了 3 年共计 450 万美元的数字。

点评：其实在李娜击败对手的那一瞬间，就知道奔驰很快就会过来找其代言，果不其然，预感很快就成为现实，不管这一数字是高还是低，但奔驰在李娜获得大满贯冠军后邀请其做全球形象代言人的快速反应，还是让营销界颇为称赞。因为奔驰在一个特殊的时间和地方，与目前最具商业开发价值的中国体育明星牵手，为企业、产品、形象做了一次很好的全球推广。尤其值得一提的是，经过与耐克公司的协商，奔驰的标志还出现在李娜的球衣上。

3. 新帕萨特与姜文

在新一代帕萨特上市之前，上海大众汽车就正式宣布签约著名导演、影帝姜文，作为旗下全新一代帕萨特形象代言人。集演员、导演、时尚先生于一身的姜文，以执著的完美主义演绎出旁人难以企及的事业巅峰。以演员论，他是金马影帝，几乎饰演的每一个角色都撼动人心；以导演论，他是中国最具才华的导演之一，几乎每一部作品都堪称经典。

点评：姜文数年磨一剑，拍出的《让子弹飞》一下赚钱了，帕萨特这些年也赚钱了，作为一部经典的大众车，同样是十年磨一剑。作为影视界与汽车界的全能代表，姜文和全新一代帕萨特一同扮演了成功的领航者和决策者，从容千里，同时却又稳健而不刻意炫耀。

4. 奔驰新 C 级与李冰冰

如今，新兴贵族越来越年轻化，奔驰为了树立全新的品牌形象，也开始走时尚路线。奔驰想走大众路线，就从相对“平民”的新 C 级车入手。在奔驰新 C 级的广告片中，李冰冰演绎的一位成功女性驾驶奔驰新 C 级的生活场景，显得游刃有余且激情四射，她多次对奔驰新 C 级车“真是太不可思议”的咏叹或多或少影响了那些新兴贵族的选择。

点评：李冰冰最后“你也要试试”的挑逗让很多喜欢她的小孩发出了“长大后也要像冰冰一样有出息，买奔驰”的跟帖，广告效果很直白。

5. 奥迪 A5 与张曼玉

提到张曼玉，给人印象最深刻的就是《花样年华》中身着旗袍、婀娜多姿的形象。张曼玉配上旗袍，演绎出的是一种内敛的妩媚和精致的诗意。那么，当张曼玉式的优雅遇到百年品牌奥迪的经典，又会绽放何等惊艳的火花？在广告大片中，张曼玉的纯黑色造型简洁清晰而又不失妩媚和韵味。飞扬的黑色半透明幔纱，犹如浓淡相宜的水墨在画面中眩晕流淌，将张曼玉优雅的气质和奥迪 A5 车身流线形的设计感衬托得更为灵动。

点评：奥迪 A5 是一款不错的车，也注定是一款小众的车，这和《花样年华》很多人因为看不懂而不去看一样，也很小众，但并不影响这是一部好电影，同样，也不影响奥迪 A5 是一部好车。

3．社会阶层

社会阶层是指一个社会按照其社会准则将其成员划分为相对稳定的不同层次。不同社会阶层的人，他们的经济状况、价值观念、兴趣爱好、生活方式、消费特点、闲暇活动、接受大众传播媒体等各不相同。这些都会直接影响他们对商品、品牌、商店、购买习惯和购买方式认知。

同一个社会阶层内的人，行为具有高度的相似性。但是，一个人所处的社会阶层不是一成不变的，每个人都有可能因为自身或外界的原因而改变所处的社会阶层。在汽车的购买行为中，各社会阶层显示出不同的产品偏好和品牌偏好。汽车行业中的营销行为也往往将注意力集中在一个或少数几个阶层上。可以说，没有，一种汽车品牌或型号可以满足所有阶层的需要。例如，劳斯莱斯，被视为身份和地位的象征，英国王室在很长一段时间内使用劳斯莱斯品牌；劳斯莱斯的购买者几乎都集中在每个社会的高阶层。

企业营销要关注本国的社会阶层划分情况，针对不同的社会阶层的爱好要求，通过适当的信息传播方式，在适当的地点，运用适当的销售方式，提供适当的产品和服务。

4．家庭状况

一家一户组成了购买单位，我国现有约 24 400 万个的家庭，在企业营销中应关注家庭对购买行为的重要影响。研究家庭中不同购买角色的作用，利用有效营销策略，使企业的促销措施引起购买发起者的注意，诱发主要影响者的兴趣，使决策者了解商品，解除顾虑，建立购买信心，使购买者购置方便。还要研究家庭生命周期对消费购买的影响，企业营销可以根据不同的家庭生命周期阶段的实践需要，开发产品和提供服务。

相关链接

家庭生命周期

消费者的家庭状况，因为年龄、婚姻状况、子女状况的不同，可以划分为不同的生命周期，在生命周期的不同阶段，消费者的行为呈现出不同的特性。

1．单身阶段

处于单身阶段的消费者一般比较年轻，几乎没有经济负担，消费观念紧跟潮流，注重娱乐产品和基本生活必需品的消费。

2．新婚夫妇

经济状况较好，具有比较大的需求量和比较强的购买力，耐用消费品的购买量高于处于家庭生命周期其他阶段的消费者。

3. 满巢期（Ⅰ）

这指最小的孩子在 6 岁以下的家庭。处于这一阶段的消费者往往需要购买住房和大量的生活必需品，常常感到购买力不足，对新产品感兴趣并且倾向于购买有广告的产品。

4. 满巢期（Ⅱ）

这指最小的孩子在 6 岁以上的家庭。处于这一阶段的消费者一般经济状况较好但消费慎重，已经形成比较稳定的购买习惯，极少受广告的影响，倾向于购买大规格包装的产品。

5. 满巢期（Ⅲ）

这指夫妇已经上了年纪但是有未成年的子女需要抚养的家庭。处于这一阶段的消费者经济状况尚可，消费习惯稳定，可能购买富余的耐用消费品。

6. 空巢期（Ⅰ）

这指子女已经成年并且独立生活，但是家长还在工作的家庭。处于这一阶段的消费者经济状况最好，可能购买娱乐品和奢侈品，对新产品不感兴趣，也很少受到广告的影响。

7. 空巢期（Ⅱ）

这指子女独立生活，家长退休的家庭。处于这一阶段的消费者收入大幅度减少，消费更趋谨慎，倾向于购买有益健康的产品。

8. 鳏寡就业期

尚有收入，但是经济状况不好，消费量减少，集中于生活必需品的消费。

9. 鳏寡退休期

收入很少，消费量很小，主要需要医疗产品。

5．社会文化状况

每个消费者都是社会的一员，其购买行为必然受到社会文化因素的影响，文化因素有时对消费者购买行为起着决定性的作用。企业营销必须予以充分的关注。

相关链接

不可思议的“车屁股”

中国人的轿车观是眼瞅着“官车”培育起来的，因为买车不容易，面子、气派得放在首位。如今，虽然轿车已经“下凡”到民间，销量也一直在蒸蒸日上，但是轿车还是难逃其社会标签的“装饰”功能。三厢车肥硕的屁股，似乎是财富的象征，并形成了中国特殊的“车屁股”文化。

十几年前，没有屁股的富康尽管在“老三样”里是最好的，价格也最低，但却被摒弃在“官车”的选择之外。后来，中国迎来私家车时代，好开、好停、有自由装载空间、最适合家庭使用的两厢车，却仍然因为没有“屁股”就没有“面子”而备受冷落。

上海大众引进的两厢 POLO，是中国第一辆真正与欧美同步的车型，技术、质量都堪称精品，可是叫好不叫座。后来，一汽大众推出高尔夫，本来是一款在世界上卖的最多的车型，到了中国却无声无息。

在之后，标致 307、福特福克斯、本田飞度、日产颐达，都是当今两厢车的经典，本来想让许多了解世界汽车时尚的中国年轻人也先来体验一下，可是在这些车型被引进中国后，厂家都先费时费力地“为中国人量身定做”出一个“屁股”来。

3.3 消费者购买行为分析

汽车产品是典型的大宗耐用消费品，相对其他商品，价格高，使用时间长，用户从产生购买意愿到购买完成必定会经历一个复杂的过程。如果汽车生产、销售企业能重视对购买者购买过程的研究，重视对购买者购买行为的分析，掌握购买者购买行为的基本规律和特点，将有助于汽车生产企业组织生产出让用户更加满意的产品，有助于销售企业实施更加有效的营销策略和手段，提高市场营销的效率，有助于销售人员抓住主旨，突出重点，提高成交率。

3.3.1 消费者购买的类型

消费者的购买行为会因为购买决策类型不同而变化，在购买日常生活用品和购买耐用品时会存在很大不同。越是复杂的决策，参与决策的人就可能越多。消费者本身在购买决策的过程中会发生复杂的心理活动，支配消费者的行为。

1. 根据消费者的参与程度和产品品牌差异程度划分

（1）复杂的购买行为

如果消费者属于高度参与，并且了解现有各品牌、品种和规格之间具有的显著差异，则会产生复杂的购买行为。复杂的购买行为指消费者购买决策过程完整，要经历大量的信息收集、全面的产品评估、慎重的购买决策和认真的购后评价等各个阶段。

汽车属于价格昂贵的商品，通常情况下购买汽车的消费者不熟悉汽车行业或汽车构造，因此，当消费者选购汽车之前往往要有一个学习、了解汽车的过程，这个过程可以分为三个步骤：首先，消费者产生对产品的信念；其次，对产品和品牌形成态度；最后，做出购买决策，采取购买行动。因此，汽车的购买就属于复杂的购买行为。

对于复杂的购买行为，营销者应制定策略帮助购买者掌握产品知识，运用各种途径宣传本品牌的优点，影响最终购买决定，简化购买决策过程。

相关链接

对汽车销售人员的要求

在汽车销售过程中，现场的销售人员对交易成功与否起着很重要的作用。消费者通常会征询销售人员的意见，并根据他们的介绍和反应做出判断。对于销售人员来说，则必须认真观察消费者的举动，并尽可能收集有关信息，以评估消费者的需要。同时，在做产品介绍和示范时，要体现出“专业化”的特点。专业化可以给消费者带来安全感和信任感，同时突出该产品品牌优势，强调品牌的市场地位、影响和特点，从而提高该品牌汽车在消费者心目中的地位。

上海大众对于帕萨特销售人员提出了这样的要求，要求销售人员在和客户接触过程中必须了解消费者需求。其服务内容如下。

（1）通过与消费者初步沟通，明确消费者对帕萨特的认知和偏好。

（2）有针对性地介绍帕萨特产品的基本知识和帕萨特助理式服务的基本知识。

（3）帮助消费者明确对产品的需求，包括型号、颜色、车型、基本装备和选装件等。而在车辆介绍服务中又提出强调专业化的要求。

（4）介绍车辆时语言表述应当简洁，专业术语使用得当，并辅以通俗性的解释。

（5）特点介绍时，应当注意连贯性，不能跳跃。

（6）进行全面的现场介绍，包括销售公司的基本经销战略，帕萨特的销售政策、历史、产品特点、相关的技术指标及一些售后服务的内容。

在复杂的购买行为中，朋友和亲属的意见也会影响消费者的购买决定。曾经有美国学者做过统计，企业每得罪一位顾客就会直接或间接失去25位顾客。在汽车营销活动中，企业应当注意这个统计数据。

（2）减少失调感的购买行为

减少失调感的购买行为，是指消费者并不广泛收集产品信息，并不精心挑选品牌，购买决策过程迅速而简单，但是在购买以后会认为自己所买产品具有某些缺陷或其他同类产品有更多的优点，进而产生失调感，怀疑原先购买决策的正确性。

对于这类购买行为，营销者要提供完善的售后服务，通过各种途径经常提供有利于本企业产品的信息，使顾客相信自己的购买决定是正确的。

（3）寻求多样化的购买行为

寻求多样化的购买行为，指消费者购买产品有很大的随意性，并不深入收集信息和评估比较就决定购买某一品牌，在消费时才加以评估，但是在下次购买时又转换其他品牌。例如，购买饼干时，品牌的选择变化经常是因为厌倦原口味或想尝试新口味，而不一定是对产品的不满意。

对于寻求多样性的购买行为，市场领导者和挑战者的营销策略是不同的。市场领导者力图通过占有货架、避免脱销和提醒购买的广告来鼓励消费者形成习惯性购买行为。而挑战者则以较低的价格、折扣、赠券、免费赠送样品和强调试用新品牌的广告来鼓励消费者改变原有的习惯性购买行为。

（4）习惯性的购买行为

习惯性的购买行为，指消费者并未深入收集信息和评估品牌，只是习惯于购买自己熟悉的品牌，在购买后可能评价也可能不评价产品。例如，购买食盐，如果消费者长期保持购买同一个品牌的食盐，那只是出于习惯，而非对品牌的忠诚。

对于习惯性的购买行为的主要营销策略如下：

① 利用价格与促销吸引消费者试用。

② 投放大量重复性广告，加深消费者印象。

③ 增加购买者参与程度，体现品牌差异。

2．根据消费者的购买目标划分

（1）全确定型

全确定型，指消费者在购买商品以前，已经有明确的购买目标，对商品的名称、型号、规格、颜色、式样、商标及价格的幅度都有明确的要求。这类消费者进入商店以后，一般都是有目的地选择，主动地提出所要购买的商品，并对所要购买的商品提出具体要求，当商品能满足其需要时，则会毫不犹豫地买下商品。

（2）半确定型

半确定型，指消费者在购买商品以前，已有大致的购买目标，但具体要求还不够明确，最后的购买行为需经过选择比较才完成。如购买空调是原先计划好的，但购买什么牌子、规格、型号、式样等心中无数。这类消费者进入商店以后，一般要经过较长时间的分析、比较才能完成其购买行为。

（3）不确定型

不确定型，指消费者在购买商品以前，没有明确的或既定的购买目标。这类消费者进入商店主要是参观游览、休闲，漫无目标地观看商品或随便了解一些商品的销售情况，有时感到有兴趣或合适的商品偶尔购买，有时则观后离开。

3. 根据消费者的购买态度划分

（1）习惯型

习惯型，指消费者由于对某种商品或某家商店的信赖、偏爱而产生的经常、反复的购买行为。由于经常购买和使用，他们对这些商品十分熟悉，体验较深，再次购买时往往不再花费时间进行比较选择，注意力稳定、集中。

（2）理智型

理智型，指消费者在每次购买前对所购的商品，要进行较为仔细的研究比较。购买行为感情色彩较少，头脑冷静，行为慎重，主观性较强，不轻易相信广告、宣传、承诺、促销方式及售货员的介绍，主要看重商品质量、款式。

（3）经济型

经济型，指消费者购买时特别重视价格，对于价格的反应特别灵敏。购买无论是选择高档商品，还是中低档商品，首选的是价格，他们对“大甩卖”、“清仓”、“血本销售”等低价促销最感兴趣。一般来说，这类消费者与自身的经济状况有关。

（4）冲动型

冲动型，指消费者容易受商品的外观、包装、商标或其他促销努力的刺激而产生的购买行为。购买一般都是以直观感觉为主，从个人的兴趣或情绪出发，喜欢新奇、新颖、时尚的产品，购买时不愿进行反复的选择比较。

（5）疑虑型

疑虑型，指消费者具有内倾性的心理特征，购买时小心谨慎和疑虑重重。购买一般缓慢、费时多。常常是“三思而后行”，常常会犹豫不决而中断购买，购买后还会疑心是否上当受骗。

（6）情感型

这类消费者的购买多属情感反应，往往以丰富的联想力衡量商品的意义，购买时注意力容易转移，兴趣容易变换，对商品的外表、造型、颜色和命名都较重视，以是否符合自己的想象作为购买的主要依据。

（7）不定型

这类消费者的购买多属尝试性，其心理尺度尚未稳定，购买时没有固定的偏爱，在上述几种类型之间游移，这种类型的购买者多数是独立生活不久的青年人。

相关链接

分析中国汽车消费情况和消费者上网习惯

易传媒、硬石伟业和全球领先的媒介公司尚扬媒介 2011 年 10 月联合发布了一项调查报告，该报告将中国汽车消费者分为五类人群，以揭示中国汽车消费情况和消费者上网习惯。

随着中国 20 多年来的经济起步，拥有汽车的渴望已经深深植入了每个逐渐富裕的中国人的心中。2001 年以来，由于政府政策的鼓励，中国的个人汽车消费量不断上升，汽车市场规模也呈持续上升趋势。中国是全球唯一在过去 5 年中保持 20%以上增长速度的市场。在 2009 年，中国取代了美国成为世界最大的汽车市场。而 2011 年 4 月份，中国遭遇 27 个月以来首次销售负增长，这意味着中国汽车行业效益开始放缓。汽车销售优惠政策退出、油价上涨以及部分城市治堵限购是导致整个车市销量回落的主要因素。即使销售有所下滑，相关人士预计 2011 年汽车市场的整体利润仍将高于 2010 年。

易传媒副总裁王华说："网络已成为帮助消费者决定品牌喜恶的有力媒介，它自然也成为了汽车购买决策过程中重要的一环。汽车商和销售人员在初始阶段作为信息源的比重在不断下降。今天，更多的消费者在踏入汽车展厅前早已决定了要买哪辆车。"

曾经，购车是一件极其复杂的事，涉及到许多流程：无数次到汽车展厅参观、通过宣传手册对比性能、咨询专家意见、向亲朋好友讨教经验、最后通过试驾获得切身感受。如今，消费者在网上就能完成以上大部分的工作。

各种网络平台上的海量信息唾手可得，这使得在价格、产品和性能上的跨品牌和跨车型的对比变得快捷又高效，消费者或许在他们走进车行之前就已经排除了某些品牌和型号。在未来，汽车特许经销店或许会缩减到只扮演试驾中心、销售点和售后维修厅的角色。

硬石伟业总监孙德军说："由于互联网在汽车购买中的作用越发显著，了解消费者真实的上网行为也就变得至关重要。这份调查报告的突破之处在于，它结合了消费者上网浏览的真实数据与问卷调查所搜集的数据。我们请在过去 3 个月内浏览过汽车相关网站的消费者来回答网上问卷，得到结果后，我们把他们背后真实的上网浏览行为与他们的人口统计和生活态度数据相结合，综合得出结论。"

该报告发现了五类不同的汽车消费人群，他们在人生态度、生活方式、汽车喜好及上网浏览行为上有着截然不同的偏好，这五类人群分别如下。

1. 潮人型消费者（10%）

"我喜欢追逐潮流时尚，比如手机，我就是个实实在在的果粉，iPhone4，iTouch 什么的我都有，我一直在关注最近刚刚问市的 iPhone 4S……"

"我的车应该能够很好地反映出我的个性，开在路上引人瞩目，夺人眼球。"

潮人型消费者乐于尝试新鲜事物，对潮流与科技有着敏锐的嗅觉，他们以先行者的姿态走在时代的前端。他们有着不同程度的自恋情结，喜欢成为众人瞩目的焦点，因此对"个性化"服务有着执着的迷恋，他们希望能根据自己的需求改变汽车的颜色、内饰，甚至标牌。在买车的时候他们相对更看重汽车的外观设计和科技含量，而对油耗和操控性则考虑得比较少。电视、户外广告、手机是他们接触车类信息比较集中的渠道。

根据我们的调查，80%的潮人型消费者表示将购买人生中第一辆车，其中 52%的人表示计划在未来 2 年内入手。本田、丰田和福特是他们未来优先考虑购买的汽车品牌。

2. 享乐型消费者（20%）

“要享受生活，要心情放松，如果心情紧张，那不叫享受，那叫受罪。人就是要活在当下，而不是考虑很多无关紧要的事情。”

“我更注重车带给我的舒适驾驶乘坐感受，没有什么比舒适性更重要的了。”

享乐型消费者具有较为现代的价值观，他们注重享受，追寻快乐。对他们而言，人生得意须尽欢。生活是充满乐趣的，而人生在世就应该尽情享受快乐的时光。他们热衷于西方的事物，信奉及时行乐的生活方式，因此在购车时，他们也愿意贷款提前消费。选车时，他们对车子的动力性能、操控性、内部空间及内外装饰的要求较高，而对品牌相对来说没有太在意。在接受车类信息时，他们对车展活动、试乘试驾和电台相对于其他人群接触频率高。

相对于其他类型的消费者而言，别克、福特、马自达、长城都是他们更有可能考虑购买的品牌。

3. 炫耀型消费者（20%）

“相比起个人和家庭，工作在我的时间和精力中所占比重最大。对我而言，工作的认同感能够带给我最大的满足感和成就感……”

“对我而言，车不仅仅是一款代步工具，更多的是我身份地位的体现。”

炫耀型消费者十分在意别人的眼光，希望通过显示富裕的生活和事业的成功来获得他人尊重。他们追求更高的社会地位以取得更大的成就。在购车方面，他们热衷购买新款车型，以此在别人面前更有面子。在车型方面，他们是五个消费群体里最偏好SUV的。品牌、制造工艺和内饰是他们选车时重点考量的因素，而对耗油量和动力则考虑较少。杂志、户外广告与口碑传播是他们接触车类信息的主要媒体。

调查发现，炫耀型消费者的年收入是五类人群中最高的。现有车主中，奔驰和奥迪的拥有率较其他人群更高。49%的炫耀型消费者想在一年内买车，奥迪、宝马是他们将来考虑购买的品牌。

4. 奋斗型消费者（24%）

“工作就是使自己不断变得强大，我不愿意放松自己，希望一直保持良好的紧张状态……”

“我觉得一个人到了一定的阶段就必须买一辆车，这是一种事业有成的体现。”

奋斗型消费者认为，工作是实现自身价值的重要方式，他们积极乐观，有很强的上进心。对他们而言，生命不息，奋斗不止。因此，他们不惜加班加点来赚更多的钱，用不断的努力来最大程度地改善自己的现状。奋斗型消费者中男性比例高达81%。他们购车时相对更注重舒适性与品牌，而对外观的要求相对为低。网络与亲友的口碑则是他们接触车类信息的主要渠道。

根据我们的调查，在奋斗型消费者的现有车主中，大众的拥有率高达27%，而对将会买车的人来说，大众与雪佛兰是购买时考虑较多的品牌。

5. 居家型消费者（26%）

“我认为每个人都应该扮演好在家庭里的角色，负担起这个角色应尽的责任。可能会牺牲个人的空间和时间，但这种牺牲是必须的，值得的。”

“我会非常关注车辆的安全性，如气囊的数量和配置，是否有GPS等。安全对我和家人都是个重要保障。”

居家型消费者以传统价值为导向，重视家庭的和谐。在选车方面，他们更看重车的耗油量，低碳低排是首选，另外安全性、性价比、二手车残值也是他们选择新车时着重考虑的因素，而外观、高科技配置相对而言不那么重要。相对来说，他们比其他群体更多从报纸获取汽车类信息。

调查发现，居家型消费者年龄偏大，且女性的比例更高。19%的居家型消费者表示希望在半年内购置新车，其中大众品牌比较受欢迎。现有车主中，丰田、别克和雪佛兰的占有率相对平均较高。

这五类消费者在收集汽车相关资讯时所用的媒介也迥然不同。由于这份报告是基于过去 3 个月中浏览过汽车资讯的网民的网上调查，因此不难想象他们在互联网的使用率上有所偏重，高达 69%。电视（42%）和车展/试驾（35%）在作为汽车信息源居亚军和季军。潮人型消费者更喜欢使用手机上网来浏览汽车资讯。炫耀型消费者对口碑和杂志的媒介依赖性显著高于平均。与之相反的是，奋斗型和居家型消费者不太会从杂志中寻找汽车资讯。

在上网浏览行为方面，潮人型消费者更喜欢浏览社交网站上的内容，而较少看财经类网站的资讯；享乐型消费者的网上浏览比率总体都低于平均值；奋斗型消费者更偏爱视频类网站；居家型消费者比其他类型人群更喜欢财经类内容。

汽车类资讯网站的浏览高峰期也因人群而异。炫耀型消费者整体上比其他类型的人群更愿意浏览汽车相关的内容。早上 10 点至 11 点之间、下午 4 点至 5 点间和晚上 9 点至 10 点间是他们浏览汽车类资讯的黄金时间。奋斗型消费者则倾向于在晚上浏览汽车相关信息，汽车资讯浏览量在晚上 8 点到 9 点，10 点至 11 点到达高峰。

中国的汽车市场竞争异常激烈。随着商家与消费者的沟通平台从线下转移到线上，市场营销人员必须全面了解消费者的上网行为以更好地与他们在网上交流。本调查为营销者提供了所需的消费者真实的上网行为数据，让他们能更好地分析机会点，并对如何介入消费者的网络轨迹有所启发。

对于市场营销者而言，帮助这五类消费者更好地了解汽车品牌是一个极大的机会点。广告主应该在关键时刻为他们提供所需信息，用优质难忘的网上体验使潜在消费者产生兴趣以此提高品牌喜好度。

尚扬媒介中国区媒介策划与消费者洞察总监卢玮瑜表示："数字革命会继续改变消费者与媒介及品牌的互动关系。理解真实的网络浏览行为有助于广告主更好地计划将来的沟通策略。未来成功的汽车经销商应该能够在消费者进入汽车展厅前就帮助他们做好决定。"

（本文素材来源：易传媒）

3.3.2 消费者购买决策过程

消费者购买行是一个复杂的决策过程，其购买决策过程一般可分为以下五个阶段，为此，经销商需制定相应的营销策略。

1. 确认需要

消费者购车的原始动力来自于需要，需要源于消费者对现状的不满足，如有些人感到上下班不方便、有些人经常要外出、有些人追求时尚、有些人希望改善生活等，集团用户可能因为业务要扩展、人员要增多、工作效率要提高等原因需要购车。当消费者意识到对某种商品有需要时，购买过程就开始了。消费者需要可以由内在因素引起，也可以由外在因素引起，如来自于同事、朋友、亲戚或周围人群的经历，或来自于媒体的宣传、政府的政策，或来自于汽车产销企业的汽车广告、展销会、促销活动等。此阶段企业必须通过市场调研，确认促使消费者认识到需要的具体因素，营销活动应致力于做好两项工作：① 发掘消费驱策力；② 规划刺激、强化需要。

2. 寻求信息

当消费者的需求得到确认后便会采取一系列购买前的信息收集和整理活动，用以指导购买决策。一般情况下，消费者要考虑买什么牌号的商品、花多少钱、到哪里去买等问题，需要了解商品信息。欲寻求的信息一般有：产品质量、功能、价格、牌号、已购买者的评价等。

消费者的信息来源通常有以下 4 个方面：① 商业来源，如大众媒体上的广告、营销人员的介绍、产品说明书等；② 个人来源，如朋友的推荐、熟人的购买经验等；③ 大众来源。如行业部门的测评报告、非营利组织的调查报告等；④ 经验来源，这是对过去的经历或经验的回忆，主要是以前购买过、使用过或乘坐过该汽车的一些主观印象和感受。

信息的收集和整理通常要花费消费者一定的时间和精力，时间的长短与消费者的个性、知识、经验和风险承担能力的大小有关。在目前信息高度发达的社会里，消费者要收集汽车信息是比较容易的，但是来自不同渠道的大量信息有时会让消费者难以筛选出主要的、有价值的、真正适合自己的信息。因此企业营销任务不仅要设计适当的市场营销组合，尤其是产品品牌广告策略，宣传产品的质量、功能、价格等，而且提供给消费者的信息应该简洁、简单和易于理解，以便使消费者做出选择。

3. 比较评价

消费者进行比较评价的目的是能够识别哪一种牌号、类型的商品最适合自己的需要。消费者对商品的比较评价，是根据收集的资料，对商品属性做出的价值判断。消费者对商品属性的评价因人因时因地而异，有的评价注重价格，有的注重质量，有的注重牌号或式样等。比如，一对年轻的夫妻想购买一辆有儿童安全带的汽车时，就会把没有这种功能的车型排除在外。企业营销首先要注意了解并努力提高本企业产品的知名度，使其列入到消费者比较评价的范围之内，才可能被选为购买目标。同时，还要调查研究人们比较评价某类商品时所考虑的主要方面，并突出进行这些方面的宣传，对消费者购买选择产生最大影响力。

个人消费者对方案的评估和选择通常是主观的、带有一定的随意性。比如，一个消费者原来打算购买 10 万元以内的轿车，当营销人员向他介绍一款价格 12 万元、配置更好的新款车型时，他原先的方案可能会发生动摇，最终会倾向于选购一辆价格相差不多，但配置更好、性能更优的新车型。作为营销人员，在与消费者接触过程中当然需要了解影响消费者方案评估的主要因素是什么，但同样要知道消费者的消费需求是具有一定伸缩性的，适当的诱导可以激发消费者的潜在需求。

4. 决定购买

消费者通过对可供选择的商品进行评价，并做出选择后，就形成了购买意图。在正常情况下，消费者通常会购买他们最喜欢的品牌，但有时也会受他人态度和意外事件这两个因素的影响而改变购买决定，如缺货、销售人员的态度差、购买现场的氛围不好、没有预想的购买方式、出现新的信息等。消费者修改、推迟或取消某个购买决定，往往是受已察觉风险的影响。“察觉风险”的大小，由购买金额大小、产品性能优劣程度及购买者自信心强弱决定。企业营销应尽可能设法减少这种风险，不断为消费者创造各种便利条件，坚定其购买信心，以推动消费者购买。

5. 购后评价

消费者购买商品后，购买的决策过程还在继续，他要评价已购买的商品。每个消费者都会有一个心理预期，如果在消费者使用过程中，汽车带来的实际价值超过消费者的期望，那么消费者就会有较高的满意度，如果汽车给消费者带来的价值没有想象中的大，消费者就会感到不满意。

消费者购后评价对汽车企业是非常重要的，它不仅会影响消费者是否会再次购买，更重要的是消费者会将自己的评价告诉周围的人，而且这种评价被其他潜在消费者认为是最可靠、最真实的信息。因此，企业营销应密切注意消费者购后感受，并采取适当措施，消除不满，提高满意度。如经常征求顾客意见，加强售后服务和保证，改进市场营销工作，力求使消费者的不满降到最低。

另外，汽车营销人员在向消费者介绍产品时，不能有不切实际的承诺，不能信口开河，夸大其词，让消费者产生过高的心理预期，更不能欺骗消费者。只有实事求是，努力提高售后服务水平，提升产品实际价值，才会给消费者带来物超所值的惊喜。

3.4　集团用户购买行为分析

集团用户对汽车的使用目的、功能要求与私人用户不同，在购买决策、购买模式、购买方式、购买过程等购买行为上存在很大区别。在现阶段，集团用户是一个覆盖面很大的市场，是汽车厂商的重要营销对象，分析集团用户的购买行为，了解他们的购买特点，也是汽车产销企业一项重要的工作。

3.4.1　汽车集团用户市场的特点

1. 购买者数目相对较小

与私人购买者相比，集团用户要少得多，而且汽车集团用户类型相对比较集中，如政府机关、大型企业集团、专业运输公司等。特别是在商用车市场，汽车集团用户更加集中。

2. 购买数量较大

汽车集团用户购买汽车的数量往往比较大，总消费金额较高。一些专用汽车就是专门为某些集团消费者用户量身定做的，所以一些汽车集团用户的订单左右着汽车生产企业的命运。

3. 供需双方关系密切

汽车集团用户有时对汽车会有一些特殊的要求，特别是在商用车市场，希望汽车生产企业能按照他们的要求进行生产或改装，所以在购买时会与经销商或生产企业沟通，提出他们的要求，对在使用过程中出现的问题会及时反馈给厂商，要求给予解决。对汽车经销商或生产企业来说，为与这些大客户建立长期稳定的供货关系，当然也会经常去了解他们的需要，为他们提供特别服务。因此，供需双方的关系比较密切。

4. 需求具有衍生性

汽车集团用户对汽车的需求最终取决于服务对象的需求。比如，当一个地区经济发展以后，当地居民旅游消费非常旺盛，旅游公司对旅游大巴的需求就会增加。所以，汽车厂商不仅应关注自己的产品，还必须重视社会经济发展与集团用户购买行为之间的关系。

5. 需求缺乏弹性

汽车集团用户对汽车的购买行为是一个有计划、有步骤的实施过程，一些外界因素的变化一般不会影响整个购买计划，不像私人消费者的需求具有伸缩性和替代性。比如，集团消费用户在购车时，车价的高低对他们的购买行为影响不大，他们不会因为汽车价格在一定时期内较高而停止购买，也不会在没有需求时因为汽车价格下降而盲目购买。汽车集团用户在购车时因为需求的特殊性，或因为受一些具体规定的限制，对车型和供应商的选择余地不大，这也是需求缺少弹性的一大原因。

6. 购买专业性强

汽车集团用户的购买过程是由经过专业训练的人员来完成的。这些专业人员熟悉所购汽车的特性，了解汽车质量的判别方法，具有较强的选购和比较能力。

7. 影响购买的人员众多

汽车集团用户购买决策通常由集体讨论决定，在决策前会征求技术专家、具体使用者、需求者等多方意见，决策时需要对各方面的要求与意见进行反复权衡比较，所以影响购买决策的人员众多。汽车厂商应了解影响汽车集团用户购买决策的人员有哪些，他们的具体需求是什么，在这些人员中，哪些是主要影响者，哪些是次要影响者，以抓住主要矛盾，制定营销方案。一般可将影响购买的人员分为以下六种：

① 使用者，即具体使用汽车的人员。

② 影响者，这是从企业的内部和外部直接或间接影响购买决策的人。

③ 采购者，指企业中具体执行采购决定的人。

④ 决定者，指企业里有权决定购买产品和供应商的人。

⑤ 控制者，指控制企业外界信息流向的人，如采购代理商、技术人员、秘书等，他们可以阻止供应者的推销人员与使用者和决定者见面。

⑥ 信息“门卫”，或者称为“把关人员”，是拥有购买特权或本来就是采购经理的人员，通常是相关问题或产品的专家。

8. 购买的行为方式比较特殊

汽车集团用户购买汽车的方式与私人购买有较大的区别，除了向汽车经销商购买以外，还可以有以下几种。

（1）直接购买

汽车集团用户购买量大的时候，购买者直接向生产厂家进行采购，而不通过中间供应商。

（2）互惠采购

供应商与采购者互购对方的产品，双方互惠互利。

（3）租赁

某些专用汽车的单价很高，用户也不是经常使用，用户可用租赁的方法获得使用权，同时也解决了资金困难的问题。

（4）招投标购买

这是政府机关采购时常用的一种购买方式。它事先公布采购条件和要求，众多的投标人按照同等条件进行竞争，招标人按照规定的程序从中选择订约方，这一系列程序真正实现了“公开、公平、公正”的市场竞争原则，公开招标，能让信息充分公开，让社会上合格的、潜在的供应商都得到平等参与竞争的机会。

（5）协议供货

大宗标准化商品的采购者和供应商通过长期商业往来，形成了比较可靠的商业信用基础，采购者同意和供应商通过协议达成长期供货合同，为此建立了此种采购方式，这种方式在西方发达国家有比较长的历史。在供货合同中，规定了商品的品种、规格、数量、供货期限、付款方式、索赔等条款。

9．需求的波动性较大

汽车集团用户的需求受政策与宏观经济的影响较大，因此波动性较大。比如，政府部门为削减财政开支，实行公车改革，取消部分公务用车，改发相应的用车补贴，此举将直接减少政府机关和部分事业单位对汽车的需求。企业集团在经营状况不好的时候，也会削减或推迟汽车购买行为。

3.4.2　汽车集团用户购买行为的类型

汽车集团用户的购买行为模式主要有三种类型。

1．直接重购

直接重购是指集团用户根据过去的一贯需要，按原有的购买决策进行重复购买。这种购买行为是建立在以往的购买决策和购买经验上的一种购买行为，无须进行新的决策，是一种简单的购买行为。直接重购可以简化购买过程，节省购买者的时间，降低购买风险，保持产品与服务的一致性，是汽车集团用户比较愿意选择的一种购买方式。

影响集团用户直接重购的主要因素是需求变化与对产品服务的满意度。如果集团消费用户的需求与以往一致，没有变化，而且对原有供应商的产品与服务的满意程度较高，一般会选择直接重购。

2．修正重购

修正重购是指用户为了取得更好的采购效果而修正采购方案，改变产品规格、型号、价格等条件或改变新的供应商的情形。这种购买行为需要对原有的购买决策进行一定程度的修正，对新增项目进行重新决策，因而比直接重购复杂。

汽车集团消费用户修正重购的原因之一是市场需求发生变化，如某运输公司原有线路上的普通客车已不再适应市场的需要，需要改成高级客车；原因之二是原有供应商的产品质量和服务不能满足集团用户的要求，如汽车经常出现故障，而供应商相应的维修服务也没有做好，导致用户对原供应商的满意度下降，决定更换产品或供应商。对汽车经销商而言，一方面要不断提高服务质量，努力提高集团用户的满意度，另一方面要不断加大新产品的开发，以适应不断发展的市场需求。

3．新购

新购是指汽车集团消费用户对所需汽车的第一次购买。新购时购买决策是所有购买行为中最复杂的一种，因为涉及多方面的购买决策。

新购时，因为没有先前的经验，决策的风险很高，在采购过程中需要大量的信息和广泛的参与，并有可能是一个长期、慎重的选择过程。新购用户对供应商是一个巨大的机会，因为这有可能成为将来的长期合作对象。

3.4.3 汽车集团用户的购买决策过程

汽车集团消费用户的购买决策比私人用户更加透明、更加理性。决策过程的各个阶段目的明确，任务清晰。一般可分为 8 个阶段。

（1）问题识别

提出需求是企业购买决策过程的起点。需求的产生既可以是企业内部的刺激，也可以是企业外部的刺激，需求一般由使用者提出。

（2）确认需求

确认需求，指对所需产品的数量和规格进行确认。

（3）产品规格

产品规格，指由专业技术人员对所需产品的规格、型号、功能等技术指标做出具体分析，并做出详细的说明，供决策部门和采购人员参考。

（4）寻找供应商

为了选购满意的产品，采购人员要通过各种途径，选择服务周到、产品质量高、声誉好的供应商。

（5）征求供应建议书

对找到的能满足集团用户需求的多个候选供应商，购买者应请他们提交供应建议书，尤其是汽车这类价值高的产品，还要求他们写出详细的说明，经过比较排除，对经过筛选后留下的供应商，让他们提出正式的说明。

（6）选择供应商

在收到多个供应商的有关资料后，决策部门或采购部门应根据资料选择比较满意的供应商。

（7）发出正式订单

企业的采购中心最后选定供应商以后，采购部开订单给选定的供应商，在订货单上列举技术说明、需要数量、期望交货期等。

（8）绩效评价

产品采购以后买主会及时评估供应商的履约情况，并根据评估结果，决定今后是否继续采购某供应商的产品。在一般情况下，评估供应商主要考虑 4 个方面的因素，即质量、服务、配送和价格。

营销企业应根据汽车集团用户的不同购买类型和购买阶段采取相应的企业营销策略，如表 3-1 所示。

表 3-1　企业营销策略

购买阶段	购买类型		
	直接重购	修正重购	新购
(1) 问题识别	用广告和营销人员使买主确信问题解决的能力	名单内企业：维持原来的质量、服务水平。名单外企业：关注发展趋势	名单内企业：维持与使用者和买主的紧密关系。名单外企业：确立信任关系
(2) 确认需求	提供技术帮助和信息	强调能力、信誉和问题解决能力	同阶段 (1)
(3) 产品规格	提供详细的产品或服务信息以供决策	同阶段 (2)	同阶段 (1)
(4) 寻找供应商	名单内企业：维持可靠性。名单外企业：证实自己的能力	名单内企业：监视问题。名单外企业：证实能力	同阶段 (1)
(5) 征求供应建议书	十分理解客户问题，及时提供供应建议书	十分理解客户问题，及时提供供应建议书	及时提供供应建议书
(6) 选择供货商	同阶段 (4)	同阶段 (4)	同阶段 (1)
(7) 发出正式订单	同阶段 (4)	同阶段 (4)	同阶段 (1)
(8) 绩效评估	名单内企业：认真对待，不断改进和提高产品质量与服务。名单外企业：积极关注	名单内企业：认真对待，不断改进和提高产品质量与服务。名单外企业：积极关注	名单内企业：认真对待，不断改进和提高产品质量与服务。名单外企业：积极关注

3.4.4　影响汽车集团用户购买行为的主要因素

相比较而言，私人购车的主要影响因素来自内心，情感色彩较浓。汽车集团用户购车的主要影响因素来自外部环境和各种关系，理性色彩较浓。一般可以分成以下几种。

1. 环境因素

外部环境因素影响着集团用户的车辆需求数量、规格、档次、价格等具体内容，是影响集团用户购买决策的主要因素。外部环境包括经济运行状况、政治环境、社会舆论监督、科技进步等。

2. 组织因素

组织因素是指集团用户内部的组织架构、决策程序、管理制度等因素。集团用户内部组织因素不同，影响购买决策的人员和结果也会有很大的不同。

3. 人际因素

人际因素是指集团用户内部各机构不同人员之间的相互关系，主要是各购买决策的参与者之间的关系。不同参与者在购买决策中的角色和影响力不同，这与参与者在集团用户内部的地位、职权、部门、说服力有关，营销者必须充分了解不同参与者之间的相互关系，确定其在购买决策中所扮演的角色与影响力，明确自己的营销重点对象，有针对性地展开营销活动。

4. 个人用户

集团用户的购买决策最终是由具体的参与者制定的，虽然在购买决策过程中理性成分较多，个人的情感成分较少，但参与者的个人经历、喜爱偏好、受教育程度、性格特点、对风险的态度还是会影响最终的决策内容，特别是在对供应商的选择、对采购绩效的评价等方面个人因素的影响较大。在营销过程中应考虑到决策参与者的个人因素，采取有针对性的促销和公共措施。

相关链接

国家严格控制公车购置

2008 年 5 月 21 日，国务院常务会议提出，中央国家机关当年公用经费支出一律比预算减少 5%，以用于抗震救灾，还特别提出严格控制公车购置、暂停审批党政机关办公楼项目等。地震带来的连锁反应将直接导致下半年的公务车采购遭遇寒流。

汽车界有句俗话：“得公务车者得天下。”政府汽车采购市场一直是国内最大、最集中的公共消费市场。数据显示，我国政府汽车采购金额近年来呈上升趋势，2004 年 500 亿元，2005 年 600 亿元，2006 年 700 亿元。据估算，公务车市场占据汽车市场份额的 10%～15%。2008 年 5 月开始，国家的财力、物力和人力都集中于救灾当中；很多企业的部分流动资金用于赈灾，购买商务车的计划也会延后。中高级汽车生产企业将由此失掉公务采购的大蛋糕，加上地震灾区市场份额的损失，汽车市场受到了很大的影响。

事实上，该政策的出台，已迫使汽车企业将眼光更多地转向私家车市场。从当时国内汽车市场看，一方面消费者持币待购，另一方面消费者的消费心理也更加成熟，非理性消费在减少，理性消费在增加，原本供给公务车市场的中高档轿车不得不直面严峻的市场竞争，在供求和价格的天平上进行较量。

2008 年 6 月份的市场数据显示，受政府采购影响最大的中高档车已经掀起降价潮，皇冠 3.0T 车型的优惠幅度已达 2.2 万元，2.5L 特别版车型优惠幅度加大至 1.8 万元；宝马 3 系的最高优惠幅度也增至 3 万元；在经销商处奔腾手动车型优惠幅度攀升至 5 000 元，自动车型优惠幅度升至 2 万元；本田思域全系也保持着 1.8 万元的优惠幅度。

本章小结

本章通过对汽车消费者特点和类型，以及购买行为及影响因素的分析，为汽车营销的决策者提供了决策的依据。同时，也对汽车集团用户的特点、行为类型、决策过程和影响购买行为的因素进行了分析。各类不同的汽车用户，对汽车的需求及其购买行为有着不同的表现，应该在营销活动中注意区别对待。

案例分析

阿雯选车的故事

阿雯是上海购车潮中的一位普通的上班族，35 岁，月收入万元。以下真实地记录了在 2004 年 4 月至 7 月间，她在购车决策过程中如何受到各种信息的影响。

阿雯周边的朋友与同事纷纷加入了购车者的队伍，看他们在私家车里享受如水的音乐而不必用力抗拒公车的拥挤与嘈杂，阿雯不觉开始动心。另外，她工作地点离家较远，加上交通拥挤，来回花在路上的时间要近三个小时，她的购车动机越来越强烈。只是这时候的阿雯对车一无所知，除了坐车的体验，直觉上就是喜欢漂亮的白色、流畅的车型和几盏大而亮的灯。

1. 初识爱车

阿雯是在上司的鼓动下上驾校学车的。在驾校学车时，未来将购什么样的车不知不觉成为几位学车者的共同话题。

"我拿到驾照，就去买一部 1.4 自排的波罗。"一位 MBA 同学对波罗情有独钟。虽然阿雯也蛮喜欢这一款小车的外型，但她怎么也接受不了自己会同样购一款波罗，因为阿雯有坐波罗 1.4 的体验，那一次是 4 个女生（在读 MBA 同学）上完课，一起坐辆小波罗出去吃中午饭，回校时车从徐家汇汇金广场的地下车库开出，上坡时不得不关闭了空调才爬上高高的坡，想起爬个坡便要关上空调实在阻碍了阿雯对波罗的热情，虽然有不少人认为波罗是女性的首选车型。

问问驾校的师傅吧。师傅总归是驾车方面的专家，"宝来，是不错的车"，问周边人的用车体会，包括朋友的朋友，都反馈过来这样的信息：在差不多的价位上，开一段时间，还是德国车不错，宝来好。阿雯的上司恰恰是宝来车主，阿雯尚无体验驾驶宝来的乐趣，但后排的拥挤却已先入为主了。想到自己的先生人高马大，宝来的后座不觉成了胸口的痛。如果有别的合适的车，宝来仅会成为候选吧。

不久，一位与阿雯差不多年龄的女邻居，在小区门口新开的一家海南马自达专卖店里买了一辆福美来，便自然地向阿雯做了"详细介绍"。阿雯很快去了家门口的专卖店，她被展厅里的车所吸引，销售员热情有加，特别是有这么一句话深深地打动了她："福美来各个方面都很周全，反正在这个价位里别的车有的配置福美来都会有，只会更多。"此时的阿雯还不会在意动力、排量、油箱容量等抽象的数据，直觉上清清爽爽的配置，配合销售人员正对阿雯心怀的介绍，令阿雯在这一刻已锁定海南马自达了。乐颠颠地拿着一堆资料回去，福美来成了阿雯心中的首选。银色而端正的车体在阿雯的心中晃啊晃。

2. 亲密接触

阿雯回家征求先生的意见。先生说，为什么放着那么多上海大众和通用公司的品牌不买，偏偏要买"海南货"？它在上海的维修和服务网点是否完善？两个问题马上动摇了阿雯当初的方案。

阿雯不死心，便想问问周边驾车的同事对福美来的看法。"福美来还可以，但是日本车的车壳太薄。"宝来车主因其自身多年的驾车经验，他的一番话还是对阿雯有说服力的。阿雯有了无所适从的感觉。好在一介书生的直觉让阿雯关心起了精致的汽车杂志，随着阅读的试车报告越来越多，阿雯开始明确自己的目标了，8 万至 15 万的价位，众多品牌的车都开始进入阿雯的视野。此时的阿雯已开始对各个车的生产厂家，每个生产厂家生产哪几种品牌，同一品牌的不同的发动机的排量与车的配置，基本的价格都已如数家珍。上海通用的别克凯越与别克赛欧，上海大众的超越者，一汽大众的宝来，北京现代的伊兰特，广州本田的飞度 1.5，神龙汽车的爱丽舍，东风日产的尼桑阳光，海南马自达的福美来，天津丰田的威驰，各款车携着各自的风情，在马路上或飞驰或被拥堵的时时刻刻，向阿雯亮着自己的神采，阿雯常用的文件夹开始附上了各款车的排量、最大功率、最大扭距、极速、市场参考价等一行行数据，甚至 4S 店的配件价格也一一记录。经过反复比较，阿雯开始锁定别克凯越和本田飞度。

特别是别克凯越，简直是一款无懈可击的靓车啊！同事A此阶段也正准备买车，别克凯越也是首选。阿雯开始频频地进入别克凯越的车友论坛，并与在上海通用汽车集团工作的同学B联系。从同学的口里，阿雯增强了对别克凯越的信心，也知道了近期已另有两位同学拿到了牌照。但不幸的是，随着对别克凯越论坛的熟悉，阿雯很快发现，费油是别克凯越的最大缺陷，想着几乎是飞度两倍的油耗，在将来拥有车的时时刻刻要为这油耗花钱，阿雯的心思便又活了。还有飞度呢，精巧，独特，省油，新推出1.5 VTEC发动机的强劲动力，活灵活现的试车报告，令人忍不住想说就是它了。何况在论坛里发现飞度除了因是日本车系而受到抨击外没有明显的缺陷。正巧这一阶段广州本田推出了广本飞度的广告，阿雯精心地收集着有关广本飞度的每一个文字，甚至致电广本飞度的上海4S店，追问其配件价格。维修人员极耐心地回答令飞度的印象分又一次得到了增加。

到此时，阿雯对电视里各种煽情的汽车广告却没有多少印象。由于工作、读书和家务的关系，她实在没有多少时间坐在电视机前。而地铁里的各式广告，按道理是天天看得到，但受上下班拥挤的人群的影响，阿雯实在是没有心情去欣赏。

只是纸上得来终觉浅，周边各款车的直接用车体验对阿雯有着一言九鼎的说服力，阿雯开始致电各款车的车主了。

朋友C已购了别克凯越，问及行车感受，说很好，凯越是款好车，值得购买。

同学D已购了别克赛欧，是阿雯曾经心仪的SRV，质朴而舒适的感觉，阿雯常常觉得宛如一件居家舒适的棉质恤衫，同学说空调很好的呀，但空调开后感觉动力不足。

朋友E已购了飞度（1.3），她说飞度轻巧，省油，但好像车身太薄，不小心用钥匙一划便是一道印痕，有一次去装点东西感觉像“小人搬大东西”。

周边桑塔纳的车主，波罗的车主，等等，都成为阿雯的“采访”对象。

3. 花落谁家

阿雯的梦中有一辆车，漂亮的白色，流畅的车型，大而亮的灯，安静地立在阿雯的面前，等着阿雯坐进去。但究竟花落谁家呢？阿雯自己的心里知道，她已有了一个缩小了的备选品牌范围。但究竟要买哪一辆车，这个“迷底”不再遥远……

请问：

1. 根据消费者介入度与购买决策分类理论，阿雯选车是属于哪一类购买决策，为什么？
2. 试运用消费者决策过程的五阶段模型分析阿雯选车所经历的相关阶段。

营销实训

实训项目：汽车消费者市场调研策划、执行及调研报告撰写

1. 实训目的

通过实训，使学生了解市场调研的全过程，掌握市场调研方案策划、调研执行及调研报告的撰写等三大环节的具体程序、技巧和方法。

2．实训内容和要求

（1）内容：市场调研策划方案的具体框架内容、策划的步骤；调研执行管理细则；完整的调研报告文案。

（2）要求：通过实训，要求学生掌握具体调研方案的策划、调研过程的管理、执行及调研报告撰写的格式要求。

3．实训组织

以策划小组为单位完成实训任务。

4．实训操作步骤

根据所选策划项目进行调研策划。

（1）设计调研方案。

（2）进行市场调研。

（3）撰写调研报告。

5．实训考核

（1）考核调研策划方案，从方案的完整性、可行性两方面考核。（40%）

（2）考核调研报告，从报告的格式、内容两方面进行考核。（60%）

第 4 章　汽车市场营销战略

本章学习目标

1．了解汽车市场营销战略的概念、特征和主要内容。

2．了解汽车市场营销必须以满足顾客为中心，掌握满意与忠诚的关系。

3．理解汽车企业必须通过分析竞争环境和竞争对手，来确立市场竞争地位和基本竞争战略。

案例导入

英国 GKN 公司的兴衰

英国 GKN 公司（吉凯恩集团）始创于工业革命开始时期，到 19 世纪末发展成为世界最大的钢铁企业之一。但是，随着钢铁工业的国有化，GKN 公司失去了主要支柱产业，只剩下了一个外壳。

GKN 何去何从？围绕着 GKN 的前途问题，公司的高层管理者争论不休。霍尔兹沃恩当时在公司任会计师，有幸参与了这场争论。在经过缜密的调查分析后，霍尔兹沃恩向 GKN 公司董事会呈交了一份关于公司未来发展的战略报告。

按照霍尔兹沃恩的报告得出的结论，GKN 公司将不再是一个钢铁集团公司，因此，公司应该立即转向，开发新产品。但是，GKN 公司刚刚创建了一家年产 600 万吨钢管的钢管厂，如果采纳霍尔兹沃恩的建议，钢管将被取缔，所有投资都将化为乌有；再者，霍尔兹沃恩不过是一名微不足道的会计师。非常不幸，GKN 公司没有采纳霍尔兹沃恩的发展战略方案；仍然按照既定的方针推进钢管厂的生产。

历史的进展完全证实了霍尔兹沃恩的战略预测——仅仅过了二年，GKN 公司的钢管厂就陷入了严峻的困境，不得不停产。在危难之际，毫无办法的董事们想起了霍尔兹沃恩，于是便破格提拔他为公司副总裁兼常务经理。

霍尔兹沃恩上任后就着手公司的转向。他买下了比尔菲尔德公司，将该公司生产的一种新型产品投放欧洲和北美市场；又开发了一种廉价的运输机，使产品畅销世界。GKN 公司顿时面貌全新。不久，霍尔兹沃恩又研制出新型战斗机勇士号，一举占领英国的军用机市场，为 GKN 公司带来了巨大的利润。

1980 年，霍尔兹沃恩因业绩非凡而被任命为董事长，这时，英国的钢铁工业已陷入一团糟的窘地，GKN 公司也因此受到冲击，面对新的严峻考验。

在新形势下，霍尔兹沃恩的同行们都认为这是由于工人罢工而造成的；霍尔兹沃恩在调集了各方面的资料并进行了详细的分析研究后，认为这是英国工业衰退的先兆，更大的衰退即将来临。

霍尔兹沃恩毫不犹豫地采取措施改变公司的产业结构；他先后卖掉了公司在澳大利亚的钢铁业股权和英国的传统机械公司，同时在法国、美国和英国本土创办了五家新公司。

不久，英国工业的全面衰退果然来临，GKN公司因早有准备，损失减到了最低，而其他公司则纷纷倒闭。人们无不为霍尔兹沃恩的远见卓识而赞叹。后来，GKN公司成为开发复杂新型机械产品和应用最新技术的领导者。霍尔兹沃恩也被称为企业战略家。

4.1 汽车市场营销战略概述

汽车企业要在激烈的市场竞争中获得长远的发展，必须正确地预测汽车市场中长期的发展变化，制定与汽车市场走势和汽车企业能力相适应的汽车市场营销战略，并组织实施和管理控制，使规划的战略目标得以实现，这是汽车企业成功经营的基础。

4.1.1 汽车市场营销战略的概念及特征

1. 汽车市场营销战略的概念

战略是确定企业长远发展目标，并指出实现长远目标的策略和途径。战略确定的目标，必须与企业的宗旨和使命相吻合。战略是一种思想，一种思维方法，也是一种分析工具和一种较长远、整体的规划。

汽车市场营销战略是指汽车企业在现代市场营销观念下，为实现其经营目标，对一定时期内汽车市场营销发展的总体设想和规划。汽车企业营销战略是汽车企业总战略的重要组成部分，它的制定与规划受汽车企业整体战略思想的制约，不同的营销思想、营销观念和战略任务，会有不同的汽车市场营销战略，因此汽车市场营销战略必须与汽车企业整体经营战略相吻合。

2. 汽车市场营销战略的特征

（1）全局性

汽车市场营销战略的制定事关企业整体和全局。营销战略策划反映了企业高层领导对企业长远发展的战略思想，对企业的各项工作具有权威性的指导作用。

（2）长远性

汽车市场营销战略是基于企业适应未来环境的变化而制定的一个相当长时间内的指导原则和对策，是对未来营销工作的通盘筹划。因此要立足当前，放眼未来，协调近期和长远的关系。

（3）导向性

汽车市场营销战略不仅规定和指导企业一定时期的市场营销活动，而且规定和指导企业的一切生产经营活动。

（4）竞争性

汽车市场营销战略的制定是基于对国内外汽车市场竞争格局的认识，就如何使企业在竞争中保持优势，立于不败之地所进行的筹划。

（5）原则性

一方面，汽车市场营销战略规定了企业在一定时期内市场营销活动的方针，为企业各个方面的工作制定了可供遵循的基本原则；另一方面，由于战略更多考虑的是面对未来较长时期的营销决策，不可能对具体的营销活动进行细致的策划，因而只能是“粗线条”的决策和筹划，由此决定了营销战略所具有的原则性。

（6）稳定性

汽车市场营销战略作为一定时期企业经营活动必须遵循的方针和原则，具有稳定性的要求。它是企业高层领导者通过对企业外部环境和内部资源进行了认真分析和研究后所做出的慎重决策，不能随意更改。

4.1.2 汽车市场营销战略的类型

汽车市场营销战略可以根据其战略任务分为两种类型，即顾客满意战略和市场竞争战略。这两种不同的战略类型是针对企业不同的战略任务，确定企业不同的市场营销活动方向，规划企业不同的市场营销策略。

（1）顾客满意战略

企业的整个经营活动要以顾客满意度为指针，要从顾客的角度、用顾客的观点而不是企业自身的利益和观点来分析考虑顾客的需求，尽可能全面尊重和维护顾客的利益。

（2）市场竞争战略

汽车企业通过市场竞争环境、竞争对手及自己在市场上的地位的分析后，为实现竞争战略和适应竞争形势而采用的具体行动方式。

4.2 顾客满意战略

案例导入

J.D.Power 调查报告

在汽车产业界相当具有知名度的调查单位J.D.Power日前公布2012年度北美客户忠诚度报告，包括现代、福特、本田等品牌，客户再购率都达到60%以上，其中，更以现代汽车的64%最高，获得此调查的桂冠。

J.D.Power的报告显示，2012年度J.D.Power客户再购率（品牌忠诚度）报告的抽样来自美国117 001个新车或租赁车车主，其中有些车主是首次换购新车。现代汽车较2010年时向上再提升4个百分点，达到再购率64%，夺得最高车主品牌忠诚度的奖项。排名居次的为福特及本田，均获得60%的车主支持，其后则是BMW及KIA以59%紧追其后，后面则分别为丰田（58%）、雪佛兰（57%）、宾士（57%）、凌志（54%）、凯迪拉克（52%）等品牌。

J.D.Power车辆产品研究总监Raffi Festekjian表示，现代汽车客户再次购买意愿的快速成长，主要源自多样化产品、多年来不断精进的设计与消费者对品牌品质的信任。他认为，车厂还必须时时确保消费者对使用车辆的品质、日常用车成本、中古车残值感到满意。

不过，站在汽车产业的观察角度来看，不得不说的是，现代近年来不仅汽车本身的品质受到北美及全球消费者的肯定，更重要的是，现代汽车紧紧抓住了2008年金融海啸期间，美国消费者对资金流的需求，推出了一系列做法，吸引了消费者的青睐与好感。

现代汽车在北美市场上，除1999年推出10年或10万英里保固外，2009年现代汽车更推出汽车担保计划，若车主购买现代汽车后1年内失业，现代汽车保证回购，将车款退还车主。当然，这个行销活动的背景是在韩国汇率波动的前提下推出的，现代本身并不会因此而受太大影响，然而，却成功地赢得了美国消费者的好感。

另外，现代汽车2009年7月还推出购车补贴油费措施，凡购买现代新车，每加仑汽油补贴1～1.5美元。让因为金融海啸而口袋空空的美国消费者，更觉得这个韩国车厂实在为消费者着想。

“顾客满意”战略的产生是在20世纪80年代初。当时的美国市场竞争环境日趋恶劣，美国电话电报公司（AT&T）为了使自己处于有利的竞争优势，开始尝试性地了解顾客对目前企业所提供服务的满意情况，并以此作为服务质量改进的依据，取得了一定的效果。与此同时，日本本田汽车公司也开始应用顾客满意作为自己了解情况的一种手段，并且更加完善了这种经营战略。顾客满意战略的出现并不是偶然的，而是在PIMS原则和3Rs战略的基础上发展而来的。

4.2.1 顾客满意战略的发展

1. 战略与绩效（PIMS）原则

PIMS（Profit Impact of Market Strategies）研究最早于1960年在美国通用电气公司内部开展，主要目的是找出市场占有率的高低对一个经营单位的业绩到底有何影响。以通用电气公司各个经营单位的一些情况作为数据来源，经过几年的研究和验证，研究人员建立了一个回归模型。该模型能够辨别出与投资收益率密切相关的一些因素，而且这些因素能够较强地解释投资收益率的变化。到1972年，PIMS研究的参与者已不再局限于通用电气公司内部的研究人员，而是包括哈佛商学院和市场科学研究所的学者们。在这个阶段，该项研究所用的数据库不仅涉及通用电器公司的情况，还包括许多其他公司内经营单位的信息资料。1975年，由参加PIMS研究的成员公司发起成立了一个非营利性的研究机构，名为“战略规划研究所”，由它来负责管理PIMS项目并继续进行研究。迄今为止，已有200多个公司参加了PIMS项目，其中多数在财富500家全球最大的企业中榜上有名。

PIMS研究结果表明：市场占有率是印象投资收益率最重要的变数之一，市场占有率越高，投资收益率越大。市场占有率高于40%的企业平均投资收益率，相当于市场占有率10%的企业的3倍。

同时，并不是在任何情况下这一原则都是有效的，这还要取决于提高市场占有率所采取的营销策略是什么，有时为提高市场占有率所付出的代价会高于所获得的收益，因此，企业在提高市场占有率时应考虑以下三个因素：① 引起反垄断诉讼的可能性；② 经济成本；③ 企业在争夺市场占有率时所采取的营销组合策略。

相关链接

“天籁”车主提起“反垄断”诉讼败诉

12月20日，《法制周报》记者从长沙市中级人民法院获悉，消费者刘大华状告东风汽车有限公司东风日产乘用车公司（简称东风日产公司）、湖南华源实业有限公司（简称华源）垄断经营一案，在长沙市中级人民法院进行宣判，这起全国第一例汽车消费领域反垄断民事案、湖南省第一例反垄断民事纠纷案，最终因举证不足，无法证实东风日产滥用市场支配地位，被判败诉。

1. 配件高于市场价3倍

2009年6月，刘大华购买了一辆东风日产公司生产的天籁汽车，2010年10月22日，因左前门车锁损坏到湖南华源公司4S店处维修，该工作人员告知，维修工时费需300元，刘大华即提出要求购买配件自行维修，被湖南华源公司工作人员拒绝并且强调：这是公司制定的政策，所有东风日产4S店均不对外销售配件，且整个市场均不可能买到东风日产系列车的配件。

尽管只是更换了两个极小的普通零件，维修工人花费半个小时就完成了维修工作，但刘大华只能被迫支付607元（其中配件费307元、维修费300元）。刘大华事后查明，华源4S店提供的配件价格远远高于市场同类型价格3倍以上，而维修费竟远远超市场价的7倍以上，也就是说，如果公司放开配件供应市场，原告至少可以少支付维修工时费260元。

刘大华在接受记者采访时说："东风日产公司作为汽车生产厂家，有义务保障汽车售后的配件供应，作为汽车4S店的湖南华源公司，应履行4S内涵赋予的职责，提供其应有的4S服务。"

2. 一纸诉状状告垄断行为

刘大华本身是一名律师，他查阅了相关国家法律后，认为东风日产公司滥用市场支配地位，制定垄断经营政策，伙同其4S店共同排斥竞争者，榨取高额利润，严重侵犯了消费者的合法权益。因此，他向长沙市岳麓区法院递交了诉状，请求法院判令两被告停止垄断经营行为，以合理的价格向其终端用户提供汽车配件销售服务，以维护自己及广大消费者的合法权益。

是否具有市场支配地位成为了本案审理的焦点。东风日产在答辩中强调，东风日产没有占据1/2以上的汽车市场份额，不具有市场支配地位，东风日产的行为不符合《反垄断法》定义的垄断行为；4S店不供应配件是行业惯例；原告送修车辆达成的合意是双方真实意思之表达。维修合同合法有效，应受法律保护。

然而，针对华源4S店的答辩，刘大华回应道："我所指的垄断，是指对配件的垄断，并非针对其销售的垄断，4S的内涵要求其无条件对位供应配件，拒绝对位供应配件绝不是行业惯例。"在合同法定效应的问题上，刘大华认为，依一方垄断地位而达成的合同，表面上都具有"自愿受害"的法律属性，但这种"自愿"绝不是受害一方真实意思之表达，而是被迫的、无法选择的接受对方的加害。这种"合意"恰好佐证了垄断经营的威力。

3. 民事个体无力承担巨额花费

在长沙市中级人民法院的宣判中，法院认定，刘大华未对汽车零配件市场和汽车维修服务市场进行足够的市场调研，提交的证据并未证明市场上可替代产品和可替代服务的具体存在情况、市场份额和竞争力。本案事实涉及汽车零部件的供应价格和汽车维修服务价格两个市场因素，依据本案现有证据和刘大华的主张无法对包含上述两个因素的市场完成相关市场界定，在没有提交其他证明两被告市场支配力的证据的情况下，也不足以产生举证责任倒置的诉讼法律后果。故对其主张的两被告尤其是东风日产乘用车公司滥用市场支配地位的诉讼请求，缺乏证据支持，原告的诉讼请求缺乏事实和法律依据。

法官告诉记者，在反垄断民事诉讼中，滥用市场支配地位的垄断行为是阻碍竞争的事实。

证明该事实的存在应当有较为严格的证据标准，一般需要进行周详的市场调查、经济分析、专题研究或利用公开的统计数字等方面的研究成果对滥用市场支配地位这种行为进行定量分析，确定其市场支配地位。

在宣判结束后，刘大华无奈地告诉记者，进行周详的市场调查、经济分析、专题研究或利用公开的统计数字等方面的研究成果，那要花费数百万元的举证成本，这些都是由民事个体来完成，即使取得了这些调研成果，也需要得到法院的认定，还要证据充分，如果举证被认定为证据不足，则起诉人要承担全部责任，一般的民事个体根本无力承担，这就是这类官司无法胜诉的关键。"该案被诉垄断行为，损害的不是一个、几个消费者的合法权益，损害的是消费者群体的权益。而消费者作为直接受害的个体，依《反垄断法》提起诉讼，常因力量对比不对等和在诉讼资源上的劣势地位等种种原因而放弃诉讼，实际上形成消费者利益受损却无从救济的困境。"据了解，刘大华还要继续向湖南省高院上诉，继续破冰之举，他相信只有获得首例的胜诉，才能推动《反垄断法》的有效实施和发挥其更大的作用。

（案例素材来源：法制周报）

2．关系营销（3R）战略

20 世纪 90 年代初，美国哈佛大学有两位教授根据服务性企业的数据，研究了企业的市场份额与利润的关系，发现市场份额对利润并没有太大的影响，而顾客忠诚度较高的服务性企业更能盈利。他们认为，服务性企业应采用 3R 营销策略。

（1）客户维持（Retention）

优秀的客户维持可以维持到稳定的客户群体，节省成本，提高利润率，主要表现在两个方面。稳定客户群的建立，一方面可以省却重新争夺新客户的费用，另一方面也省却了重新调查审核客户信用的成本。通过各种策略，努力把客户尤其是优质客户留下来，并培养成忠诚客户群。许多企业的调查资料表明，吸引新顾客的成本是保持老顾客的 5 倍以上。所以，假如企业一周流失 100 个顾客，同时又获得 100 个顾客，虽然从销售额来看仍然令人满意，但这样的企业是按"漏桶"原理运营业务的。实际情况是，争取 100 个新顾客比保留 100 个老顾客要花费更多的费用，而且新顾客的获利性也往往低于长期的老顾客。据统计分析，新顾客的赢利能力与老顾客相差 15 倍。

（2）多重销售（Relation Sales）

多重销售，即向同一客户销售多种商品。据日本 BOOZ·ALLEN&HAMILTONH 咨询公司调研，同一客户使用的产品数量与客户维持存在密切关系。多重销售可以为客户提供更多的选择机会，促进客户多重购买，并增强顾客的忠诚度，减少顾客流失。当老顾客连续购买使用企业的产品和服务感到满意时，就会对经营的商家产生好感，建立起对企业的信心，由此，他们会爱屋及乌，极易接受企业围绕核心产品开发出的相关产品，甚至是全新产品。这样，就使得企业新产品介绍费大大降低，推进市场的时间大大缩短。另外，老顾客在接受新产品时，对产品价格的敏感度及竞争者广告的敏感度也会大大减弱，而且还能不断提高购买产品的等级。

（3）客户介绍（Referrals）

客户介绍，即通过现有客户的推介扩大客户数量。顾客的口碑很重要。因此提高原有顾客对企业的满意度并鼓励客户对企业的口碑宣传，可以帮助企业扩大新顾客群体、争夺优质客户。研究发现，一个忠诚的老顾客可以影响25个消费者，能诱发8个潜在顾客产生购买动机，其中至少有一个人产生购买行为。否则，一个不满意的顾客可能打消25个人的购买意愿。

3. 顾客满意（CS）战略

20世纪80年代中期，西方绝大多数行业已处于买方市场之下。如果不能使顾客满意，即使是“好商品”也会卖不出去。最早对这种经营环境变化作出系统反应的是斯堪的纳维来航空公司，他们于1985年提出了“服务与管理”的观点。提出并实践这种观点，意味着企业自觉地把竞争由生产率的竞争转换为服务质量的竞争。他们的信念是，企业利润增加首先取决于服务的质量。后来，“服务与管理”观点传到美国后，被进一步运用和发展。当时，恢复美国的国际竞争力正成为美国政坛的一个热门话题，为此里根政府专门创设了国家质量奖。在国家质量奖的评定指标中，有60%直接与顾客满意度有关。

CS战略的基本指导思想是：企业的整个经营活动要以顾客满意度为指针，要从顾客的角度、用顾客的观点而不是企业自身的利益和观点来分析考虑顾客的需求，尽可能全面尊重和维护顾客的利益。这里的“顾客”是一个相对广义的概念，不仅指企业产品销售和服务的对象，而且指企业整个经营活动中不可缺少的合作伙伴。

相关链接

美国马尔克姆波多里奇国家质量奖

美国前总统里根于1987年签发的美国《公众法100-107》，确立了美国马尔克姆·波多里奇国家质量奖。马尔克姆·波多里奇1981—1987年任美国商业部部长。由于他长期致力于美国质量管理工作，在促进美国国家质量管理的改进和提高上做出突出贡献。为此，在他去世后，美国通过了国家质量改进法案，建立了以他的名字命名的国家质量管理奖。

美国商业部是美国国家质量奖的主管部门。美国标准技术院（NIST）受商业部技术署的授权管理该奖。美国质量学会（ASQ）在NIST的指导下，负责马尔克姆·波多里奇国家质量奖的日常工作，并在质量奖有关的质量概念、原理和技术上不断发展、改进和提高。

为保证评奖工作正常、有序地进行，美国质量学会组织成立了监督委员会和评审委员会。监督委员会由全美各领域的卓越经济领导者组成，由商业部部长任命，是商业部质量工作的顾问组，负责评价标准的充分性、评审过程的正确性，以及质量奖评审工作给美国经济发展带来的效益。该委员会通过向商业部部长和NIST执行官提交报告来促进评奖工作的改进和提高。

评审委员会由美国商业、健康卫生和教育等组织的领导、专家组成，负责对质量奖申请组织进行评审，提出具体评审报告。

美国马尔克姆·波多里奇质量奖标准的核心价值体现在领导、战略策划、以顾客和市场为中心、信息与分析、以人为本、过程管理、经营结果七项要求中强调经营效果，目的是要达到顾客满意，获得竞争优势。波多里奇质量奖总计1 000分，其中经营结果450分，并注重了解顾客和市场需求，关注顾客、财务、市场、人力资源、供方和合作伙伴、组织的效果结果。美国质量学会每年组织对标准进行修订，评审工作日臻完善，在美国质量界和企业中都享有极高声誉。

申请波多里奇国家质量奖的组织向 ASQ 递交有关申请材料。由 ASQ 进行资料审核。申请组织的自我评价报告由评审委员会审查后，交高级审查员，确定进行现场审核的组织名单。评审委员会组成的评审组到确定的组织进行现场审核，提交评审报告。评审委员会根据综合结论，向 NIST 提交获奖组织推荐名单，并转交美国商业部部长，由商业部部长最终确定获奖组织。

马尔克姆·波多里奇国家质量奖适用于制造业、服务业和小企业，每年评审一次。1998 年和 1999 年，美国标准技术院又分别推出了教育系统和健康卫生评审标准。波多里奇质量奖 1988 年首次颁奖至 2000 年，已有美国摩托罗拉、施乐、KARLEE 公司等 41 家企业赢得了该奖。2000 年，首次有水处理公司——OMI 公司和银行——L 银行获得该奖，对引导和激励企业提高质量和经营管理的水平，实现卓越经营，起到了很大的促进作用。美国政府非常重视该奖项，每年都由现任总统向获奖组织颁奖。

4.2.2　顾客满意战略的实施

1．顾客让渡价值

顾客让渡价值的定义：企业转移的，顾客感受得到的实际价值。它的一般表现为顾客购买总价值与顾客购买总成本之间的差额。顾客让渡价值是菲利普·科特勒在《营销管理》一书中提出来的，他认为，“顾客让渡价值”是指顾客总价值（Total Customer Value）与顾客总成本（Total Customer Cost）之间的差额，如图 4-1 所示。

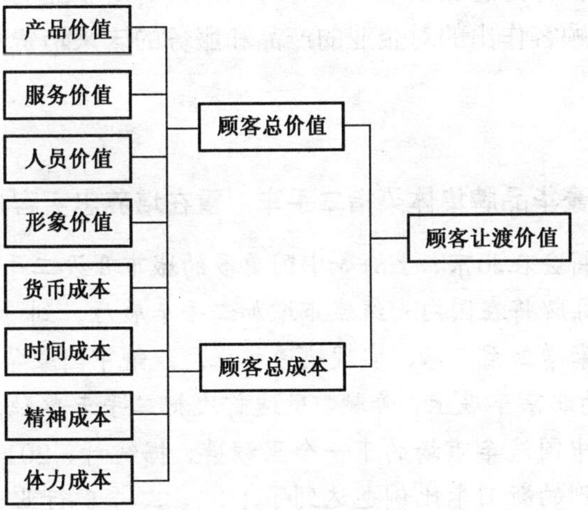

图 4-1　顾客让渡价值

顾客总价值是指顾客购买某一产品与服务所期望获得的一组利益，包括产品价值、服务价值、人员价值和形象价值等。顾客总成本是指顾客为购买某一产品所耗费的时间、精神、体力及所支付的货币资金等，因此，顾客总成本包括货币成本、时间成本、精神成本和体力成本等。由于顾客在购买产品时，总希望把有关成本包括货币、时间、精神和体力等降到最低限度，而同时又希望从中获得更多的实际利益，以使自己的需要得到最大限度的满足，因此，顾客在选购产品时，往往从价值与成本两个方面进行比较分析，从中选择出价值最高、成本最低，即“顾客让渡价值”最大的产品作为优先选购的对象。

2. 顾客满意（CS）

CS 是英文 Customer Satisfaction 的缩写，意为“顾客满意”。菲利普·科特勒认为，顾客满意是指一个人通过对一个产品的可感知效果与他的期望值相比较后，所形成的愉悦或失望的感觉状态。满意水平是可感知效果或测量分析后效果和期望值之间的差异函数。如果效果低于期望，顾客就会不满意；如果效果与期望相匹配，顾客就满意；如果效果超过期望，顾客就会高度满意、高兴或欣喜，从而达到提高满意度。

一般而言，顾客满意是顾客对企业和员工提供的产品和服务的直接性综合评价，是顾客对企业、产品、服务和员工的认可，在企业内部也可认为是下个过程对上个过程的评价认可。顾客根据他们的价值判断来评价产品和服务，从企业的角度来说，顾客服务的目标并不仅止于使顾客满意，使顾客感到满意只是营销管理的第一步。美国维持化学品公司总裁威廉姆·泰勒认为：“我们的兴趣不仅在于让顾客获得满意感，我们要挖掘那些被顾客认为能增进我们之间关系的有价值的东西。”在企业与顾客建立长期的伙伴关系的过程中，企业向顾客提供超过其期望的“顾客价值”，使顾客在每一次的购买过程和购后体验中都能获得满意。每一次的满意都会增强顾客对企业的信任，从而使企业能够获得长期的赢利与发展。

3. 顾客忠诚

顾客忠诚，是指顾客对企业的产品或服务的依恋或爱慕的感情，它主要通过顾客的情感忠诚、行为忠诚和意识忠诚表现出来。其中情感忠诚表现为顾客对企业的理念、行为和视觉形象的高度认同和满意；行为忠诚表现为顾客再次消费时对企业的产品和服务的重复购买行为；意识忠诚则表现为顾客作出的对企业的产品和服务的未来消费意向。

相关链接

豪华品牌集体染指二手车　重在培养忠实客户

宝马汽车日前宣布将会在北京、上海等中国更多的城市开设二手车中心。无独有偶，奥迪上周也表示，今年奥迪品牌将在国内一线城市增加二手车展厅。到 2012 年底，北京的奥迪二手车展厅将从现在的 4 家增加至 7 家，实现快速扩张。觊觎中国豪华二手车市场的不止于此。

在 2012 年 4 月份的北京车展上，奔驰、奥迪首次把二手车单独设展，这释放出一个强烈的信号：二手车将成为中国汽车市场的下一个里程碑。据统计，2011 年全国二手车交易量达到 440 万辆，北京、深圳的新旧车比例也达到了 1∶1，二手车行业开始了质的变化。而未来几年，这种变化将更加明显，规模化、品牌化的豪华二手车成为趋势。

谁都不会错过这块“好吃的蛋糕”。奥迪自从三年前系统性推出“品鉴二手车”这一奥迪的子品牌之后，成为豪华二手车增速最快的厂商。目前，一汽一大众奥迪已拓展 159 家二手车授权经销商。2011 年经由奥迪授权二手车经销商销售的二手车数量已超过 1 万辆，同比增长近 70%。奔驰通过推出“星睿二手车”这一品牌，使得 2011 年奔驰二手车销量达到 1 334 辆，同比也增长近 70%。

对于豪华二手车的市场发展前景，套用奔驰中国麦尔斯曾经在接受采访时的一段谈话最为恰当：“理想情况是，客户在二十八九岁时购买人生中的第一辆车，而这车是一辆二手奔驰。如果是这样的话，我们就会让他成为奔驰永久的客户。”的确，打造品牌二手车不仅在于二手车销售，更多的是要带动新车销量，建立品牌忠诚度，对豪车品牌而言尤其如此。而对豪华品牌经销商而言，二手车的介入将会为他们带来另一条提高利润的有效途径。

（案例素材来源：汽车点评网）

4．顾客满意与顾客忠诚的关系

满意与忠诚是两个完全不同的概念，满意度增加不代表忠诚度也在增加，但是顾客满意是顾客忠诚的必要条件，对企业营销而言，让顾客满意是最基本的，没有满意的顾客，企业不可能有满意的市场。但是，实践证明满意不等于重购，如果企业一味地追求满意率，就有可能掉进“满意陷阱”。如统计研究显示：在满意调查中，美国汽车顾客有 90%声称对企业所提供的产品及服务满意，但这些感到“满意”的顾客重购率只有 40%，而其中 60%的顾客背离了制造商或经销商。据《哈佛商业评论》报告，在满意于商品的顾客中仍有 65%～85%的人会选择替代品和竞争对手的产品，而高度满意或忠诚的顾客却很少改变购买。CS 的最高目标也是提高顾客忠诚，而不是顾客满意。

在多数情况下顾客满意和顾客忠诚并不是简单的线性关系。这说明在顾客满意和顾客忠诚两个变量之间存在着一些调节变量。这些调节变量及其作用强度会因行业的不同而有所差异。

（1）社会规范与情境因素

主观的行为规范，会受到社会规范的影响。例如，当一个少年消费者对一件时尚款式的服装表现出极高的态度倾向时，也许会觉得父母对他穿此类服装感到反感，而取消购买决定。

（2）产品经验

顾客先前的经验和知识会很大程度地影响顾客的态度与行为。顾客以前的经验无形中也就构成了今后使用这种服务的满意度的门槛。在顾客忠诚的形成过程中，产品经验通常作为一个情景因素发挥着调节作用。

（3）替代选择性

如果顾客感知现有企业的竞争者能够提供价廉、便利和齐全的服务项目或较高的利润回报，那么他们就可能决定终止现有关系而接受竞争者的服务或产品。如果顾客没有发现富有吸引力的竞争企业，那么他们将保持现有关系，即使这种关系被顾客感知不太满意。

（4）转换成本

转换成本指的是顾客从现有厂商处购买商品转向从其他厂商购买商品时面临的一次性成本。由于转换成本存在，顾客终结当前的关系，先前的投资就会受到损失，于是就被迫维持当前与供应商之间的关系，即使顾客对这种关系不满意。因此顾客转换成本较高时顾客的行为忠诚也较高。当转换成本非常小时，由于大部分人喜欢尝试多样性，即使一些顾客高度满意，但重购率并不高。

5．顾客满意战略的实施

① 提高顾客让渡价值，增加顾客总价值，即提高产品价值、服务价值、人员价值和形象价值，降低顾客总成本，即降低货币成本、时间成本、精神成本和体力成本。

② 站在顾客的立场上研究和设计产品。尽可能地把顾客的“不满意”从产品本身去除，并顺应顾客的需求趋势，预先在产品本身上创造顾客的满意。

③ 不断完善服务系统，包括提高服务速度、质量等方面。

④ 重视顾客的意见。据美国的一项调查，成功的技术革新和民用新产品中有60%～80%来自用户的建议。

⑤ 通过提高顾客满意培养忠诚顾客。

⑥ 建立以顾客为中心相应的企业组织。要求对顾客的需求和意见具有快速反应机制，养成鼓励创新的组织氛围，组织内部保持上下沟通的顺畅。

4.3 竞争战略

案例导入

汽车市场竞争加剧

在汽车界有一句话：得B级车市场者得天下。所谓B级车，就是目前国内市场上所说的中高级轿车。长期以来，欧、日系的B级车一直占领着中国中高级车市场。从今年上半年销售前十名的B级车排名就可以看出，前三名仍是天籁、雅阁、凯美瑞，仍以日系车为主角。而如今，随着起亚K5、第八代索纳塔、新帕萨特等众多重量级中高级新车的入市，“三足鼎立”的局面正面临着欧、美、韩等车系的挑战。

新帕萨特、新迈腾和东风标致508共同组成了欧系车的“三驾马车”，凭借着自身纯正的品牌血统、严谨的造车品质、前沿的技术和设计潮流，成为今年中高级车市场一支实力派劲旅。

以新君威、新君越为代表，上海通用重新根据日系车的标准来设计内饰，这样就把欧系车、日系车身上所具有的优点都巧妙地挪到了美系车身上。正是这种集各家优点于一身，借他人之长，弥补自身之短的方式，让美系车的地位逐渐上升，市场份额也在逐渐扩大。随着上海通用雪佛兰旗下全新力作迈锐宝的强势登场，美系车阵营势必又会增加新的竞争砝码，进一步拉升美系车的市场份额。

以现代、起亚为代表的韩系车品牌无疑是现阶段中国市场上中高级车市最积极的“开拓者”。尽快突破品牌天花板，向利润更丰厚、品牌号召力更强的中高级车市场进军，是现代、起亚近年来一直追求的目标。终于，2011年它们欲卷土重来。很快，K5、新索纳塔在一个月内相继被推向市场。值得一提的是，新一代韩系车在设计上焕然一新，形成了自己的特色。第八代索纳塔与K5的质保期延长到5年10万千米，对于消费者的诱惑着实巨大。其在这一领域分一杯羹的心态也表现得淋漓尽致。

（案例素材来源：山西新闻网　山西晚报）

4.3.1 汽车市场竞争环境

汽车企业的营销活动都是在不断发展的社会环境中进行的，制定竞争战略不能不把汽车企业与其所处的具体环境联系起来，竞争环境是企业生存与发展的外部环境，对企业的发展至关重要，竞争环境的变化不断产生威胁，也不断产生机会。对企业来说，如何检测竞争环境的变化，规避威胁，抓住机会就成为休戚相关的重大问题。

企业在市场上的竞争地位，以及企业可能采取的竞争策略，往往要受到企业所在行业竞争结构的影响。迈克尔·波特识别出影响行业竞争结构的基本因素有：行业内部竞争力量、顾客的评议能力、供货厂商的评议能力、潜在竞争对手的威胁、替代产品的压力。按以上因素对竞争环境进行分析，也称为五力模型，如图4-2所示。

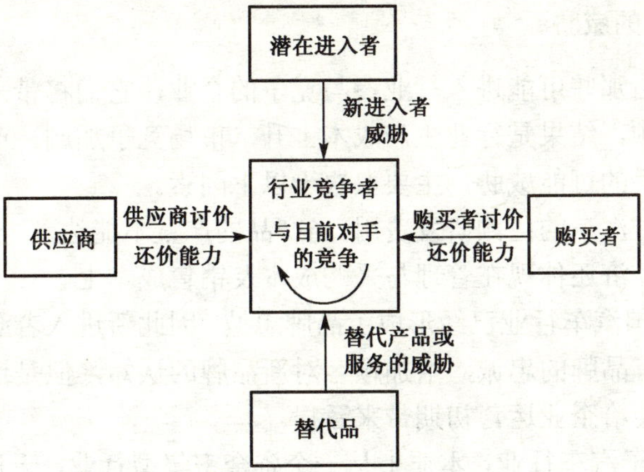

图4-2　五力模型

1．行业内部的竞争

行业内现有企业间总是存在着竞争，尤其是汽车行业，近年来竞争更加激烈。现有企业之间的竞争常常表现在价格、广告、产品介绍、售后服务等方面，其竞争强度与许多因素有关。从2000年到2011年，中国汽车产量从200万辆跃至1 885万辆，汽车工业增长速度惊人，因此中国汽车市场出现百家争鸣的现象，以满足现代人对汽车的需求。导致行业内部竞争加剧的原因可能有下述几种：① 行业增长缓慢，对市场份额的争夺激烈；② 竞争者数量较多，竞争力量大抵相当；③ 竞争对手提供的产品或服务大致相同，或者体现不出明显差异；④ 某些企业为了规模经济的利益，扩大生产规模，市场均势被打破，产品大量过剩，企业开始诉诸于削价竞销。

2．顾客的议价能力

行业顾客可能是行业产品的消费者或用户，也可能是商品买主。顾客的议价能力表现在能否促使卖方降低价格，提高产品质量或提供更好的服务。行业顾客的议价能力受到下述因素影响：① 购买数量，如果顾客购买的数量多、批量大，作为卖方的大客户，就有更强的讨价还价能力；② 产品性质，若是标准化产品，顾客在货源上有更多的选择，可以利用卖主之间的竞争而加强自己的议价能力；③ 顾客的特点，消费品的购买者，人数多且分散，每次购买的数量也不多，他们的议价能力相对较弱；④ 市场信息，如果顾客了解市场供求状况、产品价格变动趋势，就会有较强的议价能力，就有可能争取到更优惠的价格。

3．供货厂商的议价能力

供货厂商的议价能力表现在供货厂商能否有效地促使买方接受更高的价格、更早的付款时间或更可靠的付款方式。供货厂商的议价能力受到下述因素影响：① 对货源的控制程度，如果货源由少数几家厂商控制，供货厂商就处于竞争有利地位，就有能力在价格、付款时间等方面对购货厂商施加压力，索取高价；② 产品的特点，如果供货厂商的产品具有特色，那么供货厂商就处于有利竞争地位，拥有更强的议价能力；③ 用户的特征，如果购货厂商是供货厂商的重要客户，供货厂商就会用各种方式给购货厂商比较合理的价格，乃至优惠价格。

4．潜在竞争对手的威胁

潜在竞争对手是指那些可能进入行业参与竞争的企业，它们将带来新的生产能力，分享已有的资源和市场份额，结果是行业生产成本上升，市场竞争加剧，产品售价下降，行业利润减少。潜在竞争对手的可能威胁，主要取决于以下因素。

① 规模经济：由于汽车的巨额研发费用，当产品的产量不能达到一定的规模将难以摊销，同时汽车行业的规模经济还体现在管理与采购成本及销售成本上。

② 产品差异：我国汽车行业已经形成了品牌忠诚，因此新进入者必须花巨资投入广告和促销，消除顾客对原有品牌的忠诚，增加顾客对新品牌的认知，但是这些努力会给企业带来极大的风险，同时也会给企业运营初期带来亏损。

③ 资金需求：对于汽车行业，本质上是一个资金密集型行业，无论是研发、建厂还是购置生产线都存在比其他行业更大的资金壁垒，更要投入大笔资金在广告，在国内汽车行业品牌专卖制度下，没有强有力的资金做后盾，很难在各汽车企业中出头。

④ 其他壁垒：由于国内汽车企业并没有自己的技术基础，因此在国内市场上最重要的竞争优势来源于谁能拿到国外最新的技术或许产品。国外企业也一般选择中国比较有影响力的汽车企业，与之进行合作，这本身就构成了非汽车行业投资人或非汽车企业的壁垒。

5．替代产品的压力

替代品是指具有相同功能，或能满足同样需求从而可以相互替代的产品，如石油和煤炭、铜和铝。几乎所有行业都有可能受到替代产品的冲击，替代产品的竞争导致对原产品的需求减少，市场价格下降，企业利润受到限制。太阳能及新兴燃料的出现要求汽车制造企业必须有相应的技术，研发出新一代节能的汽车车型。在发布的《电动汽车科技发展“十二五”专项规划（摘要）》中指出，发展电气化程度比较高的“纯电驱动”电动汽车是我国新能源汽车技术的发展方向和重中之重。要在坚持节能与新能源汽车“过渡与转型”并行互动、共同发展的总体原则指导下，规划电动汽车技术发展战略。这些政策的发布对于那些研发技术相对落后的汽车企业，造就一定的压力。

4.3.2 竞争者分析

对行业竞争环境的分析表明，有效的营销战略和计划需要对竞争者做充分的了解，竞争者的经历可以作为企业的前车之鉴，竞争者的现状可以作为企业市场定位的依据，竞争者的发展战略可以作为企业的参考。企业需要了解有关竞争者的五件事：谁是竞争者？他们的战略是是什么？目标是什么？优劣势是什么？以及他们的反应模式。

1．识别企业的竞争者

识别竞争者似乎是一件很容易的事，但是，企业的现实和潜在竞争者的范围是极其广泛的，如果不能正确地识别，就会患上“竞争者近视症”。企业被潜在竞争者击败的可能性往往大于现实的竞争者。企业应当有长远的眼光，从行业结构和业务范围的角度识别竞争者。

在同行业竞争中，卖方密度、产品差异、进入难度的变化是三个特别需要重视的方面，卖方密度是指同一行业或同一类商品经营中卖主的数目。这种数目的多少，在市场需求量相对稳定时，直接影响到企业市场份额的大小和竞争激烈的程度。产品差异是指同一行业中不同企业生产同类产品的差异程度。由于差异，使得产品各有特色而相互区别，这实际上就存在着一种竞争关系。进入难度是指某个新企业在试图加入某行业时面临的困难程度。

相关链接

差异化竞争策略

20世纪70年代，美国的航空业已经比较成熟，利润较高的长途航线基本被瓜分完毕，新进入者很难找到立足的缝隙；短途航线则因单位成本高、利润薄而无人去做。在这种情况下，成立不久的西南航空审时度势，选择了把汽车作为竞争对手的短途运输市场，这一别出心裁的想法实现了与现有航空大佬们的差异化竞争，从而开辟了一个新的巨大的市场。

"我们的对手是公路交通，我们要与行驶在公路上的福特车、克莱斯勒车、丰田车、尼桑车展开价格战。我们要把高速公路上的客流搬到天上来。"西南航空的操刀者赫伯·凯莱赫这样解释道。

2．确认竞争者的目标

在识别了主要竞争者之后，企业经营者接着应回答的问题是：每个竞争者在市场上寻求什么？什么是竞争者行动的动力？最初经营者推测，所有的竞争者都追求利润最大化，并以此为出发点采取各种行动。但是，这种假设过于简单。不同的企业对长期利益与短期利益各有侧重。有些竞争者更趋向于获得"满意"的利润而不是"最大利润"。尽管有时通过一些其他的战略可能使他们取得更多利润，但它们有自己的利润目标，只要达到既定目标就满足了。

也就是说，竞争者虽然无一例外关心企业的利润，但它们往往并不把利润作为唯一的或首要的目标。在利润目标的背后，竞争者的目标是一系列目标的组合，对这些目标竞争者各有侧重。所以，我们应该了解竞争者对目前赢利的可能性、市场占有率的增长、资金流动、技术领先、服务领先和其他目标所给予的重要性权数。了解了竞争者的这种加权目标组合，我们就可以了解竞争者对目前的财力状况感不感到满意，他对各种类型的竞争性攻击会作出什么样的反应，等等。如一个追求低成本领先的竞争者对于他的竞争对手因技术性突破而使成本降低所作出的反应，比对同一位竞争对手增加广告宣传所作出的反应强烈得多。

企业必须跟踪了解竞争者进入新的产品细分市场的目标。若发现竞争者开拓了一个新的细分市场，这对企业来说可能是一个发展机遇；若企业发现竞争者开始进入本公司经营的细分市场，这意味着企业将面临新的竞争与挑战。对于这些市场竞争动态，企业若了如指掌，就可以争取主动，有备无患。

3．评估竞争者的优劣势

在市场竞争中，企业需要分析竞争者的优势与劣势，做到知己知彼，才能有针对性地制定正确的市场竞争战略，以避其锋芒、攻其弱点、出其不意，利用竞争者的劣势来争取市场竞争的优势，从而来实行企业营销目标。

相关链接

比最好的还要好

20 世纪 80 年代，福特的销售落后于日本和欧洲汽车商。当时福特的总裁唐·彼得森指示他的工程师和设计师，根据客户认为最重要的400个特征组合成新汽车。萨巴的座位最好，福特就复制座位，如此等等。彼得森进一步要求：他的工程师要成为“比最好的还要好”的人。当新汽车（成功的陶罗车）完成时，彼得森声称：他的工程师已经改进（而不是复制）竞争者汽车的大部分最佳特征。

4. 预见竞争者的市场反应模式

只凭竞争者的目标、优劣势还不足以解释其可能采取的行动，以及对诸如削价、加强促销或推出新产品等企业举动的反应。另外，各个竞争者都有一定的经营哲学、内在的文化和某些起主导作用的信念等。这些都会对竞争者的行为模式产生影响。因此，一个企业的经营者还需要深入了解竞争者的心理状态，以求准确预见竞争者可能做出的反应。

（1）迟钝型竞争者

某些竞争企业对市场竞争措施的反应不强烈，行动迟缓。这可能是因为竞争者受到自身在资金、规模、技术等方面的能力的限制，无法作出适当的反应；也可能是因为竞争者对自己的竞争力过于自信，不屑于采取反应行为；还可能是因为竞争者对市场竞争措施重视不够，未能及时捕捉到市场竞争变化的信息。

（2）选择型竞争者

某些竞争企业对不同的市场竞争措施的反应是有区别的。例如，大多数竞争企业对降价这样的价格竞争措施总是反应敏锐，倾向于作出强烈的反应，力求在第一时间采取报复措施进行反击，而对改善服务、增加广告、改进产品、强化促销等非价格竞争措施则不大在意，认为不构成对自己的直接威胁。

（3）强烈反应型竞争者

竞争企业对市场竞争因素的变化十分敏感，一旦受到来自竞争挑战就会迅速地作出强烈的市场反应，进行激烈的报复和反击，势必将挑战自己的竞争者置于死地而后快。这种报复措施往往是全面的、致命的，甚至是不计后果的，不达目的决不罢休。这些强烈反应型竞争者通常都是市场上的领先者，具有某些竞争优势。一般企业轻易不敢或不愿挑战其在市场上的权威，尽量避免与其作直接的正面交锋。

（4）不规则型竞争者

这类竞争企业对市场竞争所作出的反应通常是随机的，往往不按规则出牌，使人感得不可捉摸。例如，不规则型竞争者在某些时候可能会对市场竞争的变化作出反应，也可能不作出反应；他们既可能迅速作出反应，也可能反应迟缓；其反应既可能是剧烈的，也可能是柔和的。

4.3.3 汽车市场竞争地位

在对主要的竞争者进行了充分的分析之后，汽车企业必须着手设计制胜的竞争战略，以使汽车企业运用自身的竞争优势赢得市场。然而，并不存在一种战略适合所有的汽车企业，不同的竞争优势会有不同的竞争战略，这取决于汽车企业自身的具体情况。汽车企业必须认清自己在汽车行业的真实位置，并以此为基础，制定有效的竞争战略。

汽车企业作为市场活动的参与者，其实力和资源会有不同程度的差距。有些竞争者相对比较强大，而又一些则相对比较弱小。有些资源比较丰富，有一些则面临诸如资金短缺等问题。为了便于分类分析，根据企业在目标市场上的竞争地位不同，企业的市场竞争地位可以分为 4 种类型：市场领先者、市场挑战者、市场跟随者、市场补缺者，如图 4-3 所示。

市场领先者	市场挑战者	市场追随者	市场补缺者
40%	30%	20%	10%

图 4-3　4 种类型竞争者的市场份额

1．市场领先者战略

市场领先者是指其产品在行业同类产品的市场上市场占有率最高的企业。一般而言，在绝大多数行业中都有一个被公认的市场领先者。领先者企业的行为在行业市场中有举足轻重的作用，处于主导地位。市场领先者的地位是在市场竞争中自然形成的。处于统治地位的企业想要继续保持第一位的优势，应当采取强有力的行动，可从以下三方面进行努力。

（1）扩大市场需求量

处于市场主导地位的领先企业，其营销战略首先是扩大总市场，即增加总体产品需求数量。通常可以运用三条途径。

① 发现新的用户。通过发现新用户来扩大市场需求量，其产品必须具有能够吸引新的使用者，增加购买者数量的竞争潜力。

② 开辟产品的新用途。通过开辟产品的新用途扩大市场需求量。领先者企业往往最有能力根据市场需求动态，为自己的产品寻找和开辟新的用途。

③ 增加用户的使用量。通过说服产品使用者增加使用量也是扩大市场需求量的有效途径。说服产品的使用者增加使用量的办法有许多，但最常用的是：促使消费者在更多的场合使用该产品；增加使用产品的频率；增加每次消费的使用量。

相关链接

《米其林指南》

1900 年的巴黎万国博览会期间，当时米其林公司的创办人米其林兄弟看好汽车旅行有发展的远景，如果汽车旅行越兴盛，他们的轮胎也能卖得越好，因此将地图、加油站、旅馆、汽车维修厂等有助于汽车旅行的资讯集结起来，出版了随身手册大小的《米其林指南》一书，并且免费提供给客户索取。

1926 年《米其林指南》开始将评价优良的旅馆特别以星号标示，1931 年开始启用 3 个星级的评等系统。米其林公司为了维护评鉴的中立与公正，所派出的评鉴员都是乔装成普通顾客四处暗访，借此观察店家最真实的一面，《米其林指南》评鉴的权威性由是建立。

（2）保持现有市场份额

领先者企业必须防备竞争对手的进攻和挑战，保护企业现有的市场阵地。最佳的战略方案是不断创新，以壮大自己的实力。还应抓住竞争对手的弱点主动出击。当市场领先者不准备或不具备条件组织或发起进攻时，至少也应使用防御力量，坚守重要的市场阵地。防御战略的目标是使市场领先者在某些事关企业领导地位的重大机会或威胁中采取最佳的战略决策。可以选择采用六种防御战略。

① 阵地防御。市场领先者在其现有的市场周围建造一些牢固的防卫工事。以各种有效战略、战术防止竞争对手侵入自己的市场阵地。这是一种静态的、被动的防御，阵地防御是最基本的防御形式。

② 侧翼防御。市场领先者建立一些作为防御的辅助性基地。对挑战者的侧翼进攻要准确判断，改变营销战略战术。用以保卫自己较弱的侧翼，防止竞争对手乘虚而入。

③ 先发制人防御。在竞争对手尚未动作之前，先主动攻击，并挫败竞争对手，在竞争中掌握主动地位。具体做法是当某一竞争者的市场占有率达到对本企业可能形成威胁的某一危险高度时，就主动出击，对它发动攻击，必要时还需采取连续不断的正面攻击。

④ 反攻防御。面对竞争对手发动的降价或促销攻势，主动反攻入侵者的主要市场阵地。可实行正面回击战略，也可以向进攻者实行“侧翼包抄”或“钳形攻势”，以切断进攻者的后路。

⑤ 运动防御。市场领先者把自己的势力范围扩展到新的领域中去，而这些新扩展的领域可能成为未来防御和进攻的中心。

⑥ 收缩防御。市场领先者逐步放弃某些对企业不重要的、疲软的市场，把力量集中用于主要的、能获取较高收益的市场。

（3）提高市场占有率

市场领先者实施这一战略是设法通过提高企业的市场占有率来增加收益、保持自身成长和市场主导地位。企业在确定自己是否以提高市场占有率为主要努力方向时应考虑以下几方面。

① 是否引发反垄断行为？

② 经营成本是否提高？

③ 采取的营销策略是否准确？

需要注意提高市场占有率不一定能给企业增加利润。只有当具备以下两项条件时利润才会增加。

第一，产品的单位成本能够随市场占有率的提高而下降，市场领先者常常拥有较高的生产和经营能力，能够通过提高市场占有率来获得规模经济成本，追求行业中的最低成本，并以较低的价格销售产品。

第二，产品价格的提高超过为提高产品质量所投入的成本。通常，具有较高质量的产品才能得到市场的认可，并有可能获取较高的市场占有率。但高质量并不意味过高的投入成本。美国管理学家克劳斯比指出，质量是免费的，因为质量好的产品可减少废品损失和售后服务的开支，所以保持产品的高质量并不会花费太多的成本，而且，高质量的产品会受到顾客的欢迎，使顾客愿意付较高的价格。

2. 市场挑战者

（1）确定战略目标和挑战对象

大多数市场挑战者的战略目标是提高市场占有率，进而达到提高投资收益率和利润率的目标。

挑战者在明确战略目标时，必须确定谁是主要竞争对手。一般来说，挑战者可以选择下列几种类型的攻击目标。

① 攻击市场领先者。这是一种既有风险又具潜在价值的战略。一旦成功，挑战者企业的市场地位将会发生根本性的改变，因此颇具吸引力。企业采用这一战略时，应十分谨慎，周密策划以提高成功的可能性。

进攻领先者需要满足的基本条件有以下几点。

第一，拥有一种持久的竞争优势，比如，成本优势或创新优势，以前者之优创造价格之优，继而扩大市场份额；或以后者之优创造高额利润。

第二，在其他方面程度接近。挑战者必须有某种办法部分或全部地抵消领先者的其他固有优势。

第三，具备某些阻挡领先者报复的办法。必须使领先者不愿或不能对挑战者实施旷日持久的报复。

② 攻击与自身实力相当的企业。抓住有利时机，向那些势均力敌的企业发动进攻，把竞争对手的顾客吸引过来，夺取它们的市场份额，壮大自己的市场。这种战略风险小，若几番出师大捷或胜多败少的话，可以对市场领先者造成威胁，甚至有可能改变企业的市场地位。

③ 攻击实力较弱的企业。当某些中、小企业出现经营困难时，可以通过兼并、收购等方式，夺取这些企业的市场份额，以壮大自身的实力和扩大市场占有率。

（2）选择进攻策略

① 正面进攻。市场挑战者集中优势兵力向竞争对手的主要市场阵地正面发动进攻，即进攻竞争对手的强项而不是弱点。采用此战略需要进攻者必须在提供的产品（或劳务）、广告、价格等主要方面大大超过竞争对手，才有可能成功，否则采取这种进攻战略必定失败。为了确保正面进攻的成功，进攻者需要有超过竞争对手的实力优势。

② 侧翼进攻。市场挑战者集中优势力量攻击竞争对手的弱点。此战略进攻者可采取“声东击西”的做法，佯攻正面，实际攻击侧面或背面，使竞争对手措手不及。具体可采取如下两种策略。

第一，地理性侧翼进攻，即在某一地理范围内针对竞争者力量薄弱的地区市场发动进攻。

第二，细分性侧翼进攻，即寻找还未被领先者企业覆盖的商品和服务的细分市场迅速填空补缺。

相关链接

日本汽车重返美国

美国政府于 1968 年公布了汽车排放标准，引导美国的汽车制造商制造更富有效率的交通工具。通用汽车公司与福特汽车公司为响应美国政府的号召开始生产小汽车。克莱斯勒汽车公司当时对小型汽车还没有任何规划，对于通用与福特发展小型车的努力感到困惑。

美国的汽车巨子们似乎完全没有考虑他们日益增加的库存量。克莱斯勒公司依然保持着汽车销售滑坡之前的乐观生产量，数额过大的库存使该公司在 1969 年损失了两个百分点的市场占有率。克莱斯勒公司以后的总裁约翰·李卡多当时还是负责生产的副总裁，他在记者招待会上却仅以一句“我们就是这样规划的”将该公司 96 天的库存一笔带过。当时担任通用汽车公司总裁的柯尔从市场占有率逐渐后退的趋势中做出的结论却是：“现在比以往任何时候都更需要积极主动的推销员和优秀的管理人才。”

到了1971年，购买小型车的趋势已经非常明显了，越来越多迁往郊区的家庭开始购买两部车，消费者对小型车的需求已经开始成为市场的主流。美国的汽车公司仍然没有对这些信息给予足够的重视，一如既往地营造着庞大而昂贵的豪华汽车（当时称这是"一般型"汽车）。美国汽车界对消费者需求的漠视在消费者心中激起了强烈的逆反心理，大量的美国人开始求助于外国汽车公司，而对底特律不屑一顾。

另一方面，日本人根据他们的研究成果，拟定了重返美国市场的综合性行销策略。最初4年的经历已经彻底改变了日本人对行销策略的漠视态度，日本公司几乎所有规划都是针对国外市场——尤其是美国市场的，而日本国内汽车业的迅速发展，也使日本公司从中获得了宝贵的经验。

1965年似乎是日本小汽车重返美国市场的绝妙时机。随着消费者兴趣的改变，小型汽车的销售前景一片光明。而此时的美国汽车，依然热衷于生产他们所喜爱的大型豪华汽车。

丰田公司利用这个机会，迅速填补了市场空白，给美国汽车界留下了无尽的遗憾。

③ 围堵进攻。市场挑战者开展全方位、大规模的进攻策略。市场挑战者必须拥有优于竞争对手的资源，能向市场提供比竞争对手更多的质量更优、价格更廉的产品，并确信围堵计划足以能成功时，可采用围堵进攻策略。

④ 迂回进攻。市场挑战者完全避开竞争对手现有的市场阵地而迂回进攻。具体做法有三种。

第一，实行产品多元化经营，发展某些与现有产品具有不同关联度的产品。

第二，实行市场多元化经营，把现有产品打入新市场。

第三，发展新技术产品、取代技术落后的产品。

⑤ 游击进攻。以小型的、间断性的进攻干扰对方，使竞争对手的士气衰落，不断削弱其力量。向较大竞争对手市场的某些角落发动游击式的促销或价格攻势，逐渐削弱对手的实力。游击进攻战略的特点是不能依仗个别战役的结果决出战局的最终胜负。

3．市场追随者

并非所有的位居第二的公司都会向市场领先者挑战，领先者在一个全面的战役中往往会有更好的持久力，除非挑战者能够发动必胜的攻击，否则最好追随领先者而非攻击领先者。市场追随者是指安于次要地位，不热衷于挑战的企业。

（1）紧紧跟随

追随者在尽可能多的细分市场和营销组合领域中模仿领先者。追随者往往以一个市场挑战者的面貌出现，但是如果它并不激进地妨碍领先者，直接冲突不会发生。有些追随者甚至可能被说成是寄生者，其在刺激市场方面很少动作，只希望靠市场领先者的投资生活。

（2）保持一段距离的跟随

追随者保持某些距离，但又在主要市场和产品创新、一般价格水平和分销上追随领先者。市场领先者十分欢迎这种追随者，因为追随者对领先者的市场计划很少干预，领先者也乐意让追随者占有一些市场份额，以便使自己免遭独占市场的指责。保持距离的追随者可能获取同行业的小公司而得到成长。

（3）有选择跟随

这类公司在有些方面紧跟领先者，但有时又走自己的路。这类公司可能具有完全的创新性，但又避免直接的竞争，并在有明显好处时追随领先者的许多战略。这类公司常能成长为未来的挑战者。

市场追随者虽然占有的市场份额比领先者低，但其可能赚到钱，甚至赚更多的钱。市场追随者成功的关键在于主动地细分和集中市场，有效地研究和开发，着重于赢利而不着重市场份额，以及有坚强的管理当局。

4．市场补缺者

在市场经济发展中，人们非常关注成功的企业，往往忽略每个行业中存在的小企业，却正是这些不起眼的星星之火，在大企业的夹缝中求得生存和发展后，成为燎原之势，这些小企业就是所谓的市场补缺者。出色的市场补缺战略可以获得高额利润，补缺者一般会比其他随便销售该产品的企业更清楚地了解顾客的需要，知道如何为产品添加附加值，因此补缺能够带来赢利。不过，补缺战略要想取得成功，还必须谨慎选择市场补缺点，寻找那些既安全又能获利的细小市场，一般来说，补缺者可以采取的战略有以下两种。

（1）专业化市场营销

① 专门致力于为某类最终用户服务的最终用户专业化；
② 专门致力于分销渠道中的某些层面的垂直层面专业化；
③ 专门为那些被大企业忽略的小客户服务的顾客规模专业化；
④ 只对一个或几个主要客户服务的特定顾客专业化；
⑤ 专为国内外某一地区或地点服务的地理区域专业化；
⑥ 只生产一大类产品的某一种产品或产品线专业化；
⑦ 专门按客户订单生产预订的产品的客户订单专业化；
⑧ 专门生产经营某种质量和价格的产品的质量和价格专业化；
⑨ 专门提供某一种或几种其他企业没有的服务项目专业化；
⑩ 专门服务于某一类分销渠道的分销渠道专业化。

（2）创造补缺市场、扩大补缺市场、保护补缺市场

企业不断开发适合特殊消费者的产品，这样就开辟了无数的补缺市场。每当开辟出这样的特殊市场后，针对产品生命周期阶段的特点扩大产品组合，以扩大市场占有率，达到扩大补缺市场的目的。最后，如果有新的竞争者参与时，应保住其在该市场的领先地位，保护补缺市场。作为补缺者选择市场补缺基点时，多重补缺基点比单一补缺基点更能增加保险系数，分散风险。因此，企业通常选择多个补缺基点，以确保企业的生存和发展。

总之，只要善于经营，随时关注市场上被大企业忽略的细小部分，通过专业化经营，精心服务于顾客，小企业总有机会获利。

相关链接

长 城 汽 车

作为长城汽车的掌门人，2003 中国大陆百富榜排名第 83 位，财富 10 亿元的魏建军说，“只要在一个小门类里别人无法取代就是成功”。长城汽车发家于长城皮卡。20 世纪 90 年代，随着中小企业的爆炸性增长，对皮卡的市场需求已经足够支撑一批皮卡专业厂商。然而，当

时的国内几大厂商正在沉迷于轿车生产线的打拼，无暇顾及这一边缘车型；而中小车厂虽有产品面世，终究不成气候。如同天赐良缘一般，正在思考车厂定位的魏建军发现最适合长城汽车的乃是皮卡生产，从而一举将长城汽车从一个镇办特种车改装厂转型为专业皮卡制造商，继而登顶国内民营整车厂的盟主地位。

4.3.4 汽车市场基本竞争战略

对任何一个汽车企业来说，由于汽车行业竞争激烈，面对竞争对手，都要有一个总的目标和竞争法宝，那就是汽车市场竞争战略。美国哈佛商学院著名的战略管理学家迈克尔·波特提出了三种基本竞争战略，可以成为汽车企业借鉴的理论，迈克尔·波特提出的三种为企业提供成功机会的战略分别为：成本领先战略、差异化战略、集中化战略。企业必须从这三种战略中选择一种，作为其主导战略。要么把成本控制到比竞争者更低的程度；要么在企业产品和服务中形成与众不同的特色，让顾客感觉到你提供了比其他竞争者更多的价值；要么企业致力于服务于某一特定的市场细分、某一特定的产品种类或某一特定的地理范围。

1. 成本领先战略

成本领先战略也称为低成本战略，是指企业通过降低成本，在研究开发、生产、销售、服务、广告等领域，使本企业的总成本低于竞争对手的成本，甚至达到全行业最低，以构建竞争优势的战略。成本领先战略是建立在规模效益和经验效益的理论基础之上的。首先是规模效益，当生产规律不断扩大时，单位产品的生产成本就会随之不断降低，从而使企业获得由规模扩大而带来的效益；其次是经验效益，随着生产数量的增加，人们的生产与管理的技术与经验水平不断提高，从而降低单位产品的成本，为企业带来效益。对顾客而言，无论选择哪一家的产品对自己来说效用都是一样的，因此，顾客愿意选择低价格的产品。顾客对产品的需求是多层次的，从而形成多层次的市场，但企业的产品定位只能局限于某一层次，而不能包容所有的层次。同一层次中产品的功能是相同的，若企业产品有竞争者，只要产品的成本低于竞争对手，就具有了成本领先优势；若在某一层次中，企业的产品没有竞争者，其成本就没有可以比较的对象，企业只具有潜在的竞争对手，企业生产产品的成本越低，竞争者进入这一市场的可能性就越小，当产品的成本低到一定程度时，便能产生一种对竞争对手的威慑力，使竞争者放弃进入这一层次市场的打算，以达到“阻止潜在进入者”的目的。由此可见，影响企业成本领先优势的因素有两个：产品功能和产品成本。只要在某一层次的市场中，产品功能确定的情况下，产品的成本足够低，企业就具有了成本领先优势。根据企业获取成本优势的方法不同，我们把成本领先战略概括为如下几种主要类型。

① 简化产品型成本领先战略，就是使产品简单化，即将产品或服务中添加的花样全部取消。

② 改进设计型成本领先战略。

③ 材料节约型成本领先战略。

④ 人工费用降低型成本领先战略。

⑤ 生产创新及自动化型成本领先战略。

低成本战略是一种重要的竞争战略，但是，也有一定的适用范围。当具备下列条件时，采用低成本战略会更有效力。

① 市场需求具有价格弹性。

② 所处行业的企业都生产标准化产品，从而使价格竞争决定企业的市场地位。

③ 实现产品差异化的途径很少。

④ 多数客户以相同的方式使用产品。

⑤ 用户购物从一个销售商改变为另一个销售商时，不会发生转换成本，因而特别倾向于购买价格最优惠的产品。

采用成本领先战略的风险主要包括以下几点。

① 技术的迅速变化可能使过去用于扩大生产规模的投资或大型设备失效。

② 由于实施成本领先战略，高层管理人员或营销人员可能将注意力过多地集中在成本的控制上，以致忽略了消费者需求的变化。20 世纪 20 年代的福特汽车公司是成本领先战略失利的典型例子。在这之前，福特公司通过对汽车型号和品种的限制，以及通过各种措施严密控制成本，平稳地取得了成本领先地位。然而，随着美国人收入的增加，许多已经购买过一辆汽车的买主又在考虑购买第二辆，于是开始更加重视时髦的式样、多变的型号、舒适性和密闭性。通用汽车公司注意到这种变化，并迅速开发出型号齐全的各种汽车，而在这种情况下，福特公司要想对其生产线进行调整，不得不花费巨额费用，因为以前的生产线是为降低成本而设计的大规模生产线。

③ 为降低成本而采用的大规模生产技术和设备过于标准化，因而可能会使产品生产缺乏足够的柔性和适应能力。

相关链接

丰田成本控制模式与质量危机

丰田从 1938 年 JIT（准时生产方式）的实施、2000 年 CCC21（21 世纪成本竞争力建造计划）计划的实施，到 2005 年 VI 活动（价值创新计划）的举行，形成了包括实时协同设计、协商采购共节省、消除七大浪费、共用通用平台、价值创新计划和细节控制等一整套较全面的成本控制模式。从这一成本控制模式可以看出，丰田将竞争战略定位于成本领先战略。该战略使丰田 2007 年的产量达到 853 万台，2008 年汽车全球销量居首位。另外，VI 活动还每年为丰田节省逾 2 000 亿日元（约 20 亿美元）的生产成本。但在带来以上好处的过程中，丰田却忽视了战略实施的保障及风险发生的可能性等问题，从而导致危机的发生。2009 年 11 月至 2010 年 3 月，丰田汽车公司（简称丰田）因车辆脚垫和油门踏板出现质量问题而引发的“召回门”事件令全球一片哗然，据统计已有超过 800 万台丰田汽车被召回，超过了其 2009 年 781 万辆的总销量。然而，丰田汽车召回并不是一次偶然事件，从 2001 年开始丰田就曾进行过多次召回，仅 2006 年上半年在日本市场就发生了 5 次召回，2007 年在中国召回的次数与数量都超过了其他的整车制造商。

2. 差异化战略

差异化战略，就是企业在生产经营过程中，将充分发挥和运用产品或服务独特的某一部分直至全部不同于其他企业的产品或服务的优势作为指导企业持续稳定发展的方向。通过树立品牌形象、提供特性服务及技术优势等手段来强化产品的特点，使得消费者感觉物有所值，甚至物超所值。这种战略的核心是取得某种对顾客有价值的独特性。企业要突出自己产品与竞争对手之间的差异性，主要有四种基本的途径。

① 产品差异化战略。产品差异化的主要因素有：特征、工作性能、一致性、耐用性、可靠性、易修理性、式样和设计。

② 服务差异化战略。服务的差异化主要包括送货、安装、顾客培训、咨询服务等因素。

③ 人事差异化战略。训练有素的员工应能体现出下面六个特征：胜任、礼貌、可信、可靠、反应敏捷、善于交流。

④ 形象差异化战略。

相关链接

甲壳虫汽车的前世今生

1934 年，希特勒政府委托著名的汽车设计师波尔舍生产大众买得起的国民车——“大众”，1936 年，他完成了大众汽车的设计，外形轻巧可爱，当时很多守旧的德国人把这款车贬称为“甲壳虫”，说它是丑陋的怪物，于是甲壳虫就有了大名。然而正是这丑陋的“甲壳虫”，以其滑稽的名称，可爱的外观设计，成为第二次世界大战后德国青年一代的时尚，并在汽车业创造了奇迹。1946 年以后，甲壳虫汽车的产量连年翻番：1950 年年产量 10 万辆，1951 年就达到 15 万辆。当时欧洲汽车业相当保守，缺乏外向竞争意识，甲壳虫是第一个例外，把手伸向了北美大陆，德国大众汽车公司的甲壳虫进入美国市场 10 年仍被消费者冷落。其原因除了这种车马力小、简单、低档、形似古怪的甲壳虫（金龟子）之外，还有一个难以排解的政治心理障碍——它曾被希特勒作为纳粹时代的辉煌象征之一而加大鼓吹。

当伯恩巴克在 1959 年接下甲壳虫的广告业务时，同行惊讶不已。经过深入考察，伯恩巴克认定，这不仅是一种实惠的车子——价格便宜、马力小、油耗低，而且结构简单，质检严格而性能可靠。不过，这些“销售说辞”并不是他们的独特发现，先前也有人说过，但是消费者却视而不见，听而不闻，硬是无动于衷。伯恩巴克为甲壳虫策划了《想想还是小的好》、《柠檬》、《送葬车队》等系列广告投放市场后却取得了巨大的成功，人们说，这些广告就像甲壳虫一样古怪，但销售力之强也强得“古怪”，从而使消费者深受震撼。结果短短几年间售出 100 多万辆，年销量超过美国汽车大王福特，成为美国青年故意追求的风格，美国人亲切的称这种车为 Beetle，甚至还拍了电影。1981 年 5 月 15 日，第 2 000 万辆甲壳虫汽车在大众汽车公司位于墨西哥的 Peubla 工厂下线。这是汽车工业史上的一个奇迹，同时也标志着一个新世界纪录的诞生。

1998 年，大众汽车公司推出了全新打造的新款甲壳虫汽车。新款甲壳虫的外形设计仍颇具当年甲壳虫的风采，同时拥有靓丽的色彩和动感的线条，整体造型还是秉承了半个世纪前的款式，但是加入了更多现代化的设计元素，再加上现代化的机械性能，新款甲壳虫无疑将成为 21 世纪的现代车型。大众汽车通过甲壳虫系列向人们证明，汽车不仅仅是一个交通工具，还可以传达情感、代表个性，甚至创造不同的生活方式，历代甲壳虫演变的历史也成为国际汽车产业时尚风潮发展的见证。

差异化战略适用于下列情况。

① 有多种使产品或服务差异化的途径，而且这些差异化是被某些用户视为是有价值的。

② 用户对产品的使用和需求是不同的。

③ 奉行差异化战略的竞争对手不多。

差异化战略也包含一系列风险。

① 差异化战略成本过高，导致差异化产品不能为市场接受。差异化战略要求产品在设计、包装、售后服务等方面有别于同类产品，这就势必要求企业要投入比生产同类产品的企业更多的人力、物力和财力，因而使得差异化产品的价格较高，这就是的差异化产品失去其笼络消费者的目的。消费者转而去消费别的产品或服务。

② 不能准确把握市场偏好，追求不必要的差异化，不能获得预期收益。差异化是为了更好地满足市场需求，但是盲目地追求差异化，并且没有得到预期的消费者的青睐，这样的差异化无疑是失败的。

③ 只注重产品的差异化，忽视了产品的其他重要方面。差异化战略在实施的过程中，企业要注重各个环节的配合，在为产品添加某一方面差异的同时不要忘记产品的主要功能，这样，产品的差异化才不会失败。否则，一味地追求产品的差异化而忽略了主要用途，这样只会引起消费者的反感。

3. 集中化战略

集中化战略也称为聚焦战略，是指企业或事业部的经营活动集中于某一特定的购买者集团、产品线的某一部分或某一地域市场上的一种战略。这种战略的核心是瞄准某个特定的用户群体，某种细分的产品线或某个细分市场。具体来说，集中化战略可以分为产品线集中化战略、顾客集中化战略、地区集中化战略、低占有率集中化战略。

通过实施集中战略，企业能够划分并控制一定的产品势力范围。在此范围内其他竞争者不易与其竞争，所以市场占有率比较稳定。通过目标细分市场的战略优化，企业围绕一个特定的目标进行密集性的生产经营活动，可以更好地了解市场和顾客，能够比竞争对手提供更为有效的商品和服务，以获得以整体市场为经营目标的企业所不具备的竞争优势。企业在选定的目标市场上，可以通过产品差别化战略确立自己的优势。成本领先的方法可以在专用产品或复杂产品上建立自己的成本优势。还可以防御行业中各种竞争力量，使企业在本行业中保持高于一般水平的收益。尤其有利于中小企业利用较小的市场空隙谋求生存和发展。采用重点集中战略，能够使企业或事业部专心地为较窄的战略目标提供更好的服务，充分发挥自己的优势，取得比竞争对手更高的效率和效益。

具备下列 4 种条件，采用重点集中战略是适宜的。

① 具有完全不同的用户群，这些用户或有不同的需求，或以不同的方式使用产品。

② 在相同的目标细分市场中，其他竞争对手不打算实行重点集中战略。

③ 企业的资源不允许其追求广泛的细分市场。

④ 行业中各细分部门在规模、成长率、获利能力等方面存在很大差异，致使某些细分部门比其他部门更有吸引力。

实施集中化战略业存在着一定的风险。

① 技术创新或替代品的出现会导致企业受到很大冲击。

② 竞争者采用了优于企业的更集中的战略。

③ 产品销售量可能变小，产品要求更新使用权集中化的优势得以削弱。

相关链接

战略管理学家迈克尔·波特

迈克尔·波特（Michael E.Porter）是哈佛商学院的大学教授（大学教授，University Professor，是哈佛大学的最高荣誉，迈克尔·波特是该校历史上第4位获得此项殊荣的教授）。迈克尔·波特在世界管理思想界可谓是“活着的传奇”，他是当今全球第一战略权威，是商业管理界公认的“竞争战略之父”，在2005年世界管理思想家50强排行榜上，他位居第一。

本章小结

本章从引入汽车市场营销战略的概念入手，分别介绍了顾客满意战略和市场竞争战略等不同类型的汽车市场营销战略。介绍了如何提高顾客对企业的忠诚，如何通过竞争环境和竞争对手分析来确立市场竞争地位和基本竞争战略。最后，着重介绍了迈克尔·波特提出的三种基本竞争战略，即成本领先战略、集中化战略、差异化战略，并详细讨论了这三种基本竞争战略的优势、适用性及风险。

案例分析

“额外”的回报

[英] 理查德·布兰森

当市场动荡，成本就变得格外敏感。企业的CFO需要仔细查看每一个支出细节，并想着：“这一项，那么不显眼，即便去掉顾客也不会意识到，但每年却能省下好几千美元呢。”

很多时候，这位CFO是正确的。有一天，美国航空公司前CEO鲍勃·克兰多尔坐在公司某航班的前排位置，他专心致志地观察了空姐收回来的餐盘。一下飞机，克兰多尔便打电话给机上供餐的负责人，询问公司每年在黑橄榄上的支出有多少。那个可怜的负责人战战兢兢，花了好一会儿才说出一个估计值：10万美元。

“原来如此！”克兰多尔大叫。“看来我给公司省了一大笔钱！没人吃那玩意儿。把它从我们的菜单中去掉！”

不过，在削减成本的时候，你必须注意保护公司的核心特点，即你区别于竞争对手的那些细节。

维珍大西洋航空曾有与克兰多尔相似的做法，结果却截然相反。我们一直在白天的航班上为乘客提供冰激凌。后来，我们为节约成本就试图取消这项“微不足道”的供应，结果简直是怨声载道。愤怒的客户们给我打电话写信，表示对“我们的冰激凌被剥夺了”感到极为震惊。我永远不会忘记其中一封信写道：“如果你想跟其他公司一样，那就这样吧。但你应当知道，正是这些小小的温情，让你们的航班与众不同。”

我怎么能驳斥这样的话？我们立刻恢复了冰激凌供应，于是，直到今天，我们的顾客依然在飞机上有冰激凌吃。

曾掌管大西洋航空多年的大卫·泰特近日向我描述了他所经历的“最令人难忘与动容的

客户服务”。那天，他在凯悦酒店的大堂里与一位助手谈话。有位偶然路过的工作人员问他，是否对一切感到满意，要不要来杯茶或咖啡。

那位员工自发的询问令泰特印象深刻。对酒店来说，能够形成让员工自觉自主的氛围，而无须以严格的规章进行约束，意味着达到了客户服务很高的境界，所以才令公司脱颖而出，而且，不费一分一毫。

这种付出额外努力的文化应当自上而下地展开。当我在伦敦时，我常会让维珍大西洋的员工给我一些商务舱乘客的名字和到达希斯罗机场的时间，我会打电话给客户，询问航班如何及是否有任何方面需要改进等。我打一次电话不过几分钟，客户得到的印象却非常积极，特别是有问题发生，而我又能解决时。

所以，与其强调削减成本，寄希望于客户不会发现你去掉了各种小情调，不如反其道而行之，付诸更多微小的额外努力，让他们惊讶与欣赏，他们会一直光顾。（案例素材摘自 2012 年第 10 期《第一财经周刊》）

请问：

1．案例中的企业分别用了哪些营销战略？

2．请谈谈你对顾客满意度的理解？

营销实训

实训项目：处理顾客投诉

1．实训目的

通过团队训练，了解如何通过处理顾客投诉来增加顾客满意度。

2．实训内容和要求

（1）内容：假设你所在的小组是一家 4S 店的售后服务部门，请为你的 4S 店设计处理顾客各类投诉的方式及流程。

（2）要求：掌握如何迅速和有效地处理顾客投诉。

3．实训组织

把全班分成 4～6 人一组，以组为单位完成实训任务。

4．实训操作步骤

（1）进行团队组建。

（2）讨论投诉顾客期望及满意度。

（3）设计投诉方式及流程。

5．实训考核

（1）考核策划书，从策划书的格式、方案创意、可行性、完整性等方面进行考核。（70%）

（2）考核个人在实训过程中的表现。（30%）

第5章 汽车市场营销策略

本章学习目标

1．理解目标市场营销能够帮助汽车企业更好地识别营销机会，为每个市场开发适销对路的产品。

2．理解汽车产品的整体概念，掌握产品寿命周期概念及各阶段特征，掌握汽车产品主要的品牌策略，熟知全球汽车产品主要的商标策略。

3．了解汽车价格的构成、掌握定价方法。

4．了解建立汽车销售渠道的作用，理解汽车销售渠道的模式和中间商的类型。

5．了解汽车促销的含义和四种主要方式，学会制定有效的汽车促销策略。

案例导入

“野马”驰骋市场

20世纪60年代，著名的汽车大王李·艾柯卡，为福特汽车公司推出的新产品“野马”轿车，取得了轰动一时的成功，两年内为福特公司创造了11亿美元的纯利润。当时，购买野马车的人打破了美国历史的记录，在不到一年的时间里，野马汽车风行整个美国。为什么野马汽车如此受人欢迎？这与其独特周密的营销策划是分不开的。

1．选择适当的目标市场

李·艾柯卡对整个汽车市场营销环境做了充分调查研究。第一，第二次世界大战以后，生育率激增，几千万婴儿如今已长大成人，今后十年的人口平均年龄要急剧下降，20～24岁年龄组要增长50%，购买新车的18～34岁年轻人可望占到一半。根据这一信息，艾柯卡预见到今后10年的汽车销售量将会大幅度增长，而对象就是年轻人。第二，随着受教育程度的提高，消费模式也在改变；妇女和独身者顾客数量增加，两辆汽车的家庭也越来越多，人们愿意把更多的钱花在娱乐上。人们正在追求一种样式新颖的轻型豪华车。第三，艾柯卡在欧洲了解福特汽车公司生产的“红雀”牌汽车销售情况时，发现“红雀”太小了，没有行李厢，虽很省油，但外型不漂亮，如不尽快推出一种新型车，公司就可能被竞争对手击败。

于是，艾柯卡根据上述信息提出了一个目标市场，适合这个市场的车应当是：车型要独树一帜，容易辨认；为便于妇女和新学驾驶汽车的人购买，要容易操纵；为便于外出旅行，要有行李箱；为吸引年轻人，外型要像跑车，而且要胜过跑车。

2．追求完美的产品设计

这种新车一定要兼具式样好、性能强、价钱低三大特色。这种车应当是小型的，但又不能太小，必须能容下四人；它必须是轻型的，重量不能超过2 500磅；价钱方面，要带有全套自选设备而不能超过 2 500 美元。1962 年秋天，新车的泥塑模型呈现在了艾柯卡面前。1963 年春天，样机陈列在福特设计中心，与公司的强大竞争对手通用汽车公司的雪佛兰新车并排展示，进行对比性分析。样机一再改进，最后的形状为：方顶，流线型；前长后短，低矮大方；整车显得既潇洒又矫健。

接下来的工作是为“野马”车制定价格。新车试制小组在底特律选定了 52 对有中等收入的青年夫妇，请他们到福特展厅来品评新车。白领夫妇对新车造型表示满意，蓝领夫妇则把野马看作他们所追求的地位和权势的象征。艾柯卡请他们为新车估价，几乎所有人都估计约 10 000 美元，并表示家中已有车，将不再购买这种车。当艾柯卡宣布车价在 2 500 美元以内时，他们十分惊讶，都表示将购买这种能显示身份和地位的新车。在研究了消费者心理之后，艾柯卡把车价定在 2 368 美元，并开始设计下一步的营销策略，为打开野马车的销路作精心的策划。

3. 声势浩大的促销活动

“野马”汽车正式投放市场前四天，公司邀请了报界 100 多名新闻记者参加从纽约到迪尔本的 70 辆“野马”汽车大赛，这些车飞驰 700 英里无一发生故障，证实了野马车的可靠性。于是，几百家报纸都以显著的位置刊出了关于“野马”的大量文章和照片。表面上看，这只是一次赛车活动，实际上是一次告知性广告，使“野马”成为新闻界的热门话题。

在“野马”车投放市场的当天，福特在 2 600 种报刊上登了全页广告，并在数家电视台播出广告短片。广告使用了所谓的“蒙娜 · 丽莎”手法：一幅朴素的白色“野马”在奔驰的画面，注上一行简单的字：“真想不到”，副题是“售价 2 368 美元”。由于公关经理的努力，新车照片同时出现在《时代》和《新闻周刊》封面上，关于这两大杂志的惊人宣传效果，艾柯卡后来回忆说：“《时代》和《新闻周刊》本身就使我们多卖出 10 万辆!”

由于从选定目标市场、产品设计到销售野马车的各个环节，福特公司均作了一系列精心的策划。使野马汽车获得了汽车销售史上的巨大成功：其订货单源源而来。到 1965 年 4 月 16 日，即野马诞生一周年的时候，已售出 418 812 辆，创下了福特公司的销售记录。

5.1 STP 策略

一般说来，企业无法为一个广阔市场上的所有顾客服务。因为这样一个市场上的顾客人数太多，分布太广，顾客的需求差异也很大。因此，企业不应到处与人竞争，而应采用“田忌赛马”的策略，用自己的优势与别人的劣势竞争，也就是确定最有吸引力的、本企业可以提供最有效服务的细分市场，在细分市场上确立自己的经营优势。现代策略营销的核心可称为 STP 营销，即细分市场（Segmenting）、选择目标市场（Targeting）和市场定位（Positioning）。

5.1.1 汽车市场细分

所谓市场细分市场就是企业的管理者按照细分变量，把整个市场细分为若干需要不同的产品的子市场的过程。所谓选择目标市场即根据一定的标准，评价各细分市场的吸引力，然后选择一个或几个要进入的市场。最后企业需要在目标市场里给产品定位，即塑造出产品与众不同的差异化，给目标消费者以深刻的印象，从而确定企业的竞争地位。

1. 市场细分的概念

市场细分，是于20世纪50年代中期，由美国著名市场学家温德尔·斯密在一些企业市场营销经验上总结出来的。当时企业郁于旧的观念，把消费者看作具有同样需求的集团，因而大量生产单一品种的产品，采用广告促销的形式，虽然取得一时赢利的效果，但随着“卖方市场”逐渐转化成“买方市场”，那种只靠推销单一产品的策略已很难奏效。许多企业开始注意适应消费者的需求差异，有针对性地提供不同的产品，并运用不同的分销渠道和广告宣传形式，开展营销活动。

需求本身的“异质性”是市场可能细分的客观基础，在同一细分市场内部，消费者的需求大致相同；在不同的细分市场之间，则存在着明显的差异性。这一概念的提出不仅立即为理论界接受，更受到企业的普遍重视，并迅速得到利用，使企业的市场营销由大量营销进入到目标营销阶段，至今仍被广泛使用。

有效的市场细分首先应满足可衡量性，细分市场的需求特征必须是可以识别的和可以衡量的，亦即细分出来的市场不仅范围比较明晰，而且也能大致判断该市场的大小。

有效的市场细分应满足可进入性，细分出来的市场应是企业营销活动能够抵达的，亦即是企业通过努力能够使产品进入并对顾客施加影响的市场。一方面，有关产品的信息能够通过一定的媒体顺利传递给该市场的大多数消费者；另一方面，企业在一定时期内有可能将产品通过一定的分销渠道运送到该市场。否则，该细分市场的价值就不大。

有效的市场细分应满足可赢利性，细分市场的规模足够大，有足够的利润吸引企业去经营。

有效的市场细分应具有稳定性，各细分市场的特征在一定时期内能保持相对不变，具有可持续发展的潜力，使企业占领市场后有一定的发展空间，能够制定较稳定的营销策略。

2. 市场细分的依据

凡是影响消费者需求的一切因素，都可以作为市场细分的依据，根据这些因素来细分市场，主要有四种细分方法。

(1) 地理细分

地理细分，就是把市场划分为不同的地理区域。地理主要包括国家、地区、气候、城市规模、人口密度、地形、地貌、交通条件、资源条件等。例如，寒冷地带的汽车用户更加关注汽车的保暖、暖风设备，对汽车的防冻和冷启动性能、汽车的防滑安全措施要求较高；炎热潮湿地带的汽车用户对汽车的空调制冷，底盘防锈，漆面保护等有较高的要求；平原地区的汽车用户希望汽车底盘偏低，悬架软硬适中，高速行驶稳定性好；而丘陵山地区的汽车用户更关注车辆的爬坡能力和操控性等。

(2) 人口细分

人口细分是根据人口统计变量依据，划分不同的群体，包括年龄、性别、家庭生命周期、收入、职业、教育程度、宗教、种族、国籍等。

(3) 心理细分

消费者的心理差异影响消费者需求和偏好。心理因素主要包括社会阶层、生活方式、个性等。如简约的生活方式或奢华的生活方式，外向的性格或内敛的性格，偏向于追求名牌或对品牌较为随意等形成了对汽车档次、品牌、价格、功能、款式和色彩方面的差异性需求。

（4）行为细分

行为细分是根据消费者的不同消费行为来细分市场。影响消费者行为的因素很多，主要包括时机、使用者状况、使用率或使用量、忠诚度、利益追求、态度等。汽车消费者行为主要体现在为什么要购买，是用来代步，还是商用，还是用来出游，或是几者兼备；是追求实用，还是追求时尚；是即刻购买，还是持币选购等。

相关链接

福特汽车市场细分

1. 福特 GT 超级跑车——“活得精彩！”

品牌定位：美国派超豪华。

消费群体：追求爱车极致性能的高端玩家。

2. 支柱产品福特蒙迪欧——“职业精彩，家庭精彩，生活精彩！”

品牌定位：准大众化高品质。

消费群体：国内中高阶层成功人士。

蒙迪欧是福特“运动设计”的第一款真实写照，它有着光滑和谐的正面和动态粗犷的侧面，表达了一种激情活力的理念。表达这种激情活力设计的最好的办法就是设计一款时尚酷感的跑车，加速快，无论是静止状态亦或运动中都稳若泰山。这就是蒙迪欧想要传达给人的形象。新款蒙迪欧将会以对细节和内饰品质的更大关注来吸引更多消费者的青睐。这种视觉效果配合着流畅的车身高腰线大大提升了这款车的运动气息，这是运动设计的又一完美体现。而 XR5 增加的运动车身套件更是将新蒙迪欧的运动气质推向另一个高度。

3. 年轻化未来走向——福克斯 嘉年华

品牌定位：适合中国年轻新贵的、值得信赖的国际品牌。

消费群体：热爱运动、充满激情的新生力量。

（1）市场细分清晰

① GT 系列品牌的定位，目标客户是以兴趣和实力为重。

② 蒙迪欧面对的是热爱生活，以家庭为重，希望稳中求进，通过努力不断提高生活质量的普通消费者。

③ 福克斯运动版现身，为国内运动级车市场带来全新选择，适合追求个性的人。

（2）群体定位准确

① GT：追求生活品质的富豪，偏好精湛稀有工艺且口味超前。

② 蒙迪欧品牌：高级商务用车，成功人士及白领阶层用车。

③ 福克斯 嘉年华：都市新锐一族、sohu 族、年轻人、白领，乐于张扬的个性消费群体。

5.1.2 汽车目标市场选择

1. 确定目标市场

企业细分市场后，就要对细分市场进行评估和选择，确定企业的目标市场一般有以下 5 种模式，如图 5-1 所示。

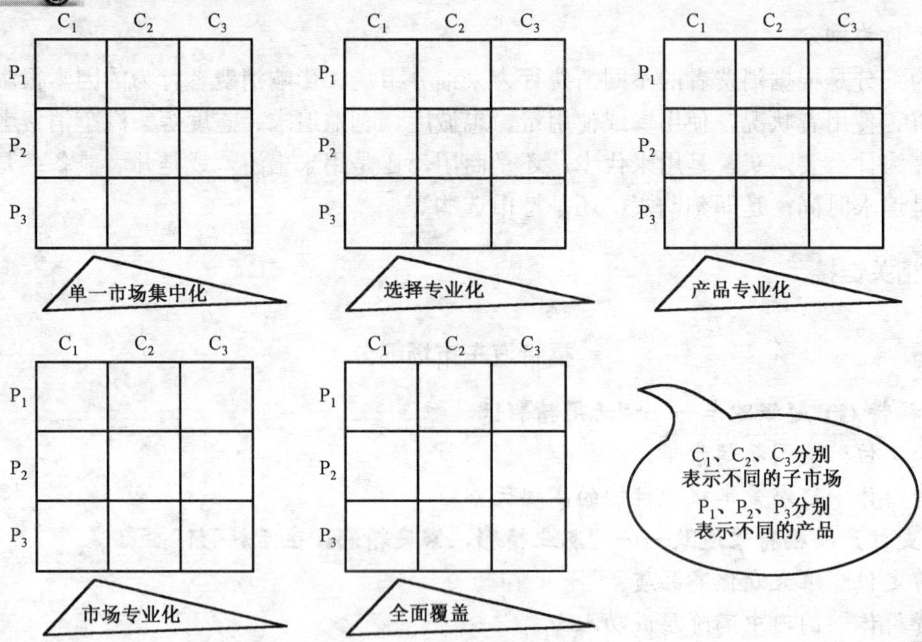

图 5-1　目标市场选择模式

（1）单一市场集中化

单一市场集中化，指企业只选择一个目标市场，企业只生产一种产品，只为一个消费群服务。例如，豪华轿车"劳斯莱斯"的生产厂家使用的就是这种策略，将目标市场固定在"有很高的社会地位，追求享受，并且将汽车作为身份象征的顾客"这一专门的细分市场上。

企业选择单一市场集中营销，有利于集中经营力量，在一个细分市场上获得较高的份额；有助于企业特色经营，建立巩固的市场地位，获得较好的经济效益。但因目标市场范围较窄，因而经营风险较大，决策时要慎重。

（2）选择专业化

企业选择几个不同的细分市场并分别提供不同的产品以满足他们不同的需求。例如，上海通用汽车公司 2004 年以前，其车型系列有选择地占领几个市场：君威系列进入中高档轿车市场，凯越系列进入中档轿车市场，赛欧系列进入经济型轿车市场，而 GL8 系列进入中高档商务车市场。

选择专业化模式可分散经营风险，但企业必须要有相当大的吸引力才能获得利益。

（3）产品专业化

企业集中生产一种产品，向各类消费者销售。例如，美国福特汽车公司早年生产的 T 型车，连续十几年，始终生产一种车型，一种颜色。在汽车工业发展的初期，T 型车开创了批量、流水化生产的先河，福特的 T 型车代表了一个时代。

企业采用产品专业化模式，可以扩大市场，有利于摆脱对个别市场的依赖；降低风险，有利于发挥技能，形成企业在某种产品方面的优势。但如果企业生产的这种产品被一种新产品替代，企业就会面临危机。

（4）市场专业化

企业专门为满足某消费者群体的各种不同需要服务。例如，中国山东黑豹汽车制造公司是农用汽车生产的专业化企业，生产的各类农用车专门面向农村短途运输市场，在农用汽车市场中占有很高的市场份额。

采用这种模式有利于发展和利用消费者之间的关系，降低交易成本，在这类消费者中树立良好形象。但这类消费者的购买力下降，企业的收益就会受到较大影响。

（5）全面覆盖

企业为所有消费者生产经营各种产品，满足所有细分市场的需要。采用这种模式通常为实力雄厚的大企业，他们有足够的技术和资源生产各种产品满足各种消费者的需要。

2．目标市场策略

从企业选择目标市场的模式可以看出，各企业选择的目标市场范围是不一样的，由于目标市场范围的不同，采取的营销策略也会有差别。企业的营销策略主要有无差异性营销策略、差异性市场营销策略、集中性营销策略。

（1）无差异性营销策略

如图 5-2 所示，企业把整个市场看成一个大的目标市场，营销活动不去考虑细分市场的特性，而注重细分市场的共性。企业只向市场推出单一的标准化产品，设计一种营销组合，借助广泛的销售渠道和大规模广告宣传，吸引尽可能多的购买者。采用无差异市场营销的理由是成本经济，人们认为这是“与标准化生产和大规模生产相适应的市场营销方法”。产品经营范围窄，可以降低生产、储存和运输的成本。无差异广告计划可以降低广告费用。这种无差异市场营销不需要细分的市场营销调研和规划，从而降低了市场营销调研和生产管理的成本。缺点是细分市场的需求得不到满足，易于引起激烈竞争。

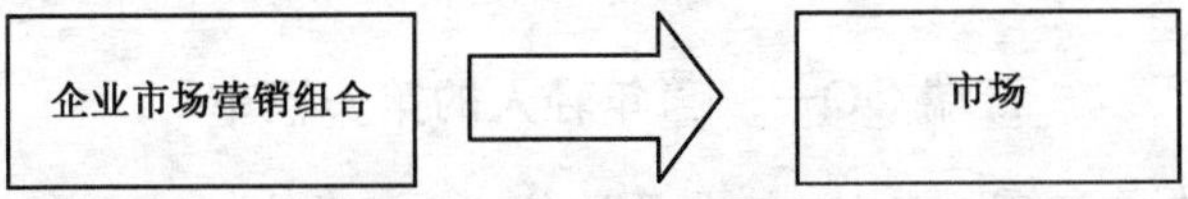

图 5-2　无差异性营销策略

这一策略适用于产品初上市的情况，或产品获得专利权的企业；适合于生产规模大、实力雄厚的大企业。

（2）差异性市场营销策略

如图 5-3 所示，企业把整体市场划分为若干细分市场，并针对不同的细分市场，分别设计不同的产品和运用不同的市场营销组合，满足各类细分市场上消费者的需求。

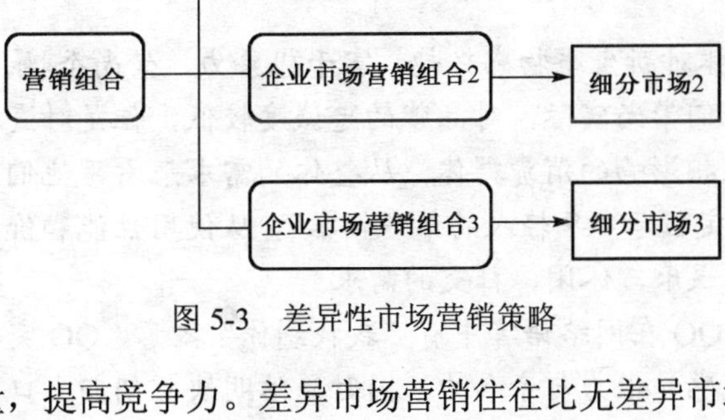

图 5-3　差异性市场营销策略

优点是扩大销售量，提高竞争力。差异市场营销往往比无差异市场营销赢得更大的总销售额。“一般可以证明，扩大产品经营范围和多方开拓销售渠道，便可以增加总销售额。”然而，这样也会增加经营成本。以下几项成本可能会增加：如为了满足各个细分市场的不同需要而改进产品，通常需要增加研究与开发、工程或特殊模具的成本；规模经济带来的成本劣势，如将10种产品各制造10件要比生产100件单一产品需要更高的成本；管理成本增加，公司必须为每个细分市场分别制订不同的市场营销计划，这就需要额外的市场营销研究、预测、销售分析、促销、规划和销售渠道管理等项费用。

由于差异市场营销既扩大了销售额，同时又增加了成本，所以关于这种策略的效益究竟如何事先难以预料。有些公司发现将市场分得过细，提供的品牌太多，它们宁愿减少经营的品牌，使每种品牌适应更多的顾客群的需要。它们称之为“反细分”或“扩大基础”，以扩大每种品牌的销售量。

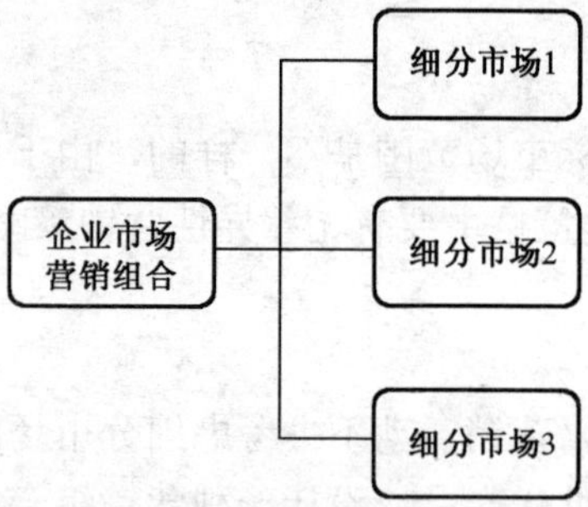

图5-4　集中性营销策略

（3）集中性营销策略

如图5-4所示，企业在细分后的不同的细分市场中，选择一个或几个细分市场（或更小的市场部分）为目标市场，集中满足该目标市场消费者的需求。

优点是企业可以提高竞争力；可以降低营销成本，提高投资收益率。缺点是市场细分太窄，潜伏着较大的风险。

相关链接

奇瑞QQ——“年轻人的第一辆车”

奇瑞QQ微型轿车市场霸主地位，6个月销售6.8万多台，创造单一品牌微型轿车销售记录，凭借其品牌战略和市场细分战略，将中国微型轿车带入营销竞争时代。

奇瑞QQ的目标客户是收入并不高但有知识有品位的年轻人，同时也兼顾有一定事业基础，心态年轻、追求时尚的中年人。一般大学毕业两三年的白领都是奇瑞QQ潜在的客户。人均月收入2000元即可轻松拥有这款轿车。

奇瑞公司有关负责人介绍说，为了吸引年轻人，奇瑞QQ除了轿车应有的配置以外，还装载了独有的I-say数码听系统，成为了“会说话的QQ”。据介绍，I-say数码听是奇瑞公司为用户专门开发的一款车载数码装备，集文本朗读、MP3播放、U盘存储多种时尚数码功能于一身，让QQ与电脑和互联网紧密相连，完全迎合了离开网络就像鱼儿离开水的年轻一代的需求。

QQ的目标客户群体对新生事物感兴趣，富于想象力、崇尚个性，思维活跃，追求时尚。虽然由于资金的原因他们崇尚实际，对品牌的忠诚度较低，但是对汽车的性价比、外观和配置十分关注，是容易互相影响的消费群体；从整体的需求来看，他们对微型轿车的使用范围要求较多。奇瑞把QQ定位于“年轻人的第一辆车”，从使用性能和价格比上满足他们通过驾驶QQ所实现的工作、娱乐、休闲、社交的需求。

在产品名称方面：QQ在网络语言中有“我找到你”之意，QQ突破了传统品牌名称非洋即古的窠臼，充满时代感的张力与亲和力，同时简洁明快，朗朗上口，富有冲击力。

在品牌个性方面：QQ 被赋予了“时尚、价值、自我”的品牌个性，将消费群体的心理情感注入品牌内涵。

引人注目的品牌语言：富有判断性的广告标语“年轻人的第一辆车”，及“秀我本色”等流行时尚语言配合创意的广告形象，将追求自我、张扬个性的目标消费群体的心理感受描绘得淋漓尽致，与目标消费群体产生情感共鸣。

5.1.3 汽车市场定位

在目标市场选择确定之后，企业必须进行市场定位。例如，奔驰的尊贵而稳健，宝马的驾驶的乐趣，马自达的可靠，奥迪的庄重，劳斯莱斯的贵族血统。它们在消费者的心目中已经拥有了一定的位置，已经有了最能说明他们形象特点的印象。这种留在消费者心目中的鲜明的、有别于其他竞争对手的竞争优势就是市场定位。

1. 市场定位的步骤

企业在市场定位时，首先要了解竞争对手的产品特色，要研究消费者对该产品的各种属性的喜爱程度；其次要确定自已的竞争优势和选择适当的定位策略；最后要准确地传播企业的定位观念，使之在消费者的心目中形成偏好，从而完成产品的市场定位。具体包括以下三个步骤。

（1）明确潜在的竞争优势

企业可以通过两种方法来发挥竞争优势：一是提供比竞争者更低的价格；二是提供更多的利益，使消费者认为较高的价格是合理的。企业提供的价值与竞争者所提供的价值可以通过产品、服务、人员或形象来加以差异化。

相关链接

汽车企业的服务差异化

卡尔·斯韦尔是美国最大的也是最成功的经销商，他为顾客提供无与伦比的服务。他的准则是：“如果顾客提出责问，回答永远是‘是’”。他的经销店提供一天 24 小时，一周 7 天的技术服务。顾客如果车钥匙断在锁里，或者车陷入泥泽，他的服务人员都免费提供帮助。如果服务人员第一次无法修复这辆汽车，经销店就免费借给顾客一辆车，供其使用，然后将顾客的车拉回去修理。当顾客拿到修复的车时，还收到一份向他致意的礼物。

丰田公司特许经销“雷克萨斯”车和日产公司特许经销“无限”车时，也是提供优秀的服务。两家公司在设计经销店的经营宗旨和风格时所耗费的时间，相当于设计新车的时间。新的陈列室十分豪华、气派。顾客步入店内，接待员便递上一杯咖啡，然后带他参观各种汽车。一位推销员走过来，将顾客介绍给销售经理。然后安排顾客游览服务舱。顾客还可以自己开开车。在整个过程中，推销员始终表现非常平和、亲切，正确无误地提供有关的技术信息，没有丝毫硬性推销的压力。

克莱斯勒公司在推出纽约豪客新款车时，投资 3 000 万美元对其经销网点的 10 万名员工进行了培训——从业主、销售经理一直到服务人员和电话接线员，并进一步更新理念，如“我们是顾问不是销售人员”，“我们与顾客建立终身关系”等。

（2）选择竞争优势

企业在明确了潜在的竞争优势后，就要从众多优势中选择具有开发价值的竞争优势，用以建立定位策略，并决定要以哪些差异来做促销重点。

（3）展示竞争优势

企业在做出市场定位后，必须通过一系列的宣传促销活动，把企业的定位观念准确地传播给潜在消费者，引起潜在消费者对本企业产品的注意和兴趣，以此影响潜在购买者的购买行为。

2. 市场定位的策略

市场定位实际是一种竞争定位，确立的是本企业同竞争对手之间的竞争关系，市场定位的策略主要有以下三种。

（1）加强与提高策略

这种策略，是指在消费者心目中加强和提高自己现在的定位，凭着自己的资源和实力为消费者提供更好的服务或产品、与竞争者争夺同一目标市场的策略。这种定位策略必然会导致与对手之间的激烈竞争，故并不是所有的企业都愿意采取这种定位方式。只有具备以下条件时，企业才可以选择加强与提高策略：① 由于本企业拥有更为先进的技术，在满足顾客的需要时能比对手做得更好；② 目标市场的容量足够大，能够容纳两个或更多的竞争者产品；③ 企业的资源实力与对手相当，或者略胜一筹。

（2）填补空缺策略

企业避开与竞争者直接对抗，将其位置定于市场的某处"空隙"，发展当前市场上没有的某种特色的产品，开拓新的市场领域。进行填补空缺式的定位，企业必须对该细分市场的机会与自身条件相结合考虑。只有在该细分市场的容量足够大、生产技术上可行，而对手无力经营或不屑经营时，企业的填补空缺行为才可能获利。

（3）另避蹊径式定位

企业采取与竞争对手完全相反的定位，甚至公开与某些知名品牌企业划分界线，也能收到良好的效果。另辟蹊径式的定位一定要建立在对竞争对手、顾客需求与企业内部产品组合的充分分析的基础之上，只有在自己的产品与对手的产品确实存在差异，而这些差异又能满足顾客的某种需要的时候才能找到企业的市场机会，进行与对手完全相反的定位。

5.2 4P 策略

美国营销学学者麦卡锡教授认为一次成功和完整的市场营销活动，意味着以适当的产品、适当的价格、适当的渠道和适当的传播促销推广手段，将适当的产品和服务投放到特定市场的行为。4P 是市场营销过程中可以控制的因素，也是企业进行市场营销活动的主要手段，对它们的具体运用形成了最基本的企业的市场营销战略。4P 是指产品（Product）、价格（Price）、地点（Place）、促销（Promotion）。

首先对于产品来说，要注意到产品的实体、服务、品牌和包装，具体来说产品是指企业提供给目标市场的货物和服务的集合，包括产品的效用、质量、外观、式样、品牌、包装和规格，此外还包括服务和保证等因素。

作为价格则主要包括基本价格、折扣价格、付款时间、借贷条件等。它是指企业出售产品所追求的经济回报。

地点通常就包括分销渠道、储存设施、运输设施、存货控制，它代表企业为使其产品进入和达到目标市场所组织、实施的各种活动，包括途径、环节、场所、仓储和运输等。

促销的内容是指企业利用各种信息载体与目标市场进行沟通的传播活动，包括广告、人员推销、营业推广与公共关系等。

4P 是市场营销策略中最为基础的一种，具有的特点也十分明显。首先这四种因素是企业可以调节、控制和运用的，如企业根据目标市场情况，能够自主决定生产什么产品，制定什么价格，选择什么销售渠道，采用什么促销方式。其次，这些因素都不是固定不变的，而是不断变化的。企业受到内部条件、外部环境变化的影响，必须能动地做出相应的反应。最后这四种因素是一个整体，它们不是简单的相加或拼凑集合，而应在统一目标指导下，彼此配合、相互补充，能够求得大于局部功能之和的整体效应。

在整个 20 世纪 80 代与 90 年代，企业的营销更多的运用 4P 策略，后来在 4P 营销观的基础上，加上了“权力（Power）与关系（Publicrelation）”形成 6P 营销策略组合。近年来，营销学者从顾客的角度又提出了新的营销观念与理论，即 4C 组合理论，包括 Customer（顾客的需求和期望）、Cost（顾客的费用）、Convenience（顾客购买的方便性）及 Communication（顾客与企业的沟通）。最近随着高科技产业的迅速崛起，高科技企业、高技术产品与服务不断涌现，营销新组合出现，即 4V 营销组合。所谓 4V 是指差异化（Variation）、功能化（Versatility）、附加价值（Value）、共鸣（Vibration）的营销组合理论，强调的是顾客需求的差异化和企业提供商品的功能的多样化，以使顾客和企业达到共鸣。如今美国营销学教授舒尔茨提出了 4R 营销组合，即与顾客建立关联（Relance）、提高市场反应速度（Response）、运用关系营销（Relationship）、回报是营销的源泉（Reward）。4R 营销组合的最大特点是以竞争为导向，在新的层次上概括了营销的新框架。它根据市场不断成熟和竞争日趋激烈的态势，着眼于企业与客户的互动与双赢。

相关链接

一汽奔腾的营销之道

一汽轿车的首款中高级轿车奔腾以最低 15.18 万元的价格上市时，的确令不少消费者为之一振，然而该车却叫好不叫座。奔腾最大的问题是什么？

产品策略：从发动机、操控性及安全性来讲，奔腾在同级车中，产品的科技含量和技术先进性都处于前列。奔腾配置了新一代高科技、高性能的 MZR 发动机，是马自达与福特汽车公司共同打造的具有顶尖水平的发动机。奔腾轿车的前悬架为双横臂独立悬架，而后悬挂为 E 形多连杆独立悬架。这样的悬架系统，虽然成本较高，但却可以提供较好的乘坐舒适性和操控性。3H 车身结构为加强型车身结构，能保证在车辆发动机前仓和其他部位变形后，乘员仓室空间不致侵袭变形，以最大程度保护室内乘员的一种“以人至上”的人性化安全设计。

价格策略：2006 年 8 月，一汽奔腾以 15～20 万元的价格区间上市，其价格在当时是让很多人大吃一惊的。通过上边对发动机等描述，不难看出奔腾所拥有的较高的性价比。而从五月底开始，作为一汽轿车十周年的回馈，奔腾又推出了 13.98 万元的限量特装版，其实就是原来的2.0舒适版，限量1 000辆。相信在6月份的车市，这款特装奔腾应该足以在中高级车的领域里翻云覆雨了。

促销策略：上市以来，奔腾很快将自己的宣传重点放在“安全性”上，同时进行了一系列的安全实验——极限静压和真人侧翻。虽然这些实验来自于厂商的信心，但本身市场宣传才是最重要的目的。在诸多自主品牌徘徊不前的服务品牌领域里，奔腾又扛起了“全心管家式服务”的大旗。从上市伊始，包括“自在奔腾，关爱随行”、“回店看车，回家看娘”及“休闲五一免费检测”等一项项温馨的服务措施相继出台，新老车主无不拍手称快。

渠道策略：2006年奔腾上市的时候有40家4S店，而4S店的数量，就是一汽奔腾这个木桶上最突出的“短板”。其一，较少的4S店导致销售量无法大幅上升。这是一个简单的问题，顾客如果无法便利地购买到想要的商品，肯定会有一定的用户转而选择替代品。其二，第一个问题导致奔腾上市一年后保有量依然较小，其实大保有量本身就是一个宣传，当随处可见奔腾，本身就会提升大家对奔腾的信心。

营销从来都是一个系统工程，不是某一方面做好就可以达到目标的，这个系统工程却可以因为某一点的劣势而导致整体的劣势。

5.2.1 产品策略

1. 产品与产品组合

（1）产品的整体概念

对于汽车产品来说，它是一个整体的概念，用户需要的是汽车能够满足自己交通或运输的需要，满足自己心理和精神上的需要（如身份、地位、舒适等）。此外汽车产品的用户还希望生产厂家能够提供优质的售后服务（如备件充裕、维修网点多、上门服务等）。

美国学者菲利普·科特勒认为任何产品都包括三个层次，如图5-5所示。

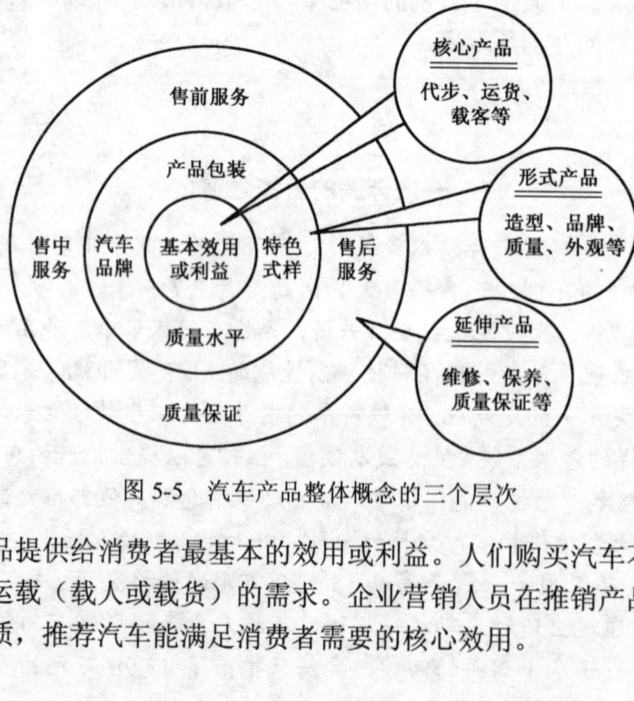

图5-5 汽车产品整体概念的三个层次

核心产品指产品提供给消费者最基本的效用或利益。人们购买汽车不是为了获得汽车本身，而是为了满足运载（载人或载货）的需求。企业营销人员在推销产品时，最重要的是向消费者说明产品实质，推荐汽车能满足消费者需要的核心效用。

形式产品是核心产品的表现形式，是产品在市场上出现时的具体物质外形，产品形式一般通过不同的侧面反映出来，如质量水平、产品特色、产品款式及产品包装和品牌。汽车产品的形式产品是指汽车质量水平、外观特征、汽车造型、汽车品牌。

延伸产品是指消费者购买产品或服务时，附加获得的各种利益的总和，如维修、保养、质量保证等。随着汽车行业竞争的日益激烈，各竞争品牌之间的实体产品越来越趋于一致性，竞争的焦点逐渐转化为延伸产品的竞争。如好多汽车经销商开始组织汽车俱乐部，就是对汽车的延伸产品进行系统的开发。

（2）产品组合

企业为满足目标市场的需要，扩大销售，分散风险，增加利润，往往生产经营多种产品。在整体产品概念的指导下，企业必然会对其产品进行开发、改进来满足消费者的多样需求。但企业所生产经营的产品并非多多益善，这就需要对产品组合进行认真研究和选择。首先介绍产品组合的有关概念。

产品组合（Product mix）是指一个企业提供给市场的全部产品的结构，即企业的产品线（Product line）和产品项目（Product item）的有机组合方式，也就是其业务经营范围。产品组合不恰当可能造成产品的滞销积压，甚至引起企业亏损。产品组合一般包括若干产品线，每条产品线内又包括若干产品项目。

产品项目（Product item）是指同一产品线中具有不同品种、规格、质量和价格等属性的具体产品。如雅芳的产品组合包括四条主产品线： 化妆品、珠宝首饰、时装和家常用品。每条产品线都包含许多单独的产品项目。

比如某汽车经营者，某品牌（奔驰）的轿车是该企业许多产品中的一个产品项目；该企业经营的奔驰、本田、丰田、别克及国产的包罗、奥托等不同品牌的轿车则称为该企业的产品项目；该企业所有的产品，如轿车、拖拉机、卡车等则称为该企业的产品组合。

产品线（Product line）是指企业提供给市场的所有产品中，那些在技术上密切相关、具有相同的使用功能、满足同类需要的一组产品。通常按产品的品种、类别、型号划分产品线。产品组合的宽度是指企业的产品组合中产品线的数目。

如某企业由 5 条产品线，其产品组合的宽度就是 5，如表 5-1 所示。超市经营的产品线很多，专营商场经营的产品线较少。

产品组合的长度是指企业的产品组合中产品项目的总数。一个企业中不同规格或不同品牌的产品的总数目，如表 5-1 所示，该企业产品组合的总长度为 15，平均长度为 3。产品组合的深度是构成企业产品组合的产品线中每一产品项目所包含的产品品种数。如某种商品有 2 种花色、3 种规格，那么这种产品的深度就是 6。

表 5-1　产品组合分析

产品组合宽度=?					
产品线	A 产品线	B 产品线	C 产品线	D 产品线	E 产品线
产品线总长度=?	A1	B1	C1	D1	E1
	A2		C2	D2	E2
	A3		C3		E3
			C4		E4
			C5		

产品组合的关联性（Consistency）是指企业的各条产品线在最终用途、生产条件、销售渠道或其他方面相互关联的程度。

企业增加产品组合的宽度，可以扩大经营范围，实现多元化经营；增加产品组合的长度和深度可以提高核心竞争力；增强产品组合的关联性可以提高产品在某一地区、行业的声誉。

2．产品生命周期及策略

汽车产品生命周期是指某种车型从投入市场开始，直到被市场淘汰，最终退出市场所经历的时间过程。随着汽车新技术的发展和新车型开发周期的缩短，汽车产品生命周期也在逐渐缩短。从产品的最初投放到退出市场，汽车产品的生命周期可分为四个阶段，即导入期、成长期、成熟期和衰退期，如图 5-6 所示。

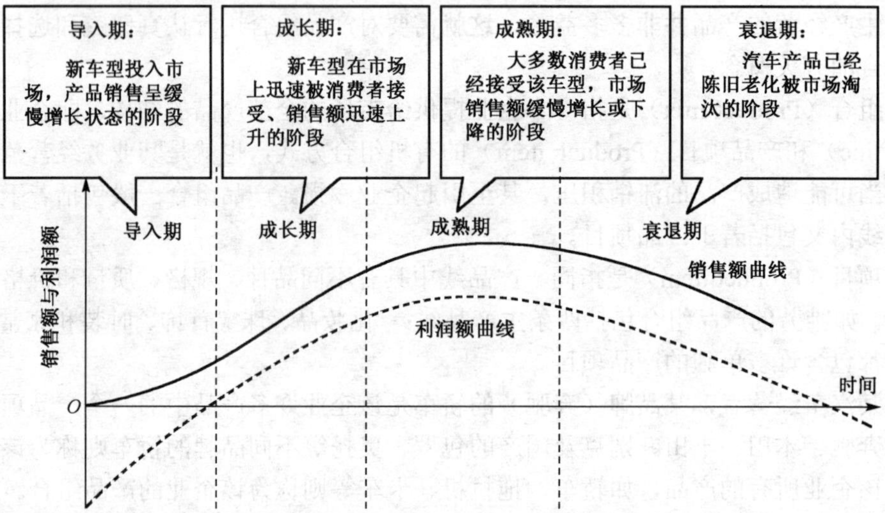

图 5-6　汽车产品的生命周期

（1）导入期的市场特点与营销策略

导入期市场特点：产品生产批量小、制造成本高、广告费用大、产品销售价格偏高、销售量极为有限，企业有可能出现亏损。瞄准市场，先声夺人。

企业要针对导入期的特点，制定和选择不同的营销策略，可供企业选择的营销策略，主要有以下四种，如表 5-2 所示。

表 5-2　导入期的营销策略

促销费 / 销售价格	高	低
高	快速掠取策略	缓慢榨取策略
低	快速渗透策略	缓慢渗透策略

快速掠取策略指以高价格和高促销费推出新产品的策略。实行高价格是为了在产品的销售额中获取更多的利润，高促销费是为了引起目标市场消费者的注意，诱发其购买冲动。

缓慢榨取策略指以高价格和低促销费推出新产品的策略。其目的在于通过缓慢推广，瞄准少数几个有利的目标市场出击，以便取得投资少获利大的效果。

快速渗透策略指用低价格和高促销费推出新产品的策略。目的在于先发制人，以最快的速度打入市场，以获取最高的市场占有率。日本、韩国的汽车公司在刚进入北美市场时，便大量采用此种营销策略。

缓慢渗透策略指以低价格和低促销费推出新产品的策略。低价格可以提高产品的竞争能力、扩大市场占有率，低促销费用可以减少经营成本，使企业获得较高的赢利。

（2）成长期的市场特点与营销策略

成长期的市场特点：汽车产品已定型，大批量生产；销售增长率很高，分销途径已经疏通，市场份额增大；成本降低，价格下降，利润增长；同时，竞争者逐渐开始加入。企业在成长期的主要任务是尽可能维持高速的市场增长率，可以采取以下市场推广策略：① 提高产品质量，发展新款式、新型号，增加新功能和新特色，以适应市场的需要；② 进行新的市场细分，从而更好地适应增长趋势；③ 开辟新的销售渠道，扩大商业网点；④ 改变广告宣传目标，由以建立和提高知名度为中心转变为以说服消费者接受和购买产品为中心；⑤ 适当地降低价格以提高竞争能力和吸引新的顾客。

（3）成熟期的市场特点与营销策略

新产品已经被广大消费者接受，产品产量的销量达到了顶峰。市场潜力逐渐变小并趋于饱和，需求放慢，增长速度出现了下滑的迹象，进一步扩大市场份额的余地已经很小。市场竞争异常激烈，为了对付竞争对手、维护市场地位，营销成本有所增加，利润达到顶峰后逐渐下滑。

企业在成熟期的主要任务是通过改革创新，巩固市场来延长产品的成熟期。具体来说，企业可以做到：① 发展产品的新用途，使产品转入新的成长期；② 开辟新的市场，提高产品的销售量和利润率；③ 改进产品的品质和服务，以满足日新月异的消费需求。

（4）衰退期的市场特点与营销策略

衰退期消费者的消费习惯已发生改变，购买兴趣迅速转向新产品。产品销量迅速下降，企业被迫压缩生产规模。价格降到了最低水平，各种促销手段已经不起作用，多数企业无利可图，大量的竞争者被迫退出市场，留下的企业处于维持状态。

处于衰退期的产品常采取立刻放弃策略、逐步放弃策略和自然淘汰策略，但有的企业也常常运用一些方法延长其衰退期。

相关链接

新产品开发的方式

新产品开发既包括新产品的研制，也包括原有的老产品改进与换代。新产品开发是企业研究与开发的重点内容，也是企业生存和发展的战略核心之一。企业开发新产品，选择合适的方式很重要。选择得当，适合企业实际，就能少承担风险，易获成功。一般有独创方式、引进方式、结合方式和改进方式四种。

1. 独创方式

从长远考虑，企业开发新产品最根本的途径是自行设计、自行研制，即所谓独创方式。采用这种方式开发新产品，有利于产品更新换代及形成企业的技术优势，也有利于产品竞争。自行研制、开发产品需要企业建立一支实力雄厚的研发队伍、一个深厚的技术平台和一个科学、高效率的产品开发流程。

2. 引进方式

技术引进是开发新产品的一种常用方式。企业采用这种方式可以很快地掌握新产品制造技术，减少研制经费和投入的力量，从而赢得时间，缩短与其他企业的差距。但引进技术不利于形成企业的技术优势和企业产品的更新换代。

3. 改进方式

这种方式是以企业的现有产品为基础，根据用户的需要，采取改变性能、变换型式或扩大用途等措施来开发新产品。采用这种方式可以依靠企业现有设备和技术力量，开发费用低，成功把握大。但是，长期采用改进方式开发新产品，会影响企业的发展速度。

4. 结合方式

结合方式是独创与引进相结合方式。

3．产品组合分析——波士顿矩阵

如果把每条产品线看作企业的一个项目，那么可以采用波士顿咨询集团的“市场增长率—相对市场占有率”矩阵或通用电气公司的“行业吸引力—企业竞争力”矩阵，对各条产品线进行评价，以确定哪些产品线应该发展、维持、收割或放弃。

波士顿矩阵（又叫 BCG 矩阵），即“市场成长—市场份额”矩阵图，是美国波士顿咨询公司首创的决策咨询方法和工具，是从二维角度来分析产品结构是否合理，这二维指标是市场增长率和相对市场占有率。

图 5-7 中横坐标表示相对市场占有率，指某企业各个产品的市场占有率与同行业中最大竞争对手的市场占有率之比。纵坐标表示市场增长率。

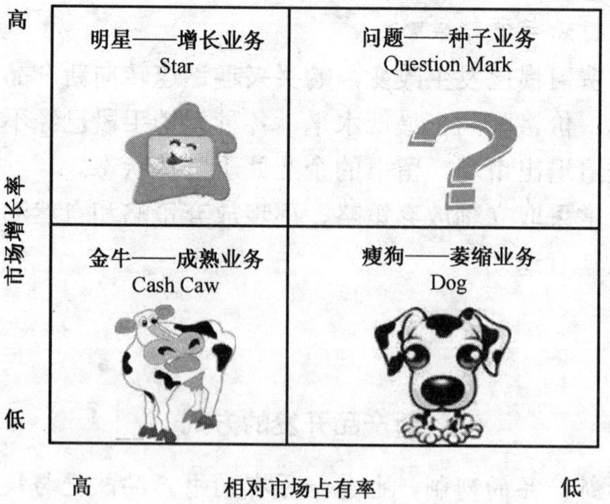

图 5-7 波士顿矩阵

波士顿矩阵正是根据不同象限产品的不同特点来分析某企业产品结构是否合理。

① 问题类业务是指高市场增长率、低相对市场份额的业务。这往往是一个公司的新业务，为发展问题业务，公司必须建立工厂，增加设备和人员，以便跟上迅速发展的市场，并超过竞争对手，这些意味着大量的资金投入。“问题”非常贴切地描述了公司对待这类业务的态度，因为这时公司必须慎重回答“是否继续投资，发展该业务”这个问题。只有那些符合企业发展长远目标，企业具有资源优势，能够增强企业核心竞争能力的业务才能得到肯定的回答。

② 明星业务是指高市场成长率、高相对市场份额的业务，这是由问题类业务继续投资发展起来的，可以视为高速成长市场中的领导者，将成为公司未来的现金牛业务。但这并不意味着明星业务一定可以给企业带来滚滚财源，因为市场还在高速成长，企业必须继续投资，以保持与市场同步增长，并击退竞争对手。企业没有明星业务，就失去了希望，但群星闪烁也可能会耀花了企业高层管理者的眼睛，导致做出错误的决策。这时必须具备识别“行星”和“恒星”的能力，将企业有限的资源投入在能够发展成为现金牛的“恒星”上。

③ 金牛业务指低市场增长率，高相对市场份额的业务，属成熟市场中的领导者，是企业现金的来源。由于市场已经成熟，企业不必大量投资来扩展市场规模，同时作为市场中的领导者，该业务享有规模经济和高边际利润的优势，因而给企业带来大量财源。企业往往用现金牛业务来支付账款并支持其他三种需大量现金的业务。假如公司只有一个现金牛业务，说明它的财务状况是很脆弱的。因为如果市场环境一旦变化导致这项业务的市场份额下降，公司就不得不从其他业务单位中抽回现金来维持现金牛的领导地位，否则这个强壮的现金牛可能就会变弱，甚至成为瘦狗。

④ 瘦狗业务是指低市场增长率、低相对市场份额的业务。一般情况下，这类业务常常是微利甚至是亏损的。瘦狗业务存在的原因更多是由于感情上的因素，虽然一直微利经营，但像人对养了多年的狗一样恋恋不舍而不忍放弃。其实，瘦狗业务通常要占用很多资源，如资金、管理部门的时间等，多数时候是得不偿失的。在明确了各项业务单位在公司中的不同地位后，就需要进一步明确战略目标。通常有四种策略目标分别适用于不同的业务：① 有发展前途的问题类产品线应增加投资，提高其市场占有率，增强竞争力；② 处境不佳，竞争力小的金牛类产品线和一些问题类、瘦狗类产品线应放弃，减小投资，争取短期收益；③ 金牛类产品线要维持其市场份额；④ 没有前途又不盈利的瘦狗类和问题类产品线应收割，进行清理、淘汰，以便把资金转移到有力的产品线上。

4．汽车品牌与商标策略

品牌是制造商或经销商加在商品上区别于其他商品的标志，由名称、术语、标记、符号、设计及其组合共同构成。品牌包括品牌名称和品牌标志。品牌名称是品牌中可以用语言称谓表达的部分，如奔驰、宝马、奥迪、丰田、本田等；品牌标志是品牌中易于识别，但无法用语言称谓表达的部分，通常表现为独特的符号、图案、色彩或字体造型等。

汽车品牌代表着销售者交付给购买者的产品特征、利益、服务的一贯性承诺，是一种质量保证。品牌的含义包含 6 个层次，如图 5-8 所示为奔驰轿车的品牌含义。

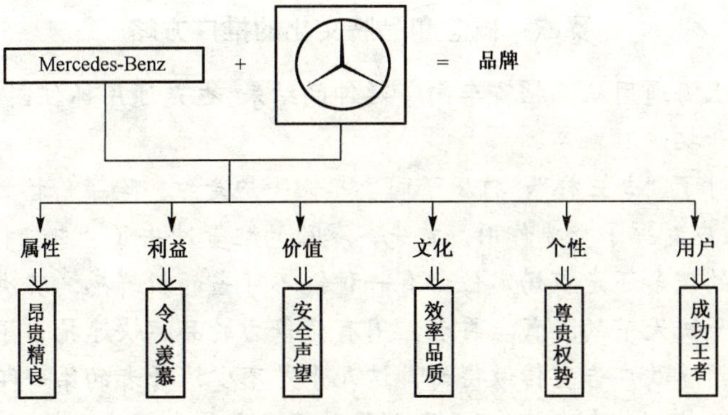

图 5-8　奔驰轿车的品牌含义

品牌优势要在企业营销活动中发挥作用，必须采用适当的品牌策略，企业在进行品牌决策时，一般有以下几种选择。

（1）品牌化决策

品牌化决策，即是否使用品牌决策。通常而言，使用品牌对大多数产品都可以起到很好的促销作用。通常名牌产品的销路总比一般产品好得多。

（2）品牌归属决策

品牌归属决策，指企业决定使用谁的品牌。生产者有三种选择：一是使用自已的品牌，叫做企业品牌或生产者品牌；二是生产者把产品卖给中间商，由中间商使用他的品牌将产品卖出去，这种品牌叫做中间商品牌；三是生产者部分产品使用自己的品牌，部分产品使用中间商品牌，将两种品牌连用，叫混合品牌。

（3）个别品牌与统一品牌决策

个别品牌策略，即企业的各种产品分别使用不同的品牌。如上海通用的别克旗下就有荣御、君越、君威、凯越、GL8 等多个品牌。

这样企业不会因某品牌信誉下降而承担较大的风险；有利于企业产品向多个细分市场渗透，可以拓展更广阔的市场；会增加产品的促销费用；分割了企业整体优势；单个品牌推广成本加大；新产品推广初期比较困难；不利于建立稳定的顾客忠诚度；品牌过于繁多，也不利于管理。

统一品牌策略即企业所有的产品使用同一个品牌。这样新产品的推广比较容易；可以整合运用企业的优势和资源；企业形象被强化，易于培养顾客忠诚度；有利于企业技术的延伸。统一品牌策略的缺点是容易忽视市场差异性；风险大，一种产品的失败容易影响其他产品；不利于占领不同细分市场，不利于提高市场占有率。

（4）个别品牌与统一品牌并列的策略

企业为拥有多条产品线或具有不同类型的产品制定不同的品牌。该策略兼有个别品牌策略和统一品牌策略的优点。如美国通用汽车公司生产多种类型的汽车，所有产品都采用 GM 两个字母组成的统一品牌，而对各类产品又分别使用别克、雪佛兰、凯迪拉克等不同的品牌，每个品牌又代表一种具体特点的产品，如凯迪拉克表示豪华型的高级轿车，雪佛莱表示普及型的大众化娇车。

相关链接

赛欧：概念和品牌文化的推广方略

赛欧的出现是上海通用从高档轿车向下延伸的结果，也是通用抓住国内 10 万元轿车空白的一次成功的市场开拓。

赛欧的问世挤对了“老三样”，打压了同类车，一炮走红。除了价格之外，关键是成本的“诚信”度和品牌效应发挥了重要作用。首先，赛欧的配置冲击了“老三样”不变的面孔，相比之下，无论是车的理念还是市场定位都有一种锐不可当的新鲜感；其次，猛烈的价格优势动摇了“老三样”一统天下的阵营；再者，用有竞争力的品牌快速抢占了市场跑道。

市场调查表明，赛欧广告宣传做得好，这几乎是不少消费者的第一印象，但从专业角度看，赛欧的影响力还是“功夫在诗外”。即前提是产品需要支持力，特别是品牌的支持。“自立新生活！”这是赛欧的广告语。应该说，这较为准确地反映了赛欧的市场定位，也反映出当今年轻人的生活追求。从营销的角度看，广告是一种诱导式的消费，是对生活方式的阐述。其吸引人的高明之处，就在“自立”上。十几年前，有人把自行车钥匙做成巨大的广告招贴，隐喻年轻人自立是从两个轮子上开始的；而今赛欧借用，妙笔生花，自立要从四个轮子上开始。这是颇富创意的“生活概念”导入，反映了时代的变化。

在扩展市场里，公司必须把分销目标和促销目标对准最有希望的购买群体。这时，公司应该根据市场调查描绘出主要的预期销售对象。营销理论认为，理想的新消费产品的主要潜在购买者应该具有下列特点：他们将成为早期采用者，是大量使用的用户；是舆论领袖并对该产品赞不绝口；和他们接触的成本不高。虽然同时具备这些特点的群体是很少的，但是，公司可以根据这些特点对各种预期的群体作一个评价，然后把目标对准最有希望的顾客群体。公司的目的在于尽快获得高销售额，以激发销售队伍（如汽车经销商）和吸引其他新的预期购买者。需要注意的是，扩展市场的产品创新并不能根据目标顾客群体的现有市场的流行导向来设计，应该更关注国际市场的流行导向，简单地说，就是在流行趋势上，要超越现有市场的感觉，人为地制造一种期待感。调查显示，目前只有17%的产品设计是国际导向的，多数是只为国内市场设计的国内产品，而这些国内产品在市场上，多数是失败的。

别克（赛欧系列）汽车在设计上是具有国际导向的，公司在推出前就已经想好了将汽车卖给谁，再加上各种其他营销工具的自如运用，成功绝对是意料之中的事。

商标是用来区别一个经营者的商品或服务和其他经营者的商品或服务的标记。我国商标法规定，经商标局核准注册的商标，包括商品商标、服务商标和集体商标、证明商标；商标注册人享有商标专用权，受法律保护；如果是驰名商标，将会获得跨类别的商标专用权法律保护。

相关链接

使用商标与不使用商标策略

在市场上，我们所见到的商品大部分都有商标，这是因为使用商标无论是对企业还是对消费者都有很多好处，但是，这并不意味着所有的商品都必须使用商标。商标的使用是以一定的费用为代价的，当某些商品受特殊因素的影响不需要或无明显效果时，也可以不使用商标。选择不使用商标的策略，主要由下面三种情况。

第一，从商品本身的性质来看，有些商品不可能在生产过程中形成一定的特性而与其他商品相区别，消费者在选购时也没有识别商品来源的要求，像一些蔬菜、水果和电力等，可不使用商标。

第二，从商品经营的特点看，有些商品属于国家计划品种，由国家统一经营，像特殊钢材、飞机、大型设备等，可不使用商标，但需要附有质量标准、产品规格、厂家名称、地址等情况说明，以对商品负责。

第三，从消费者习惯来看，人们长期习惯于无商标商品，像食盐、糖、熏肉等，可采用无商标策略。现实生活中，市场上流通的商品大部分都有商标，无商标的商品比重很小，并且随着我国社会主义市场经济的发展还有继续缩小的趋势。这是由于一些企业在营销实践中逐步感到，仅用厂名等代表商品的质量和信誉有很大的局限性，不利于竞争能力的发挥。目前，在一些发达国家，市场上的商品几乎无一例外地使用商标。像蔬菜这样历史上从未使用过商标的商品，也通过塑料袋等特别包装贴上商标。

5.2.2 价格策略

价格是市场营销策略中十分敏感而又难以控制的因素。价格的高低，定价的合理与否，都会直接关系到市场对产品的接受程度。价格策略是指根据营销目标和价格原理，针对生产企业和经销企业及市场变化的实际，在确定产品价格时采取的各种具体对策。

1．汽车价格的构成

价格构成，是指构成价格的各个要素及其在价格中的组成状况，汽车价格由以下要素构成。

（1）汽车生产成本

汽车生产成本，是指生产经营过程中消耗的原材料价值和人工报酬之和，是汽车价值的重要组成部分，是汽车价格形成的基础，也是制定汽车价格的重要依据。企业只有准确地核算成本，才能使商品价格反映价值，才能保证生产经营活动的顺利进行。

（2）汽车流通费用

汽车流通费用，指汽车从生产领域转移到消费领域的整个过程中所支付的一切费用的总和。具体说是商品经营者从事商品购进、运输、储存等活动所支付的各项费用。

（3）汽车企业利润

汽车企业利润，指汽车生产者和汽车经销者为社会创造的价值的表现形态，是汽车价格的构成因素，是企业扩大再生产的重要资金来源。

（4）国家税金

国家税金是汽车价格的构成因素。税率的高低直接影响汽车的价格。国家对汽车企业开征有增值税、所得税、营业税，在汽车产品的流通过程中还有消费税和购置税。

2．影响汽车产品价格的主要因素

价格是一个变量，受诸多因素的影响和制约，汽车产品价格的高低除了受汽车产品中包含的价值量的影响外，还要受以下几种因素的影响和制约，如图 5-9 所示。

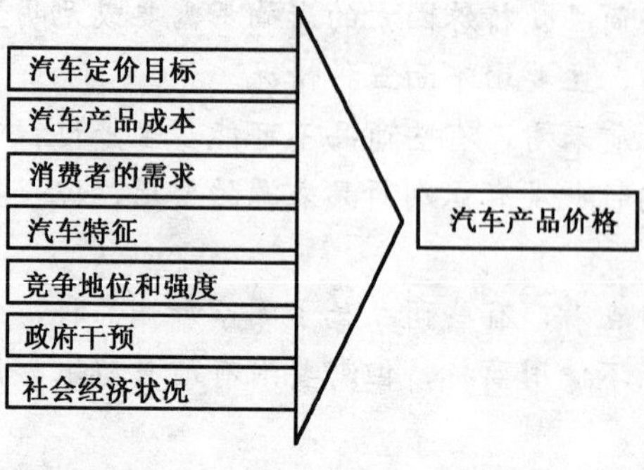

图 5-9　影响汽车产品价格的主要因素

（1）汽车定价目标

任何汽车企业的价格制定者必须按照企业的目标市场战略及市场定位战略的要求来进行

定价。不同的汽车企业，不同的汽车产品，其市场地位不同，定价策略自然也是不一样的。企业定价目标主要有以下几种，如图 5-10 所示。

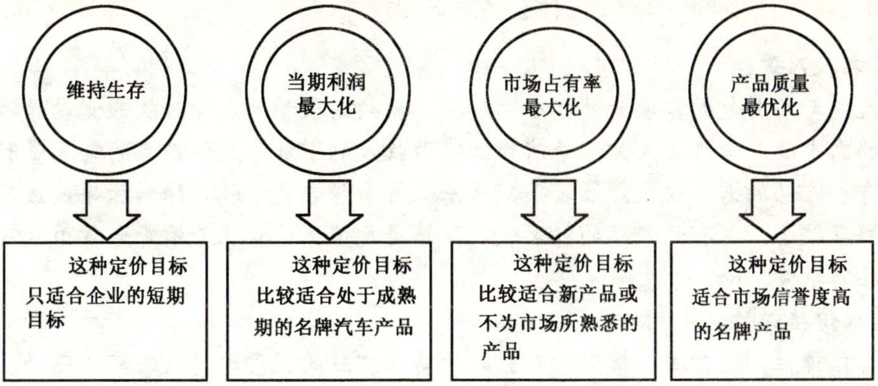

图 5-10　汽车定价目标

（2）汽车产品成本

汽车产品成本包括汽车生产成本、汽车销售成本和汽车储运成本。汽车企业为了保证再生产的实现，通过市场销售，既要收回汽车产品成本，同时也要获得一定的赢利。汽车产品成本是企业能够为其产品设定的底价。

（3）消费者的需求

汽车消费者的需求对汽车定价的影响，主要是通过汽车消费者的需求能力、需求强度、需求层次反映出来。需求能力是指汽车定价要考虑汽车价格是否适应汽车消费者的需求能力。需求强度指消费者想拥有某品牌汽车的程度，如果消费者对某品牌汽车的需求比较迫切，则对价格不敏感，企业在定价时，可定得高一些。需求层次指不同需求层次对汽车定价也有影响，对于不能满足较高层次的汽车，其价格应定低一些。

（4）汽车特征

汽车特征一般指汽车造型、装饰、质量、性能、品牌、服务等，能反映汽车对消费者的吸引力。具有良好特征的汽车，会对消费者产生强的吸引力，这种汽车往往供不应求，因而价格可比同类车定得高些。

（5）竞争地位和强度

竞争的强度取决于产品制作的难易程度、供求形势与竞争格局。任何一次汽车价格的制定与调整都会引起竞争者的关注，并导致竞争者制定相应的对策。通常竞争力量强的汽车企业定价的自主性大；竞争力量弱的汽车企业定价的自主性小，是追随市场领先者进行定价。

（6）政府干预

为了维护国家的利益，维护消费者的权益，维护正常的汽车市场秩序，国家制定有关法规来约束汽车企业的定价行为。

（7）社会经济状况

一个国家和地区的经济发展水平和发展速度对汽车产品的定价有一定的影响，经济水平高，发展速度快，人们收入水平增长快，购买力强，价格敏感性弱，汽车企业定价的弹性空间大，价格可适当定高些。

相关链接

什么是市场需求弹性

1. 需求收入弹性

因收入变动而引起的需求量的相应变动率，反映需求量的变动对收入变动的敏感程度。有些产品的需求收入弹性大，意味着消费者货币收入的增加导致该产品的需求量有更大幅度的增加。有些产品的需求收入弹性较小，这意味着消费者货币收入的增加导致该产品的需求量的增加幅度较小。也有的产品的需求收入弹性是负值，这意味着消费者货币收入的增加将导致该产品需求量下降。

2. 需求价格弹性

需求价格弹性，是指因价格变动而引起的需求相应的变动率，反映需求变动对价格变动的敏感程度。在正常情况下，市场需求会按照与价格相反的方向变动。价格提高，市场需求就会减少；价格降低，市场需求就会增加。所以，需求曲线是向下倾斜的，这是供求规律发生作用的表现。但也有例外，菲利普·科特勒指出，显示消费者身份地位的商品的需求曲线有时是向上倾斜的。正因为价格会影响市场需求，所以企业制定的产品价格的高低会影响企业产品的销售，因而会影响企业市场营销目标的实现。因此，企业的市场营销人员在定价时必须知道需求的价格弹性，即了解市场需求对价格变动的反应。换句话说，需求的价格弹性反映需求量对价格的敏感程度，以需求变动的百分比与价格变动的百分比之比值来计算，亦即价格变动百分之一会使需求变动百分之几。

3. 需求交叉弹性

在为产品线定价时还必须考虑各产品项目之间相互影响的程度。产品线中的某一产品项目很可能是其他产品的替代品或互补品。同时，一项产品的价格变动往往会影响其他产品项目销售量的变动，二者之间存在着需求的交叉价格弹性。需求交叉弹性，是指因一种商品价格变动而引起其他相关商品需求量的相应变动率。交叉弹性可以是正值也可以是负值。如为正值，则此二项产品为替代性需求关系，表明一旦产品Y的价格上涨，则产品X的需求量必会增加。相反，若交叉弹性为负值，则此，二项产品为互补品。即当产品Y的价格上涨时，产品X的需求量会下降。

3. 汽车定价的方法

影响汽车价格的因素比较多，但在制定汽车价格时主要考虑的因素是汽车产品的成本、汽车市场的需求和竞争对手的价格。汽车产品的成本规定了汽车价格的最低基数，汽车市场的需求决定了汽车需求的价格弹性，竞争对手的价格提供了制定汽车价格时的参照点。汽车定价的方法主要有汽车成本导向定价法、汽车需求导向定价法和汽车竞争导向定价法三种，如图5-11所示。

（1）汽车成本导向定价法

汽车成本导向定价法，就是以汽车成本为基础，加上一定的利润和应纳税金来制定汽车价格的方法。

① 成本加成定价法，即在单台汽车成本的基础上，加上一定比例的预期利润作为汽车产品的售价。售价与成本之间的差额，就是利润。该定价法的关键在于确定加成率，而成本利

润率的确定，必须考虑市场环境、行业特点等多种因素。汽车成本加成定价法简化了企业的定价程序，但忽视了竞争状况与需求弹性，难以确保企业实现利润最大化。

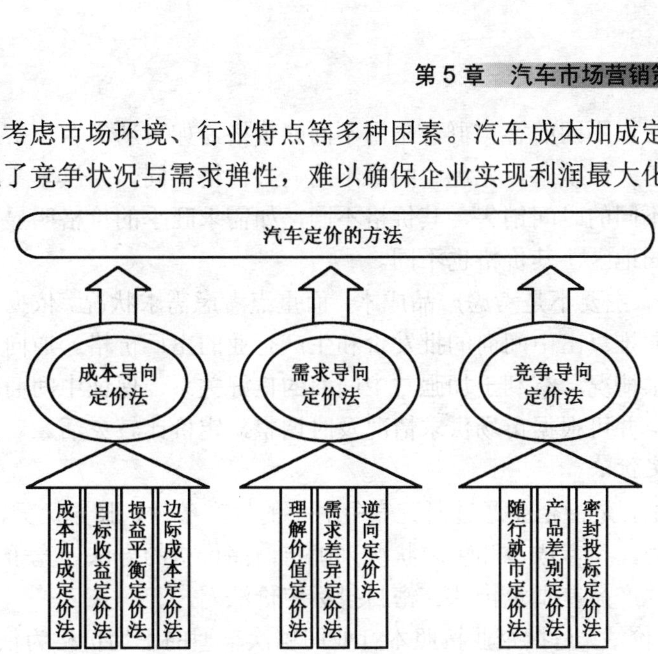

图 5-11　汽车定价的方法

单位产品汽车价格的计算公式为：

汽车销售价格=单位总成本×（1+加成率）

式中，加成率=预期利润/总成本×100%。

② 目标收益定价法，是根据企业的总成本、预期销量和投资回收期等因素来确定价格。目标收益定价法简单易行，但却存在缺陷，企业根据销量倒推出价格，而价格又是影响销量的一个因素。

其计算公式为：

单位产品价格=总成本×（1＋目标收益率）/销量

式中，目标收益率=1/投资回收期×100%。

③ 损益平衡定价法，就是在分析企业未来的销量、成本、价格及收益之间关系的基础上，合理确定汽车销售价格的方法。损益平衡定价法有利于企业从保本入手，可以在较大范围内灵活掌握价格水平，而且比较简单。

其计算公式为：

汽车价格=（固定成本＋预期利润）/预期销售量＋单位变动成本

（2）需求导向定价法

需求导向定价法是根据市场需求状况和消费者对产品的感觉差异来确定价格的方法。需求导向定价法主要包括理解价值定价法、需求差异定价法和逆向定价法。

① 理解价值定价法，是指企业以消费者对商品价值的理解度为定价依据，运用各种营销策略和手段，影响消费者对商品价值的认知，形成对企业有利的价值观念，再根据商品在消费者心目中的价值来制定价格。理解价值定价法的关键和难点，是获得消费者对有关商品价值理解的准确资料。企业必须通过广泛的市场调研，了解消费者的需求偏好，根据产品的性能、用途、质量、品牌、服务等要素，判定消费者对商品的理解价值，制定商品的价格。

② 需求差异定价法，是指同一质量、功能、规格的汽车，可以根据消费者需求的不同而

采用不同的定价方法。不同的客户群，采用不同的价格，如对新老客户实行不同的价格。同一品牌、规格的汽车，但款式、花色、配置不同，其价格不同，如汽车豪华型和标准型售价不同。同一产品，不同的时间销售，其价格不同，如需求旺季的价格明显高于淡季的价格。同一产品，在不同的地区，其价格也不同。

③ 逆向定价法，主要不是考虑产品成本，而重点考虑需求状况。依据消费者能够接受的最终销售价格，逆向推算出中间商的批发价和生产企业的出厂价格。逆向定价法的特点是：价格能反映市场需求情况，有利于加强与中间商的良好关系，保证中间商的正常利润，使产品迅速向市场渗透，并可根据市场供求情况及时调整，定价比较灵活。

（3）竞争导向定价法

竞争导向定价法，是指企业通过研究竞争对手的生产条件、服务状况、价格水平等因素，依据自身的竞争实力，参考成本和供求状况来确定商品价格的方法。竞争导向定价法主要包括随行就市定价法、产品差别定价法、密封投标定价法。

① 随行就市定价法，是指企业按照本行业同档次车型的平均价格为依据来定价，利用这样的价格来获得平均报酬。采用随行就市定价法，企业就不必去全面了解消费者对不同价差的反应，也不会引起价格波动。

② 产品差别定价法，是指企业通过不同营销努力，使同种同质的产品在消费者心目中树立起不同的产品形象，进而根据自身特点，选取低于或高于竞争者的价格作为本企业产品价格。

③ 密封投标定价法，是指由密封投标竞争的方式确定商品价格的方法。在汽车交易中，采取招投标的方式，对两个以上的卖主（或买主）进行招标，择优成交。

4．定价和调价策略

汽车价格竞争是一种十分重要的汽车营销手段，汽车企业为了实现营销战略和目标，必须根据竞争情况、产品成本、市场需求，采取各种灵活多变的汽车定价策略，使企业更加有效地实现营销目标。作为新车上市，可以采取以下几种不同的价格策略，如图 5-12 所示。

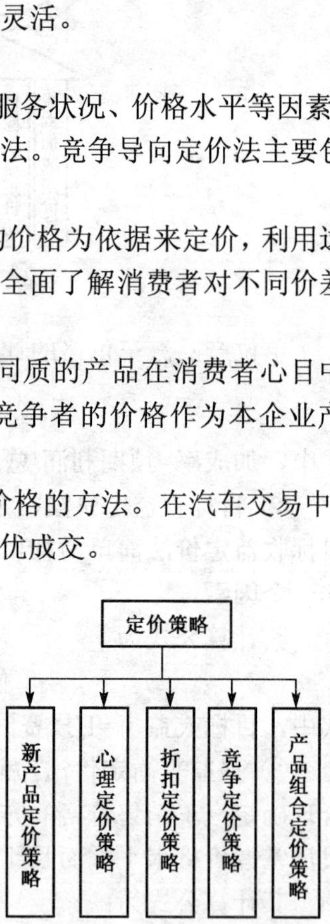

图 5-12　汽车定价策略

（1）新产品定价策略

汽车新产品的定价有三种策略，即撇脂策略、渗透策略、满意定价策略。撇脂定价也叫高价策略，就是在汽车新产品的销售初期，定一个高的价格，在短期内获取高额利润，尽快收回投资。渗透定价就是以较低的价格投放市场的策略。这种策略的优点是产品很快就被市场接受，有利于打开新产品的销路，占领市场。满意定价是一种介于撇脂定价和渗透定价之间的定价策略，这种定价策略风险小，成功的可能性大，同时兼顾了客户、生产商和销售商三者的利益。这三种定价策略的汽车价格和汽车销量的关系如图 5-13 所示。

（2）心理定价策略

心理定价策略是根据消费者心理要求所采用的定价策略。汽车企业在定价时利用消费者的心理因素，有意识地将汽车价格定得高些或低些，以满足消费者心理的和精神方面的需求。常见的策略如下。

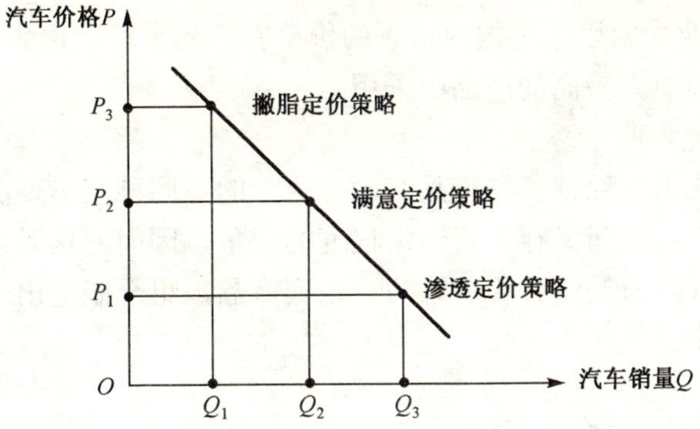

图 5-13　新产品定价策略

① 整数定价，指给汽车定一个整数价，凭借整数价格让消费者感觉汽车属于高档消费品的印象，以提高汽车品牌形象。通常高档汽车的定价都采用整数定价法。

② 尾数定价，与整数定价法刚好相反，是在汽车的定价整数后加上尾数，在直观上给消费者一种便宜的感觉，从而激发消费者的购买欲望。

③ 声望定价，是根据汽车产品在消费者心目中的声望和社会地位来确定汽车价格的一种定价策略，可以满足某些消费者的特殊欲望，如地位、身份、财富等，还可以通过价格来显示汽车的高品质。

④ 招徕定价，是指将某种商品的价格定得较高或较低，以引起消费者的好奇，来带动其他汽车产品的销售的一种汽车定价策略。如某些汽车企业在某段时期推出某款车型降价销售，吸引顾客时常关注该企业的汽车，促进降价产品的销售，同时也可以带动同品牌其他正常价格汽车产品的销售。此种策略经常为汽车经销商使用。

（3）折扣定价策略

折扣定价是指对基本价格作出的一定让步，直接或间接降低价格。折扣定价常见的策略如下。

① 数量折扣，指按照购买数量的多少，分别给予不同的折扣，购买数量越多，折扣越多。

② 现金折扣，指对按约定日期提前付款或按期付款的客户给以一定的低价优惠。

③ 功能折扣，又称交易折扣，是指根据中间商在营销活动中所承担的功能、责任和风险不同，企业给予不同的折扣。

④ 季节折扣，指与季节有关的折扣，在汽车销售淡季时，给购买者一定的优惠。

⑤ 回扣和津贴，回扣是间接折扣的一种形式，是指购买者在按价格目录将货款全部付给销售者以后，销售者再按一定比例将货款的一部分返还给购买者；津贴是企业为特殊目的，对特殊顾客以特定形式所给予的价格补贴或其他补贴。

（4）竞争定价策略

竞争定价策略主要包括低价竞争、高价竞争及垄断定价等形式。

① 垄断定价。当一家或几家大公司控制了某种商品的生产和流通时，就可以通过独家垄断或达成垄断协议，将这种商品价格定得大大超过或低于其价值的高价或低价。

② 低价定价。企业采用以低于生产成本或低于国内市场的价格在目标市场上抛售产品，其目的在于打击竞争者，占领市场。

③ 高价定价。企业采用以高于国内市场的价格在目标市场上出售产品。这种策略一般只限于在数量较少、品牌声誉极高的产品中采用。

（5）产品组合定价策略

一个汽车企业往往生产经营多种产品，同一企业的不同种汽车产品之间的需求和成本是相互联系的，但同时它们之间又存在着一定程度的竞争，因而，这时候的汽车定价就不能只针对某一产品独立进行，而要结合相关联的一系列产品，组合制定出一系列的价格，使整个产品组合的利润最大化。

相关链接

雷克萨斯的价格定位

丰田公司雷克萨斯轿车诞生前，丰田公司认识到在全世界范围内有大量消费者希望拥有一辆昂贵的轿车。在这群消费者中间，很多人想买梅塞迪斯，但认为梅塞迪斯价格太高。他们希望以更合理的价格购买像梅塞迪斯同样性能的车，或者以梅塞迪斯现有的价格买更好的车。这给了丰田公司一个启发，开发一辆确实能与梅塞迪斯抗衡，甚至质量更好（价值更高）但价格更低的轿车。

在营销人员的指导下，丰田的设计师和工程师开发了名为雷克萨斯的轿车，发起了向梅塞迪斯全方位进攻。新汽车像雕塑品，安装精良，装饰奢侈。雷克萨斯车的广告图画显示它旁边的梅塞迪斯，并写上广告标题语："这也许是历史上第一次，只需要花 36 000 美元就能买到 73 000 美元的高级轿车（梅塞迪斯当时的价格）。"丰田建立了独立的雷克萨斯专卖店，挑选能够高度胜任的经销商，精心设计了陈列室。经销商寻找到了潜在客户的名单，向他们寄发手册，并附寄 12 分钟的录像带，录像带戏剧性地展示了雷克萨斯轿车卓越的性能和高贵的风格。例如，当工程师把一杯水放在引擎联合器上，梅塞迪斯引擎发动时，水发生抖动，而雷克萨斯却没有，说明雷克萨斯有更平稳的引擎和提供更安全的驾驶。录像带更戏剧性地展示是把一杯水放在操纵盘旁，当雷克萨斯急转弯时，水不溢出来——确实令人兴奋。顾客向亲朋好友介绍，形成了良好的口碑，给梅塞迪斯沉重的打击。

雷克萨斯车的成功就是利用价格定位方法取得的，针对雷克萨斯的挑战，梅塞迪斯不得不重新考虑价格定位。如果梅塞迪斯降低售价，实际上是承认售价过高。如果维持原价，它就会继续输给雷克萨斯。比较好的做法是提高保证和服务，增加附加价值，使认知价值提高。

5.2.3 渠道策略

1. 分销渠道概述

汽车分销渠道，是指当汽车产品从汽车生产企业向最终消费者转移时，直接或间接转移汽车所有权所经过的途径，是沟通汽车生产者和消费者之间关系的桥梁和纽带。分销渠道的起点是生产者，终点是消费者，中间环节为各类中间商。

汽车产品分销渠道的主要功能和作用有以下方面。

（1）售卖功能

售卖功能，即将产品卖给最终用户。这是分销渠道最基本的职能，产品只有被售出，才能完成向商品的转化。

（2）投放与物流功能

由于各地区的市场和竞争状况是不断变化的，分销渠道必须要解决好何时将何种商品、以何种数量投放到何种市场上去，以实现分销渠道整体的效益最佳。投放政策一经确立，分销渠道必须保质保量地将指定商品在指定时间送达指定的地点。

（3）促销功能

促销功能，即进行关于所销售的产品的说服性沟通。几乎所有的促销方式都离不开分销渠道的参与，而人员推销和各种营业推广活动，则基本是通过分销渠道完成的。

（4）接洽功能

接洽功能，即寻找可能的购买者并与之进行沟通。

（5）市场研究和信息反馈功能

市场研究和信息反馈功能，即收集市场信息，进行市场预测。由于市场是一个时间和空间的函数，分销渠道应密切监视市场动态，研究市场走势，收集相关信息并及时反馈给生产厂家，以便厂家的生产能够更好地与市场需求协调一致。

（6）资金结算与融通功能

为了加速资金周转，减少资金占用及相应的经济损失，生产厂家、中间商、用户之间必须及时进行资金清算，尽快回笼货款。此外，生产厂家与中间商、中间商与用户之间，还需要相互提供必要的资金融通和信用，共同解决可能的困难。

（7）风险分担功能

风险分担功能，即承担与渠道工作有关的全部风险。汽车市场有畅有滞，中间商与生产厂家应是一个命运共同体，畅销时要共谋发展，滞销时也要共担风险。

（8）服务功能

服务功能，即为用户提供满意的服务，并体现企业形象。汽车产品因其结构特点、使用特点和维修维护特点，要求分销渠道必须为用户提供良好的服务，而且趋势是要求越来越高。

（9）管理功能

大部分整车厂家的分销渠道是一个复杂的系统，需要能够进行良好的自我管理。

相关链接

常见汽车销售渠道模式

1. 品牌专营

品牌专营是指汽车生产厂家将某个地区的代理权直接授予某个经销商，该经销商按厂家要求建立品牌专卖店，并将产品直接销售给终端用户，品牌专营最先由别克、广州本田、奥迪等品牌建立，主要有 4S 品牌专营和 3S 品牌专营。4S 品牌专营是指具有整车销售（Sale）、零配件供应（Spare part）、售后服务（Service ）、信息反馈（Survey）功能的专卖店构建模式。3S 品牌专营是指具有整车销售、零配件供应、信息反馈功能的汽车专营店。目前建立 4S 品牌专卖店已成为我国轿车多家品牌的主要销售模式，是汽车厂家加强销售终端控制，树立品牌形象的主要手段。

2. 总代理式

由汽车制造厂家授权的全部销售该公司汽车的总经销商。进口汽车主要采用这种模式，如奔驰、宝马、劳斯莱斯等。

3. 区域代理式

这是汽车渠道最早采用的模式，由于该模式对经销商的控制力差，目前使用这种模式的厂商已较少。

4. 特许经销式

区域代理制实施一段时间后，汽车厂商发现对经销商的经销行为进行规范逐渐变难，市场价格体系混乱，1996 年后，汽车渠道逐渐向特许经销商转变。实际上，4S 店都是特许经销商，是增加了其他功能的特许经销商。目前，一汽捷达、神龙富康等就采用这种模式。

5. 汽车交易市场

汽车交易市场是指多家经销商共营的汽车交易市场。如北京亚运村汽车交易市场、广东汽车市场（现称为广物汽贸连锁总店）、深圳的东益华鹏等。汽车交易市场具有车型众多、信息量大、方便的“一条龙”服务等特点。

6. 汽车网络营销

随着互联网的飞速发展，网络销售已经越来越受到汽车企业重视。消费者在网上看形，连锁店见物，配送中心直销的趋势，最终构成未来汽车新的营销模式。这种模式对于经销商来说投资规模比较小，风险较小，比较灵活，但是相对的单车获利空间也比较小。

2．分销渠道的类型

（1）直接分销渠道

直接分销渠道是指生产者将产品直接供应给消费者或用户，没有中间商介入。直接分销渠道的形式是：生产者—用户。

直接分销渠道有利于产、需双方沟通信息，可以按需生产，更好地满足目标顾客的需要。由于是面对面的销售，用户可更好地掌握商品的性能、特点和使用方法；生产者能直接了解用户的需求、购买等特点及其变化趋势，进而了解竞争对手的优势和劣势及其营销环境的变化，为按需生产创造了条件。可以降低产品在流通过程中的损耗。由于去掉了商品流转的中间环节，减少了销售损失，有时也能加快商品的流转，可以使购销双方在营销上相对稳定。一般来说，直销渠道进行商品交换，都签订合同，数量、时间、价格、质量、服务等都按合同规定履行，购销双方的关系以法律的形式于一定时期内固定下来，使双方把精力用于其他方面的战略性谋划。

直接分销渠道在产品和目标顾客方面：对于绝大多数生活资料商品，其购买呈小型化、多样化和重复性，生产者若凭自己的力量去广设销售网点，往往力不从心，甚至事与愿违，很难使产品在短期内广泛分销，很难迅速占领或巩固市场，企业目标顾客的需要得不到及时满足，势必转移方向购买其他厂家的产品，这就意味着企业失去目标顾客和市场占有率。在商业协作伙伴方面：商业企业在销售方面比生产企业的经验丰富，这些中间商最了解顾客的需求和购买习性，在商业流转中起着不可缺少的桥梁作用；而生产企业自销产品，就拆除了这一桥梁，势必自己去进行市场调查，包揽了中间商所承担的人、财、物等费用，这样加重生产者的工作负荷，分散生产者的精力，更重要的是，生产者将失去中间商在销售方面的协作，产品价值的实现增加了新的困难，目标顾客的需求难以得到及时满足。

（2）间接分销渠道

间接分销渠道是指生产者利用中间商将商品供应给消费者或用户，中间商介入交换活动。

间接分销渠道的典型形式是：生产者—批发商—零售商—个人消费者（少数为团体用户）。现阶段，我国消费品需求总量和市场潜力很大，且多数商品的市场正逐渐由卖方市场向买方市场转化。与此同时，对于生活资料商品的销售，市场调节的比重已显著增加，工商企业之间的协作已日趋广泛、密切。因此，如何利用间接渠道使自己的产品广泛分销，已成为现代企业进行市场营销时所研究的重要课题之一。

间接分销渠道有助于产品广泛分销。中间商在商品流转的始点同生产者相连，在其终点与消费者相连，从而有利于调节生产与消费在品种、数量、时间与空间等方面的矛盾。既有利于满足生产厂家目标顾客的需求，也有利于生产企业产品价值的实现，更能使产品广泛的分销，巩固已有的目标市场，扩大新的市场，缓解生产者人、财、物等力量的不足。中间商购走了生产者的产品并交付了款项，就使生产者提前实现了产品的价值，开始新的资金循环和生产过程。此外，中间商还承担销售过程中的仓储、运输等费用，也承担着其他方面的人力和物力，这就弥补了生产者营销中的力量不足。消费者往往是货比数家后才购买产品，而一位中间商通常经销众多厂家的同类产品，中间商对同类产品的不同介绍和宣传，对产品的销售影响甚大。此外，实力较强的中间商还能支付一定的广告宣传费用，具有一定的售后服务能力。所以，生产者若能取得与中间商的良好协作，就可以促进产品的销售，并从中间商那里及时获取市场信息。

间接分销渠道可能形成"需求滞后差"。中间商购走了产品，并不意味着产品就从中间商手中销售出去了，有可能销售受阻。对于某个生产者而言，一旦其多数中间商的销售受阻，就形成了"需求滞后差"，即需求在时间或空间上滞后于供给。但生产规模既定，人员、机器、资金等照常运转，生产难以剧减。当需求继续减少，就会导致产品的供给更加大于需求。若多数商品出现类似情况，便造成所谓的市场疲软现象。流通环节增大储存或运输中的商品损耗，如果都转嫁到价格中，就会增加消费者的负担。此外，中间商服务工作欠佳，可能导致顾客对商品的抵触情绪，甚至引起购买的转移。如果与中间商协作不好，生产企业就难以从中间商的销售中了解和掌握消费者对产品的意见、竞争者产品的情况、企业与竞争对手的优势和劣势、目标市场的变化趋势等。在当今风云变幻、信息爆炸的市场中，企业信息不灵，生产经营必然会迷失方向，也难以保持较高的营销效益。

相关链接

"四位一体"汽车专卖店——广州本田汽车的销售模式

广州本田是我国第一家引进整车销售、售后服务、零配件供应、信息反馈四位一体的世界先进销售模式的企业。所谓的"四位一体"是把整车的销售、售后服务、零配件供应、信息反馈一体化，满足市场的需求。品牌专营有利于引导顾客上门购车，促进销售，增强顾客对产品的信心，树立良好的企业形象，提高品牌的知名度，利于提高特约店的专业服务水平。

统一价格可以排除顾客在价格方面的顾虑，避免特约店与顾客在价格问题上产生过多的争执，便于将恶性的价格竞争引导向良性的服务竞争，保证特约店的稳定经营。在市场紧俏的时候，可以减轻顾客在价格上的负担，保护顾客的利益；在市场饱和的时候，可以稳定价格，保护特约店的利益，便于市场的管理。

直接销售，可以减少中间环节，避免增加不产生任何附加值的费用，让顾客得到更大的实惠。特约店代表广州本田与顾客直接接触，缩短广州本田、特约店与顾客之间的距离，可建立良好的互相信赖的关系；便于对用户的跟踪服务，使顾客的信息可以及时、准确地得到反馈；利于广州本田对特约店的管理，对市场进行良好的培育。同时增强了顾客对产品的信任度。

以售后服务为中心，以顾客为中心的“四位一体”的销售网络是一开始就进行的。通过专卖这种形式，建立全国统一的价格、服务标准、推荐方式、专营的服务及与客户的沟通，从而缩短了企业与顾客的距离。随着整个公司产量的提高，网络也需要不断完善。这不但能够增加产品的销售，而且能够在服务上及时跟踪用户，使顾客能够买的放心、用的称心。

广州本田的经销商无一不对这种体制推崇备至，他们认为之所以在营销上能够如此成功，完全得益于这种体制。有的经销商曾经专营进口轿车，当他们把汽车交到客户手中时，与客户的关系也就宣告结束，这就意味着与客户建立的价值链断裂了，这对商家来说无疑是一种损失。而广州本田要求经销商给每位客户终身的服务，这样在给予客户足够的安全感和信任感的同时，也就保障了经销商们长远的利益。目前的经销商们在售后维修的利润几乎可以负担店面的日常运营成本，那么售车的利润就是经销商的纯利了。

（3）长渠道和短渠道

分销渠道的长短一般是按通过流通环节的多少来划分，具体包括以下四层。

零级渠道即由制造商直接到消费者。

一级渠道即由制造商通过零售商到消费者。

二级渠道即由制造商—批发商—零售商—消费者，多见于消费品分销；或者是制造商—代理商—零售商—消费者，多见于消费品分销。

三级渠制造商—代理商—批发商—零售商—消费者。可见，零级渠道最短，三级渠道最长。

（4）宽渠道与窄渠道

渠道宽窄取决于渠道的每个环节中使用同类型中间商数目的多少。企业使用的同类中间商多，产品在市场上的分销面广，称为宽渠道。如一般的日用消费品（毛巾、牙刷、开水瓶等），由多家批发商经销，又转卖给更多的零售商，能大量接触消费者，大批量地销售产品。企业使用的同类中间商少，分销渠道窄，称为窄渠道，一般适用于专业性强的产品，或贵重耐用的消费品，由一家中间商统包，几家经销。窄渠道使生产企业容易控制分销，但市场分销面受到限制。

（5）单渠道和多渠道

当企业全部产品都由自己直接所设的门市部销售，或全部交给批发商经销，称之为单渠道。多渠道则可能是在本地区采用直接渠道，在外地则采用间接渠道；在有些地区独家经销，在另一些地区多家分销；对消费品市场用长渠道，对生产资料市场则采用短渠道等。

3. 分销渠道的设计

（1）确定渠道模式

企业分销渠道设计首先是要决定采取什么类型的分销渠道，是派推销人员上门推销或以其他方式自销，还是通过中间商分销。如果决定中间商分销，还要进一步决定选用什么类型和规模的中间商。

（2）确定中间商的数目

确定中间商的数目，即决定渠道的宽度。这主要取决于产品本身的特点，根据市场容量的大小和需求面的宽窄可选择密集性分销、独家分销、选择性分销、复合式分销。

① 密集性分销。这是指企业运用尽可能多的中间商分销，使渠道尽可能加宽。消费品中的便利品（卷烟、火柴、肥皂等）和工业用品中的标准件、通用小工具等，适于采取这种分销形式，以提供购买上的最大便利。

② 独家分销。这是指企业在一定地区内只选定一家中间商经销或代理，实行独家经营。独家分销是最极端的形式，是最窄的分销渠道，通常只对某些技术性强的耐用消费品或名牌货适用。独家分销对生产者的好处是，有利于控制中间商，提高他们的经营水平，也有利于加强产品形象，增加利润。但这种形式有一定风险，如果这一家中间商经营不善或发生意外情况，生产者就要蒙受损失。采用独家分销形式时，通常产销双方议定，销方不得同时经营其他竞争性商品，产方也不得在同一地区另找其他中间商。这种独家经营妨碍竞争，因而在某些国家被法律所禁止。

③ 选择性分销。这是介乎上述两种形式之间的分销形式，即有条件地精选几家中间商进行经营。这种形式对所有各类产品都适用，比独家分销面宽，有利于扩大销路，开拓市场，展开竞争；比密集性分销又节省费用，较易于控制，不必分散太多的精力。有条件地选择中间商，还有助于加强彼此之间的了解和联系，使被选中的中间商愿意努力提高推销水平。因此，这种分销形式效果较好。

④ 复合式分销。生产者通过多条渠道将相同的产品销售给不同的市场和相同的市场。这种分销策略有利于调动各方面的积极性。

（3）规定渠道成员彼此的权利和责任

在确定了渠道的长度和宽度之后，企业还要规定出与中间商彼此之间的权利和责任，如对不同地区、不同类型的中间商和不同的购买量给予不同的价格折扣，提供质量保证和跌价保证，以促使中间商积极进货。还要规定交货和结算条件，以及规定彼此为对方提供哪些服务，如产方提供零配件，代培技术人员，协助促销，销方提供市场信息和各种业务统计资料。在生产者同中间商签约时应包括以上内容。

相关链接

经销商与销售终端的管理

渠道是企业的生命线，在企业实际运营过程中，对渠道进行管控的关键就是如何有效地控制销售渠道成本与费用，同时提高企业的销售业绩，谋求企业的长远发展。确保经销商把更多的精力投入到搞好销售上，使经销商切实感到合作是有价值的。在实践中，渠道管理切忌认为在自己的商品市场销货，就可以肆无忌惮，无视经销商的合理要求，或无理干涉经销商经营的自主权。

对经销商的供货管理，保证供货及时，在此基础上帮助经销商建立并理顺销售子网，分散销售及库存压力，加快商品的流通速度。在保证供应的基础上，对经销商提供产品服务支持。妥善处理销售过程中出现的产品损坏变质、顾客投诉、顾客退货等问题，切实保障经销商的利益不受无谓的损害。加强对经销商的订货处理管理，减少因订货处理环节中出现的失误而引起发货不畅。

加强对经销商广告、促销的支持，减少商品流通阻力；提高商品的销售力，促进销售；提高资金利用率，使之成为经销商的重要利润源。加强对经销商订货的结算管理，规避结算风险，保障制造商的利益。同时避免经销商利用结算便利制造市场混乱。

其他管理工作，包括对经销商进行培训，增强经销商对公司理念、价值观的认同及对产品知识的认识。还要负责协调制造商与经销商之间、经销商与经销商之间的关系，尤其对于一些突发事件，如价格涨落、产品竞争、产品滞销及周边市场冲击或低价倾销等扰乱市场的问题，要以协作、协商的方式为主，以理服人，及时帮助经销商消除顾虑，平衡心态，引导和支持经销商向有利于产品营销的方向转变。

商家控制终端，是要让零售商认可制造商，而不是经销商。具体而言对终端控制的手段主要有以下几种操作工具。

做好零售商资料收集和管理。制作零售店网点分布图，建立零售店、主要零售店员工、竞争对手、分销商及厂家基本情况档案。这些档案资料需要经常更新，以保证基础资料的准确性和完整性。

对终端人员的控制。零售店的员工在销售中的作用是最大的。对店员的培训可以增加其对企业的认同，增加对产品的认同，有助于店员全面了解产品的性能和指标，增加销售技巧。

把促销活动落实到终端。企业要把促销活动落实到终端，甚至举行零售店店员奖励和零售店奖励方式的活动，使终端在企业促销过程中能够获益。这样才能增强企业与终端的感情，增强企业对终端的影响力。

建立稳定的零售店会员体系。有一些企业组建了零售店的会员体系，定期举行活动，增加零售店和厂家的联系。

5.2.4 促销策略

汽车促销是汽车企业营销部门通过一定的方式，将企业的产品信息及购买途径传递给目标用户，从而激发用户的购买兴趣，强化购买欲望，甚至创造需求，从而促进企业产品销售的一系列活动。促销的实质是传播与沟通信息，其目的是要促进销售、提高企业的市场占有率及增加企业的收益。促销的方式分为人员促销和非人员促销。非人员促销又包括广告、销售促进、公共关系三种具体方式，如图 5-14 所示。

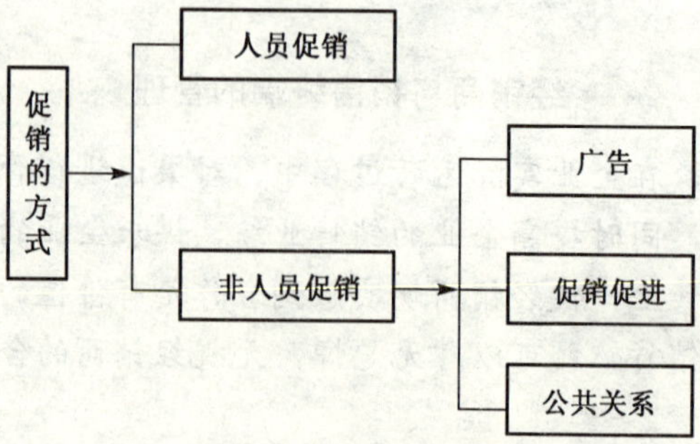

图 5-14　汽车促销的方式

促销组合策略就是把人员促销、广告、销售促进、公共关系等各种方式有目的、有计划地结合起来，并加以综合运用，以达到特定的促销目标。

相关链接

影响促销组合的因素

1. 产品类型

消费品主要依靠广告，然后是销售促进、人员推销和宣传；生产资料主要依靠人员推销，然后是销售促进、广告和宣传。

2. 产品生命周期与促销方式（如表5-3所示）

表5-3 产品生命周期与促销方式

产品生命周期	促销的主要目的	促销主要方法
导入期	使消费者认识商品，使中间商愿意经营	广告介绍，对中间商用人员推销
成长期 成熟期	使消费者感兴趣，扩大市场占有率，使消费者成为“偏爱”	扩大广告宣传，搞好营业推销和广告宣传
衰退期	保持市场占有率，保持老顾客和用户推陈出新	适当的销售促进，辅之广告，减价

从表中可以看出，在导入期和成熟期，促销活动十分重要，而在衰退期则可降低促销费用支出，缩小促销规模，以保证足够的利润收入。

3. 市场状况

市场范围小，潜在顾客较少及产品专用程度较高的市场，应以人员推销为主；无差异市场，因其用户分散，范围广，则应以广告宣传为主。

1. 汽车人员促销

人员促售是销售人员通过与顾客或潜在顾客的人际接触来帮助和说服他们购买汽车产品的过程。销售人员要积极寻找和发现更多的潜在顾客，把关于企业产品和服务方面的信息传递给顾客，并实施推销技巧，引起消费者的注意和兴趣，激发消费者的需求，促使其产生购买欲望和购买行为；销售人员要与消费者进行售前沟通，向消费者介绍汽车产品，提供汽车报价，回答消费者的疑问并努力达成交易；销售人员要提供售前、售中、售后服务，如产品咨询、技术服务、销售服务、安排融资、催促交货及售后服务等，满足消费者在不同购买阶段上形成的多样需求。销售人员要进行市场调查和调研工作，通过与顾客交流，了解消费者的需求变化、竞争者的动向、市场趋势，建立顾客信息档案，整理反馈意见；销售人员要对产品或服务进行协调平衡，调剂余缺；促销人员要密切配合内部管理的协调工作，使产品和服务平衡有序，避免资源浪费，以适应市场的变化。

（1）人员促销的基本形式

① 上门促销，是指由汽车促销人员携带汽车产品的说明书、广告宣传单和订单，甚至带车走访顾客，促销产品。这种形式是一种积极主动的促销方式。

② 展厅促销，又称门市促销，是指汽车企业在适当的地点设置固定的门市、专卖店等，由营业员接待进入门市的顾客，推销产品，门市的营业员是广义的促销员。展厅促销与上门促销正好相反，是等客上门式的促销方式。因为汽车商品是贵重、大件商品，这种方式是汽车促销中的必备的方式，汽车销售企业无一例外都在选用。

③ 会议促销，是指销售人员利用各种会议向与会人员宣传和介绍产品，开展促销活动。

比如，在订货会、交易会、展览会上促销产品。这种促销形式接触面广，促销集中，可以同时向多个促销对象促销产品，成交额较大，促销效果较好。近年来国内各大城市竞相推出的汽车博览会就属这种促销方式。汽车博览会现在已不仅是促销汽车的极好形式，而且已成为各大城市提高城市知名度，带动消费和吸引商机的极好形式。

（2）汽车促销人员的管理

促销人员的管理主要包括促销人员的招聘和挑选、培训、酬劳、激励、监督、评价和控制等众多环节。

① 招聘和挑选。人员促销的成功与否很大程度上取决于促销人员的素质，因此挑选促销人员至关重要。对汽车经销企业来说，促销人员应该是能承受风险，认真对待每位消费者和每次访问，具备市场营销学、行为心理学、口才表达等综合知识与能力的人。

② 培训。无论对刚进入促销队伍的新人，还是有多年工作经验的老促销员，都需要定期培训，使其不断接受新知识与技能，了解新市场状况，增强责任感，提高业务水平。培训促销人员的方法主要有讲授、讨论、示范、学习，以及以老带新等。

培训的内容是由对促销人员的要求决定的，培训包括：本企业的具体情况，包括企业的历史、战略目标、职能机构、财务状况和主要产品的销售地区；汽车产品的情况，主要包括工艺过程、生产情况、技术指标、产品质量、性能、产品型号；目标顾客的知识，了解不同类型顾客的需求特点、购买动机、购买习惯；有关竞争者的综合情况和产品的市场地位、特色、营销措施等；促销要点、促销说明、促销技术的基本原理；促销的工作程序和岗位职责，促销人员的气质、礼仪、社交能力等综合素质。

③ 酬劳。由于人员促销的特殊工作性质，对促销人员的报酬具有较大的灵活性。建立合理的报酬制度，对调动促销人员的积极性、主动性，提高工作效率和扩大市场占有率有重要作用。一般常用的报酬管理方法有：薪金制、佣金制、薪金加奖金制。

④ 激励。对促销人员的激励管理，是要通过建立激励制度，采用各种激励方法来鼓舞士气，是起加强、激发、推动作用的一种管理手段。激励机制既要重视物质激励又要重视精神激励。

⑤ 监督。对促销人员激励的同时，也要进行有效的监督，保证人员促销的有效性。监督的主要内容包括促销方向、促销内容及促销纪律。

⑥ 评价和控制。为了对人员推销进行有效地管理，企业应对销售人员进行科学合理地评估与考核，以达到控制人员销售实施过程的目的。

2．广告

广告是通过报纸、杂志、广播、电视、广告牌等广告传播媒体形式向目标顾客传递信息。汽车广告是汽车企业用以对目标消费者和公众进行说服性传播的工具之一。汽车广告要体现汽车企业和汽车产品的形象，从而吸引、刺激、诱导消费者购买该品牌汽车。汽车广告促销方案的制定一般包括 5 个主要步骤，即确定广告目标、制定广告预算、设计广告内容、选择广告媒体、评价广告效果。

（1）确定广告目标

汽车广告目标是指在一个特定时期内，对某个特定的公众所要完成的特定的传播任务。这些目标必须服从先前制定的有关汽车目标市场、汽车市场定位和汽车营销组合等决策。汽车广告的目标可分为告知性、说服性和提示性广告 3 种。

告知性广告主要用于汽车新产品上市的开拓阶段，旨在为汽车产品建立市场需求；说服性广告主要用于竞争阶段，目的在于建立对某特定汽车品牌的选择性需求。在使用这类广告时应确信能证明自己处于宣传的优势，并且不会遭到更强大的其他汽车品牌产品的反击；提示性广告用于汽车产品的成熟期，目的是保持消费者对该汽车产品的记忆。

（2）制定广告预算

汽车广告有维持一段时期的延期效应，虽然汽车广告被当作当期开支来处理，但其中一部分实际上是可以用来逐渐建立汽车品牌与产品商誉这类无形价值的投资。因此，制定汽车广告预算时要根据汽车企业的实际需要和实际财务状况。此外，还要考虑 5 个因素。

① 产品生命周期阶段，在推出新车型时，一般需要花费大量广告预算，才能建立其市场知名度。

② 产品市场占有率，想增加市场销售或从竞争者手中夺取市场份额，则需要大量的广告费用。

③ 竞争程度，在竞争者众多和广告开支很大的汽车市场上一种汽车品牌必须加大宣传才能引起目标消费者的注意。

④ 广告频率，把汽车产品传达到消费者的重复次数，即广告频率，也会决定广告预算的大小。

⑤ 产品替代性，当一家整车厂打算在汽车市场众多品牌中树立自己与众不同的形象，宣传自己可以提供独特的物质利益和特色服务时，广告预算也要相应增加。

（3）设计广告内容

广告的内容十分重要，在一定的条件下，广告活动的成功取决于广告是否有创造性，广告信息的主题应当是显示所促销的品牌产品的主要优点和用途。好的广告总是集中于一个中心主题，而不必给出过多的产品信息，防止淹没、冲淡主题。几则成功广告文案主题如表 5-4 所示。

表 5-4　几则成功广告文案主题

车型	主题
别克	心静，思远，志在千里；有空间，就有可能
君威	于动静中见智慧，于无声处现君威
EXCELLE 凯越	全情全力，志在进取
赛欧 SAIL	创造生活乐趣；自立新生活；优质新生活；立即享受优质新生活
东南菱帅	人性化科技，源于人性的科技感动
帕萨特	成就明天
一汽大众	汽车价值的典范
奥迪	突破科技，启迪未来；引领时代；科技与成功互辉映
新甲壳虫	过目难忘
保时捷卡曼	人不可貌相，车却可以
路虎发现 3	心无界，心无疆

（4）选择广告媒体

广告制作对于产品的作用十分重要，汽车广告是一种传播信息的活动，只有选择好适当的汽车广告媒体，才能使汽车企业以最低的成本达到最佳的宣传效果。传统广告媒体有平面媒体和电波媒体两种。每一种媒体都有其优点和局限性，在确定广告媒体及媒体组合时，必须考虑下面几点因素。

① 目标消费者的媒体习惯。不同的人群具有不同的媒体习惯，每一种媒体都有其特定的目标消费者。如购买跑车的大多数消费者是中青年的成功人士，则广播和电视就是宣传跑车的最有效的广告媒体。

② 汽车产品的品质与特征。对汽车来说，电视和印刷精美的杂志由于在示范表演、形象化和色彩方面十分有效，因而是最有效的媒体。有的汽车的杂志广告主要选用了能充分体现汽车外观美的设计，利用杂志印刷精美的特点，给受众以视觉上的冲击。

③ 信息的性质。信息量及信息的复杂程度等因素决定着媒体的选择。

例如，包含大量技术资料的汽车广告信息一般要求专业性杂志做媒介，一条宣布明天有重要车型出售的信息一般用广播或报纸做媒介。

④ 媒体成本。这是选择媒体时优先考虑的因素，广告投放在不同的媒体，其价格是不同的。

电视广告费用非常昂贵，以播出时间长短和播放时段来计费，而报纸广告相比而言则稍便宜。

（5）评价广告效果

评价广告效果的目的是要了解消费者对广告的接受和理解程度及对推销商品所起的作用。

相关链接

别克汽车——运用各种传播元素进行全方位传播

上海通用在国内轿车市场的推广上不仅保持了一种高水准的品牌传播技巧，还不断推出花样翻新的活动，每个行销活动的推出都在市场上产生巨大的反响。

通用刚进入中国市场时提出的品牌传播主题是“当代精神，当代车”，用鲜明的广告语将最新的别克车型和当代精神捆绑在一起，朗朗上口，又颇具时代感，针对每款新车推出的TVC都是轿车广告中的精品，从没有水分的“水滴”篇洋溢出的高贵、典雅的别克新世纪到“动于外而静于内”的“蜂鸟”篇所展现的别克CS的驾驶操控性，从“有空间就有可能”的“小鹿”篇传达出别克GL8所具有的浪漫主义情怀到赛欧轿车所倡导的“自立新生活”的品牌主张，上海通用高品质的电视广告将轿车的视觉艺术与品牌品质紧紧地联系在一起，很好地树立起别克轿车的品牌形象和品牌内涵。

2001年以来，别克品牌逐渐开始本土化的品牌传播策略，上海通用逐渐放弃侧重于表面传播力的口号“当代精神，当代车”，而是为品牌注入更为内敛的品牌内涵，随着“心静、思远，志在千里”的新传播语的使用，别克品牌传达出来的那种和谐、宁静、大气、富有哲理和理性思维开始感染人们。

报纸广告也是通用重要的品牌塑造和传播的载体。除了常规的信息传达外，别克的报纸广告总是能够制造出不同的卖点，或是不断地制造出吸引人的话题和主题，让人们对别克轿车保持一种新鲜的感受。别克早期上市的系列平面广告都是平面广告中的精品，将文字艺术和产品的特点精彩融合为一体，同时也让平面广告增加了更多的看点。而2002年别克的平面广告则更具品牌个性，具有了更多的人性化的倾向，而人性化的表现同样与产品的卖点结合得天衣无缝，这就是别克广告的魅力所在。

3. 公共关系

公共关系是指企业为了使社会公众对本企业或其产品建立好感、树立企业形象、品牌形象，利用各种传播手段，向公众展开的一系列有计划、有组织、有目的的活动。

（1）公共关系的作用

利用公共关系提高知晓度。利用媒体来讲述一些情节，吸引公众对汽车产品的兴趣。如广州丰田凯美瑞在诞生之初，便频繁举行大规模新闻发布仪式、八大连版的广告投放、波音777飞机的机身广告等一系列的媒体宣传和各种公关活动，使广州丰田凯美瑞始终成为媒体和公众关注的焦点，从而创造了未上市便热炒，正式上市后仅6个月时间，便取得销量突破6万辆的好成绩。

公共关系可通过社论性的报道来传播信息以增加可信性。如东风标致2004年11月21日在广州宣布，从11月22日起，东风标致307轿车全系列产品降价，并对所有已购车用户实行差价部分现金补偿。此条新闻一经发布，立刻成为各大媒体的头条，东风标致全国经销商展厅里的客流量、成交量也大幅增加。这次命名为“可依赖的狮子”的行动，目的是为了树立市场消费信心。

公共关系有助于提高促销人员和经销商的积极性，新车投放市场之前先以公共宣传的方式披露，便于经销商将新车推荐给目标消费者。

公共关系的成本比广告费用要低很多，企业适宜地运用公共关系，可以以少的投入获得更好的宣传效果。

（2）公共关系的方式

在汽车企业市场营销活动中，公共关系的方式有很多，其宗旨在于协调企业与公众的关系，提高企业或品牌的知名度、美誉度，树立和维护企业良好的形象，为产品的销售创造和谐的舆论环境。

① 公开出版物，就是企业大量依靠各种沟通材料去接近和影响目标市场。这些沟通材料包括年度报告、小册子、文章、视听材料及公司的商业信件和杂志。小册子的重要作用在于向目标市场介绍商品的性能和功效；企业在公共传媒发表的文章可以引起公众对企业及其产品的注意；企业的商业信件和杂志可以树立自己的形象，并向目标市场传递重要的信息；视听材料则可以更加生动地介绍商品和企业，其效果比一般的广告好得多。

② 事件，企业的营销公关人员可以安排一些特殊的事件，如记者招待会、讨论会、郊游、展览会、竞赛和周年庆祝活动等，一方面吸引社会注意力，另一方面还借此联络包括供货商、经销商、政府部门等更加广泛的社会关系。

③ 新闻宣传，这是公共关系的一个重要环节，是由企业的公关人员对企业具有新闻价值的政策、背景、活动、事件等撰写新闻稿件，散发给有关的新闻传媒，争取发表。这种由第三者发布的报道文章，可信度高，有利于提高企业的形象，而且一般不需支付费用。企业内部的趣闻、历史，只要故事性和趣味性强，也是报纸生活版、消闲杂志、有关的电视和电台节目乐于采用的。这种轻松有趣的公关报道，最能唤起人们的认知。

④ 演讲，是指企业的各级领导人或新闻发言人，在企业外部或内部的会议上作的富有魅力的谈话、演说，通过这种演说圆满地解决公众关心的各种问题。

⑤ 公益服务活动，就是企业通过某些公益事业向社会组织或个人捐赠一定的金钱和产品，提供一定的服务，以提高企业的公众信誉，树立良好的企业形象。消费者对于企业除了在经济方面的评价外，还往往进行社会和道德评价，参与公益事业往往能提高公众对企业这方面的评价。

相关链接

一汽马自达：《杜拉拉升职记》植入营销

2010 年 4 月 8 日，由一汽马自达赞助的中国首部职场题材时尚大片《杜拉拉升职记》举行首映礼，该电影中男女主角的座驾为马自达睿翼和MX-5跑车，恰到好处的电影植入营销为睿翼轿跑的上市带来契机；无论是电影故事还是观影者都是以办公室白领为主，与睿翼轿跑目标消费群体高度重合。电影《杜拉拉升职记》虽然预计票房过亿，但是其能影响的进电影院观影的人群毕竟有限，跟全中国 8 000 万白领比起来就微不足道了。如何借助《杜拉拉升职记》的眼球效应来提升睿翼轿跑上市期间消费者和网民对其关注度，将电影的影响力从电影院扩大到办公室成为代理公司最紧要的任务。

影响 8 000 万办公室白领最有效的媒介就是网络，于是策划了从“睿翼轿跑十大职场语录”征集为主题的网络活动。“十大睿翼轿跑职场语录”征集是与所有职场白领们找到沟通的语言，十大职场语录的胜出者奖品 10 部 iPhone 手机也为活动起到了推波助澜的作用，从而达到了电影内和电影外的双重影响，强化了睿翼轿跑的品牌形象。

整体活动分为两个主要组成部分，即“十大职场语录征集”与“秒杀《杜拉拉升职记》电影票”。

睿翼轿跑十大职场语录征集活动，时间为 4 月 1 日～4 月 30 日，全国网友注册参与语录发布与投票，经过两轮评选，选出“睿翼轿跑十大职场语录”10 名，奖励每人 1 台苹果 iPhone 手机，入围奖 40 名，奖励每人 1 个睿翼车模。

秒杀《杜拉拉升职记》电影票活动，自 4 月 8 日启动至 4 月 15 日，每日分为 5 个时段进行《杜拉拉升职记》电影票的“秒杀”，全国 11 个城市网友参与极限秒杀的挑战，共计发送电影票 11 000 张。网友每成功秒杀 1 次就获得 2 张电影票的规则彰显一汽马自达人性化活动的温暖一面。

本次活动成功地融合了娱乐、时尚、职场等几方优质资源的共同点，并通过多种方式整合和展现，将电影表述的白领职场奋斗激情及时尚生活方式与马自达的核心品牌理念及价值有机结合在一起。可以说，这种新颖的营销推广模式，不仅开创出互联网界全新的“娱乐互动”整合营销模式，也由此将睿翼轿跑“跑车风范、锋芒毕露”的产品特性传达给亿万职场白领，成为一汽马自达娱乐营销中又一张新的王牌。

本次活动自 2010 年 4 月 1 日启动以来，得到了各行业职场精英、网友们的积极关注和热情参与。从 4 月 1 日至 4 月 25 日短短不到一个月的征集期限内共计吸引 362 万网友注册参与，其中累计发布职场语录 28 万条，网友在线投票 4 414 万张，1 万多张电影票“秒杀”而空。

此次活动除了以丰富的线上专题活动吸引百万网友热情参与，也巧妙利用了微博、博客进行辅助性传播，借助娱乐营销助阵一汽马自达年度重推车型“睿翼轿跑”上市热潮的同时，聚集一汽马自达官方微博的人气。

4. 销售促进

汽车销售促进主要是指能够刺激消费者的强烈反应，促进短期购买行为的各种促销措施。汽车销售促进在汽车业中广泛使用，是刺激销售增长，尤其是销售短期增长的有效工具。根据汽车产品的特点，销售促进一般按以下步骤进行。

（1）确定销售促进的目标

汽车销售促进的具体目标要根据汽车目标市场的类型变化而变化。汽车销售促进的目标包括：鼓励消费者购买汽车和促使其重复购买；争取未使用者购买；吸引竞争者品牌的使用者购买；打击排挤竞争对手；增强其他促销方式的效力等。

对经销商来说，汽车销售促进的目标包括：吸引经销商经营新的汽车品牌；鼓励他们购买非流行的汽车产品；抵消竞争性的促销影响，建立经销商的品牌忠诚度和获得进入新的经销网点的机会，促使经销商参与制造商的促销活动。

对促销人员来说，汽车销售促进的目标包括：鼓励他们支持一种新的汽车产品，激励他们寻找更多的潜在消费者。

（2）选择销售促进的工具

① 赠品。免费向顾客或潜在顾客派送物品或服务，以刺激顾客购买特定产品。一是随货赠送，即购买某汽车产品则可免费得到相应的赠品，如汽车真皮座套、贴膜、CD 等；二是派送印有本企业名称、形象、地址、电话等的台历、打火机或小礼品等来介绍产品性能、特点、功效，并使顾客得到实惠，从而激发顾客的购买欲望。

② 价格折扣。可以在商品标价不变的情况下，实际收款时按一定打折比例少收一部分价款，价格折扣的优点是可以吸引新顾客、扩大销售量。

③ 优惠券。企业事先通过多种方式派送优惠券，持有者在购买某款特定车型时可凭此少付一部分价款。赠送优惠券可以引起顾客的兴趣，刺激潜在消费者。

④ 分期付款。由于汽车价格一般比较高，普通消费用户一次性付款较难受，因此世界各汽车公司都有分期付款业务。分期付款通过“首期付款”的方式，把价格“降”下来，实现了较低消费层次的现实购买力，并以余款延期交纳的方式，解决了购销双方资金和资源的双重闲置。

⑤ 汽车置换。汽车置换业务包括汽车以旧换新、二手汽车更新跟踪服务、二手汽车再销售等项目的一系列业务组合。

⑥ 汽车租赁销售。这是指承租方向出租方定期交纳一定的租金，以获得汽车使用权的一种消费方式。租赁销售是刺激潜在需求向现实需求转化的有效手段。

⑦ 免费试车。邀请潜在消费者免费试开汽车，激发其购买兴趣。免费试车为消费者提供亲身体验，有利于进一步加强消费者的购买欲望，促其达成交易。

⑧ 汽车展示会。在潜在顾客集中的地区进行车型展示，集中同类或同一品牌的各种车型，传播汽车企业文化和产品与服务信息，增加销售机会。展销形式多种多样，有季节性展销、新产品展销等。

（3）制定销售促进的方案

一个完整的销售促进方案应包括以下内容。

① 确定优惠额度。要使促销活动达到最佳的效果，优惠额度的确定很关键。优惠额度太小，不足以刺激顾客购买；优惠额度太大，企业难以承受。

② 确定促销对象。即明确促销活动针对的对象。汽车企业只向符合条件的顾客提供优惠，如购买汽车赠导航仪的条件就必须是购买汽车的消费者。

③ 确定促销时间。太短的促销时间可能会使许多顾客来不及参加。太长的促销时间，一方面使促销手段失去魅力，另一方面可能会影响企业利润，甚至使产品质量受到怀疑，反而影响品牌忠诚度。

④ 确定促销时机。促销时机选择的恰当与否直接影响促销活动的开展效果。选择促销时机可以利用季节性、产品导入期、成熟期的转折点及品牌成熟度来决定。销售部门要根据对整个市场的考察分析和与总体营销战略的配合来确定适宜的促销时机。

⑤ 制定经费预算。安排预算一定要比较成本与效益，不能简单地主观判断，而且促销活动经费要与广告支出分开预算。促销预算一般包括促销活动的管理成本（包括人员经费、宣传材料费等）和促销优惠成本（如赠奖、折扣等）。

本章小结

本章通过对市场细分、目标市场选择和市场定位这三个主要步骤的分析，阐明了汽车目标市场营销策略。本章详细介绍了产品策略、价格策略、渠道策略和促销策略的相关知识，并配以大量生动的实际案例，具有一定的理论指导性和可操作性。在现代汽车市场营销中，无论是理论还是实践都已充分地证明了，成功的汽车市场竞争依赖于汽车市场营销组合，即4P策略的综合运用，市场营销要综合运用各种营销手段来赢得市场。

案例分析

案例分析一：

大规模定制生产方式改变汽车工业

规模经济生产方式和大规模定制新模式的主要区别在于，前者虽已经做到了几乎人人都能买得起多样化品种和服务的汽车产品，但还不能做到完全个性化定制；而后者是通过对客户直接的、互动的、迅速的响应，实现完全个性化定制，而且价格更低，功能更多，规模更大，服务更好，效益更高，差不多做到人人都能买到自己称心的汽车产品。这是构筑新世纪汽车工业一种供需关系的新模式。

丰田公司提出由“为你”向“为我”转变，形象地说明这两种生产方式的根本区别。“为你”是由传统的汽车制造商，从企业生产基础出发，推出系列化，多样化的产品，供客户选择。而“为我”则是客户先提出要求，汽车制造商必须根据每一个的“我”，去组织安排不同喜好、各不相同的汽车产品，就像家居设计、建筑装修、服装加工、个人电脑一样，几乎是独一无二的产品，尽管汽车产品要复杂得多，但从社会发展的个性化需求规律来看，却是一脉相承，无可回避。

丰田公司认为，此举最大意义在于实现了汽车制造商概念上的根本变革，即由“为你”造车，变为“为我”造车，同时提出考虑不再使用“改制”这个词，而改为“特制”更加合适。

上海别克引入定制式营销。上海通用别克轿车正式下线，同时全国首家通用汽车特约销售服务中心——上海名流汽车销售有限公司开张。有别于传统销售方式，该销售中心采用“定制式”营销模式，每一辆车按客户的要求“度身定做，先预订，后制造，再提货”，提供3种型号9个价位的车型以供选择，一般两个月后客户便可取得自己指定颜色、车型、选装模式的别克车。专家指出，这种方式契合了客户的个体偏好，避免了客户的购车缺憾，有助于吸引更多的客户。该中心开张之日即接到别克车定单700余辆。

请问：

1. 什么是定制式营销模式？
2. 为什么在现代市场营销环境下，汽车采用定制式营销模式是必要的？
3. 讨论定制式营销模式和STP策略之间的关系。

案例分析二：

丰田的市场营销战略

丰田公司在60年的时间内成长为汽车界的巨人，同世界上其他著名的公司一样，丰田的成就是基于自己独特的市场营销战略的成功实施。

1. 丰田的销售体系

在丰田汽车生产公司与丰田汽车销售公司重新合并之前，有人把两家公司形象地比喻为“丰田汽车的两个轮子”。由此可见，对于丰田的发展来说，销售所起的作用并不逊于生产，尽管丰田的生产方式比起销售体系来要出名许多。

丰田汽车销售网络的创始人是被誉为“销售之神”的前丰田汽车销售公司首任总经理神谷正太郎先生。神谷先生在第二次世界大战刚刚结束不久就抢竞争对手着手建立销售网络。他奔走于全国各地，努力劝说战时的一些汽车配给商成为丰田公司的经销商。此举对于日后丰田在日本国内的迅速发展及在市场份额中长期占据领先地位都有非凡的意义。之后，丰田销售网络不断膨胀。截至1997年1月，日本47个县分布着309家丰田经销商，5 634家丰田专卖店。

丰田的经销商分属五大系统：“丰田”、“丰田宠儿”、“丰田花冠”、“丰田奥特”和“丰田威斯特”。各个经销商系统出售不同系列的丰田车。彼此只在个别品种上有所重复。如“丰田”经销商出售“世纪”、“皇冠”、“爱斯特马”等车型；“丰田宠儿”经营“赛萨尔”、“光冠”、“马克Ⅱ”等品种；而“丰田花冠”则经销“花冠”、“花冠Ⅱ”、“佳美”等品种。每个经销商系统由几十个经销商组成。为避免相互竞争，各系统一般只在每个县安排1～2个经销商，且每个经销商只能在所在县境内或指定区域内销售。这样，每个县通常有5～7个经销商，分属不同的经销商系统。相对重要的地方可能经销商多一些，如东京地区共有10个丰田经销商。而丰田市所在的爱知县则拥有12个之多。丰田的309个经销商还各自开办若干家专卖店。这些专卖店在该经销商的辖区内进一步划分自己的责任区，负责该责任区内的销售。

这样的销售网络，既使丰田车销售店无处不在，又尽可能地避免了销售力量的自相矛盾。在可称为“汽车一条街”的日本汽车选购场所，一家挨一家地排列着各大汽车公司专卖店。

虽然某一间丰田专卖店的旁边或对门可能就是另一家丰田专卖店，但由于他们分属不同的经销商系统，销售不同种类的丰田车，因此彼此并不直接竞争。

截至1997年1月，各经销商系统所拥有的经销商、专卖店、雇员人数及所经营的车型可参见表5-5。

表5-5 丰田五大经销商系统

经销商系统	经营车型	经销商个数	专卖店个数	雇员人数
丰田	Century，Celsior，Crown，Carina，Kestima，Ksoarer…	50	1276	30956
丰田宠儿	Celsior，Soarer，MarkII，Avalon，Caldina，Corana…	52	1083	24884
丰田花冠	Window，Supra，Camry，Celica，Corolla II，Estima…	75	1527	33068
丰田奥特	Aristo，Chaser，MR2，Sprinter，Stalet，RAV4J…	66	1064	19963
丰田维斯特	Aristo，Cresta，Cista，Curren，MR2，Tercel，Cynos…	66	693	10971

2. 丰田的产品质量

在日本汽车行业的员工中流传着这样一句话："丰田安装，本田外形，日产价格，三菱发动机"。这句话一语道破日本四家主要汽车公司产品的特点与核心专长。本田的外形设计优美入时，颇受年轻消费者的喜爱；日产汽车经常打折出售，有时折扣高达20%；三菱的发动机则动力强劲，不由使人联想到"三菱重工"。驾乘过丰田车的人都知道，丰田车的预期寿命为10年。跑过7～8年以后，外表看似破旧的丰田车开起来仍感性能良好。因此，在日、美的二手车市场中，丰田车占有相当大的比例。"丰田安装"名副其实。

丰田产品的质量保证得益于从20世纪60年代开始实施的"全面质量管理"，丰田的生产部门上上下下贯彻质量第一的思想，强调每一道工序都必须杜绝不合格产品，绝对不把不合格产品传给下道工序。也就是说，丰田的质量管理依靠的是每一道工序的所有工人，而非仅靠流水线末端的质量检查人员。

3. 丰田的价格政策

丰田早期的价格政策是"多少钱能卖出去就卖多少钱"。换句话说，就是顾客能够并且愿意花多少钱买，价格就定为多少。与一般的成本加成定价法相比，丰田的定价方法体现出明显的营销观念。而且难能可贵的是，这种观念是在20世纪五六十年代就已形成了。那时，为了使更多的日本人能买得起小轿车，也为了与进口车展开竞争，丰田公司数度领先挑起价格战，屡屡大幅度降低价格。如1952年7月将SF轿车从120万日元降至110万日元，仅隔半年又削减至95万日元。当然，只靠不断地降低价格，公司是难以赢利的，丰田之所以在那个年代价格较低而且获利丰厚，除了靠销售的增加外，最根本的是在生产中不断降低成本。

4. 丰田的研究开发

对于汽车行业来说，技术是至关重要的。如果一家汽车企业没有自己强大、独立的研究开发队伍，很难想象不会被日趋激烈的竞争所淘汰。丰田汽车公司在这方面做得相当出色。一种新型汽车从创意到参加汽车大战，丰田只需要3～4年，而欧美厂家一般需要5～10年。

早在1939年，公司成立了蓄电池研究所，开始着手电动汽车的研制。1940年又成立了丰田理化学研究所（现在的丰田中央研究所的前身）。1958年，丰田正式成立了自己的研究所。1960年，丰田集团内的9家企业联合投资兴建丰田技术中心，并在以后的几十年里，以技术中心为总部，先后在日本、美国和欧洲扩展其研究机构。如考特设计研究公司（1973年，加利福尼亚）、丰田技术中心美国分公司（1977年，美国东北部）、TMME研究开发部（1987年，比利时）、东京设计中心（1989年）和TMME设计部（1989年，比利时）等。

丰田在发展壮大研究开发机构的同时，取得了丰硕的成果。他们不断地了解顾客的偏好，并且引导顾客的偏好，从而设计出一款款受顾客欢迎的小轿车，仅在1996年一年里，丰田就在日本市场先后推出19款车。

丰田的研究开发力量使它在全球汽车行业总能处于技术领先地位。20世纪70年代，丰田公司便采用催化剂技术达到了日本环境厅规定的汽车尾气排放标准。进入21世纪后，全球环境问题日显突出。全球汽车工业领域最激烈的竞赛之一是使用燃油替代品的环保汽车的开发。丰田在1992年就开始了对燃料电池混合汽车的开发，并在2001年6月宣布推出据说是当今世界上最大行程的混合汽车，而这时世界上大多数汽车制造商对这种新型的环保车还处于试验阶段。

5. 丰田的公关活动

为了成为国际社会尊重的好公民，丰田公司在全世界展开慈善活动。拥有114亿日元的丰田基金会自1974年10月成立以来，不断地支持本土及海外的有关教育、人类与环境、文化艺术、国际交流和当地社区等方面的活动。例如，从20世纪80年代开始举办的丰田杯足球赛是国际上一项高水平的足球赛事。每年12月，来自欧洲和南美洲的俱乐部冠军队在日本东京国立竞技场举行一场比赛，无论胜负，两队均能获得巨额的出场费和奖金。世界多家电视台同时向数以亿计的球迷现场直播。再如，从1991年起，丰田肯尼亚基金会开始向一些大学、理工学院和其他学术机构中的有志于从事工程、农业和医药的优秀毕业生颁发奖学金。从1997年起，丰田还在越南三所大学设立了一个奖学金项目，以选拔一些学生赴日本留学攻读硕士学位。丰田还从1996年起，在美国东海岸切萨皮克湾地区设立切萨皮克湾基金会，此项目以中学教师及学生为对象，通过户外课程与实践增进与强化他们保护环境的社会责任感。泰国丰田汽车公司为了培养高级汽车排气控制工程师，在开隆康大学资助设立了汽车工程系。

此外，在日本本土，丰田公司于1993年成立了自己的志愿者中心，以此来促进和支持有意义的志愿者活动。该中心为员工提供那些慈善组织需要的志愿者的信息，并且鼓励员工参加。中心现已为越来越多的志愿者准备了数十项可供选择的活动。

丰田公司积极参加各项公益活动的目的在于树立公司良好的形象，以创造长远的潜在需求。1954年12月，丰田买下了东京立川的日本汽车学校，1957年又开办了东方规模最大的中部日本学校，以使更多的人学会开汽车，拥有驾驶执照，促进汽车的普及。之后，公司又相继投资保险公司、设计中心、调研中心、广播电影业等。

请问：

1. 丰田公司有哪些独特的市场营销策略？
2. 讨论发现市场机会与应用4P策略是什么关系？
3. 丰田汽车的成功经验有哪些是当前我国汽车工业发展中值得借鉴的？

营销实训

实训项目：从市场营销的角度分析第八代索纳塔成功的原因

在中国车市有一个分战场，战势僵持已久，战情瞬息万变，不时还有新的参战方投入厮杀，这就是中高级轿车市场——每个优秀汽车品牌都想有所作为的市场。放眼现状，传统的“日系三强”占位已久，雄踞南北的“两个大众”实力不可小觑，虎视眈眈的“通用福特”将美系车推向舞台。如果一辆新车想在这个市场取得成功，就必须跋山涉水、步步惊心。但第八代索纳塔自上市以来，披荆斩棘，硬是在这个高手如林的市场杀出一条血路：4 月亮剑，上市初期恰逢整个车市低迷，尤以 D 级车（中高级轿车）市场下滑触目惊心，占先机者价格体系纷纷松动，难挽区间市场下滑狂澜。大环境的阴霾消磨不了第八代索纳塔冲锋的战斗力。坚持不打价格战，厂商同心，运筹帷幄，销售为尖兵，推广为侧翼，管理为统领，步步为“赢”。在大环境下行的 2011 年，第八代索纳塔用了 6 个月的时间月销突破万辆，北京现代为之奋斗多年的品牌理想终于结出第一个硕果。

1．实训目的

学会应用 4P 理论对某款车型市场营销策略进行分析。

2．实训内容和要求

从市场营销的角度分析第八代索纳塔成功的原因。

3．实训组织

把全班分成 4～6 人一组，以组为单位完成实训任务。

4．实训操作步骤

（1）收集有关第八代索纳塔上市之前和销售环节的营销措施。
（2）对该车的市场细分、市场定位策略进行分析。
（3）对该车上市后的营销策略进行评价。

5．实训考核

（1）考核论文的格式、分析准确性、完整性等方面进行考核。（70%）
（2）考核个人在实训过程中的表现。（30%）

第 6 章　汽车整车销售实务

本章学习目标

1. 了解汽车整车销售的流程和服务事项。
2. 理解并学会运用汽车销售的技巧。

6.1　汽车整车销售概述

6.1.1　汽车销售流程

汽车销售并不是单纯的产品介绍，而是一个包含多项程序并且十分专业的过程。

如图 6-1 所示，汽车销售流程从客户开发一直到最后的售后跟踪服务，一共有九个环节。下面分别介绍汽车销售各个环节的概况。

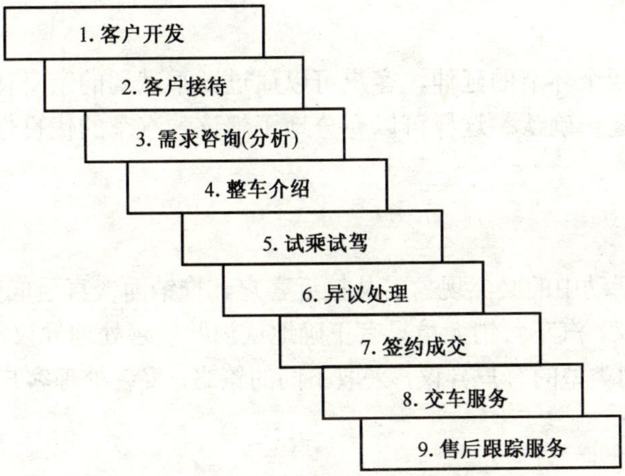

图 6-1　汽车整车销售流程

1. 客户开发

客户开发是销售的前期活动，而找准顾客是销售活动成功的关键之一，是开展销售活动的前提和基础。对于企业和营销人员来说，要想有效的开展销售工作，与各类推销对象最终达成交易，满足供需双方的利益需求，首先就要运用恰当的方法找到最好的销售机会，选择最有成交希望的推销对象。

对汽车营销人员来说，如何寻找适合产品的目标客户是汽车整车销售流程的第一步，营销人员应该根据产品特征，明确目标客户群，分析他们的特征，然后根据这些条件去寻找和开发客户，并为日后与客户的销售洽谈打下良好的基础。

2．客户接待

客户来店到达销售现场时，汽车营销人员要主动热情地上前迎接，开始客户接待的第一步，与客户进行有效沟通，善于引起顾客的兴趣，激起顾客的购买欲望。能否销售成功，第一印象的作用十分重要，客户可以从营销人员的声音、语调等判断是否友好、专业、自信，而且还会从一举一动中来考察是否是客户心目中理想的汽车营销人员。

3．需求咨询（分析）

需求咨询也叫需求分析。不同的客户有着不同的消费需求。对于每一位走进销售现场的客户，汽车营销人员都必须清楚地掌握他们的购车动机，以便有针对性地向他们推荐最适合的车辆，否则，无论汽车营销人员准备的多么充分，解释的多么详细，客户都很难因此而有所触动。在需求分析里，我们将以客户为中心，以客户的需求为导向，对客户的需求进行分析，为客户介绍和提供一款符合客户实际需要的汽车产品。

4．整车介绍

在整车介绍中，要紧扣汽车这个产品，结合客户的需求，对整车的各个部位进行互动式的介绍，将产品的亮点通过适当的方法和技巧进行介绍，向客户展示能够带给其哪些利益，以便顺理成章地进入下一个环节。

5．试乘试驾

试乘试驾是对第四个环节的延伸，客户可以通过试乘试驾的亲身体验和感受，以及对产品感兴趣的地方进行逐一确认。这样可以充分地了解该款汽车的优良性能，从而增加客户的购买欲望。

6．异议处理

顾客异议是销售活动中的必然现象。从接近客户、推销面谈直至成交签约的每一个阶段，顾客都有可能提出异议。汽车营销人员只有正确地认识并妥善处理异议，正确地认识和把握客户的异议，并针对不同类型的客户异议，采取不同的策略，妥善处理客户异议，才能促成交易。

7．签约成交

成交是整个销售过程中的最关键的阶段，决定了从寻找顾客到处理异议等一系列活动最终能否取得预期的成果。在成交阶段，汽车营销人员的核心任务就是促使顾客采取购买行动。没有成交，营销人员的一切努力都成为徒劳。因此，一个优秀的汽车营销人员应该具有明确的销售目标，千方百计地促成交易。

8．交车服务

第八个环节是交车服务，交车是指签约成交以后，要安排把新车交给客户。在交车服务里汽车营销人员应具备规范的服务行为。

9．售后跟踪服务

交车并不意味着销售活动的结束。其实，圆满的结束不仅是汽车营销人员与顾客签订了合约，更重要的是，要以完美的姿态为下次销售活动铺平道路。对于保有客户，销售人员应该运用规范的技巧进行长期的维系，以达到让客户替你宣传，替你介绍新的意向客户来看车、购车的目的。因此，售后服务是一个非常重要的环节，可以说是一个新的开发过程。

6.1.2 汽车销售顾问的作用

汽车销售顾问是指为客户提供顾问式的专业汽车消费咨询和导购服务的汽车销售服务人员。所谓顾问式销售，顾名思义就是站在专业角度和客户利益角度提供专业意见和解决方案及增值服务，使客户能作出对产品或服务的正确选择，在顾问式销售过程中同时建立客户对产品或服务的品牌提供者的感情及忠诚度，有利于进一步开展关系营销，达到较长期稳定的合作关系，实现战略联盟，从而能形成独具杀伤力的市场竞争力。

汽车销售顾问的工作范围实际上也就是从事汽车销售的工作，但其立足点是以客户的需求和利益为出发点，向客户提供符合客户需求和利益的产品销售服务。其具体工作包含：客户开发、客户跟踪、销售导购、销售洽谈、销售成交等基本过程，还可能涉及汽车保险、上牌、装潢、交车、理赔、年检等业务的介绍、成交或代办。在4S店内，其工作范围一般主要定位于销售领域，其他业务领域可与其他相应的业务部门进行衔接。

相关链接

做销售的理由

虽然不是所有的人都适合做销售，我还是很愿意推荐新人从销售开始职业生涯，让我给大家几个做销售的理由。

1. 超过70%的CEO出身销售。

2. 假如你能好好地做三年销售，以后你转行做什么都不浪费，你将属于最强大的群体，具有战胜一切困难的勇气和能力。

3. 销售是晋升机会最多的职业，大大多于其他任何一个职能，如财务、HR等。

4. 销售是靠打工能带来最丰厚收益的职业，尤其在职业起步阶段，能帮助你迅速完成资本的原始积累。

5. 销售是最容易找工作的职业，到处都需要销售，而且职业生命周期长，可以HAPPY地干到50岁，等于变相地增强职业安全感。

素材摘自《李可应. 北大就业指导中心之约——写给大学生的一封信》

6.2 汽车整车销售流程

6.2.1 客户开发

随着汽车销售竞争的日益加剧，如果车辆销售的数量完全取决于自发来店看车的客户人数，那就具有很大的随机性和不可预测性，因此客户开发是汽车销售流程的第一步。所谓客户开发，就是要求汽车销售顾问能够突破门店接待单一模式，运用多种方法和手段，通过多种多样的有效途径寻找目标客户。

1. 地毯式访问法

地毯式访问法是指推销员在寻找顾客时，对某地区内的推销对象不能确定或无法确定的情况下，通过逐一访问特定地区内的所有住户和单位，从中确定顾客的方法，又称“逐户走访法”或“全户走访法”。这是一种传统的顾客寻找方法。地毯式访问法优点是：有利于进行全面的市场调研，比较真实地获得顾客需求情况；容易扩大推销企业的影响，提高产品知名度；有利于推销员了解各种类型，各个阶层的顾客，丰富推销经验。地毯式访问法缺点是：推销员往往无的放矢，缺乏针对性，成功率相对较低。

相关链接

江铃汽车首创“地毯式”行商模式

2002 年，江铃汽车总销量历史性地突破 5 万辆，销售收入达到 60 亿元，成为全国最大的商用车生产厂商之一。2002 年底，江铃汽车在已经设立的全国 61 家汽车销售中心的基础上，引进了台湾福特六合汽车公司的推销员体系，即每个销售中心的代理商除在自己的展厅卖车外，都必须雇用几名推销员，对分管片区的目标消费群进行汽车的上门推销。

当时是江铃汽车销售总公司的副总李青在台湾福特六合考察时发现了这一销售模式。使用这种方法，台湾福特六合取得了巨大的成功，所以李青决心引进。但是，对大陆的汽车代理商来说，却是闻所未闻，很难接受。

“哪有这样卖汽车的。”曾任江铃东莞销售公司经理的高旭源回忆道。据他所知，没有一家汽车代理商是采用这种“走街串巷”的方式来推销汽车的。而且，这样卖得掉汽车吗？白花钱养着一堆业务员，值吗？

“汽车推销效果不是能在短期内能体现出来的，这样做我们能把无形的经验慢慢累积起来。”高旭源说：“就算接触的顾客暂时不买车，他至少知道江铃的车了吧，他至少知道江铃推销员对他们的热诚和重视了吧。”

在具体操作中，江铃每个销售中心的销售团队一般分两批，每批 3～4 个小组，每组 2～3 人来开展工作。针对江铃每一特定的车型进行推销也分两个阶段：第一阶段是“铺货”阶段，即大规模地对企业进行挨家挨户的宣传。这种宣传以镇、区为单位进行，每个小组负责一个镇、区的企业。每个工作日业务员出发推销时都会由销售中心经理召开晨会，圈定镇区内有价值的潜在企业客户，然后挨家拜访。第二个阶段，推销人员会对登门拜访的结果进行小结，然后会把购车意愿更高的潜在购买企业纳入数据库，进行更细致的电话咨询，直至其产生实际的购车行为。

2. 连锁介绍法

通过老客户的介绍来寻找有可能购买该产品的其他客户的方法叫做连锁介绍法，又称为客户引荐法或无限连锁法。这是寻找新客户的有效方法，被称为黄金客户开发法。

连锁介绍法的优点较多。第一，可以避免推销人员寻找客户的盲目性。因为现有客户推荐的新客户大多是他们较为熟悉的单位或个人，甚至有着共同的利益，所以提供的信息准确、内容详细。同时由于各位客户之间的内在联系，使连锁介绍法具有一定的客观依据，可以取得新客户的信任。一般人对不速之客存有戒心。若经过熟人介绍，情况则不同。第二，连锁介绍法既是寻找新客户的好办法，也是接近新客户的好办法。如果推销人员赢得了现有客户的真正信任，那就有可能赢得现有客户所推荐的新客户的信任。第三，成功率比较高。现有客户所推荐的新客户与现有客户之间存在着某种联系，根据这种内在的联系来寻找客户，会取得较高的成功率。

当然，连锁介绍法也有一定的局限性。第一，事先难以制订完整的推销访问计划。通过现有客户寻找新客户，因推销人员不知道现有客户可能介绍哪些新客户，事先就难以做出准备和安排，时常在中途改变访问路线，打乱整个访问计划。第二，推销人员常常处于被动地位。既然现有客户没有进行连锁介绍的义务，现有客户是否介绍新客户给推销人员，完全取决于现有客户。若推销人员向现有客户推销失利，或者现有客户出于某种考虑不愿意介绍新客户，推销人员便无可奈何。

相关链接

乔·吉拉德的"250 定律"

美国著名推销员乔·吉拉德在商战中总结出了"250 定律"。他认为，每一位顾客身后，大体有 250 名亲朋好友。如果您赢得了一位顾客的好感，就意味着赢得了 250 个人的好感；反之，如果你得罪了一名顾客，也就意味着得罪了 250 名顾客。这一定律有力地论证了"顾客就是上帝"的真谛。由此，我们可以得到如下启示：必须认真对待身边的每一个人，因为每一个人的身后都有一个相对稳定的、数量不小的群体。善待一个人，就像拨亮一盏灯，照亮一大片。

3．中心开花法

中心开花法是指推销人员在某一特定的推销范围内，取得一些具有影响力的中心人物的信任，然后在这些中心人物的影响和协助下，把该范围内的个人或组织发展成为推销人员的准顾客的方法。利用名人介绍法寻找顾客，关键是取得"中心人物"的信任和合作。一般来说，核心人物或组织往往在公众中具有很大的影响力和很高的社会地位，常常是消费者领袖。中心开花法所依据的理论是"晕轮效应"。心理学原理认为，人们对于在自己心目中享有一定威望的人物是信服并愿意追随的。因此，一些中心人物的购买与消费行为，就可能在他的崇拜者心目中形成示范作用与先导效应，从而引发崇拜者的购买与消费行为。

中心开花法的优点有以下两个方面。第一，推销员可以集中精力向少数中心人物做细致的说服工作。在实际的推销活动中，推销员必须反复向每一位客户进行说服，既单调，又费时费力。而这种方法则可以在一定程度上避免重复和浪费。第二，能有效扩大产品影响，中心人物多是该领域里的消费者领袖。利用名人介绍法寻找客户，不仅可以通过中心人物的联系发现大批新客户，而且可以借助中心人物的社会地位来扩大商品的影响。

中心开花法也有一定的局限性。第一，"中心人物"起决定作用，推销员要反复向中心人物做工作。而且这些所谓"中心人物"往往难以接近。假如中心人物不愿意与推销员合作，就会失去很多客户。第二，选错中心人物会得不偿失，如果推销员选错了客户心目中的"中心"人物，就有可能弄巧成拙，既耗时间又费精力，最后往往贻误推销时机。

相关链接

为雪佛兰科鲁兹代言

雪佛兰科鲁兹是通用借助全球的设计平台并综合通用最先进科技，而打造的一台紧凑型家轿车，因其外型阳刚饱满，内饰时尚且极富层次感而博得多数80后的喜爱。科鲁兹自2009年4月18日上市以来便一路高歌猛进，销量与关注度始终居高不下。科鲁兹的持续热销更多得宜于自身出众的品质，然而其在上市之初便获得了极高的关注度，代言人米勒功不可没。

2009年3月底，《越狱》男主角米勒正式出任科鲁兹代言人，其时超人气美剧《越狱》第四季正在热播中，男主角米勒超高的人气及英俊睿智的形象促进了科鲁兹品牌形象与知名度的提升。销量方面，科鲁兹上市以来销量稳步提升，12月份单月销量高达18 818辆，2009年全年销售92 190辆；1～7月科鲁兹销量起伏较大，但单月销量均在万辆以上，前7月共销121 260辆。

2009年以来，“越狱”及“米勒”的关注度持续上升，随着全剧在5月底的终结，两者的关注度开始下滑、趋于平稳。这种趋势与科鲁兹上市之初的关注指数变化情况一致。科鲁兹在上市之初的两个月里关注度一直较高，自6月起有所下滑随后平稳上升。可以说科鲁兹在正确的时间选择了正确的代言人。

4. 车展

车展是获取客户资料的重要途径之一，因此要组织专门的工作人员收集客户的资料，了解客户的需求。也可邀请意向客户参观车展，争取每一个沟通、交流机会，为进一步的销售工作创造有利条件。

5. 俱乐部活动

定期或不定期的举行各种主题俱乐部活动或车主联谊活动，这种兴趣和利益双管齐下的方法，重要培养优质客户，增加附加利润。

6. 来电客户登记表

通过查看那些打过咨询电话的记录，从中发现客户或潜在客户的需求，根据客户的需求进行回访，赢得客户的信赖，从而获得新的客户源。

6.2.2 客户接待

销售顾问是最先接触客户的人群，代表着企业的形象，因此要充分把握机会，给客户留下良好的第一印象。与陌生人交往的过程中，所得到的有关对方的最初印象称为第一印象。第一印象并非总是正确，却总是最鲜明、最牢固的，并且决定着以后双方交往的过程。

相关链接

孙权拒庞统于门外

《三国演义》中凤雏庞统当初准备效力东吴，于是去面见孙权。孙权见到庞统相貌丑陋，心中先有几分不喜，又见他傲慢不羁，更觉不快。最后，这位广招人才的孙仲谋竟把与诸葛亮比肩齐名的奇才庞统拒于门外，尽管鲁肃苦言相劝，也无济于事。众所周知，礼节、相貌与才华决无必然联系，但是礼贤下士的孙权尚不能避免这种偏见，可见第一印象的影响之大。

1. 准备工作

所谓准备工作，就是在接待客户之前，所进行的有关仪态仪表、工作物品等的准备活动。

（1）仪容

① 专业的汽车销售顾问要求头发洁净、整齐，无头皮屑，不做奇异的发型。对于男汽车销售顾问，发型款式大方，不怪异，长短适中，头发干净整洁，染发无太大发差，无汗味。不抹过多的发胶把头发弄得像刺一样硬，发脚要修剪干净，不允许留长发和光头。对于女性汽车销售顾问，要求不留长过肩膀的披肩发，如果平时留长发的女性，工作时应将长发盘在脑后显出职业化。同时，女性也不宜用华丽头饰。从专业的角度看，头发的处理要遵循：前发不附额，侧发不掩耳，后发不及领。

② 眼睛是心灵的窗户，人的心理活动通过眼睛可以得到清晰的表达。专业的汽车销售顾问应该做到眼睛无眼屎，无睡意，不充血，不斜视。如果佩戴眼镜，应端正、洁净明亮，不允许在工作场所佩戴墨镜或有色眼镜。

③ 经常清洗耳朵，做到内外干净，无耳屎。一般情况下，女性汽车销售顾问不戴耳环更容易体现其专业性；男性汽车销售顾问切勿为了新潮而穿耳孔、戴耳环，这将会有损自身的专业形象。

④ 鼻孔干净，不流鼻涕，鼻毛不外露。

⑤ 往往有些汽车销售顾问不大注意口腔卫生，一开口就让顾客面露难色。因而，要注意保证牙齿整齐洁白，常保持口气清新，防止口腔异味，嘴角无泡沫，与顾客洽谈时不允许嚼口香糖等。对于有吸烟嗜好的男汽车销售顾问，更应该注意牙齿的保健，及时清除牙斑和沉着的色素。

⑥ 在汽车销售礼仪中男汽车销售顾问要注意经常刮干净或修整齐自己的胡子，如执意要留长胡子、八字胡或其他奇形怪状的胡子，那将会对自己的专业形象产生极大的损害。

⑦ 不论是男汽车销售顾问还是女性销售顾问，均要求脸面洁净、无明显粉刺。为了表示对顾客的尊重，在汽车销售礼仪里面女性汽车销售顾问还须适度化妆，但施粉要适度，不留痕迹。女性汽车销售顾问在妆容方面应该选择一种趋于自然的美，通过恰当的淡妆来实现，给人以大方、悦目、清新的感觉；不宜描眉、涂眼影、上较夸张的粉底和颜色鲜艳的指甲油；应清淡自然，似有若无，切忌浓妆艳抹。男汽车销售顾问应适当涂些护肤膏，不要让脸上皮肤太干涩或油光光的。

⑧ 不论是否打领带，专业的汽车销售顾问在工作时间内都不应戴项链或其他饰物。

⑨ 在汽车销售中经常会与顾客进行手的接触（如握手），因而要求随时保持手的洁净，指甲应经常修理，保持整齐，不戴除结婚戒指以外的其他戒指。

（2）仪表

① 汽车销售顾问在汽车销售礼仪中应该注重仪表的协调。所有销售顾问应当穿着衬衫，打领带。外套制服，仪表整洁，并佩戴名牌。女性汽车销售顾问如果没有统一的着装，则穿套装以及深色皮鞋配肤色的丝袜最为合适。皮鞋、袜子、公文包的色彩宜为深色，并以黑色为常见。这能体现出汽车销售顾问的庄重、亲和、敬业。反之，过于花俏时髦的服装则令人感觉轻浮，不稳

重。应避免戴过于夸张或发出响声的饰物。同样，男汽车销售顾问也应如此：穿深色西装，浅色衬衫，打色彩协调的领带，穿深色袜子，袜子不能过短，鞋面光亮整洁，给人以庄重和可信任感。

现在各品牌汽车销售与服务的 4S 店都要求员工统一汽车销售着装。一般都是一深色西装为主，这对于轿车的销售而论，能够与产品相呼应，融为一体。但是，如果是卡车汽车销售顾问，也统一要求穿着西装，就显得不适宜。因为卡车销售要求汽车销售顾问上上下下，甚至要爬到汽车底盘下面。此时，汽车销售顾问如果穿的是工装，反而容易与汽车产品协调一致，这种汽车销售礼仪也容易与顾客拉近距离。

② 领带虽小，却透出一个汽车销售顾问的品位，因而要求领带必须端正整洁，不歪不皱，质地、款式、颜色应与服饰匹配，符合自己的年龄、身份和公司的个性，不宜过分华丽和耀眼，一般不提倡佩戴印有公司标记的领带，更不应该带真皮或珍珠领带。

③ 专业的汽车销售顾问工作准备讲究所穿鞋袜必须搭配得当，如果穿有鞋带的皮鞋，应系好鞋带。应随时保持鞋面洁净亮泽，无尘土和污物，不宜钉铁掌，鞋跟不宜过高、过厚和怪异。袜子必须干净无异味，不能露出脚毛。在汽车销售仪容仪表中男汽车销售顾问不应该穿白色的袜子，以免影响顾客的注意力；女性销售顾问应穿肉色短袜或长筒袜，袜子不要褪落和脱丝；不允许穿凉鞋和不穿袜子进入工作场所。

（3）工作物品准备

每一名销售顾问配有销售工具夹，用于存放名片、车辆说明、企业或产品宣传资料、报价表、商品资料、各银行分期贷款明细表、保费计算清单、配件报价单、上牌服务资料及流程等，每日早晨销售顾问应自行检查工具夹内的资料是否齐全，及时更新，以便与客户商谈时快捷、方便地拿取资料。

2．接待礼仪

（1）握手礼仪

迎上客户的同时伸出自己的右手，身体略向前倾，看着客户的眼睛。握手需要握实，摇动的幅度不要太大。时间以客户松手的感觉为准。

（2）站立的姿势

站立商谈的姿势：站着与客户商谈时，两脚平行打开，之间 10 厘米左右，这种姿势不易疲劳，同时头部前后摆动时比较保持平衡，气氛比较缓和。

站立等待的姿势：双脚微分，双手握于小腹前，视线可维持较水平略高的幅度，气度安详稳定，表现出自信。

（3）入座姿势

多半从椅子的左侧入座，紧靠椅背，上身不要靠着椅背，微微前倾，双手轻轻放于腿上或两手分开放于膝上，双脚的脚后跟靠拢，膝盖可以分开一个拳头宽，平行放置；若是坐在较软的沙发上，应坐在沙发的前端，如果往后仰则容易显得对客户不尊重。

会客室的入座一般没有一定的常规可循，因此，当客户进来时站立起来，遵循客户的指示入座。乘坐出租车时客户的位置一般为驾驶座后面的后座，坐火车一般以客户坐顺行方向的靠窗位置为标准。

（4）商谈距离

通常与较熟客户的距离是 70～80 公分，与较不熟悉的客户的谈话距离是 100～120 公分。

站着商谈时，一般的距离为两个手臂长。一站一坐，则距离可以稍微拉近，约一个半手臂长。坐着时约为一个手臂长，同时保证避免自己的口气吹到对方。

相关链接

交谈距离

当人们进行交际的时候，交际双方在空间所处位置的距离具有重要的意义，它不仅告诉我们交际双方的关系、心理状态，而且也反映出民族和文化特点。心理学家发现，任何一个人需要在自己的周围有一个自己能够把握的自我空间，这个空间的大小会因不同的文化背景、环境、行业、个性等而不同。不同的民族在谈话时，对双方保持多大距离有不同的看法。根据霍尔博士（美国人类学家）研究，有4种距离表示不同情况。

亲密接触（intimate distance 0～45 cm），交谈双方关系密切，身体的距离从直接接触到相距约45厘米之间，这种距离适于双方关系最为密切的场合，比夫妻及情人之间。

私人距离（personal distance 45～120），朋友、熟人或亲戚之间往来一般以这个距离为宜。

礼貌距离（social distance 120～360），用于处理非个人事物的场合中，如进行一般社交活动，或在办公、办理事情时。

一般距离（public distance 360～750），适用于非正式的聚会，如在公共场所听演出等。

（5）视线落点

平常面对面交谈，当双方对话时，视线落在对方的鼻尖，偶尔可注视对方的双目，当诚心诚意想要恳请对方时，两眼可以注视对方的双目，虽然双目一直望着对方的眼睛能表现您的热心，但也会出现过于针锋相对的情景。

在整个交谈过程中，与对方目光接触应该累计达到全部交谈过程的 50%～70%，其余30%～50%时间，可注视对方脸部以外5～10厘米处，这样比较自然、有礼貌。

交谈时场合不同，注视的部位也不同。一般分为公务凝视、社交凝视、亲密凝视。公务凝视在洽谈、磋商、谈判等严肃场合，目光要给人一种严肃、认真的感觉。注视的位置在对方双眼或双眼与额头之间的区域。社交凝视，在各种社交场合使用的注视方式。注视的位置在对方唇心到双眼之间的三角区域。亲密凝视，这是亲人之间、恋人之间、家庭成员之间使用的注视方式。凝视的位置在对方双眼到胸之间。

相关链接

眼睛——心灵的窗户

孟子曰：“存乎人者，莫良于眸子。眸子不能掩其恶。胸中正，则眸子瞭焉；胸中不正，则眸子眊焉。听其言也，观其眸子，人焉廋哉？”也就是说，孟子说：“观察一个人，再没有比观察他的眼睛更好的了。眼睛不能掩盖一个人的丑恶。心中光明正大，眼睛就明亮；心中不光明正大，眼睛就昏暗不明，躲躲闪闪。所以，听一个人说话的时候，注意观察他的眼睛，他的善恶真伪能往哪里隐藏呢？”

（6）递交名片

一般名片都放在衬衫的左侧口袋或西服的内侧口袋，也可以放在随行包的外侧，避免放在裤子的口袋。出门前要注意检查名片是否带足，递交名片时注意将手指并拢，大拇指夹着名片以向上弧线的方式递送到对方胸前。拿取名片时要双手去拿，拿到名片时轻轻念出对方的名字，以让对方确认无误。拿到名片后，仔细记下并放到名片夹的上端夹内。交换名片时，可以右手递交名片，左手接拿对方名片。

（7）手的指示

当需要用手指引样品或模型或为客户指示方向时，食指以下靠拢，拇指向内侧弯曲，指示方向。

3. 店内接待

销售顾问在接待台旁迎接，应准备好工具包，站姿标准，面带微笑。当客户来到展厅门口时，销售顾问应迅速地为客户将门拉开，并主动向客户打招呼说“您好”，面带微笑，点头示意，将客户迎进。

当顾客进入展厅后，销售顾问应递上名片，并自我介绍，内容可为“各位早上/下午/晚上好！欢迎光临×××汽车销售服务店，我是销售顾问×××，您可以称呼我为××，很高兴为您服务”。

当客户希望自己参观展车时，对客户说“×先生/女士，您请随意参观，有什么需要随时示意我，我会看到”，然后站在客户视线所及的范围内，当客户示意有问题时，立刻点头示意表示看到，并立刻上前，步伐平稳，面带微笑。

引领客户时，位于客户右侧前方2～3步，要让出客户前进的方向，避免背对客户，应侧身45度，按客户的速度行进，为客户指引方向时使用右手，手心朝上，大拇指自然张开，其他四指自然并拢，手臂略弯。走到座位旁时，主动为客户拉开座椅，伸手示意客户及其同行的其他客户就坐，保持面带微笑。当客户全部就坐后，销售顾问再就坐于客户右侧。

客户入座后，销售顾问应主动询问客户喜欢哪一种饮料，并示意前台接待准备饮料。为客户递水时，一手托住杯底，一手扶住杯子下部（双手远离杯口），从客户的侧面把水递上，同时告知客户“您请用茶”或“这是您的茶，请慢用”。

送别客户时，位于与客户平行的位置，送客户至展厅门外，感谢客户惠顾，热情欢迎再次来店，微笑、目送客户离去（至少5秒钟时间）。

6.2.3 需求分析

1. 客户的需求

通过需求分析来评定应该如何接待客户以满足其的需求，达成销售目标。首先必须肯定其购买的动机、立场、偏好及对品牌认识的深度，尤其是使用汽车的用途与购买决定的重要关键点。有时，顾客的期望比需要更为重要。要了解顾客的需求与真正的期望，就等于要在短短的数分钟内了解一个人的经济状况、社会地位、性格特点。

消费者的需求分为显性需求和隐形需求，其中消费者意识到，并有能力购买且准备购买某种产品的有效需求属于显性需求，企业要重点把握和领会消费者的显性需求。而消费者没有直接提出、不能清楚描述的需求属于隐形需求，企业要激发消费者的隐性需求，要更了解和体会客户才能更好地满足消费者的隐性需求。作为一名营销人员要能够在了解客户显性需求的基础上深一步挖掘客户的隐形需求，才能真正地为客户提供满意的服务。

2. 询问

发掘客户需要最有效的方式之一就是询问。汽车营销人员通过询问可以获得大量的信息，但是要想取得好的效果，就需要一定的询问技巧。恰当的表述方式，可以得到更理想的效果，如果提问方式不恰当，就有可能遭到客户的拒绝。

（1）开放式提问

开放式提问是指提出比较概括、广泛、范围较大的问题，对回答的内容限制不严格，给对方以充分自由发挥的余地。这样的提问比较宽松，不唐突，也常得体。开放式提问常用于访谈的开头，可缩短双方心理、感情距离，开放式提问一般用“为什么”“怎么样”等句式来提问，如“你需要一辆什么样的汽车”。

（2）封闭式提问

由于开放式提问比较松散和自由，难以深挖，所以也需要有所节制，并非越开放越好。所以封闭式提问常与开放式提问交叉使用。所谓封闭式提问，是指提出答案有唯一性。范围较小、有限制的问题，对回答的内容有一定限制，提问时，给对方一个框架，让对方在可选的几个答案中进行选择。这样的提问能够让回答者按照指定的思路去回答问题，而不至于跑题。

封闭式提问是可以用“是”或者“不是”、“有”或者“没有”、“对”或者“不对”等简单词语来作答的提问。如“您现在就能确定下来吗”、“您对这款车满意吗？”这类问题通常用旨在缩小讨论范围，获得特定信息。

（3）选择式提问

人们有一种共同的心理，认为说“不”比说“是”更容易、更安全。所以，内行的推销员向顾客提问时尽量设法不让顾客说出“不”字来。选择性提问就可以很好地解决这个问题，选择式提问也称限定式提问，在一个问题中提示两个可供选择的答案，两个答案都是肯定的。

如与顾客预约，有经验的销售员从来不会问顾客“我可以在今天下午来见您吗”。因为这种只能在“是”和“不”中选择答案的问题，顾客多半只会说：“不行，我今天下午的日程实在太紧了，等我有空的时候再打电话约定时间吧。”有经验的推销员会对顾客说：“您看我是今天下午 2 点钟来见您还是 3 点钟来?”“3 点钟来比较好。”当他说这句话时，你们的约定已经达成了。

（4）启发型提问

启发型提问是以先虚后实的形式提问，让对方做出提问者想要得到的回答，这种提问方式循循善诱，有利于表达自己的感受，促使顾客进行思考，控制推销劝说的方向。如销售员问：“请问您是想要安全系数高还是低点的车呢?”“当然是安全系数高的!”“哦，是这样的，这一款安全系数比较高的价格要比其他车型高出 10 000 元，您看……”

（5）协商型提问

协商型提问以征求对方意见的形式提问，诱导对方进行合作性的回答。这种方式，对方比较容易接受。即使有不同意见，也能保持融洽关系，双方仍可进一步洽谈下去。如：“高小姐，您看，咱们是否现在下定金？”

3．询问技巧

（1）洽谈时用肯定句提问

在开始洽谈时用肯定的语气提出一个令顾客感到惊讶的问题，是引起顾客注意和兴趣的可靠办法。如：“你已经……吗?”“你有……吗?”或是把你的主导思想先说出来，在这句话的末尾用提问的方式将其传递给顾客。如：“现在大家都喜欢时尚的两厢车，不是吗？”只要你运用得当，说的话符合事实而又与顾客的看法一致，会引导顾客说出一连串的“是”，直至成交。

（2）询问顾客时要从一般性的事情开始，然后再慢慢深入下去

向顾客提问时，虽然没有一个固定的程序，但一般来说，都是先从一般性的简单问题开始，逐层深入，以便从中发现顾客的需求，创造和谐的推销气氛，为进一步推销奠定基础。

（3）先了解顾客的需求层次，然后询问具体要求

了解顾客的需求层次以后，就可以掌握你说话的大方向，可以把提出的问题缩小到某个范围以内，进而易于了解顾客的具体需求。如顾客的需求层次仅处于低级阶段，即生理需要阶段，那么他对产品的关心多集中于经济耐用上。当你了解到这以后，就可重点从这方面提问，指出该商品如何满足顾客需求。

相关链接

询问的技巧

据传在某国的一个教堂，有一天，一位教士在做礼拜时，忽然熬不住烟瘾，就去问他的上司：“我祈祷时可以抽烟吗？”结果，遇到了上司的斥责。后来又有一位教士，同样在祈祷时犯了烟瘾，却换了一种口气问他的上司：“我吸烟时可以祈祷吗？”上司莞尔一笑，答应了他的请求。

4．聆听

通常大多数人认为只有在讲话时才会发生积极的沟通，实际上沟通时一个双向的过程，聆听是其中一个重要的组成部分。有效倾听在实际沟通过程中的具体作用如下。

（1）获得相关信息

有效的倾听可以使销售人员直接从客户口中获得相关信息。众所周知，在传递信息的过程中，总会有或多或少的信息损耗和失真，经历的环节越多，传递的渠道越复杂，信息的损耗和失真程度就越大。所以，经历的环节越少，信息传递的渠道越直接，人们获得的信息就越充分、越准确。

（2）体现对客户的尊重和关心

当销售人员认认真真地倾听客户谈话时，客户可以畅所欲言地提出自己的意见和要求，这除了可以满足他们表达内心想法的需求，也可以让他们在倾诉和被倾听中获得关爱和自信。客户希望得到销售人员的关心与尊重，而销售人员的认真倾听则可以使他们的这一希望得以实现。通过有效的倾听，销售人员可以向客户表明，自己十分重视他们的需求，并且正在努力满足他们的需求。

（3）创造和寻找成交时机

倾听当然并不是要求销售人员坐在那里单纯地听那么简单，销售人员的倾听是为达成

交易而服务的。也就是说，销售人员要为了交易的成功而倾听，而不是为了倾听而倾听。在倾听的过程中，销售人员可以通过客户传达出的相关信息判断客户的真正需求和关注的重点问题，然后，销售人员就可以针对这些需求和问题寻找解决的办法，从而令客户感到满足，最终实现成交。如果销售人员对客户提出的相关信息置之不理或者理解得不够到位，那么这种倾听就不能算得上是有效的倾听，自然也不可能利用听到的有效信息抓住成交的最佳时机。

5. 聆听技巧

古希腊哲学家苏格拉底说："上天赐人以两目两耳，但只有一口，欲使其多闻多见而少言。"根据美国学者统计，一个人每天花费在接受信息的时间如下：书写占 14%，阅读占 17%，交谈占 16%，倾听占 53%。有效倾听是一种天生的本能，一种需要不断学习和锻炼的技巧，需要智力和情绪上的配合，要借助分析、理解和判断等活动，因此，为了达到良好的沟通效果，销售人员就必须不断修炼倾听的技巧。有效倾听的技巧如下。

（1）集中精力，专心倾听

这是有效倾听的基础，也是实现良好沟通的关键。要想做到这一点，销售人员应该在与客户沟通之前做好多方面的准备，如身体准备、心理准备、态度准备及情绪准备等。疲惫的身体、无精打采的神态及消极的情绪等都可能使倾听归于失败。

（2）不随意打断客户谈话

随意打断客户谈话会打击客户说话的热情和积极性，如果客户当时的情绪不佳，而你又打断了他们的谈话，那无疑是火上浇油。所以，当客户的谈话热情高涨时，销售人员可以给予必要的、简单的回应，如"噢"、"对"、"是吗"、"好的"等。除此之外，销售人员最好不要随意插话或接话，更不要不顾客户喜好另起话题。例如："等一下，我们公司的产品绝对比你提到的那种产品好得多……"，"您说的这个问题我以前也遇到过，只不过我当时……"。

（3）谨慎反驳客户观点

客户在谈话过程中表达的某些观点可能有失偏颇，也可能不符合销售人员的口味，但是你要记住：客户永远都是上帝，他们很少愿意销售人员直接批评或反驳他们的观点。如果实在难以对客户的观点做出积极反应，那可以采取提问等方式改变客户谈话的重点，引导客户谈论更能促进销售的话题。

（4）了解倾听的礼仪

在倾听过程中，销售人员要尽可能地保持一定的礼仪，这样既显得自己有涵养、有素质，又表达了对客户的尊重。通常在倾听过程中需要讲究的礼仪如下。

① 保持视线接触，不东张西望。

② 身体前倾，表情自然。

③ 耐心聆听客户把话讲完。

④ 真正做到全神贯注。

⑤ 不要只做样子、心思分散。

⑥ 表示对客户意见感兴趣。

⑦ 重点问题用笔记录下来。

⑧ 插话时请求客户允许，使用礼貌用语。

（5）及时总结和归纳客户观点

这样做，一方面可以向客户传达你一直在认真倾听的信息，另一方面，也有助于保证你没有误解或歪曲客户的意见，从而使你更有效地找到解决问题的方法。例如："如果我没理解错的话，您更喜欢弧线形外观的深色汽车，性能和质量也要一流，对吗？"

相关链接

乔·吉拉德的故事

乔·吉拉德花了近一个小时才让他的顾客下定决心买车，然后，他所要做的仅仅是让顾客走进自己的办公室，然后把合约签好。当他们向乔·吉拉德的办公室走去时，那位顾客开始向乔提起了他的儿子。顾客十分自豪地说："我儿子考进了普林斯顿大学，我儿子要当医生了。""那真是太棒了。"乔回答。俩人继续向前走时，乔却看着其他顾客。"乔，我的孩子很聪明吧，当他还是婴儿的时候，我就发现他非常的聪明了。""成绩肯定很不错吧？"乔应付着，眼睛在四处看着。"是的，在他们班，他是最棒的。""那他高中毕业后打算做什么呢？"乔心不在焉。"乔，我刚才告诉过你的呀，他要到大学去学医，将来做一名医生。"

"噢，那太好了。"乔说。那位顾客看了看乔，感觉到乔太不重视自己所说的话了，于是，他说了一句"我该走了"，便走出了车行。乔·吉拉德呆呆地站在那里。

下班后，乔回到家回想今天一整天的工作，分析自己做成的交易和失去的交易，并开始分析失去客户的原因。次日上午，乔一到办公室，就给昨天那位顾客打了一个电话，诚恳地询问道："我是乔·吉拉德，我希望您能来一趟，我想我有一辆好车可以推荐给您。"

"哦，世界上最伟大的推销员先生，"顾客说，"我想让你知道的是，我已经从别人那里买到了车啦。""是吗？""是的，我从那个欣赏我的推销员那里买到的。乔，当我提到我对我儿子是多么的骄傲时，他是多么认真地听。"顾客沉默了一会儿，接着说，"你知道吗？乔，你并没有听我说话，对你来说我儿子当不当得成医生并不重要。你真是个笨蛋！当别人跟你讲他的喜恶时，你应该听着，而且必须聚精会神地听。"刹那间，乔·吉拉德明白当初为什么会失去这名顾客了。原来，自己犯了如此大的错误。乔连忙对顾客说："先生，如果这就是您没有从我这里买车的原因，那么确实是我的错。要是换了我，我也不会从那些不认真听我说话的人那儿买东西。真的很对不起，请您原谅我。那么，我能希望您知道我现在是怎么想的吗？""你怎么想？"顾客问道。"我认为您非常伟大。而您送儿子上大学也是一个非常明智之举。我敢确信您儿子一定会成为世界上最出色的医生之一。我很抱歉，让您觉得我是一个很没用的家伙。但是，您能给我一个赎罪的机会吗？""什么机会，乔？""当有一天，若您能再来，我一定会向您证明，我是一个很忠实的听众，事实上，我一直就很乐意这样做的。当然，经过昨天的事，您不再来也是无可厚非的。"

两年后，乔卖给了他一辆车，而且还通过他的介绍，获得了他的许多同事的购买车子的合约。后来，乔·吉拉德还卖了一辆车给他的儿子，一位年轻的医生。

6.2.4 整车介绍

调查发现，在车辆展示过程中作出购买决定的客户占最终购买客户的 70%以上，因此这个环节是完成下销售的关键环节，也是说服客户的关键一步。所谓整车介绍，实际上就是在充分了解客户对汽车产品的需求及兴趣偏好后，充分展示汽车产品能够满足客户需求的各项特征，让消费者更详细地了解产品，使其相信产品的性能及其所带来的利益能满足自己的需求。

1．FAB 法则

客户之所以在购买产品时犹豫不决，往往是因为对产品的属性和优点不甚明确，不知道“它对我有什么好处”或“它能给我带来什么好处”。而且，有时候客户的需求并不会仅仅局限于一个卖点，而是出现两种或多种卖点并存的情况，比如，一位客户可能同时注重汽车的功能、外形和服务，这就决定了汽车营销人员介绍产品的繁杂性。

为了使介绍能按一定的逻辑顺序进行，使产品的多个卖点的介绍更加有效而不啰唆，往往可以采用 FAB 法则，所谓 FAB 即属性、作用、益处的法则，FAB 对应的是三个英文单词：Feature、Advantage 和 Benefit，按照这样的顺序来介绍，就是说服性演讲的结构，它达到的效果就是让客户相信你的是最好的。

（1）属性（Feature）

属性，即产品所包含的客观现实，所具有的属性。比如，讲台是木头做的，木头做的就是产品所包含的某项客观现实。对于所销售产品的属性，销售人员必须有足够的了解和认识，这是毋庸置疑的。除此之外，为了更好地销售，还要深刻地挖掘自身产品的潜质，努力找到被其他人忽略的，没想到的属性。

（2）作用（Advantage）

现实中的每一个产品都有各自的特征，作用就是能够给客户带来的用处。

（3）益处（Benefit）

益处，就是给客户带来的利益。比如，讲台是木头做的，那么木头做的给客户带来的益处就是非常轻便。

FAB 应该这样解释，这个讲台是木头做的，搬起来很轻便，所以使用非常方便。这样的结构，就是说服性的演讲结构，只有这样的结构才能让客户觉得你的产品满足了他的需求，并且愿意购买你的产品。

（4）FAB 句式的运用

FAB 介绍法其实是一种针对不同客户的购买动机，把最符合客户要求的产品利益向客户加以推介，讲明产品的属性、作用及可以为客户带来的利益的一种销售方法。

事实上，属性、作用和利益是一种贯穿产品介绍过程的因果关系，在产品介绍中，它形成了诸如“因为……，所以……，对您而言……”的标准句式。例如：“因为这辆车配有 12 缸发动机，所以从 0～100 公里的加速时间仅为 12 秒，对您来说可以让你快速提升行车速度。”

相关链接

FAB 句式范例

一只猫非常饿了，想大吃一顿。这时销售员推过来一摞钱，但是这只猫没有任何反应——这一摞钱只是一个属性。

猫躺在地下非常饿了，销售员过来说：“猫先生，我这儿有一摞钱，可以买很多鱼。” 买鱼就是这些钱的作用。但是猫仍然没有反应。

猫非常饿了，想大吃一顿。销售员过来说：“猫先生请看，我这儿有一摞钱，能买很多鱼，你就可以大吃一顿了。”话刚说完，这只猫就飞快地扑向了这摞钱。这就是一个完整的 FAB 的顺序。

猫吃饱喝足了，需求也就变了——它不想再吃东西了，而是想见它的“女朋友”了。那么销售员说：“猫先生，我这儿有一摞钱。”猫肯定没有反应。销售员又说：“这些钱能买很多鱼，你可以大吃一顿。”但是猫仍然没有反应。原因很简单，它的需求变了。

2．六方位绕车介绍法

所谓“六方位绕车介绍法”是指汽车销售人员在向客户介绍汽车的过程中，销售人员围绕汽车的车前方、车左方、车后方、车后座、驾驶室、发动机舱六个方位展示汽车，把车辆的配置状况做一个详细的解说。这种方法巧妙的将客户需要了解的一切信息融入到讲解过程中，通过销售顾问的细致阐述，客户对车辆有了全方位的进一步了解。

（1）车辆前方

销售顾问首先将客户引领到车前方45度角的位置，距离车辆90厘米，上身微向客户，距离1米左右，左手引导客户参观车辆。汽车的正前方是客户最感兴趣的地方，当汽车销售人员和客户并排站在汽车的正前方时，客户会注意到汽车的标志、保险杠、前车灯、前挡风玻璃、大型蝴蝶雨刷设备，还有汽车的高度、越野车的接近角等。销售顾问从汽车的外形开始，按照由远及近，由上至下的顺序分别介绍其车身尺寸、油漆工艺及车身颜色、前大灯、保险杠、前挡风玻璃及雨刮器等。

（2）车左侧方

接下来，汽车销售人员就要引领客户站在汽车的左侧，从而发掘客户的深层次需求。引领客户到车左前轮外侧约60厘米处，就视野所及，从车身结构开始，依次介绍车身材料及制造工艺、车身安全性、制动系统、前后悬架、车外后视镜、门把手、天线等。

（3）车后方

陪同客户站在轿车的背后约60厘米处，从行李箱开始，依次介绍高位制动灯、后风窗加热装置、后组合尾灯、尾气排放、燃油系统等。后方主要是一个过渡的位置，车辆的许多附加功能都可以在这里介绍，如后排座椅的易拆性、后门开启的方便性、存放物体的容积大小、汽车的尾翼、备用车胎的位置设计等。

（4）车后座

销售顾问要争取邀请客户开门，引导客户进入车体，依次介绍摇窗机构、内饰等，让客户充分实际体验车辆的设计。

（5）驾驶室

鼓励客户进入驾驶室，先行开车门引导其进座，销售顾问采用蹲跪向客户解释汽车功能及各种操作方法，介绍内容包括座椅的调控、方向盘的调控、驾驶视野、腿部空间的感觉、安全气囊、安全带、制动系统、操作性、音响、中控台、空调、车门等。最好让客户进行操作体验，同时进行讲解和指导。

（6）发动机舱

最后站在车头前缘偏右侧，打开发动机舱盖，固定机盖支撑，依次向客户介绍发动机布局、添加机油等液体的容器、发动机悬挂避震设计、节油方式、环保设计、排气的环节、散热设备的设计与摆放等，最后合上舱盖，引导客户端详前脸的端庄造型，把客户的目光吸引到品牌的标识上。

相关链接

绕车介绍法案例

CR-V以动力、空间、安全、操控、舒适五大性能为鲜明特点。现在请您跟我一起通过六方位绕车来具体了解这款修炼完美的新款都市休闲多功能越野车。

1. 车前方

展现在您面前的是 CR-V 大气的外型，流畅的曲线，显得非常俊朗、清秀。令人难忘的圆润前脸造型稳重、大方，配合大坡度的设计，给人一种美的同时又有效地降低了行驶时的风阻力度，大大提高了燃油经济性；配上本田大尺寸的镀铬格栅和标志设计简洁明快，体现了驾车者的尊贵身份及品位。两侧超大晶钻组合前大灯，亮度超强，配多角度反射曲面，照射范围宽广给你提供充足的路面信息，夜间驾驶轻松掌握前方路况。宽大的前保险杠和车身保护，外型美观大方，使得整个线条更加圆润饱满。内附防撞钢梁，结构坚固，可有效抵御前方意外磕碰。下部内嵌式水晶雾灯，浓雾穿透力强。广角式多反射曲面，照射范围宽广，在雾天行驶时更安全。新款 2.4AT/MTCR-V 新增加了发动机下护板，提高了通过性且非常实用。

2. 车侧方

接下来就让我们看看 CR-V 车侧方的一些特点。与车身同色的门把手、后视镜和防擦条显得非常整洁。后视镜 4 向可调，在驾驶座位置便可轻松操控，方便实用。前后可折叠功能让车辆瞬时瘦身，具有良好的通过性，走街串巷，停放车辆轻松自如。

全车采用 G-force 控制安全车架，两侧设有防撞钢梁，大大加强了 A、B、C、D 柱车顶两侧对冲击的吸收能力，可以阻挡来自侧方的撞击，而很好地保护车内人员安全，其舒适性也是非常良好的。全车采用的是轿车级的底盘，新型的悬挂，精心结合了高钢度，四轮独立悬挂，前轮采用麦克弗森并带有稳定秆的前束控制连杆，提高了您的转向性；后轮采用双叉独立悬挂，提高了您乘座的舒适性。

智能化的适时四驱系统，可根据路况自行调节切换，反应时间短，切换顺畅，无论是在城市还是在山野都会给您以超凡的驾驶感受，在高动力和低油耗之间达到理想平衡。结合了 215/65R98T 宽轮胎，抓地性好，行驶更加平稳，全车采用四轮盘式制动，铝合金车轮具有良好的散热性。且制动盘直径较大，后轮采用盘鼓结合方式，制动效果更加灵敏有效，大大提高了您的燃油使用率，且良好的 ABS 系统通过对四轮制动液的独立控制，能够消除在湿滑路面上刹车和紧急制动下造成的车轮抱死现象，使得制动的稳定性和方向的操控性更加卓越，再配合 EBD 电子制动与分配系统，优化四轮制动液缩短了刹车距离。

3. 车后方

新款 CR-V 的尾部造型是典型的 SUV 车型设计，造型粗犷充满了越野风格，配上超大型直立组合后尾灯且设计位置较高，有力地保持了与后面车辆的距离，减少了追尾的发生。时尚小巧的微型天线提高了收音机的收听效果。大型雨刷可电动开启式后车窗，并带有除霜功能，让你无须打开后门而随意取出后备箱内的物品，后挡风玻璃上的加热除霜线能够确保后窗在雨雪天气里清洁。从而使驾驶员获得一个清晰而安全的后部视线。

与车身同色的硬型备胎护罩更加突出多功能越野风格，宽大的后部保险杠给您的出行带来了更大的安全。90 度侧开式尾门空间超大，527 升空间可以任意放下大型物品后排座椅折叠以后容积为 952 升，可以同时放两辆 26 英寸自行车，为同级别车型最大的。您看到的是很多微型尾门挂钩，方便挂一些物品毛巾衣物等，以及货物地板固定钩，即节省了空间又保证了物品的安全性，地板垫非常柔软耐磨，下设有一个多功能野餐桌，当您在户外旅游时方便就餐。

本田人性化的设计让您时刻感到家的感觉，下方设有湿物凹槽，方便放湿的物品非常实用。还配有后仓照明灯和 12 伏电源插座，不会因为旅行时电器没电而产生烦恼。

4. 车后座

新款CR-V的后座空间也是相当宽大的，60/40可分开式折叠滑动座椅配有可上下调节的头枕，在您疲劳时仰卧其中的感觉也是相当舒适的，座椅可前后翻动，节省了空间。

中央设有带杯架的扶手，让您的手臂得到轻松，为了获得与前排乘客同样的安全保障，CR-V的后排座椅的两侧均配备了三点式安全带，另外在中间配备了一个两点式安全带，坐在后面您也可以安全无忧享受CR-V带给您的温馨与舒适。此外CR-V两个后门还专门配备了儿童安全锁，这样就可以消除了后排乘坐儿童时不经意的开启造成的伤害，让您的孩子可以在车内尽情玩耍，而您在前方也可以专心驾驶丝毫不必分心。

全车采用了绿色隔热防紫外线玻璃，能够有效的抵挡车外热量的侵入又能阻挡86%以上的紫外线，确保了车内乘坐环境的舒适性。

5. 驾驶室

CR-V四车门均可大角度开启，这样极大方便了驾驶人员上下与进出。新款CR-V在原有的基础上，室内空间感更大，非常宽敞，无压抑感。双色轿车设计室内风格，是目前国际比较流行的色彩，时刻营造一种温馨的家居感。内饰都采用了防火阻燃材料，不但经久耐用，而且不易燃烧，非常安全。方向盘高度可自动调节，并带有音箱控制键，免去了您在驾驶过程中用手调音调台的麻烦，提高了您的驾车安全性。同时2.4还配有巡航定速键，当您在长途驾驶时，锁定速度，松开油门，让您长途驾驶的脚踝也可时刻得到轻松，同时也节省了燃油。

新款CR-V采用的是自发光式仪表盘，上配有外部温度显示，前大灯开启提醒和发动机防盗工作指示，以及瞬间油耗量显示，位于驾驶者自然视线的中心位置，这就更加符合人体工程学的原理，有效缩短了视线上下移动的距离，给驾驶者一个宽广安全的驾驶空间。设在中控台上的AT皮革换挡杆操作方便，挡位清晰，并增加了D3超速挡，瞬时提速非常顺畅，平稳，减少了冲击感，更加提高了您驾驶的乐趣。变速箱为5速（2.0为4速）自动排挡。

目前新增配有2.0/2.4MT，变速箱更为紧凑化，从而使布局更为合理，反映更快捷，灵敏，同时也降低了燃油的经济性，下方配有手刹，独特位置设计为驾驶仓节省了更大的空间，操作起来很方便。音箱方面配有AM/FM双声道收放机，磁带播放机及6碟连放CD机，外形美观，操纵方便，自动吸入设计换片轻松自如，配上6扬声器，各音域俱佳，让您置身于音乐厅的感受。下方配有全自动空调调节装置，双向180度全角度出风口设计配合高性能斜坡式压缩机运转阻力低，效率高。

双SRS安全气囊范围超大配上预紧的三点式安全带，为您的安全又增加了一份保险。您的上方设有顶置的眼镜盒，方便存取节省空间。旁边是地图阅读灯及两侧豪华型遮阳板，内设有化妆镜，顶部的电动可开启天窗为您营造美好光线的同时，也净化了室内空气。座椅是采用的人体工程学设计，配有上下调节装置，同时可以前后拉动，使您的坐姿更为正确。两前座并带电加热功能，人性化的关怀让您在长途驾驶时得到更贴心的服务，两前座椅设有中央扶手，让您手臂得到轻松的同时，给了您身体安全的固定点和支撑点。提高了您的安全感。下设有可折叠杯架托盘。轿车级的配置即节省了空间又可让前后排穿行更加方便。两侧的储物盒及前座椅下的储物盒多样、方便、实用的储物空间设计，对驾驶者的关爱更是尽心尽力。四门的车窗均采用电动控制，室内操作非常方便。驾驶侧的车窗采用一触式的设计。轻轻一按，玻璃自动下降到底，省心省力并带防夹功能更好地体现了本田人性化的关怀。门锁为中央控制，并带有15秒的二次自动上锁功能，这样的设计可以避免在误操作之后打开车门造成车内物品的丢失和车辆失窃。新 CR-V 还配有最为先进的防盗报警系统，发动机防盗锁止系统，一体式电控遥控钥匙，让您放心方便休闲。

此外，车内钥匙带有智能芯片，当钥匙插入点火开关后，通过发动机的 ECU 密码认证，能够防止钥匙被复制导致车辆被盗，这样让 CR-V 拥有了主动防盗能力，在驾驶座下方另设有油箱盖以及行李厢后风窗的控制开关，您只要在驾驶仓内就可以轻松打开，避免了频繁上下车的琐碎动作。

6. 发动机室

新款 CR-V 发动机室布局合理、整洁。它配有日本本田公司目前最为先进 I-VTEC 技术的全铝发动机。它最大的特点是经济性和动力性的完美结合，出色的经济性并没有减少您对动力的要求，118kW 的功率和 220Nm 的最大扭距为同级别车最大，这款发动机运转起来非常安静，配上具有降噪、隔音、减震的双层发动机罩，在高速行驶时车内的噪音也是非常小的，并且达到欧Ⅳ排放标准，体现出 CR-V 的环保性与经济性的优势。

本田 CR-V 精心的制造工艺，人性化的关怀设计，定会给您一种全新的驾驶感受！

6.2.5 试乘试驾

在销售过程中，试乘试驾具有十分重要的作用，当产品已引起客户的兴趣时，试乘试驾可让他们更进一步体验到产品的质量和特点，以提高销售成功率。因此，销售顾问应该尽可能多地引导客户参与试乘试驾，并且密切留意客户在试乘试驾过程中的神态和想法，给予适时的帮助、指导和购买鼓励。通过试乘试驾，增加客户对产品的熟识度和认知度，激发客户购买的欲望。

1. 试乘试驾前的操作步骤

试乘试架前的操作步骤，如表 6-1 所示。

表 6-1 试乘试驾前操作步骤

操作步聚	操作要求
第一步：试乘试驾邀请	1. 销售顾问对有购买意愿的顾客发出试乘试驾邀请 2. 有技巧的引导顾客同意试乘试驾
第二步：准备资料	1. 试乘试驾线路图 2. 试乘试驾协议书 3. 试乘试驾意见调查表 4. 试乘试驾试音碟
第三步：车辆检查	1. 保证车内外清洁，车内部安装专用地毯 2. 检查油量：20 升为宜 3. 确保车辆性能：灯光、空调、音响以及发动正常
第四步：审核驾照	1. 请顾客出示本人合法有效驾驶证件 2. 注意发证机关、有效期、准驾车型（C1 及 C1 以上）、驾龄（一年或一年以上） 3. 留下相关有效证件，试车完毕后退回
第五步：签协议书	1. 请客户在《试驾协议书》上签名 2. 提醒顾客写明驾驶证号、联系人、电话号码、时间 3. 请客户再次核对驾驶证号
第六步：路线图说明	1. 向客户解释行驶路线、范围 2. 向客户说明试乘试驾安全注意事项
第七步：提醒顾客填写意见表	1. 提醒顾客在试乘试驾结束后回展厅填写《试乘试驾意见表》 2. 告知有礼品相赠

2．试乘试驾时的操作步骤

（1）引导顾客到车旁

客户在试乘试驾时，往往会和自己的亲朋好友一起来参加，如果销售顾问要想取得积极的试驾体验，就必须做好试乘试驾中的人际沟通。

（2）出发前给顾客的静态展示

① 请顾客入座副驾座及后排，协助顾客完成座椅调节及系好安全带。

② 车内空间和布局展示（静态介绍）：座椅调节便捷，方向盘调整便捷，空间宽敞，仪表台布局典雅、显示鲜明，座椅舒适度，空调舒适度，体验音响效果等。

③ 启动后：点火启动后声音沉稳，怠速情况下发动机安静无抖动。

（3）顾客试乘阶段

① 由销售人员先驾驶。

② 给顾客做示范驾驶（针对驾驶技术不熟练的顾客）。

③ 动态介绍重点：起步、加速、制动性、匀速、转弯。

（4）中途换乘

① 行驶一段距离，到达预定换乘处，选择安全的地方停车，并将发动机熄火。

② 取下钥匙，由销售人员自己保管。

③ 帮助顾客就座，确保顾客乘坐舒适。

④ 待顾客进入驾驶位置后，亲手交给顾客钥匙。

⑤ 提醒顾客调节后视镜、系好安全带。

⑥ 请顾客亲自熟悉车辆操作装备，如刹车、离合、油门。

⑦ 销售顾问请顾客再次熟悉试车路线，再次提醒安全驾驶事项。

（5）顾客试驾阶段

① 驾驶中让顾客充分体验，适当指引路线。

② 适当引导顾客体验车辆性能、强化动态优势，寻求客户认同。

③ 注意观察客户驾驶的方式，控制顾客驾驶的节奏，若顾客有危险驾驶动作，及时提醒并在必要时干预。

④ 尽量多赞美顾客，让顾客拥有满足感。

3．试乘试驾后的操作步骤

试乘试驾后的操作步骤，如表6-2所示。

表6-2 试乘试驾后的操作步骤

操作步骤	操作细节
第一步：试乘试驾车停放	1．乘试驾车回到指定区域，按规定停放
	2．销售顾问应首先下车，主动替顾客开车门，防止客人头部碰到车门
	3．提醒顾客确认无东西遗忘在车内
	4．环车一周检查车辆，确认外观
第二步：邀请顾客回展厅休息	1．邀请顾客回到展厅，帮客人递送茶水
	2．请顾客填写意见表
	3．归还证件，表示感谢

续表

操作步骤	操作细节
第三步：适机促成成交	1．回答顾客需求重点和疑问
	2．适机深入洽谈促进成交
	3．若成交，转入订单操作流程。若未成交，作成潜在客户卡
第四步：送走顾客	1．赠送礼品
	2．礼貌送客到门口
第五步：交回车匙，做好登记	1．交回车匙
	2．填写试乘试驾登记表
	3．在洽谈完毕，顾客离店后向库管人员汇报车辆状况，油量，包括预警功能故障、卫生污点等

6.2.6 异议处理

1．顾客异议的概念

所谓顾客异议是顾客对汽车营销人员或其推销活动所作出的一种形式上表现为怀疑或否定的一种反应。简单来说，就是顾客用来作为拒绝购买理由的意见、问题、看法。

对顾客异议的认识和处理方法，是欢迎还是反对，是积极对待还是消极回避，是每一个汽车营销人员都必须作出的选择。

2．正确认识顾客异议

对销售工作而言，可怕的不是异议而是没有异议，不提任何意见的顾客通常是最令人头疼的顾客。因为顾客的异议具有两面性：既是成交障碍，也是成交信号。我国一句经商格言"褒贬是买主，无声是闲人"，说的就是这个道理。

有异议表明顾客对产品感兴趣，有异议意味着有成交的希望。推销员通过对顾客异议的分析可以了解对方的心理，知道他为何不买，从而按病施方，对症下药，而对顾客异议的满意答复，则有助于交易的成功。日本一位推销专家说得好："从事销售活动的人可以说是与'拒绝'打交道的人，战胜拒绝的人，才是销售成功的人。"

3．顾客异议的几种类型

（1）按性质划分的异议

① 真实异议，是指推销活动的真实意见和不同的看法，因此又称为有效异议。对于顾客的真实异议，推销人员要认真对待，正确理解，详细分析，并区分不同异议的原因，从根本上消除异议，有效地促进顾客的购买行为。

② 虚假异议，是指顾客用来拒绝购买而故意编造的各种反对意见和看法，是顾客对推销活动的一种虚假反应。虚假异议的产生多是顾客拒绝推销的意识表示，并不是顾客的真实想法，可能是顾客为了争得更多的交易利益而假借的理由。一般情况下，对虚假异议，推销人员可以采取不理睬或一带而过的方法进行处理。因为即使推销人员处理了所有的虚假异议，也不会对顾客的购买行为产生促进作用，故虚假异议又称无效异议。对顾客的异议，重要的是推销人员如何分辨这种异议的真假。

在实际推销活动中，虚假异议占顾客异议的比例比较多。日本有关推销专家曾对387名推销对象做了如下调查："当你受到推销人员访问时，你是如何拒绝的？"结果发现：

有明确拒绝理由的只有71名，占18.8%；没有明确理由，随便找个理由拒绝的有64名，占16.9%；因为忙碌而拒绝的有26名，占6.9%；不记得是什么理由，好像是凭直觉而拒绝的有178名，占47.1%；其他类型的有39名，占10.3%。这一结果说明，有近七成的推销对象并没有什么明确的理由，只是随便地找个理由来反对推销人员的打扰，把推销人员打发走。

（2）按内容异议划分

① 需求异议，是指顾客认为不需要产品而形成的一种反对意见。它往往是在营销人员向顾客介绍产品之后，顾客当面拒绝的反应。例如，一位女顾客提出“我的面部皮肤很好，就像小孩一样，不需要用护肤品”，“我们根本不需要它”，“这种产品我们用不上”，“我们已经有了”，等等。这类异议有真有假。真实的需求异议是成交的直接障碍。营销人员如果发现顾客真的不需要产品，那就应该立即停止营销。虚假的需求异议既可表现为顾客拒绝的一种借口，也可表现为顾客没有认识或不能认识自己的需求。营销人员应认真判断顾客需求异议的真伪性，对虚假需求异议的顾客，设法让他觉得推销产品提供的利益和服务，符合顾客的需求，使之动心，再进行营销。

② 财力异议，是指顾客认为缺乏货币支付能力的异议。例如，“产品不错，可惜无钱购买”，“近来资金周转困难，不能进货了”，等等。一般来说，对于顾客的支付能力，营销人员在寻找顾客的阶段已进行过严格审查，因而在营销中能够准确辨认真伪。真实的财力异议处置较为复杂，营销人员可根据具体情况，或协助对方解决支付能力问题，如答应赊销、延期付款等，或通过说服使顾客觉得购买机会难得而负债购买。对于作为借口的异议，营销人员应该在了解真实原因后再作处理。

③ 权力异议，是指顾客以缺乏购买决策权为理由而提出的一种反对意见。例如，“做不了主”，“领导不在”，等等。与需求异议和财力异议一样，权力异议也有真实或虚假之分。营销人员在进行寻找目标顾客时，就已经对顾客的购买人格和决策权力状况进行过认真的分析，也已经找准了决策人。面对没有购买权力的顾客极力推销商品是营销工作的严重失误，是无效营销。在决策人以无权作借口拒绝营销人员及其产品时放弃营销更是营销工作的失误，是无力营销。营销人员必须根据自己掌握的有关情况对权力异议进行认真分析和妥善处理。

④ 价格异议，是指顾客以推销产品价格过高而拒绝购买的异议。无论产品的价格怎样，总有些人会说价格太高、不合理或比竞争者的价格高。例如，“太贵了，我买不起”，“我想买一种便宜点的型号”，“我不打算投资那么多，我只使用很短时间”，“在这些方面你们的价格不合理”以及“我想等降价再买”。顾客提出价格异议，表明他对推销产品有购买意向，只是对产品价格不满意，而进行讨价还价。当然，也不排除以价格高为拒绝营销的借口。在实际营销工作中，价格异议是最常见的，营销人员如果无法处理这类异议，营销就难以达成交易。

⑤ 产品异议，是指顾客认为产品本身不能满足自己的需要而形成的一种反对意见。例如：“我不喜欢这种颜色。”“这个产品造型太古板。”“新产品质量都不太稳定。”还有对产品的设计、功能、结构、样式、型号等提出异议。产品异议表明顾客对产品有一定的认识，但了解还不够，担心这种产品能否真正满足自己的需要。因此，虽然有比较充分的购买条件，就是不愿意购买。为此，营销人员一定要充分掌握产品知识，能够准确、详细地向顾客介绍产品的使用价值及其利益，从而消除顾客的异议。

⑥ 营销员异议，是指顾客认为不应该向某个营销人员购买推销产品的异议。有些顾客不肯买推销产品，只是因为对某个营销人员有异议，他不喜欢这个营销人员，不愿让其接近，也排斥此营销人员的建议。但顾客肯接受自认为合适的其他营销人员。比如，"我要买老王的"，"对不起，请贵公司另派一名营销人员来"，等等。营销人员对顾客应以诚相待，与顾客多进行感情交流，做顾客的知心朋友，消除异议，争取顾客的谅解和合作。

4. 处理顾客异议的原则

（1）做好准备工作

"不打无准备之仗"，这是销售人员面对顾客拒绝时应遵循的一个基本原则。销售前，销售人员要充分估计顾客可能提出的异议，做到心中有数。这样，即使遇到难题，到时候也能从容应对。事前无准备，就可能不知所措，顾客得不到满意答复，自然无法成交。可以说，良好的准备工作有助于消除顾客异议的负面性。

（2）选择恰当的时机

对于顾客提出的异议，推销人员不一定立即答复，应选择适当的时机。有的异议是推销人员必须答复的，而且能够给消费者一个圆满答复的，应立即处理，成为"热处理"；有的异议是推销人员不能自解其说或是异议偏离主题，可不必马上答复，甚至不予理睬，称为"冷处理"；有的异议已在预料之中，推销人员应做好准备，先发制人，在顾客提出异议之前及时解答，消除顾客的疑虑，争取顾客的信任。

根据美国对几千名销售人员的研究，优秀销售员所遇到的顾客严重反对的机会只是其他人的1/10，原因就在于优秀销售员往往能选择恰当的时机对顾客的异议提供满意的答复。在恰当时机回答顾客异议，便是在消除异议负面性的基础上发挥了其积极的一面。

（3）忌与顾客争辩

不管顾客如何批评，销售人员永远不要与顾客争辩，"占争论的便宜越多，吃销售的亏越大"。与顾客争辩，失败的永远是销售员。

（4）给顾客留"面子"

顾客的意见无论是对是错、是深刻还是幼稚，销售员都不能给对方留下轻视的感觉。销售员要尊重顾客的意见，讲话时面带微笑、正视顾客，听对方讲话时要全神贯注，回答顾客问话时语气不能生硬。"你错了"、"连这你也不懂"、"你没明白我说的意思，我是说……"，这样的表达方式抬高了自己，贬低了顾客，挫伤了顾客的自尊心。

5. 处理顾客异议的方法

（1）转折处理法

转折处理法，是推销工作的常用方法，即销售员根据有关事实和理由来间接否定顾客的意见。应用这种方法是首先承认顾客的看法有一定道理，也就是向顾客作出一定让步，然后再讲出自己的看法。此法一旦使用不当，可能会使顾客提出更多的意见。在使用过程中要尽量少地使用"但是"一词，而实际交谈中却包含着"但是"的意见，这样效果会更好。只要灵活掌握这种方法，就会保持良好的洽谈气氛，为自己的谈话留有余地。顾客提出营业员推销的服装颜色过时了，营业员不妨这样回答："小姐，您的记忆力的确很好，这种颜色几年前已经流行过了。我想您是知道的，服装的潮流是轮回的，如今又有了这种颜色回潮的迹象。"

这样就轻松地反驳了顾客的意见。

（2）转化处理法

转化处理法，是利用顾客的反对意见自身来处理。顾客的反对意见是有双重属性的，它既是交易的障碍，同时又是一次交易机会。营业员要是能利用其积极因素去抵消其消极因素，未尝不是一件好事。

这种方法是直接利用顾客的反对意见，转化为肯定意见，但应用这种技巧时一定要讲究礼仪，而不能伤害顾客的感情。此法一般不适用于与成交有关的或敏感性的反对意见。

（3）以优补劣法

以优补劣法，又叫补偿法。如果顾客的反对意见的确切中了产品或公司所提供的服务中的缺陷，千万不可以回避或直接否定。明智的方法是肯定有关缺点，然后淡化处理，利用产品的优点来补偿甚至抵消这些缺点。这样有利于使顾客的心理达到一定程度的平衡，有利于使顾客作出购买决策。

（4）委婉处理法

销售员在没有考虑好如何答复顾客的反对意见时，不妨先用委婉的语气把对方的反对意见重复一遍，或用自己的话复述一遍，这样可以削弱对方的气势。有时转换一种说法会使问题容易回答得多。但只能减弱而不能改变顾客的看法，否则顾客会认为你歪曲他的意见而产生不满。营业员可以在复述之后问一下："你认为这种说法确切吗?"然后再继续下文，以求得顾客的认可。比如，顾客抱怨："价格比去年高多了，怎么涨幅这么高。"营业员可以这样说："是啊，价格比起前一年确实高了一些。"然后再等顾客的下文。

（5）合并意见法

合并意见法，是将顾客的几种意见汇总成一个意见，或者把顾客的反对意见集中在一个时间讨论。总之，是要起到削弱反对意见对顾客所产生的影响。但要注意不要在一个反对意见上纠缠不清，因为人们的思维有连带性，往往会由一个意见派生出许多反对意见。摆脱的办法，是在回答了顾客的反对意见后马上把话题转移开。

（6）反驳法

反驳法，是指销售员根据事实直接否定顾客异议的处理方法。理论上讲，这种方法应该尽量避免。直接反驳对方容易使气氛僵化而不友好，使顾客产生敌对心理，不利于顾客接纳营业员的意见。但如果顾客的反对意见是产生于对产品的误解，而你手头上的资料可以帮助你说明问题时，你不妨直言不讳。但要注意态度一定要友好而温和，最好是引经据典，这样才有说服力，同时又可以让顾客感到你的信心，从而增强顾客对产品的信心。反驳法也有不足之处，这种方法容易增加顾客的心理压力，弄不好会伤害顾客的自尊心和自信心，不利于推销成交。

（7）冷处理法

对于顾客一些不影响成交的反对意见，推销员最好不要反驳，采用不理睬的方法是最佳的。千万不能顾客一有反对意见，就反驳或以其他方法处理，那样就会给顾客造成你总在挑他毛病的印象。当顾客抱怨你的公司或同行时，对于这类无关成交的问题，都不予理睬，转而谈你要说的问题。顾客说："啊，你原来是××公司的推销员，你们公司周围的环境可真差，交通也不方便呀!"尽管事实未必如此，也不要争辩。你可以说："先生，请您看看产品……"

国外的推销专家认为，在实际推销过程中80%的反对意见都应该冷处理。但这种方法也存在不足，不理睬顾客的反对意见，会引起某些顾客的注意，使顾客产生反感。且有些反对意见与顾客购买关系重大，推销员把握不准，不予理睬，有碍成交，甚至失去推销机会。因此，利用这种方法时必须谨慎。

（8）强调利益法

这种方法是指销售人员通过反复强调产品能给顾客带来的利益的方法来化解顾客的异议。这种方法适用于具有某种缺点又能为顾客带来某种突出利益的产品。

（9）比较优势法

这种方法是指销售人员将自己的产品与竞争产品相比较，从而突出自己产品的优势来处理顾客的异议。

（10）价格对比法

这种方法是指顾客提出相关价格异议时，销售人员进行横向或纵向的对比来化解顾客的异议。

（11）价格分解法

这种方法是当顾客提出有关价格的异议时，销售人员可以化解计量单位，以此来改变顾客的错误看法，化解顾客的异议。

（12）反问法

这种方法是指销售人员对顾客的异议提出反问来化解顾客异议。常用于销售人员不了解顾客异议的真实内涵，即不知是寻找借口还是的有异议时，进行主动了解顾客心理的一种策略。采取反问法时，应注意销售利益和保持良好的销售气氛。

6.2.7 签约成交

1. 促进成交

促进成交是整个汽车销售过程中的关键时刻。掌握提出交易建议的时机可以说是一门艺术。大部分客户在成交时不会主动表示购买，所以汽车营销人员应主动提出成交。这样做的好处：第一，可以确认客户的要求；第二，帮助客户做决定。但是如果太早就提出交易，很有可能激起客户的抗拒心理，一旦被客户拒绝，与客户的关系可能会出现一定程度上的倒退。

2. 购买信号

多数情况下，客户不会主动表示购买，但如果他们有了购买欲望，通常会不自觉地流露出购买意图，而且是通过其语言或行为显示出来，这种表明其可能采取购买行动的信息，就是客户的购买信号。尽管购买信号不必然会导致购买行为，但营销人员可以把购买信号的出现，当作促使购买协议达成的有利时机。

购买信号的表现形式是复杂多样的，一般可以把它分为表情信号、语言信号和行为信号。购买信号一旦出现，就要及时抓住机会，促进成交。

（1）从行为上观察

① 对车辆表现出浓厚的兴趣，非常关注，面带微笑，频频点头，并主动操作。（仔细观看产品说明书。坐进车里，感觉车辆的空间、视野、舒适度等，并仔细询问后备厢、油箱开启方式等如何操作，具体功能怎么使用。）

② 客户突然主动靠近销售顾问，态度从冷漠怀疑变为亲切随和。（表示防备心理下降，信任感上升。）

③ 突然沉默，陷入沉思，处于考虑阶段。（不要打扰，让他有充分时间思考做决定。）

④ 主动要求试乘试驾。

⑤ 再次到店，主动和销售顾问打招呼，并热情地将销售顾问介绍给同行的亲友。

⑥ 用纸笔、计算器算价格。

⑦ 趁销售顾问不注意时，旁听或打探别的客户的价格。

⑧ 到售后去问其他车主的使用情况。

（2）从表情上观察

① 表情由凝神深思转为轻松愉悦。由思考时的凝重，转为下决定时的坚定眼神。

② 由开始时的索然无味、毫无反应变得饶有兴趣，眼睛转动也由慢变快，突然放光。

③ 由开始的双手抱胸，到双手自然放下，由不安变得高兴、友好。

（3）从语言上分析

① 大肆评论你的产品，无论正面负面。

② 询问随同人员的认同。如“我觉得还行，你们觉得怎么样”之类的话。寻找认同，说明心中已经认同了。

③ 要优惠，杀价格，问近期有无优惠活动。如“还能优惠多少”，“还有什么东西送”，“你们什么时候还有活动”，等等。

④ 问付款细节。如“订金要交多少”，“刷卡还是付现金”，“你们公司财务是哪个银行”，等等。

⑤ 问及按揭方式，具体哪个银行，利息是多少。

⑥ 问车辆的库存情况。如“这个车还有什么颜色”，“有没有现货”，“几天可以交货，订车要等多久”，等等。

⑦ 到处挑车辆的毛病，并一直夸赞展品。

⑧ 问市场反应，维修保养、售后服务、上牌等细节。

⑨ 在你回答或解决了他的异议之后，提出还要再考虑一下。

3. 成交技巧

汽车销售成交就像足球比赛的临门一脚，决定着成败，因此提高成交水平，对于汽车销售人员更为关键。汽车营销人员要根据实际情况选择使用最恰当的成交技巧，而不是直接询问顾客知否愿意购买车辆。

相关链接

成交技巧示例

“老板，青椒辣不辣？”卖青椒的4种答案。

第一种答案是：辣。

第二种答案是：不辣。

第三种答案是：你想要辣的还是不辣的？

第四种答案是：这一堆是辣的，那一堆是不辣的，随便要。

第一种答案的结果可能是，碰巧买青椒的这两天上火，这桩买卖就黄了。

第二种答案的结果可能是，凑巧买青椒的这两天想开开胃口，这次生意没有达成。

第三种答案的结果可能是，本想以销售技巧进行二选一反问，结果遇见较真的主顾，结果很难预料。成功率是 50%。

第四种答案的结果无疑是最佳的，这个答复不言而喻，成功率是 100%。

（1）选择成交法

汽车销售中选择成交法是提供给客户三个可选择的成交方案，任其自选一种。这种办法是用来帮助那些没有决定力的客户进行交易。这种方法是将选择权交给客户，没有强加于人的感觉，利于成交。

相关链接

选择成交技巧示例

相邻的 A、B 两家早点店规模一样大，每天豆浆的销售量也差不多，但 A 店茶叶蛋的销售量却比 B 家少很多。后来 A 店老板发现原因在于一句话的差别，A 店服务员总是问来吃早餐的人："你加不加茶叶蛋？" 通常的回答是"不加"。而 B 店的服务员却总是说："给您加一个茶叶蛋，还是加两个茶叶蛋？" 通常的回答是"加一个"。

（2）请求成交法

汽车销售请求成交法是销售员用简单明确的语言直接要求客户购买。成交时机成熟时销售员要及时采取此办法。此办法有利于排除客户不愿主动成交的心理障碍，加速客户决策。但此办法将给客户造成心里压力，引起反感。该办法适应客户有意愿，但不好意思提出或犹豫时。

（3）肯定成交法

汽车销售肯定成交法为销售员用赞美坚定客户的购买决心，从而促进成交的方法。客户都愿意听好话，如你称赞他有眼光，当然有利于成交。此法必须是客户对产品有较大的兴趣，而且赞美必须是发自内心的，语言要实在，态度要诚恳。

（4）从众成交法

消费者购车容易受社会环境的影响，如现在流行什么车，某名人或熟人购买了什么车，常常将影响到客户的购买决策。但此法不适应于自我意识强的客户。

（5）优惠成交法

汽车销售中提供优惠条件来促进成交即为优惠成交法。此办法利用客户沾光的心理，促成成交。但此法将增加成本，可以作为一种利用客户进行推广并让客户从心里上得到满足的一种办法。

（6）假定成交法

汽车销售中假定成交法为假定客户已经做出了决策，只是对某些具体问题要求作出答复，从而促使成交的方法。如对意向客户说"此车非常适合您的需要，你看我是不是给你搞搞装饰"。此法对老客户、熟客户或个性随和、依赖性强的客户，不适合自我意识强的客户，此外还要看好时机。

（7）利益汇总成交法

利益汇总成交法是销售员将所销的车型将带给客户的主要利益汇总，提供给客户，有利于激发客户的购买欲望，促成交易。但此办法必须准确把握客户的内在需求。

（8）保证成交法

保证成交法即为向客户提供售后服务的保证来促成交易。采取此办法要求销售员必须“言必信，行必果”。

（9）小点成交法

小点成交法是指销售员通过解决次要的问题，从而促成整体交易的办法。牺牲局部，争取全局，如销车时先解决客户的执照、消费贷款等问题。

（10）最后机会法

最后机会法，是指给客户提供最后的成交机会，促使购买的一种办法。如，“这是促销的最后机会。机不可失，时不再来”，变客户的犹豫为购买。

6.2.8 交车服务

由于汽车产品的特殊性，使得汽车交车服务是整个汽车销售环节中不可或缺的一环，如果汽车营销人员在交车这项工作上做得好，那就会让顾客感到非常的满意和贴心。

1．车辆准备

① 交车前3天内与客户确认交车具体时间，提醒客户带好相关购车资料（车主身份证原件、购车合同、定金收据、购车余款等），并简要告知客户交车流程及交车时间。

② 交车前一天，销售顾问到信息部提取车架号及领取工具包，详细检查随车工具及文件。协助库管提取车辆，第一时间将车辆清洗干净并进行自检。

③ 打印车辆PDI单据，将车辆送至车间进行完整的PDI检测。

④ 通知客户提车，提醒带好相关购车资料。

⑤ 交车当天将已检测好车辆停至待交区。

2．客户提车

① 提车当天早上销售顾问再次与客户确认到店时间，再次自检一遍待提车辆。

② 客户到达时，销售顾问应热情、主动上前迎接，祝贺客户。

③ 销售顾问邀请客户至交车区自赏一下爱车，然后告知客户尚有手续要办，并引领客户至洽谈桌。

④ 与客户确认车辆信息后，应第一时间让客户在交车确认单、销货单等单据上签字确认。签字确认后，引导客户至收银台付款，领取发票，并第一时间将合格证送至信息部扫描出库。

⑤ 销售顾问陪同客户一同欣赏爱车，清楚讲解车辆内的按键功能及使用。告知客户此车辆已经过严格的PDI检查，提醒客户做首次车辆保养时的服务项目、公里数或时间、免费维护项目，告知客户新车使用时需要注意的事项及简单的车辆养护知识。

⑥ 利用“保修手册”说明保修内容和保修范围及24小时服务热线。同时带领客户参观售后服务区域，告知下次来站保养流程。

⑦ 移交有关物品、文件：《用户手册》、《保修手册》、购车发票、保险手续、合格证、车辆钥匙等，并请客户签字确认。请客户填写《新车客户满意度打分问卷》。

3．交车仪式

① 在交车板上写好客户姓名，给新车戴上红花盖上红绸布。

② 销售顾问领取新车出门证的同时，通知服务顾问、市场部、当班销售主管，参加交车仪式。销售部其他空闲人员应列席交车典礼并鼓掌以示祝贺。放交车音乐。

③ 销售顾问向新车客户引荐售后服务顾问。

④ 销售顾问向客户赠送精美小礼物，并在新车前合影留念。

⑤ 展厅经理确认交车仪式符合标准并获取客户驾驶证复印件后，在出门证上签字确认，恭送客户。

4．恭送客户

① 销售顾问应再次确认与客户的联系方式，并简述后续跟踪回访内容。提醒客户在回访时予以配合，接受厂家回访时对各项服务均打 10 分。

② 销售顾问恭送客户后，第一时间发送祝贺短信。同时销售顾问及时整理好客户资料并交给相关部门。

③ 预估客户到达目的地的时间，致电确认安全到达。24 小时再次回访客户车辆使用情况及新车注意事项、首保提醒。

6.2.9 售后跟踪服务

交车结束后，一般汽车营销人员会认为销售工作已经告一段落，其实不然，没有售后服务的销售，是没有信用的销售；没有售后服务的商品，是一种没有保障的商品；而不能提供售后服务的汽车营销人员，也不能使顾客真正的满意。

1．商品售后服务

售后服务，就是在商品出售以后所提供的各种服务活动。从营销工作来看，售后服务本身也是一种促销手段。在追踪跟进阶段，营销人员要采取各种形式的配合步骤，通过售后服务来提高企业的信誉，扩大产品的市场占有率，提高推销工作的效率及效益。

（1）商品信誉的维护

售后服务最主要的目的是在维护商品的信誉，一项优良的商品，在销售时总是强调售后服务，在类似或相同商品的竞争中，售后服务也常是客户取舍的重要因素。因此，商品的售后服务也就代表了商品的信誉。一般商品信誉的维护工作有下列两种。

① 商品品质的保证。汽车营销人员在出售商品之后，为了使客户充分获得“购买的利益”，必须经常做售后服务，这是企业维护本身商誉的必要保障。如专卖店出售了一辆汽车，为了使汽车发挥正常的功能，就应该定期进行检查维护和保养的工作。

相关链接

北京汽车“三包”实施细则

北京汽车 E 系列自 2012 年 3 月 19 日上市以来，凭借靓丽的外观、跃级的配置和扎实的操控，获得了广大消费者的一致认可，成为 A0 级市场的“新宠”。特别是其推出的“三包”服务，更是首开汽车行业之先河，让人们真正感受到这家汽车企业的诚意和实力。6 月 1 日，北京汽车又正式对外公布了汽车“三包”实施细则（含退/换标准、流程和费用），确保消费者在享受“三包”服务时真正有据可循。

此次公布的“三包”服务实施细则中，北京汽车对“三包”实施标准、流程及理赔费用都有明确规定。特别是关于“三包”退/换的标准，北京汽车公布了涉及“严重安全性能故障”和“发动机、变速器主要零部件质量问题”等60条细则。消费者购买的车辆在“三包”期限内，凡是符合退/换车标准的，均可申请退/换车。

北京汽车有着明确规定：“由经销商为消费者先行垫付理赔费用，待消费者完成退/换车手续后，北京汽车会通过售后相关流程全额支付经销商。”

② 所承诺服务的履行。任何汽车营销人员在说服客户购买之前，必先强调与商品有关，甚至是没有直接关联的服务，这些服务的承诺，对交易能否成交是极重要的因素，而如何履行营销员所做的承诺则更为重要。往往有些汽车营销人员在说服成交时，漫不经心地向客户提出某种售后服务，结果后来却忽略了，因此很容易与客户之间发生误会及不愉快。

（2）商品资料的提供

使客户了解商品的变动情况，是汽车营销人员的义务，开拓一位客户远不如维持一位客户来得重要。营销人员要不遗余力地在产品销售之后介绍企业近期为客户提供的各种服务、特别是新的服务内容，其中包括企业近期为客户安排的各类优惠联谊活动等。

2. 客户的维系

所谓客户维系，是指供应商维持已建立的客户关系，使顾客不断重复购买产品或服务的过程。汽车营销人员与客户的维系主要包括感情联络、信息收集等方面的内容。定期询问客户用车情况和对企业服务有何意见；定期询问客户近期有无新的服务需求；定期告之相关的汽车运用知识和注意事项。

相关链接

乔·吉拉德的售后服务

一般汽车推销员在生意成交之后，就不再跟顾客连络了，所谓“售后服务”只是说说罢了。然而乔·吉拉德坚信推销从售后才开始，因此在生意做成之后，他一定会有下面三个动作。

1. 感谢函

在顾客签完字尚未走出店门，乔·吉拉德就已经请儿子备妥铭谢惠顾的短函。而且此后每个月，这位顾客都会收到封用不同形式、颜色的信封所装的问候卡（这样才不会被人当做垃圾信件丢掉）。

卡片内容也是煞费心思，通常他会用“我喜欢您起头”，至于内容则依时令而定，一月祝您新年快乐，二月美国教父诞辰纪念日快乐（二月二十日是乔治·华盛顿的生日）等等。吉拉德每个月至少要寄出一万三千张卡片。

2. 维修服务

即使是新车，难免会有些小毛病，乔·吉拉德一定会把这些小毛病处理到让顾客满意为止。

假如新车发生严重的问题，乔·吉拉德会跟顾客携手对付经销商、技工与车厂，一直到这问题车变得比新车还棒为止。

乔·吉拉德说跟顾客站在一边的好处多多。他不但会变成你的朋友，而且会介绍生意给你。

3. 保持联系

即使交车后一切顺利，顾客没有任何抱怨，乔·吉拉德除了按月寄感谢函之外，也会主动跟顾客保持联系。他会打电话告诉顾客，万一车子有任何问题，马上开来找他。此外，他会问顾客是否有人要买车子，而介绍一个新顾客给他的话，他会付致谢金 25 美元。

完善的售后服务，使乔·吉拉德变成全世界最伟大的推销员。

本章小结

汽车整车销售实务是汽车营销人员必须掌握的基本技能，也是汽车营销人员胜任汽车销售工作的基本前提。本章学习的重点在于理解和学会应用汽车销售的流程和技巧，让顾客获得利益，感到满足。

案例分析

案例一：

汽车销售商乔治的故事

这是美国中部一个普通城市里一个普通地区的一家比较知名的车行。这个车行展厅内有六辆各种类型的越野车。这天下午，阳光明媚，微风吹拂，让展厅看起来格外明亮，店中的 7 个销售人员都各自在忙着自己的事情。

这是一个普通的工作日，一对夫妻带着两个孩子走进了车行。凭着做了 10 年汽车销售的直觉，乔治认为这对夫妻是真实的买家。

乔治热情地上前打招呼，并用目光与包括两个孩子在内的所有的人交流，目光交流的同时，他作了自我介绍，并与夫妻分别握手。之后，他看来是不经意地抱怨天空逐渐积累起来的云层，以及周末可能来的雨雪天气，似乎是自言自语地说，“也许周末的郊游计划要泡汤了”。这显然是很自然地转向了他需要引导到的话题。他诚恳地问：“两位需要什么帮助？”

这对夫妇说他们现在开的是福特金牛，考虑再买一辆新车，他们对越野车非常感兴趣。乔治开始耐心、友好地询问：什么时候要用车？谁开这辆新车？主要用它来解决什么困难？在彼此沟通之后，他们开始解释说，周末要去外省看望一个亲戚，他们非常希望能有一个宽敞的四轮驱动的汽车，可以安全以及更稳妥地到达目的地。

在交谈中，乔治发现了这对夫妻的业余爱好，他们喜欢钓鱼。乔治展现出自己也对钓鱼感兴趣，乔治非常认真地倾听来自客户的所有信息，以确认自己能够完全理解客户对越野车的准确需求，之后他慎重而缓慢地说：“车行现在的确有几款车可以推荐给他们，因为这几款车比较符合他们的期望。”

他随口一问，计划月付多少车款。此时，客户表达出先别急着讨论付款方式，他们先要知道所推荐的都是些什么车，到底有哪些地方可以满足他们的需要，之后再谈论价格的问题。

乔治首先推荐了“探险者”，并尝试着谈论配件选取的不同作用。他邀请了两个孩子到车的座位上去感觉一下，因为两个孩子好像没有什么事情干，开始调皮，这样一来，父母对乔治的安排表示赞赏。

这对夫妻看来对汽车非常内行。他推荐的许多新的技术、新的操控，客户都非常熟悉，

这对夫妻看来对“探险者”非常感兴趣，但是，乔治也展示了“远征者”，一个较大型的越野车，因为，后者的利润会多一些。这对夫妻看了一眼展厅内的标有价格的招牌，叹了口气说，超过他们的预算了。这时，乔治开了一个玩笑：“这样吧，我先把这个车留下来，等你们预算够了的时候再来。”客户哈哈大笑。

乔治此刻建议这对夫妇到他的办公室来详细谈谈。在通往办公室的路上，他顺手从促销广告上摘了两个气球下来，给看起来无所事事的两个孩子玩。汽车行销售人员的办公桌一般都是两个倒班的销售人员共同使用的，但是，尽管如此，乔治还是在桌上放了自己及家人的相片，他首先写下夫妻两的名字，联系方式。

他再一次尝试着先问了客户的预算是多少，但客户真的非常老练，反问道，“你的报价是多少？”乔治断定他们一定已经通过多种渠道了解了该车的价格情况，因此，乔治给了一个比市场上通常的报价要低一点的价格，但是，客户似乎更加精明，面对他们的开价，乔治实际只能挣到 65 美元，因为这个价格仅比车行的进价高 1%。乔治表示出无法接受，于是，乔治说，如果按照他们的开价，恐怕一些配置就没有了。于是，乔治又给了一个比进价高 6%的报价。经过再次协商，乔治最终达成了比进价高 4%的价格。对于乔治来说，这个价格利润很薄，不过还算可以了，毕竟，客户第一次来就能够到达这个步骤已经不错了，而这个价格则意味着车行可以挣到 1 000 美元，乔治的提成是 250 美元。

乔治非常有效率地做好了相关的文件，因为需要经理签字，只好让客户稍等片刻。但在这时，客户却说他们还需要再考虑一下。乔治非常自信这个客户肯定回来，他给了他们名片，欢迎他们随时与他联系。

两天以后，客户终于打来电话，表示他们去看了其他的车行，但是不喜欢他们，准备向乔治购买他们喜欢的车，虽然价格还是高了一点，但是可以接受。他们询问何时可以提车？令人高兴的是，车行里有现车，所以乔治邀请他们下午来。

下午客户来了，接受了乔治推荐的延长保修期的建议，并且安排了下一次维护的时间，并且介绍了售后服务的专门人员——汽车销售流程的最后一个步骤，售后服务的安排。并由专门的维护人员确定了 90 天的日期回来更换发动机滤清器。这个介绍实际上是要确定该客户这个车以后的维护，保养都会回到车行，而不是去路边廉价的小维修店。

案例二：

汽车销售失败案例

某日一位老板走进一间专门销售进口品牌汽车的车行并问销售人员。

顾客：宝马 730Li 是不是全铝车身？

销售人员：（客户提出的这个个问题有点突然，而且他是第一次听到全铝车身的概念）哦，不太清楚，我要查一下资料。（查完资料后告诉客户）不是全铝车身。

顾客：刚才我到了某车行看了奥迪 A8L，他们的销售人员告诉我奥迪 A8L 采用的是全铝车身，是最新的技术，能够提升动力而且省油，我以前开的是宝马 530Li，对宝马车比较了解，现在想换一部车，准备在奥迪和宝马之间做出选择。如果宝马也是全铝车身的话，我就买宝马。

销售人员：（经过确认后再次告诉顾客）实在对不起，宝马 730Li 不是全铝车身。

顾客离开了展厅再也没有回来，据了解后来买了奥迪 A8。

请问：

1．案例一中销售人员的表现哪些是值得你学习的，他都运用了哪些技巧？

2．分析案例二中销售人员在销售车辆时犯了哪些错误？

3．如果你是案例二中的销售人员，你会如何回答顾客的问题？

营销实训

实训项目一：前台接待

1．实训目的

知道前台接待的作用及其重要性；掌握前台接待的相关礼仪。

2．实训内容和要求

（1）内容：根据拟定场景和客户进行分析，做好相应的前台接待。

① 场景一：在一个炎热夏天的午后，一个 30 岁左右满头大汗的年轻男士进入你所工作的 4S 店。

② 场景二：周末下午，一家三口模样的中年夫妻带着 5 岁左右的男孩进入你所工作的 4S 店。

③ 场景三：正在下着对大雨，一对情侣模样的年轻人打伞进入你所工作的 4S 店。

④ 场景四：下午快下班，两个 40 岁左右的中年男士开车来到你所工作的 4S 店。

⑤ 场景五：离汽车站很近的 4S 店，一位女士拉着行李进入你所工作的 4S 店。

⑥ 场景六：平日早上刚刚上班，一对夫妻模样的爷爷奶奶进入你所工作的 4S 店。

⑦ 场景七：十一黄金周的第一天，穿着时尚前卫的 25 岁左右的男士在父母的陪伴下进入你所工作的 4S 店。

⑧ 冬日寒冷的中午时分，一位看上去精明能干、懂得享受生活的 40 岁左右的女士进入你所工作的 4S 店。

⑨ 周一上午一位打扮随意，手里拿着菜的中年女士太太进入你所工作的 4S 店。

（2）要求：按照汽车 4S 店各项标准化要求进行实训。

3．实训组织

把全班分成 4～6 人一组，以组为单位完成实训任务。

4．实训操作步骤

（1）以组为单位，选择任一模拟场景并进行接待要点分析和讨论。

（2）进行角色分配，每一位组员都必须以接待员的身份进行一次实训。

（3）完成前台接待内容，引领客户进入下一个环节。

5．实训考核

（1）考核前台接待要点，从接待礼仪、可行性、完整性等方面进行考核。（50%）
（2）考核个人在实训过程中的表现。（50%）

实训项目二：需求分析

1．实训目的

在销售前学会需求分析；能够在需求分析后更好的进行销售。

2．实训内容和要求

（1）内容：根据前台接待中客户的具体情况为客户推荐一款适合客户的车辆。
（2）要求：按照汽车 4S 店各项标准化要求进行实训。

3．实训组织

把全班分成 4～6 人一组，以组为单位完成实训任务。

4．实训操作步骤

（1）以组为单位，结合模拟场景中客户的具体情况，分析讨论需求分析中需要了解客户的哪些情况。
（2）进行角色分配，每一位组员都必须以营销人员的身份进行一次实训。
（3）运用相关的提问及倾听技巧为顾客选择一款适合顾客的车辆。

5．实训考核

（1）考核需求分析要点，从提问技巧、沟通技巧、可行性、完整性等方面进行考核。（50%）
（2）考核个人在实训过程中的表现。（50%）

实训项目三：整车介绍

1．实训目的

了解汽车介绍的主要特点，知道如何进行汽车介绍。

2．实训内容和要求

（1）内容：根据需求分析中为客户推荐的车辆及客户的具体情况为客户进行车辆介绍。
（2）要求：按照汽车 4S 店各项标准化要求进行实训。

3．实训组织

把全班分成 4～6 人一组，以组为单位完成实训任务。

4．实训操作步骤

（1）以组为单位，结合需求分析中对客户的了解，分析讨论在进行车辆介绍时应注意哪些问题及介绍的侧重点。
（2）进行角色分配，每一位组员都必须以营销人员的身份进行一次实训。

（3）运用 FAB 法则及六方位绕车介绍法为顾客介绍车辆。

5．实训考核

（1）考核整车介绍要点，从叙述、专业知识、可行性、完整性等方面进行考核。（50%）
（2）考核个人在实训过程中的表现。（50%）

实训项目四：异议处理

1．实训目的

正确看待顾客异议，运用所学知识巧妙处理顾客异议。

2．实训内容和要求

（1）内容：根据顾客的各类异议进行妥善处理。
（2）要求：按照汽车 4S 店各项标准化要求进行实训。

3．实训组织

把全班分成 4～6 人一组，以组为单位完成实训任务。

4．实训操作步骤

（1）以组为单位，分析讨论在前面的售车环节中顾客提出的异议应如何处理。
（2）进行角色分配，每一位组员都必须以营销人员的身份进行一次实训。
（3）运用各种处理异议的技巧为顾客处理异议。

5．实训考核

（1）考核异议处理要点，从叙述、专业知识、可行性、完整性等方面进行考核。（50%）
（2）考核个人在实训过程中的表现。（50%）

第7章　汽车售后服务管理

本章学习目标

1. 了解车辆入户办理流程及保险种类。
2. 了解汽车消费信贷相关模式。
3. 了解汽车维修管理相关内容。

导入案例

消费日趋理性　汽车售后服务或成竞争焦点

近年来，我国汽车产业迅猛发展有目共睹，截至2011年6月底，全国机动车总保有量达2.17亿辆，其中，汽车9 846万辆，而全国私家车保有量突破了7 000万辆，并且保持着高速的增长趋势。如此庞大的汽车保有量和快速的汽车销售增长，给汽车售后服务业的发展带来了巨大的成长空间。业内人士估算：我国汽车售后市场在2010年已达1 900亿～3 000亿元人民币的产业规模。如此巨大的市场不能不引起众多车企的重视。

同时，国内消费者经过这些年的洗礼，在比拼过品质、价格等方面之后，逐步意识到售后服务作为消费行为的整体占据着极其重要的地位。尤其是汽车一旦购入，会在家庭生活中频繁使用，那么使用过程中的维修保养将占据日常开支的重要一部分，这个因素也成为人们在选购车型时的重要考量依据。

1. 售后服务竞争逐年激烈

汽车售后服务经过这些年的发展，逐步由过去简单的汽车修理修复，发展成为包括修理、保养、美容、装潢及其他越来越多的汽车售后服务。而其中售后服务的标准也逐步明确，尤其是呼之欲出的"三包"政策，在国内消费者等待多时后，终于有望出台，这无疑为国内消费者提供了更明确的法律保障。另一方面，权威机构J.D.Power亚太公司每年发布的《中国售后服务满意度指数（CSI）报告》也似乎成为了人们考量车企服务水平的重要参考依据。这项报告通过五个方面，即"服务质量"、"服务设施"、"服务后交车"、"服务顾问"、和"服务启动"，确定总体售后服务满意度，从而来评测车主在购车之后12～24个月期间对授权经销商服务部门所提供保养和维修服务的满意度。

今年发布的报告显示，中国汽车行业售后服务在各个层面上均取得了显著的提升，由去年的平均分819分上升到了今年的833分，其中广汽本田以896分的售后服务满意度指数夺得这次调研的榜首位置；同时，由于经销商利润构成比例的变化，汽车售后服务越来越引起重视。

2. 打造品牌服务是关键

随着竞争之势由销量蔓延至售后，如何打造让客户满意的售后服务显然成为当前车企考虑的重要问题。J.D. Power亚太公司中国区研究总经理梅松林博士指出，在品牌塑造上，售后服务的高满意度会造就更高的忠诚度和口碑，从数据上看，高满意度所造就的忠诚度约为低满意度的2倍之高。

由此，打造高满意度的品牌性服务成为企业当前的首要任务。厂家必须树立以消费者为中心的服务意识，完善的维修、养护、配件供应、质量投诉、定期回访等用户档案资源库和跟踪服务体系必须建立；在目前参差不齐的售后服务中建立自己的服务品牌，通过服务树立品牌形象、巩固并提高市场占有率。

（案例素材来源：2011年8月13日　慧聪网）

7.1　售后服务概述

在市场激烈竞争的今天，随着消费者维权意识的提高和消费观念的变化，消费者在选购汽车产品时，不仅注意到产品实体本身，在同类产品的质量和性能相似的情况下，更加重视产品的售后服务。因此，企业在提供满足消费者需要的产品的同时，向消费者提供完善的售后服务，已成为汽车企业市场竞争的新焦点。

7.1.1　汽车后市场

汽车销售是一份具体。灵活而又流程严谨的工作，前几章从理论到实操流程及话术对汽车销售做了详细的阐述。但从 4S 店的经营业务来看，工作只进行了一半，只是把要服务的对象确定了下来，后面才是真正的服务工作。而对汽车从售出到报废的过程中，围绕汽车售后使用环节中各种后继需要和服务而产生的一系列交易活动的总称我们称为汽车后市场。

在汽车后市场中围绕汽车使用过程中的各种服务，我们称其为售后服务，涵盖了消费者买车后所需要的一切服务。从推销工作来看，售后服务本身同时也是一种促销手段。在追踪跟进阶段，推销人员要采取各种形式的配合步骤，通过售后服务来提高企业的信誉，扩大产品的市场占有率，提高推销工作的效率及效益。

相关链接

国内汽车后市场

国内汽车后市场的四个发展阶段：第一阶段是1990—1996年，汽车后市场的开始阶段，服务对象基本是公务车；第二阶段是1997—2006年，汽车后市场的高速发展阶段，服务对象公务车为主，私车15%；第三阶段是2007—2010年，汽车后市场的洗牌阶段，服务对象是私车50%，公务车50%；第四阶段是2011年以后，汽车后市场平缓发展阶段，服务对象以私家车为主，每个地区有2～3家区域性的龙头店，品牌快修快保店与4S店并行，国外汽车服务连锁巨头进入中国，其他个体店要选择好自己发展道路。

7.1.2　汽车后市场售后服务的主要业务

汽车后市场是产业链中最稳定的利润来源，占总利润的60%～70%。虽然我国的汽车后市场刚刚处于发展的初级阶段，但是汽车销售市场每年以30%速度递增，每台车售后服务金额约为车价的2倍，车辆一般10年报废，加上私家车主的整体汽车售后保养服务意识增强，使得汽车后市场面临的发展机遇非常大。目前汽车后市场主要有19大业务。

1．汽车美容

汽车美容包括车表美容护理、车内翻新护理、高级护理三大主要项目。其中车表美容护理主要有无水洗车、泡沫精致洗车、全自动电脑洗车、底盘清洗、漆面污渍处理、漆面飞漆处理、新车开蜡、氧化层去除、漆面封釉、漆面划痕处理、抛光翻新、金属件增亮、轮胎增亮防滑、玻璃抛光等项目。车内翻新护理主要包括车内顶棚清洗、车门衬板清洗、仪表盘清洗护理、桃木清洗、丝绒清洗、地毯除臭、塑料内饰清洗护理、真皮座椅清洗、全车皮革养护等项目。高级美容护理项目主要有漆面封釉、漆面镀膜、汽车桑拿、底盘封塑、臭氧消毒、划痕修复等项目。

2．汽车装饰

汽车装饰主要是新车装饰，其主要项目有：全车贴膜、铺地胶、铺地垫、挡泥板、扶手箱、尾厢开启器、桃木内饰、加装轮眉、防撞胶条、更换拉手、安装门碗、加装晴雨挡、加装尾喉，另加上部分客户要求的真皮座椅、豪华天窗、隔音工程等项目。

3．汽车养护

汽车养护主要有日常养护、附加保养两大类别。日常养护属于必须进行的项目，而附加保养则是客户自己选择要不要做的项目。日常养护项目主要有换机油、加防冻液、更换三滤、更换雨刮、变速器止漏、清洗更换刹车片、空调检测及加氟利昂、检查电瓶液配比、电瓶维护等。而附加的项目主要有燃烧系统免拆清洗、润滑系统免拆清洗、冷却系统免拆清洗、电脑检测及解码、发电机维护、发动机维护、尾气达标等。

4．汽车电子

汽车电子类主要的产品有，防盗器、倒车雷达、中央门锁、车载电话、GPS、加装电动门窗、更换自动天线、车载冰箱、胎压检测器、电压转换器、各部位车灯、车载应急灯、后视系统等。

5．汽车娱乐影音系统

汽车娱乐影音系统主要包括，车载电视、CD、VCD、DVD、喇叭、功放、显示器、电子游戏系统等。

6．汽车改装

汽车改装主要包括汽车外观改装、汽车性能提高改装、赛车按标准改装三大类别。其中汽车外观改装主要有改装包围、更换方向盘、增加个性贴纸、更换轮胎、更换轮毂、更换仪表等。汽车性能提高改装主要包括增加氙气灯、改装进气系统、改装排气系统、改装点火系统、改装供油系统等。赛车按标准改装主要有车内头盔、防滑架、赛车服饰、避震器、悬挂加强赛车安全带等。

7．汽车饰品类

汽车饰品主要包括个性饰品与专用饰品两大类别，个性饰品主要有卡通娃娃、个性香水、内外闪灯、游侠伴侣、风火轮、个性地毯、个性坐套、钛金气喉、车饰边条、香熏挂件等。专用饰品主要有野营套装、车载冰箱等。

8．汽车轮胎服务

汽车轮胎服务的主要项目包括更换轮胎、轮胎平衡、四轮定位、快速补胎、专业补胎、轮胎冲氮气、轮胎保养等。

9．汽车专业维修

汽车专业维修包括对汽车各部位的维修，主要是对车身、底盘、发动机、电气系统等方面进行全面系统的维修，主要的项目很多，实际上就是“对生病之车实施抢救”，使之恢复正常。

10．汽车上使用办公用品

高端公务商务车上的办公用品主要有车用办公桌椅、车用电脑、车用打印机、车用传真机、车载电话等，另外还有车用热水器、车用电冰箱等。增加汽车办公用品，原因是汽车已经越来越成为众多商务人士、政府高管的第二个办公室。目前国内这个市场正处于萌芽阶段，还是一个待开发的处女地。

11．汽车租赁

汽车租赁按时间分包括定时租赁和临时租赁；按客户类别分为政府租赁，企业租赁和个人租赁三大类。汽车租赁在目前中国处于摇摆不定的发展阶段，市场有较大的需求，但国内目前缺乏切实有效的信用和担保制度，致使汽车租赁的风险较大。大型投资方不敢贸然介入。

12．车主俱乐部

在目前国内车主俱乐部不太成熟的市场情况下，可以建立不同类型的俱乐部，如品牌俱乐部、车迷俱乐部、越野俱乐部、维修俱乐部、救援俱乐部等。车主俱乐部可以为车主提供：一是汽车类服务，如代办保险、验车、泊位、换领驾照、补领驾照、补领行驶证、管家提醒、理赔、审证、贷款等；二是汽车体验与交流，如外驾车出游、试乘试驾、车友会、会员制等；三是汽车救援，如拖车服务、快速抢修、提供24小时救援等。

13．二手车业务

二手车业务主要包括以下类别：二手车直接购买、销售、二手车中介、二手车评估、二手车暂保管、二手车代过户、二手车置换、二手车代保养装新等。但由于目前中国缺乏真正的二手车评估系统和评估人员，并且缺乏相关的法律依据，因此二手车业务市场仍处于无标准的模糊状态。

14．汽车文化

汽车文化包括汽车模型、汽车体育、汽车知识、汽车报刊、汽车书籍、汽车影视、汽车车迷、汽车与社会等。汽车文化是汽车市场发展到一定阶段的必然产物，车不仅是驾驶工具，更像一个人的翅膀，与人携手共进，也需要文化的熏陶。

15．汽车融资

汽车融资包括汽车信贷和消费信贷两大类别，而汽车消费信贷在目前中国仍处于起步阶段。

16．汽车广告

汽车广告涉及报纸、杂志、电台、电视台、户外、单页、比赛赞助等，在发达国家，汽车广告是所有广告中的大户，有的甚至是最大户。

17．汽车资讯

汽车资讯主要包括市场调查、市场分析、行业动态、统计分析、政策法规、未来发展等几大类别，目前汽车资讯在国内还处于起步阶段。而国外的汽车资讯类公司处于行业领航者的角色。

18. 汽车培训

汽车培训已经从早期的汽车驾校和汽车维修培训逐步向汽车美容装饰培训、汽车服务销售接待培训、汽车销售团队培训过度，不久的将来很快就会有汽车行业中层管理者培训和汽车行业决策者培训。

19. 汽车电子商务网站

伴随电子商务的发展，汽车电子商务逐步成熟，汽车的电子商务模式正在逐步完善规划，在不久的将来会实现“空中交易”。

近年来，由于看好中国汽车后市场的巨大潜力，国外许多知名汽车服务企业进军中国市场。许多大中型城市已经出现包括博世、德尔福在内的国际巨头的身影。他们凭借资本、技术、渠道等优势，将国外成熟的品牌连锁模式引入中国。

相关链接

中国汽车后市场参与者

在目前的中国汽车后市场主要的市场参与者分国际知名品牌和国内品牌两大类别。

国际知名品牌主要有：AC 德科、博世、澳德巴克斯、黄帽子、杰菲（壳牌）、3M、霍尼维尔、尼尔森等。

国内品牌主要有：元征、蓝星、车路饰、快车手、新焦点、月福等。

另外，中石油和中石化目前正在酝酿在各自遍布全国的加油站内建立自己的汽车服务店面，为广大加油车主提供更多的附加服务，为加油站创造更多的附加价值。

中国汽车后市场随着汽车保有量的上升而快速崛起，人们对汽车服务的认识已经发展成为个性化、人性化的阶段。现代汽车消费者更如注重服务过程的体验。包括汽车维护、汽车装饰、汽车音响、汽车安全、汽车电子、汽车改装、汽车金融、汽车救援、二手车服务等的汽车服务市场向着一体化、品牌化、国际化的方向发展。

7.1.3 服务顾问

1. 服务顾问

在 4S 店中，从事售后服务工作的主要工作人员就是服务顾问。服务顾问是指 4S 店售后服务部门，专门负责接待维修客户，从事为客户提供问题答疑、技术咨询、保险理赔、协调维修业务等工作的售后服务人员。

在汽车售后服务中，服务顾问的工作核心在于展现品牌服务特色与战略，使客户充分体验和了解有形化服务的特色，提高服务效率，满足客户需求，树立品牌形象，以提升客户的忠诚度。所以，服务顾问的工作要求有标准、统一化的作业标准，并通过核心流程的执行，规范所有面对客户的服务行动，提升客户满意度，提升服务效益。

2. 服务顾问岗位职责

服务顾问是汽车维修活动的沟通核心，是连着客户和 4S 店的桥梁。4S 店服务顾问的主要岗位职责如下。

日常工作：服务流程七步法（预约、接待、填制派工单、修理、质检、交车、跟踪服务）。

热情接待客户，必须使用文明用语，了解客户的需求及期望，为客户提供满意的服务。

着装保持专业外貌，待客热情、诚恳，谈吐自然大方，保持接待区整齐清洁。

熟练掌握汽车知识，评估维修要求，及时准确地对维修车辆进行报价，估计维修费用或征求有关人员（上级）意见，并得到客户确认后，开出维修工单，并耐心向客户说明收费项目及其依据。

认真接待客户车辆，仔细检查车辆外观、内饰并认真登记，同时提醒客户将车内的重要物品保管好。

掌握车间的维修进度，确保完成客户交修项目，按时将状况完好的车辆交付客户，对未能及时交付的车辆应提前与客户沟通，讲清楚原因。

严格执行交、接车规范。

根据维修需要，在征求客户同意的前提下调整维修项目。

协助用户做好车辆的结算工作，热情服务，提高客户的满意度。

善于与客户沟通，全方位地引导客户提高对车辆维修保养的认识。

定期向客户进行回访，征求客户的意见，考察客户的满意度，并根据相应项目做好记录。

处理好客户的投诉，根据实际情况认真耐心地做好解释，最大限度地降低客户的投诉。

认真检查核对车辆及送修人的相关信息，及时准确的完成系统录入。

认真听取和记录客户提出的建议、意见和投诉，并及时向上级主管汇报。

宣传本企业，推销新技术、新产品，解答客户提出的相关问题。

显而易见，进行与后市场的售后服务工作是有着严格要求和严谨流程的。而售后服务业务的具体差别又让每一项业务的要求与流程有这严格的区别。随后我们将从车辆入户、汽车保险、汽车消费贷款、二手车置换、汽车维修服务这五个常见业务来分别探讨售后服务工作的基本内容和管理要求。

7.2 车辆入户

车辆入户是指机动车所有人或代理人填写《机动车登记申请表》，持车辆相关资料和相关交费票据向机动车所有人住所所在地的车辆管理所申请注册登记交验车辆。作为汽车售后服务管理人员，应该熟悉汽车入户应准备的材料和流程。

7.2.1 汽车入户应准备的材料

汽车入户应准备的材料如下。

①《机动车注册登记申请表》由车主填写；

②《机动车注册—转入登记表》拓号粘贴；

③《机动车登记业务流程记录单》拓号粘贴；

④ 公车代码证、私车身份证复印件；

⑤ 机动车销售发票第四联；

⑥ 整车出厂合格证；

⑦ 车辆购置税附联；

⑧ 排污发票第四联，需上线车型检测表。

7.2.2 车辆入户流程

汽车入户流程如下。

（1）准车主选定好车型，交纳购车款后，汽车经销商会为准车主提供厂家的汽车质量合格证和有效期为三天的车辆移动证，并开具购车发票，购车发票共分为报税联、注册登记联、发票联三联。在开具购车发票时，准车主需要提供本人的姓名和身份证号码。

（2）准车主持购车发票的报税联和汽车质量合格证复印件、身份证原件和复印件（公户车辆需带企业组织机构代码证原件及公章），到车辆购置税办公厅购买车辆购置附加税。

（3）在办理完车辆购置附加税后，准车主就可以携带办理车辆购置附加税的相应手续和购车发票的注册登记联、汽车质量合格证原件、身份证原件和复印件到车管所投递资料，审批挂牌。

（4）到达车管所后，先领取一份新车入户登记表，并且在其上面准确无误填写车主与车辆的相关信息，然后排队递交。对车辆进行外部检测，核对发动机号码、车架号码、车辆型号等，并交付相关费用。

（5）交付相关费用后，准车主就可以开始在电脑上选取自己的车牌号码了，选择完车牌号码后就可进行牌照安装并对新车拍照存档；喷印玻璃防盗号，领取尾气排放合格证；在车管所领取车辆行驶证和车辆登记证书（产权证）；车主携带车辆行驶证、车辆购置附加税发票和车辆登记证书到车辆购置税办公厅领取购置税本。

7.3 汽车保险业务

随着经济的发展，机动车辆的数量不断增加。目前，机动车辆保险已成为我国财产保险业务中最大的险种。目前机动车辆保险已涵盖汽车大多数的危险事故，中国交通部已强制购车人员购买机动车辆保险，以保证在车祸事故中，受害人得到正当权益保证。

7.3.1 机动车辆保险简介

机动车辆保险产生于19世纪末，世界上最早签发机动车辆保险保险单，是1895年由英国“法律意外保险公司”签发的、保险费为10英镑到100英镑的汽车第三者责任保险单，但汽车自燃险可以在增加保险费的条件下加保。

机动车辆保险的真正发展，是在第二次世界大战后，一方面是，汽车的普及使道路事故危险构成一种普遍性的社会危险；另一方面则是，许多国家将包括汽车在内的各种机动车辆第三者责任列入强制保险的范围。特别是1919年，美国马萨诸塞州《赔偿能力担保法》的出台标志着近代汽车保险的产生。因此，机动车辆保险业务在全球均是具有普遍意义的保险业务。

在我国，汽车保险业务的发展经历了一个曲折的历程。汽车保险进入我国是在鸦片战争以后，但由于我国保险市场处于外国保险公司的垄断与控制之下，加之旧中国的工业不发达，我国的汽车保险实质上处于萌芽状态，其作用与地位十分有限。新中国成立以后的1950年，创建不久的中国人民保险公司就开办了汽车保险。不久就出现对此项保险的争议，有人认为汽车保险及第三者责任保险对于肇事者予以经济补偿，会导致交通事故的增加，对社会产生负面影响。于是，中国人民保险公司于1955年停止了汽车保险业务。直到70年代中期为了满足各国驻华使领馆等外国人拥有的汽车保险的需要，开始办理以涉外业务为主的汽车保险业务。我国保险业恢复之初的1980年，中国人民保险公司逐步全面恢复中断了近25年之久的汽车保险业务，以适应国内企业和单位对于汽车保险的需要，适应公路交通运输业迅速发展、事故日益频繁的客观需要。

1983年将汽车保险改为机动车辆保险使其具有更广泛的适应性，在此后的近20年过程中，机动车辆保险在我国保险市场，尤其在财产保险市场中始终发挥着重要的作用。到1988年，汽车保险的保费收入超过了20亿元，从此以后，汽车保险一直是财产保险的第一大险种，并保持高增长率，我国的汽车保险业务进入了高速发展的时期。

机动车辆保险是以机动车辆本身及其第三者责任等为保险标的的一种不定值财产保险。其保险客户，主要是拥有各种机动交通工具的法人团体和个人；其保险标的，主要是各种类型的汽车，但也包括电车、电瓶车等专用车辆及摩托车等。机动车辆是指汽车、电车、电瓶车、摩托车、拖拉机、各种专用机械车、特种车。2012年3月份，中国保监会先后发布了《关于加强机动车辆商业保险条款费率管理的通知》和《机动车辆商业保险示范条款》，推动了机动车辆保险的改革。

相关链接

原始形态的保险方法

人类社会从开始就面临着自然灾害和意外事故的侵扰，在与大自然抗争的过程中，古代人们就萌生了对付灾害事故的保险思想和原始形态的保险方法。我国历代王朝都非常重视积谷备荒。春秋时期孔子的“拼三余一”的思想是颇有代表性的见解。孔子认为，每年如能将收获粮食的三分之一积储起来，这样连续积储3年，便可存足1年的粮食，即“余一”。如果不断地积储粮食，经过27年可积存9年的粮食，就可达到太平盛世。

据传说，5 000多年前的一天正午，一支横越埃及沙漠的骆驼商队正艰难地在沙丘间跋涉。酷热的太阳烘烤着毫无遮掩的沙漠，仿佛要把一切生命烤干，一只粗糙的水壶在商人间传递。突然，天空一下子变暗，乌云像横泻的浊浪在天空中翻滚，一场大风暴要降临了。商人们顾不得骆驼了，拼命地往沙丘高处爬去。风暴过后，原来他们丢弃骆驼和货物的地方已经堆起了几座新沙丘，30只骆驼只有8只跑得快的幸免于难，其余的无影无踪了。

要是在从前，损失货物、骆驼的商人就要面临着破产了。但这次的情况有些不同，因为商队在出发前，精明的商队领队就将商人们召集到一块，通过了一个共同承担风险的互助共济办法。这个办法规定，如果旅途中有商人的货物或骆驼遇到不测而损失或死亡，由未受损的商人从其获利中拿出一部分来分摊救济受难者；如果大家都平安，则从每个人的获利中提取一部分留存，作为下次运输补充损失的资金。由于有了这个约定，这次损失事故没有在商队中造成太大的波动，因为全商队还有8只骆驼和它们所载的货物，贸易所得的利润分摊下去，至少可以使商人们购置新的骆驼，以求东山再起。这种互助共济法，经过后来不断地完善后，被收入到《汉谟拉比法典》中。

7.3.2　我国常见的汽车保险险种

我国机动车车辆保险一般包括强制车险和商业车险。强制车险专指机动车辆交通事故强制责任保险；商业车险包括基本险和附加险两部分。基本险分为车辆损失保险和第三者责任保险（A 款）。附加险因保险公司而异，一般不能独立承保。

1．交强险

机动车交通事故责任强制保险（以下简称“交强险”）是我国自 2007 年由国家法律规定实行的强制保险制度。《机动车交通事故责任强制保险条例》规定：交强险是由保险公司对被保险机动车发生道路交通事故造成第三方受害人（不包括本车人员和被保险人）的人身伤亡、财产损失，在责任限额内予以赔偿的强制性责任保险。

根据《交强险条例》的规定，在中华人民共和国境内道路上行驶的机动车的所有人或管理人都应当投保交强险，机动车所有人、管理人未按照规定投保交强险的，公安机关交通管理部门有权扣留机动车，通知机动车所有人、管理人依照规定投保，并处应缴纳的保险费的 2 倍罚款。

交强险的特色内容包括：无人员伤亡仅财产损失事故 2 000 元以内互撞自陪；酒后驾车管陪，醉酒驾车不陪；法院或医院证明的精神损伤在医疗费用责任限额内由保险公司负责赔偿。

交强险实行分项理赔，具体如下。

当有责任时，第三方财产损失最高赔偿 2 000 元，三方医疗费最高赔偿 10 000 元，三方死亡伤残最高赔偿 110 000 元。

当无责任时，第三方财产损失最高赔偿 100 元，三方医疗费最高赔偿 1 000 元，三方死亡伤残最高赔偿 11 000 元。

医疗费包括：医药费、诊疗费、住院费、住院伙食补助费、必要合理的后续治疗费、整容费、营养费。

死亡伤残费包括：丧葬费、死亡补偿费、办理丧葬事宜的交通费、残疾赔偿金、残疾辅助器具费、护理费、康复费、交通费、被扶养人生活费、住宿费、误工费、通过判决或调解产生的精神损害抚慰金。

2．基本险

（1）车辆损失险

车辆损失险是指对由于保险责任范围内的自然灾害和意外事故造成投保车辆本身的损失由保险人负责赔偿的一种机动车辆保险。

车辆损失险的保险标的包括：家庭自用车、非营业用车、营业用车。

车辆损失险是车辆保险中用途最广泛的险种。车辆损失险的保险责任包括：① 碰撞、倾覆、坠落；② 火灾、爆炸；③ 外界物体坠落、倒塌；④ 暴雨、暴风、龙卷风、洪水、泥石流、海啸、冰雹；⑤ 地陷、冰陷、雷击、崖崩、雪崩；⑥ 载运被保险车辆的渡船遭受自然灾害（限有驾驶人员随船照料）。

（2）第三者责任险

第三者责任险，指被保险人或其允许的驾驶人员在使用保险车辆过程中发生意外事故，致使第三者遭受人身伤亡或财产直接损毁，依法应当由被保险人承担的赔偿责任，由保险公司负责赔偿。

（3）附加保险

① 全车盗抢险，是指保险车辆全车被盗窃、被抢夺，经公安刑侦部门立案证实，满三个月未查明下落，或保险车辆在被盗窃、被抢劫、被抢夺期间受到损坏，或车上零部件及附属设备丢失需要修复的合理费用，由保险公司负责赔偿。

② 车上责任险，又分为车上人员责任险和车上货物责任险，是指投保了本项保险的机动车辆在使用过程中，发生意外事故，致使保险车辆上所载货物遭受直接损毁或车上人员的人身伤亡，依法应由被保险人承担的经济赔偿责任，保险公司在保险单所载明的该保险赔偿额内计算赔偿。

③ 无过失责任险，指投保了本项保险的车辆在使用中，因与非机动车辆、行人发生交通事故，造成对方人员伤亡或财产直接损毁，保险车辆一方无过失，且被保险人拒绝赔偿未果，对被保险已经支付给对方而无法追回的费用，保险公司负责给予赔偿。

④ 车载货物掉落责任险，指投保了本保险的机动车辆在使用中，所载货物从车上掉下致使第三者遭受人身伤亡或财产的直接损毁，依法应由被保险人承担的经济赔偿责任，保险公司负责赔偿。

⑤ 玻璃单独破碎险，指投保了本项保险的机动车辆在停放或使用过程中，发生本车玻璃单独破碎，保险公司按实际损失进行赔偿。

⑥ 车辆停驶损失险，指投保存了本项保险的机动车辆在使用过程中，因遭受自然灾害或意外事故，造成车身损毁，致使车辆停驶造成的损失。保险公司按照与被保险人约定的赔偿天数和日赔偿额进行赔付。

⑦ 自燃损失险，指投保了本项保险的机动车辆在使用过程中，因本车电路、线路、供油系统发生故障及运载货物自身起火燃烧，造成保险车辆的损失，保险公司负责赔偿。

⑧ 新增加设备损失险，指投保了本项保险的机动车辆在使用过程中，因自然灾害或意外事故造成车上新增设备的直接损毁，保险公司负责赔偿。

⑨ 车身划痕损失险，是指因非碰撞原因导致的车身划痕损失，由保险公司负责赔偿。

⑩ 不计免赔特约保险，指办理了本项特约保险的机动车辆发生事故，损失险及第三者责任险事故造成赔偿，对其在符合赔偿规定的金额内按责任应承担的免赔金额，保险公司负责赔偿。

7.3.3 汽车保险投保方案的选择

随着机动车辆保险在我国的快速发展，保险险种体系越来越完善，内容越来越丰富。与此同时，汽车行业的发展也使得车辆在品牌、层次、性能、用途等方方面面的差异越加清晰。如何针对消费者使用的具体车辆的具体情况帮助消费者设计合理恰当的保险投保方案就成了汽车售后服务人员的基本技能。

另外，对汽车营销企业而言，为购车客户提供合理的保险方案和办理周到的保险业务，即能体现企业服务意识，又能为企业创造利润，提升企业形象。所以很多汽车营销企业都要求销售顾问在整车销售的同时要保证一定的保险跟单率。这一指标也是衡量销售顾问能力和业绩的重要数据。为便于大家理解保险业务办理的一般思路，我们给出以下 5 个机动车辆保险方案，浅做分析，谨供理解学习。

1．最低保障方案

险种组合：第三者责任险。

保障范围：只对第三者的损失负赔偿责任。

适用对象：急于上牌照或通过年检的个人。

特点：只有最低保障，费用低。

优点：可以用来应付上牌照或检车。

缺点：一旦撞车或撞人，对方的损失能得到保险公司的一些赔偿，但自己车的损失只有自己负担。

2．基本保障方案

险种组合：车辆损失险+第三者责任险。

保障范围：只投保基本险，不含任何附加险。

特点：费用适度，能够提供基本的保障。

适用对象：有一定经济压力的车主。

优点：必要性最高。

缺点：不是最佳组合，最好加入不计免赔特约险。

3．经济保险方案

险种组合：车辆损失险+第三者责任险+不计免赔特约险+全车盗抢险。

特点：投保 4 个最必要、最有价值的险种。

适用对象：是个人精打细算的最佳选择。

优点：投保最有价值的险种，保险性价比最高，人们最关心的丢失和 100%赔付等大风险都有保障，保费不高但包含了比较实用的不计免赔特约险。当然，这仍不是最完善的保险方案。

4．最佳保障方案

险种组合：车辆损失险+第三者责任险+车上责任险+风挡玻璃险+不计免赔特约险+全车盗抢险。

特点：在经济投保方案的基础上，加入了车上责任险和风挡玻璃险，使乘客及车辆易损部分得到安全保障。

适用对象：一般公司或个人。

优点：投保价值大的险种，不花冤枉钱，物有所值。

5．完全保障方案

险种组合：车辆损失险+第三者责任险+车上责任险+风挡玻璃险+不免赔特约险+新增加设备损失险+自燃损失险+全车盗抢险。

特点：保全险，居安思危才有备无患。能保的险种全部投保，从容上路，不必担心交通所带来的种种风险。

适用对象：经济充裕的车主。

优点：几乎与汽车有关的全部事故损失都能得到赔偿。投保的人不必为少保某个险种而得不到赔偿，承担投保决策失误的损失。

缺点：保全险保费高，某些险种出险的概率非常小。

7.3.4 4S 店保险代办业务流程

① 销售顾问根据整车销售对客户心理的了解，针对性向客户推介车辆保险并提供保险方案，并向客户说明保险相关注意事项，预算保险费；在向客户推介车辆保险方案的时候，要求销售顾问对于相应保险条款对客户做到说明义务。

② 引导客户向收银处预交保险金；在预交保险金时，要向客户解释保险费计算方法，并介绍公司最近营销活动。

③ 销售顾问据车辆合格证复印件，客户身份证复印件到保险柜台购买保险。

④ 保险专员提供投保单，确定险种后出具保险单，销售顾问指导客户填写投保单；投保单应当由客户自己填写，做到如实告知，销售顾问不得诱导客户，做出隐瞒等行为。

⑤ 保险专员根据保险金收条到财务结算保险费。

⑥ 提醒客户保存好相关单据，让客户留下自己的联系方式，并说明保险业务一般办理流程及应急处理方法。

7.4 售后维修服务内容及流程

汽车维修服务业务是完全不同于汽车销售服务的一项工作内容。在整车销售的过程中由于消费者的消费信心很大程度上取决于销售顾问，而同时销售顾问逐步地利益让步也容易给消费者带来愉悦的消费感受。但是，代表阻碍消费者享受驾车乐趣的维修业务往往却标志着消费者来店时不舒适的心态，所以此时，热情、周到的服务态度和完善、高效率、人性化的维修服务流程对汽车经营企业来说至关重要。下面就从工作内容和工作要求两个方面对维修业务进行完整流程的介绍。

7.4.1 业务厅接待

1. 工作内容

① 见到客户驾车驶进公司大门，立即起身，带上笔与接车单（如表 7-1 所示），走到客户车辆驾驶室边门一侧向客户致意（微笑点头）；当客户走出车门或放下车窗后，应先主动向客户问好，表示欢迎。同时作简短自我介绍。

② 如客户车辆未停在本公司规定的接待车位，应礼貌引导客户把车停放到位。

③ 简短问明来意，如属简单咨询，可当场答复，然后礼貌地送客户出门并致意（一般讲“请走好”、“欢迎再来”），如属需诊断、报价或进厂维修的应征得客户同意后进接待厅商洽；或让客户先到接待厅休息，经工作人员检测诊断后，再与客户商洽。情况简单的或客户要求当场填写维修单或预约单的，应按客户要求办理手续。

④ 如属新客户、应主动向其简单介绍公司维修服务的内容和程序。

⑤ 如属维修预约、应尽快问明情况与要求，填写“维修单预约单”，并呈交客户；同时礼貌告之客户，记住预约时间。

2. 工作要求

接待人员要文明礼貌，仪表大方整洁、主动热情，要让客户有“宾至如归”的第一印象。客户在客厅坐下等候时，应主动倒茶，并示意“请用茶”，以表示待客礼貌诚恳。

表 7-1　接车单

接　车　单业字 001

标识　NO.00001

客户资料	名称：	地址：	电话：	联系人：
	客户代码：	进厂日期：	车牌号码：	车型：
	出厂编号：	发动机号码：	里程表数：	油量：

进厂外观状况	序号	维修项目	收费	序号	主要零件名称	数量	单价	金额
 △凹痕　○刮花								
随车状况登记 行车执照收录机（或 CD 机）_随车工具千斤顶备胎___雨刷后___、左___、右 烟缸_ 门锁 倒后镜左___、右、内后 其他：								
生产小组：								

客户送车签名：月__日__时	客户接车签名： __月__日__时	预计完工日期： ___月___日___时	维修工费合计：
			材料费合计：
接待员接车签名：月__日__时	接待员交车签名： __月__日__时	检验意见： 签名：	其他收费：
车间接车签名：月__日__时	车间交车签名： 月__日__时		总计：

7.4.2 业务答询与诊断

1．工作内容

在客户提出维修养护方面的诉求时，我方接待人员应细心专注聆听，然后以专业人员的态度，用通俗的语言回答客户的问题。在客户车辆需作技术诊断才能作维修决定时，应先征得客房同意，然后工作人员开始技术诊断。接待人员对技术问题有疑难时，应立即通知技术部专职技术员迅速到接待车位予以协助，以尽快完成技术诊断。技术诊断完成后应立即打印或填写诊断书（见表 7-2），应明确车辆故障或问题所在，然后把诊断情况和维修建议告诉客户，同时，把检测诊断单呈交客户，让客户进一步了解车况。

2．工作要求

在这一环节，接待人员要态度认真细致，善于倾听，善于专业引导。在检测诊断时，动作要熟练，诊断要明确，要显示公司技术上的优越性、权威性。

表 7-2　汽车维修保养接车问诊单

<table>
<tr><td colspan="2"></td><td colspan="5">汽车维修保养接车问诊单</td><td></td></tr>
<tr><td>进站时间</td><td>月　日
时　分</td><td>送修人姓名</td><td></td><td>联系电话</td><td></td><td>行驶里程</td><td></td></tr>
<tr><td>车牌号码</td><td></td><td>车辆型号</td><td></td><td>底盘号码</td><td></td><td>购车日期</td><td></td></tr>
<tr><td>用户描述</td><td colspan="7">1.</td></tr>
<tr><td></td><td colspan="7">2.</td></tr>
<tr><td></td><td colspan="7">3.</td></tr>
<tr><td></td><td colspan="7">4.</td></tr>
<tr><td>服务顾问</td><td colspan="7">1.</td></tr>
<tr><td></td><td colspan="7">2.</td></tr>
<tr><td></td><td colspan="7">3.</td></tr>
<tr><td></td><td colspan="7">4.</td></tr>
<tr><td>服务顾问</td><td colspan="7">1.</td></tr>
<tr><td></td><td colspan="7">2.</td></tr>
<tr><td></td><td colspan="7">3.</td></tr>
<tr><td></td><td colspan="7">4.</td></tr>
<tr><td colspan="5">功能确认：（正常√ 不正常×）
□ 音响系统　□ 点烟器
□ 中央门锁（防盗器）□ 后视镜
□ 天窗　□ 四门玻璃升降</td><td colspan="3">外观确认：H 划痕 P 破裂 D 丢失 F 腐蚀
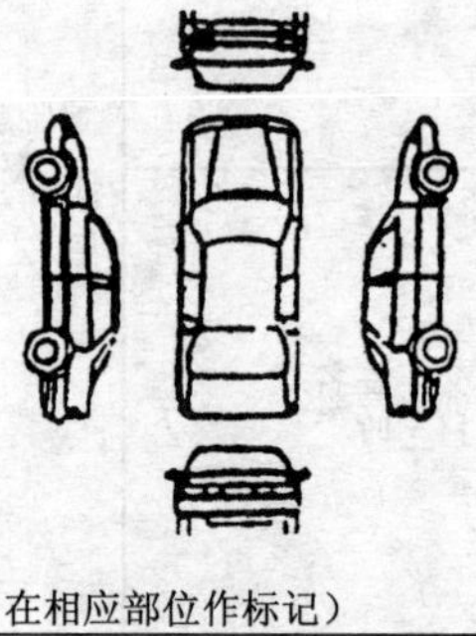
（如有损伤，在相应部位作标记）</td></tr>
</table>

续表

<table>
<tr><td colspan="2">物品确认：（有√无×）

☐ 贵重物品已提醒用户带离车辆
☐ 随车工具 ☐ 千斤顶
☐ 备胎 ☐ 灭火器
☐ 其他（ ）</td><td colspan="2"></td></tr>
<tr><td>服务顾问提醒</td><td colspan="3">本次检查出的故障如在本站维修，检查工费不另收取；如不在本站维修，则检查工费应由用户支付，本次检查费为：￥________元。（保修项目除外）
自费维修旧件处理：☐ 用户要求带走 ☐ 用户选择不带。
本站已提醒用户将车内贵重物品带离车辆并妥善保管，如有丢失恕与本站无关。</td></tr>
<tr><td>服务顾问</td><td></td><td>用 户 确 认</td><td></td></tr>
</table>

7.4.3 业务洽谈

1．工作内容

① 与客户商定或提出维修项目，确定维修内容、收费定价、交车时间，确定客户有无其他要求，将以上内容一一填入“进厂维修单”，请客户过目并决定是否进厂。

② 客户审阅“进厂维修单”后，同意进厂维修的，应礼貌地请其在客户签字栏签字确认；如不同意或预约进厂维修的，接待人员应主动告诉并引导客户到收银处办理出厂手续——领“出厂通知单”，如有诊断或估价的，还应通知客户交纳诊断费或估价费；办完手续后应礼貌送客户出门，并致意“请走好，欢迎再来”。

2．工作要求

与客户洽谈时，要诚恳、自信、为客户着想，不卑不亢、宽容、灵活，要坚持“顾客总是对的”的观念。对不在厂维修的客户，不能表示不满，要保持一贯的友好态度。

7.4.4 业务洽谈中的维修估价

1．工作内容

与客户确定维修估价时，一般采用“系统估价”，即按排除故障所涉及的系统进行维修收费；对一时难以找准故障所涉及系统的，也可以采用“现象估价”，即按排除故障现象为目标进行维修收费，这种方式风险大，工作人员定价时应考虑风险价值。针对维修内容技术会含量不高，或市场有相应行价的，或客户指定维修的，可以用“项目定价”，即按实际维修工作量收费，这种方式有时并不能保证质量，应事先向客户作必要的说明。维修估价洽谈中，应明确维修配件是由我方还是由客方供应，用正厂件还是副厂件；并应向客户说明，凡客户自购配件，或坚持要求关键部位用副厂件的，我方在技术质量上不作担保，并在“进厂维修单”上说明。

2．工作要求

这一环节中，我业务接待人应以专业人员的姿态与客户洽谈，语气要沉稳平和，灵活选用不同方式的估价，要让客户对我公司有信任感。应尽可能说明本公司价格合理性。

7.4.5　业务洽谈中的承诺维修质量与交车时间

1. 工作内容

业务洽谈中，要向客户明确承诺质量保证，应向客户介绍公司承诺质量保证的具体规定。要在掌握公司现时生产情况下承诺交车时间，并留有一定的余地。特别要考虑汽车配件供应的情况。

2. 工作要求

要有信心，同时要严肃，特别要注意公司的实际生产能力，不可有失信于用户的心态与行为。

7.4.6　办理交车手续

1. 工作内容

客户在签订维修合同（维修单）后，接待人员应尽快与客户办理交车手续；接收客户随车证件（特别是二保、年审车）并审验其证件有效性、完整性、完好性，如有差异应当时与客户说明，并作相应处理，请客户签字确认差异。接收送修车时，应对所接车的外观、内饰表层、仪表座椅等作一次视检，以确认有无异常，如有异常，应在“进厂维修单”上注明；对随车的工具和物品应清点登记，并请客户在“随车物品清单”上签字，同时把工具与物品装入为该车用户专门提供的存物箱内。接车时，对车钥匙（总开关钥匙）要登记、编号并放在统一规定的车钥匙柜内。对当时油表、里程表标示的数字登记入表。如即时送车到车间修理的，车交入车间时，车间接车人要办理接车签字手续。

2. 工作要求

视检、查点、登记要仔细，不可忘记礼貌地请客户在进厂维修单上签名。

7.4.7　礼貌送客户

1. 工作内容

客户办完一切送修手续后，接待员应礼貌告知客户手续全部办完，礼貌暗示可以离去。如客户离去，接待员应起身致意送客，或送客户至业务厅门口。

2. 工作要求

热情主动、亲切友好、注意不可虎头蛇尾。

7.4.8　为送修车办理进车间手续

1. 工作内容

① 客户离去后，迅速整理“进厂维修单”，（这时通过电脑，一些车辆统计报表也同时登记），如属单组作业的，直接由业务部填列承修作业组；如属多组作业的，应将“进厂维修单”交车间主管处理。

② 由业务接待员通知清洗车辆，然后将送修车送入车间，交车间主管或调度，并同时交随车的“进厂维修单”，并请接车人在“进厂维修单”指定栏签名、并写明接车时间，时间要精确到十分钟。

2．工作要求

认真对待、不可忽视工作细节，更不可省略应办手续。洗车工作人员洗完车后，应立即将该车交业务员处理。

7.4.9 追加维修项目处理

1．工作内容

业务部接到车间关于追加维修项目的信息后，应立即与客户进行电话联系，征求对方对增项维修的意见。同时，应告之客户由增项引起的工期延期。得到客户明确答复后，立即转达到车间。如客户不同意追加维修项目，业务接待员即可口头通知车间并记录通知时间和车间受话人；如同意追加，即开具“进厂维修单”，填列追加维修项目内容，立即交车间主管或调度，并记录交单时间。

2．工作要求

咨询客户时，要礼貌，说明追加项目时，要从技术上作好解释工作，事关安全时要特别强调利害关系；要冷静对待此时客户的抱怨，不可强求客户，应当尊重客户选择。

7.4.10 查询工作进度

1．工作内容

业务部根据生产进展定时向车间询问维修任务完成情况，询问时间一般定在维修预计工期进行到 70%～80%的时候。询问完工时间、维修有无异常。如有异常应立即采取应急措施，尽可能不拖延工期。

2．工作要求

要准时询问，以免影响准时交车。

7.4.11 通知客户接车

1．工作内容

① 作好相应交车准备：车间交出竣工验收车辆后，业务人员要对车做最后一次清理；清洗、清理车厢内部，查看外观是否正常，清点随车工具和物品，并放入车上。结算员应将该车全部单据汇总核算，此前要通知、收缴车间与配件部有关单据（见表 7-3 汽车维修施工单）。

② 通知客户接车：一切准备工作之后，即提前一小时（工期在两天之内），或提前四小时（工期在两天以上包括两天）通知客户准时来接车，并致意“谢谢合作”；如不能按期交车，也要按上述时间或更早些时间通知客户，说明延误原因，争取客户谅解，并表示道歉。

2．工作要求

通知前，交车准备要认真；向客户致意、道歉要真诚，不得遗漏。

表 7-3　汽车维修施工单

汽车维修施工单〈代结算单〉

承修单位：　　年　月　日

托修单位		联系电话		工作单号	
车型厂牌		牌照号码		发动机号	
维修分类		约定交车日期		结算方式	

随车附件列表							需修理在□内打√
	□大灯	□转向灯	□刹车灯	□示宽灯	□牌照灯	□车内灯	
	□收录机	□天线	□点烟器	□烟缸	□电扇	□摇把	
	□空调器	□反光镜	□室内镜	□门窗玻璃	□雨刷器	□喇叭	
	□手工具	□靠垫座套	□脚 垫	□遮阳板	□轴头亮盖	□千斤顶	
	□备 胎	□车门拉手	□标 牌	□	□	□	

序号	维 修 项 目	工　时

托修留言	结　算			
	工　费		外加工费	
	料　费		税金	
	喷漆费			
	总　计			
签字：　年　月　日				

7.4.12　对取车客户的接待

1．工作内容

① 主动起身迎候取车的客户，简要介绍客户车辆维修情况，指示或引领客户办理结算手续。

② 客户来到结算台时，结算员应主动礼貌向客户打招呼，示意台前座位落坐，以示尊重；同时迅速拿出结算单呈交客户；当客户同意办理结算手续时，应迅速办理，当客户要求打折或其他要求时，结算员可引领客户找业务主管处理。

③ 结算完毕，应即刻开具该车的“出厂通知单”，连同该车的维修单、结算单、质量保证书、随车证件和车钥匙一并交给客户手中，然后由业务员引领客户到车场作随车工具与物品的清点和外形视检，如无异议，则请客户在“进厂维修单”上签名。

④ 客户办完接车手续，接待员送客户出厂，并致意：“××先生（小姐）请走好。”“祝一路平安！欢迎下次光临！”

2．工作要求

整个结算交车过程、动作、用语要简练，不让客户觉得拖拉烦琐。清点、交车后客户接收签名不可遗漏。送客要至诚。

7.4.13 客户档案的管理

1．工作内容

客户进厂后业务接待人员当日要为其建立业务档案，一般情况，一车一档案袋。档案内容有客户有关资料、客户车辆有关资料、维修项目、修理保养情况、结算情况、投诉情况，一般以该车“进厂维修单”内容为主。老客户的档案资料表填好后，仍存入原档案袋。

2．工作要求

建立档案要细心，不可遗失档案规定的资料，不可随意乱放，应放置在规定的车辆档案柜内，由专人保管。

7.4.14 客户的咨询解答与投诉处理

1．工作内容

客户电话或来业务厅咨询有关维修业务问题，业务接待人员必须先听后答，听要细心，不可随意打断客户；回答要明确、简明、耐心。答询中要善于正确引导客户对维修的认识，引导对公司实力和服务的认识与信任；并留意记下客户的工作地址、单位、联系电话，以利今后联系。客户投诉无论电话或上门，业务接待员都要热情礼貌接待；认真倾听客户意见，并做好登记、记录。倾听完意见后，接待员应立即给予答复。如不能立即处理的，应先向客户致意：表示歉意并明确表示答复时间。处理投诉时，不能凭主观臆断，不能与客户辩驳争吵，要冷静而合乎情理。投诉对话结束时，要致意：“××先生（小姐），感谢您的信任，一定给您满意答复。”

2．工作要求

受理投诉人员要有公司大局观，要有“客户第一”的观念，投诉处理要善终，不可轻慢客户。客户对公司答复是否满意要作记录。

7.4.15 跟踪服务

1．工作内容

根据档案资料，业务人员定期向客户进行电话跟踪服务。跟踪服务的第一次时间一般选定在客户车辆出厂 2～7 天之内。跟踪服务内容有：询问客户车辆使用情况，对我公司服务的评价，告之对方有关驾驶与保养的知识，或针对性地提出合理使用的建议，提醒下次保养时间，欢迎保持联系，介绍公司新近服务的新内容、新设备、新技术，告之公司免费优惠客户的服务活动。做好跟踪服务的记录和统计。通话结束前，要致意："非常感谢合作！"

2．工作要求

跟踪电话时，要文明礼貌，尊重客户，在客户方便时与之通话，不可强求；跟踪电话要有一定准备，要有针对性，不能漫无主题，用语要简明扼要，语调应亲切自然。要善于在交谈中了解相关市场信息，发现潜在维修服务消费需求，并及时向业务主管汇报。

7.4.16 预约维修服务

1．工作内容

受理客户提出预约维修请求，或公司根据生产情况向客户建议预约维修，经客户同意后，办理预约手续。业务员要根据客户与公司达成的意见，填定预约单，并请客户签名确认。预约时间要写明确，如需要准备价值较高的配件，就请客户预交定金（按规定不少于原价的二分之一）。预约决定后，要填写"预约统计表"；要于当日内通知车间主管，以便到时留出工位。预约时间临近时，应提前半天或一天，通知客户预约时间，以免遗忘。

7.4.17 业务统计报表填制、报送

1．工作内容

周、月维修车的数量、类型、维修类别、营业收入与欠收的登记、统计及月统计分析报告由业务部完成，并按时提供财务部、分管经理、经理，以便经营管理层的分析决策。

2．工作要求

按规定时间完成报表填报，日报表当日下班前完成，周报表周六下班前完成，月报表月末一天下班前完成。统计要准确、完整，不得估计、漏项。

7.5 汽车消费贷款业务实务

7.5.1 中国汽车消费贷款发展历史

汽车消费信贷是信贷消费的一种形式。消费信贷是零售商、金融机构等贷款提供者向消费者发放的、主要用于购买最终商品和服务的贷款，是一种以刺激消费、扩大商品销售、加速商品周转为目的，用未来收入做担保，以特定商品为对象的信贷行为。汽车消费信贷即用于购买汽车的消费信贷。在我国，它是指金融机构向申请购买汽车的用户发放人民币担保贷款，再由购买汽车人分期向金融机构归还贷款本息的一种消费信贷业务。

中国汽车信贷市场在不同的历史发展时期，只有显著不同的阶段性特征，可划分为：起始阶段、发展阶段、竞争阶段和有序竞争阶段。

1．起始阶段（1995 年—1998 年 9 月）

中国汽车消费信贷市场的起步较晚，也就是在 1995 年，当美国福特汽车财务公司派专人来到中国进行汽车信贷市场研究的时候，中国才刚刚开展了汽车消费信贷理论上的探讨和业

务上的初步实践。这一阶段，恰逢国内汽车消费处于一个相对低迷的时期，为了刺激汽车消费需求的有效增长，一些汽车生产厂商联合部分国有商业银行，在一定范围和规模之内，尝试性地开展了汽车消费信贷业务，但由于缺少相应经验和有效的风险控制手段，逐渐暴露和产生一些问题，以至于中国人民银行曾于 1996 年 9 月，下令停办汽车信贷业务。

这一阶段一直延续到 1998 年 9 月中国人民银行出台《汽车消费贷款管理办法》为止，其主要特点如下。

① 汽车生产厂商是这一时期汽车信贷市场发展的主要推动者。

② 受传统消费观念影响，汽车信贷尚未为国人所广泛接受和认可。

③ 汽车信贷的主体——国有商业银行，对汽车信贷业务的意义、作用及风险水平尚缺乏基本的认识和判断。

2．发展阶段（1998 年 10 月－2002 年末）

央行继 1998 年 9 月出台《汽车消费贷款管理办法》之后，1999 年 4 月又出台了《关于开展个人消费信贷的指导意见》，至此，汽车信贷业务已成为国有商业银行改善信贷结构，优化信贷资产质量的重要途径。与此同时，国内私人汽车消费逐步升温，北京、广州、成都、杭州等城市，私人购车比例已超过 50%。面对日益增长的汽车消费信贷市场需求，保险公司出于扩大自身市场份额的考虑，适时推出了汽车消费贷款信用（保证）保险。银行、保险公司、汽车经销商三方合作的模式，成为推动汽车消费信贷高速发展的主流做法。

这一阶段的主要特点为：

① 汽车消费信贷占整个汽车消费总量的比例大幅提高，由 1999 年的 1%左右，迅速升至 2002 年的 15%。

② 汽车消费信贷主体由四大国有商业银行扩展到股份制商业银行。

③ 保险公司在整个汽车信贷市场的作用和影响达到巅峰，甚至一些地区汽车信贷能否开展，取决于保险公司是否参与。

3．竞争阶段（2002 年末—2003 年）

从 2002 年末开始，中国汽车信贷市场开始进入竞争阶段，其最明显的表现为：汽车消费信贷市场已经由汽车经销商之间的竞争、保险公司之间的竞争，上升为银行之间的竞争，各商业银行开始重新划分市场份额，银行的经营观念发生了深刻的变革，由过去片面强调资金的绝对安全，转变为追求基于总体规模效益之下的相对资金安全。一些在汽车消费信贷市场起步较晚的银行，迫于竞争压力，不得已采取“直客模式”另辟蹊径。

这一阶段的主要特点如下。

① 银行“直客模式”与“间客模式”并存。

② 银行不断降低贷款利率和首付比例，延长贷款年限，放宽贷款条件、范围。竞争导致整个行业平均利润水平下降，风险控制环节趋于弱化，潜在风险不断积聚。

④ 汽车消费信贷占整个汽车消费总量的比例继续攀升，由 2002 年的 15%提高至 2003 年上半年的 20%左右。

⑤ 保险公司在整个汽车信贷市场的作用日趋淡化，专业汽车信贷服务企业开始出现，中国汽车消费信贷开始向专业化、规模化发展。

相关链接

车贷模式

间客模式指的是“先买车，后贷款”的模式，即由汽车经销商或保险公司向贷款购车人提供全程担保，并负责对贷款购车人进行资信调查，帮助购车人向银行申请贷款，代银行收缴车款本息。

直客模式所推崇的是“一站式服务”，指的是购车人首先到银行设立的汽车贷款消费机构获得一个车贷的额度，拿这个额度就可以到汽车市场上选购自己满意的产品。在客户选定车型之后，到银行交清首付款，并签署有关的贷款合同之后便可以把车开回家。此外，银行的车贷中心还为客户提供相应的售后服务，如汽车维修、汽车救援、维修期间提供代用车及汽车租赁等一系列增值服务。直客模式在操作过程中，银行、保险公司、经销商各司其职。

4．有序竞争阶段（2003 年以后）

目前，长期以来积聚的信贷风险在一些地区已表现出集中爆发的态势，纵观整个中国汽车信贷市场，正在逐步由竞争阶段向有序竞争阶段发展，衡量标准如下。

① 汽车信贷市场实现分工分业，专业经营，专业汽车信贷服务企业已成为整个市场发展的主导者和各方面资源的整合者及风险控制的主要力量。

② 银行成为上游资金提供者，汽车经销商和汽车生产厂商成为汽车产品及服务的提供者。产业趋于成熟，平均年增长率稳定为 5%～8%。

③ 产品设计更具有市场适应性，风险率控制在一个较低的水平。

7.5.2 我国的汽车消费信贷方式与内容

1．担保贷款

担保贷款，是指由借款人或第三方依法提供担保而发放的贷款。担保贷款包括保证贷款、抵押贷款、质押贷款。

（1）汽车抵押贷款

汽车抵押贷款是购买汽车的借款人以其所有抵押物（一般限定为房产）作为获得贷款的条件。贷款人与抵押人签订抵押合同后双方必须依照有关法律规定办理抵押物登记。抵押合同自抵押物登记之日生效起，到借款人还清全部汽车贷款本息终止前，借款人不得转移对该抵押物的财产的占有。抵押权设定后，所有能够证明抵押物权属的证明文件（原件）及抵押物的保险单证（正本）等，均由贷款人保管并承担保管责任。当债务人不履行债务时，债权人有权按照法律规定以该抵押财产折价或以拍卖、变卖该抵押财产的价款优先用于还贷。

（2）汽车按揭贷款

如果购买汽车的借款人被允许用所购的汽车作抵押，以这种方式作为担保的贷款就是按揭贷款。借款人在购买汽车时按规定支付不少于 20%的首付款后，银行将借款人所购汽车的产权转给银行，作为还款的保证，然后由银行贷款为其垫付其余的购车款项。在还清所贷购车款之前该辆汽车的所有权作为债务担保抵押给贷款银行，在还清全部按揭的本息后，银行将该汽车的所有权转回给购车者。以所购的汽车作抵押申请贷款对消费者来说是最方便的方式，既不需要另找抵押物，手续也不是太烦琐。中国建设银行于 1999 年上半年发放汽车消费贷款近 10 亿元，其中，按揭方式所占的比重就超过 50%。

（3）汽车质押贷款

汽车质押贷款是银行允许购车借款者以其本人或第三人的动产作为质押物发放的贷款。动产质押是指购车债务人将其本人的动产移交贷款银行，暂时归银行占有，以该移交的动产作为购车贷款的债权担保。当债务人不履行债务时，贷款银行有权依法以该抵押动产折价或拍卖、变卖该动产，获得的价款优先用于还贷。可以作为汽车质押贷款的动产有：银行存单、国库券、金融债券、国家重点建设债券、汇票、本票、支票、提单、股份、股票、商标权、专利权等。

（4）第三方担保贷款

汽车消费的第三方担保贷款是指经销商以其自身较高的商业信誉，为合格的汽车消费贷款申请人提供第三方全程担保，银行对在特约经销商处购买汽车的借款人提供的贷款。对借款人未按合同约定偿还的贷款本息加收利息，对于恶性拖欠还款或已无还款能力的，经销商将承担第三方担保责任，同时依据与购车人之间的协议收回车辆。

从以上的几种担保贷款的物品价值和变现能力来看，存单质押、房地产抵押、所购汽车抵押、第三方保证对贷款的保障作用是逐步减小的。

① 存单质押因为手续简便、变现能力强而受到银行的欢迎，不过拥有大额存单或虽有存单却愿意质押的借款人不多。

② 房地产不易贬值，比较受银行的欢迎，但办理房地产抵押手续比较烦琐。

③ 第三方担保由于对贷款的保障较差，不受银行欢迎。

④ 以所购的汽车作为抵押，这对普通老百姓是最现实也是最方便的一种方式，但是对于一些流动性比较大的客户银行难以管理，一般不采用这种方式。

7.5.3　分期付款形式的汽车消费信贷

分期付款是分期偿还本金和利息的贷款。分期付款实际上是卖方向买方提供的一种贷款，卖方是债权人，买方是债务人。买方在只支付一小部分货款后就可以获得所需的商品或劳务，但是因为以后的分期付款中包括有利息，所以用分期付款方式购买同一商品或劳务，所支付的金额要比一次性支付的货款多一些。分期付款的方式，一方面可以使卖方完成促销活动，另一方面也给买方提供了便利。

1．分期付款在信贷契约中的三个重要内容

① 首期支付款。

② 契约期限。分期偿还汽车消费贷款的期限通常在 2～5 年。大多数这种贷款都是具有担保的。

③ 利息与费用。

2．分期付款形式的汽车消费贷款的性质

汽车分期付款是购车借款人在支付了一定比例的首付款后，由经销商为其垫付余款，借款人按月分期偿还所垫付余款的本金和利息。这种方式大多采用担保形式，以保证分期付款资金的安全。

我国汽车销售市场推出的分期付款其实质是一种销售方式，是由汽车生产企业或经销商提供给借款者的一种变相的融资方式，对于经销商来说，是一种促销手段。

3．分期付款的类型

在我国，汽车分期付款的信用方式有两种：

第一种是汽车的生产企业或汽车的经销商，以自己的资产直接向购车的消费者提供分期付款的方式，这样风险由企业或经销商一家承担；

第二种分期付款是由银行通过向汽车经销商提供贷款，经销商间接地向购车借款的消费者提供分期付款，这样风险由银行和经销商双方共同负担。

我国的汽车分期付款主要是采用第二种类型，随着这一类型的分期付款方式的发展，最后将会出现服务于汽车的金融服务机构（财务公司或金融公司），这是介于银行与汽车厂家之间专门从事购车融资的机构。

7.5.4 经销商汽车消费信贷业务

1．汽车消费贷款流程

（1）客户咨询

客户咨询工作主要由咨询部承担，主要工作内容：了解客户的购车需求，帮助客户选择车型，介绍购车常识和如何办理汽车消费信贷购车，报价，办理购车手续等。这一阶段需准备的常用资料有8种：汽车消费贷款购车需知、购车常识、汽车消费贷款实际操作问答、消费贷款购车价格明细表、消费贷款购车费用明细表、汽车分期付款销售计算表、客户需提供个人资料明细表、客户登记表。

（2）客户决定购买

在客户咨询员的介绍和协助下，客户选中了某种车型后决定购买，此时咨询员应指导客户填写《消费信贷购车初、复审意见表》、《消费信贷购车申请表》，报审查部审查。

（3）复审

审查部应根据客户提供的个人资料、消费信贷购车申请、贷款担保等进行贷款资格审查，并根据审查结果填写《消费信贷购车资格审核调查表》等表格，还要对《消费信贷购车初、复审意见表》填写复审意见，然后将有关资料报送银行。

（4）与银行交换意见

这一阶段主要由审查部将经过复审的客户资料提交贷款银行进行初审鉴定。

（5）交首付款

这一工作由财务部负责进行，财务部在收取客户的首期购车款后，应出具收据，并为客户办理银行户头和银行信用卡。

（6）客户选定车型

客户选定车型后，由服务部根据选定的车型填写车辆验收交接单，以备选车和提车时使用。

（7）签订购车合同书

客户选定车型后，由审查部准备好购车合同书的标准文本，交给客户仔细阅读，确认无异议后，双方签订合同书。

（8）公证、办理保险

办理公证和保险需要许多资料、手续繁复，各部门间应相互配合。这一阶段需准备的资料有6种：办理经济事务公证申请表、公证处局接洽笔录、车辆险投保单、机动车辆分期付款购车信用险或保证险投保单、分期付款售车分期付款险或保证保险问讯表、为保险公司准备的客户文件。这部分工作应由审查部和保险部共同承担。

（9）终审

审查部将客户文件送交银行进行初审确认，鉴定合格的有关文件提交主管领导签署意见。

（10）办理银行贷款

审查部受银行委托，为客户办理相关个人消费信贷借款手续。

（11）车辆上牌

服务部携购车发票、购车人身份证、车辆保险单等有效证件，到车辆管理部门代客户办理车辆上牌。

（12）给客户交车

服务部代客户办理车辆上牌手续后，应留下购车发票、车辆购置税发票、车辆合格证和行驶证的复印件，然后向客户交车。

（13）建立客户档案

经销商应建立完整的客户档案，以便售后服务工作和贷款催讨工作能顺利开展。

2. 汽车消费信贷购车的其他注意事项

① 汽车保险必须在指定的保险公司办理，必保的险种有：车损险、第三者责任险、盗抢险、不计免赔险和分期付款购车信用保险或保证保险。

② 公证费用由购销双方共同承担，各分摊50%。

③ 购车人尚需按贷款年限，一次性交纳担保费。其税率标准：以贷款额为基数，一年期为1%，二年期为2%，三年期为3%。

④ 实行一条龙服务，但办理车辆入户的一切费用由购车人承担，用户尚需交纳代理服务费，《停车泊位证明》用户自己办理。

3. 汽车消费贷款常见问题

（1）保证人不具备担保资格

《担保法》规定，保证人必须具有一定的资格，国家机关、学校、幼儿园、医院等以公益为目的的事业单位、社会团体不得为保证人。然而在实际工作中，有些贷款却是以一些国家机关作为保证人。由于国家机关、事业单位是靠财政拨款进行开支的，所拥有的资产，单位无权处理，实际上这种担保就成了无效担保。

（2）保证人不具备担保能力

这类贷款中的保证人，虽然不是国家机关、事业单位或社会团体，貌似具有合格的担保资格，但是实质上却不具备担保能力。《担保法》规定，具有代为清偿债务能力的法人、其他组织或者公民，可以做保证人，这里的关键所在是具有代为清偿债务能力。在实际工作中，却存在着不具有代为清偿债务能力的“保证人”为企业贷款担保的情况。如某借款单位是建筑造价事务所，而其担保人却是某国家行政机关的负责人；有的担保人在多个银行担保、相互担保、连环担保。在这种情况下，如果借款人的贷款到期，不能清偿债务，银行要追究担保人的保证责任和连带责任。而以上种种不合规现象，导致银行对保证人的债权落空，这必然要给银行造成信贷风险。

（3）银行不当操作导致有缺陷担保存在

这主要表现在：一是担保合同中规定必须有担保方法定代表人或授权代理人签字并加盖公章，而一些合同中只有签字或只有盖章；二是在贷款到期未归还时，银行不注重对担保人的催收，催收通知单上往往只有借款人签字盖章，而无担保人的签章；三是有的担保合同期限短于贷款合同期限等。

（4）抵押物中常见的问题

主要是借款人的抵押物未到相关部门做抵押登记，银行出于种种原因默认这种情况，使得抵押贷款实际上“有名无实”。另外，抵押物没有有关部门的评估价值，导致担保物超值抵押的现象时有发生。

相关链接

汽车融资租赁

融资租赁是一种依托现今分期付款的方式，在此基础之上引入出租服务中所有权和使用权分离的特性，租赁结束后将所有权转移给承租人的现代营销方式。通俗来说，融资租赁法就是“借鸡下蛋，卖蛋买鸡”，那些车都不是一个人的，是很多人把自己的车联合在一起成立的公司。

汽车融资租赁模式，最初形成于20世纪80年代中期。1984年，中国已经实行改革开放政策的第5年，计划经济的体制并没有完全改变。尽管有个体经济的出现，但绝大多数企业还处于“国有”阶段，国家的经济实力还没走出百废待兴的局面，租赁行业还没有法律法规，中国的经济刚进入第一轮高潮。当时汽车的总体使用情况偏向于极少数的高层领导。局级干部用的是“上海牌”轿车，部级干部用的是“红旗牌”轿车。企业拥有汽车还受到数量和相应级别限制。那时租赁公司刚成立不久，到底开展哪方面的租赁业务也不太明确。此时国家的政策也逐渐开始允许进口汽车。于是租赁公司就涉及汽车融资租赁层面，当时全国只有10家允许进口汽车的企业，就有2家是融资租赁公司。他们依靠各种途径，用融资租赁的方式进口汽车后高价、短期租给企业。这就是最早期的汽车租赁服务。当然随着中国汽车金融的发展，出现了“以租代售”的创富汽车金融模式。

当前，在全球千亿美元的汽车租赁业务中，以欧美国家的租赁市场发展最为成熟。全球汽车租赁业的运营车辆的保有及年需求总数约在300万辆左右（由于国际汽车租赁公司的汽车更新速度约为812个月左右）。美国，以租赁形式销售的新汽车占该国汽车总销售量的1/3左右（2006年已经超过36%，其中含融资租赁部分），并且大部分车为长期租赁，而旧车的租赁业务约为40万辆；每年的汽车租赁销售规模为200多万辆，约占全国新汽车销售量的15%，该比例有不断提高趋势。德国汽车租赁业的运营车辆总数为250万辆左右；法国2006年以租赁方式使用汽车的人数超过了400多万，占法国总人口的7%。世界主要汽车租赁公司的运营车辆都保持在数10万辆左右，管理着多达数千个遍布全球的租赁站点，以美国通用汽车公司旗下的安飞士汽车租赁公司为例，全球范围内员工超过2万人，租赁站点2 000个，年车辆预定量超过3 000万次电话，平均每年完成2 000万次租车交易，每月10万辆，每年

120 万辆的租赁车辆接受维护保养，有 15 万个客户因为每年至少在安飞士租 15 次车成为可以享受优惠服务的特别会员，年营业额超过 40 亿欧元。

7.6 二手车置换业务实务

汽车置换是不同于二手车市场经纪公司的中介业务，而是消费者用二手车的评估价值加上另外支付的车款，从品牌经销商处购买新车的业务。通俗讲就是“以旧换新”。经销商通过二手车收购，与其旧车或新车的对等销售获取利益。广义的汽车置换，则是指在以旧换新业务的基础上，还同时兼容二手车整修、跟踪服务、二手车再销售，乃至银行按揭贷款等项目的一系列业务整合，从而使之成为一种有机独立的营销方式。

在我国，最早开展二手车置换业务的是上海通用，2002 年，上海通用推出了二手车品牌——“诚新二手车”，并在全国各经销商中推广，在其支持和授权下，“诚新二手车”的二手车品牌推广活动也迅速在全国各大城市展开。随后，各大汽车生产商也纷纷推出自己的二手车置换业务品牌。这种由各大汽车生产厂商主导的二手车置换业务是为了提高各自品牌的市场占有率而展开的，各大汽车生产厂商对经销商的置换业务给予扶持。

目前国内汽车市场置换大致分为以下几种。

① 用本厂二手车置换新车。如车主可将天津一汽的旧夏利轿车折卖给天津一汽 4S 店，再买一辆新夏利。

② 用本品牌二手车置换新车。如品牌为“一汽”，用奔腾二手车置换喜欢的威志。

③ 置换不限品牌。

④ 委托寄售。

相关链接

二手车置换：“蛋糕”还是“鸡肋”？

2012 年 4 月 14 日，江门华通丰田金牌 4S 店（下简称“华通丰田”）启动“安心二手车，乐享驾生活”二手车置换月活动，吸引近百名客户参加。除华通丰田大张旗鼓地启动二手车置换月活动外，江门利泰东风日产二手车展厅正火热筹建中，预计 5 月建成。然而，记者走访车市发现，目前江门大部分 4S 店都开展了二手车置换业务，但多年来经营并不理想。

一边是冷淡的市场，一边是 4S 店的力推。对 4S 店来说，二手车置换业务是“肥缺”还是“鸡肋”？江门 4S 店二手车置换业务的春天有多远？

1. 4S 店办活动激活成交

据了解，活动当日，客户来店置换专享 3 大惊喜。“置换礼”，凡到该店成功置换二手车的客户即赠送豪华大礼包：10 000 公里免费保养、1 幅漆（车顶、车盖除外）、300 元工时券；“转让礼”，凡在该店成功转让二手车的客户即可获得 200 元的加油卡；“评估礼”，凡到该店评估二手车的客户可获精美礼品一份。

4 月 14 日，下午 2 时多，记者来到华通丰田 4S 店看到，展厅内十分热闹，记者粗略统计了一下，到店客户接近 100 名。不少客户表示 4S 店开设二手车置换服务，能为消费者提供更多的选择，不失为一件好事。第一位成功置换二手车的车主告诉记者，他的车是 2007 年买的 1.5L 手动挡威驰，购车时包牌价约 12 万元，至今行驶了 18 万公里，未曾维修过，置换价 4.8 万元。“补了 7 万多元，换了一辆 1.6L 自动挡威驰。不知道华通也收别的牌子的车，否则就用另外的车进行置换了。”该车主表示，置换前找过两家二手中介报价，一家报 4.3 万元，另一家报 4.8 万元。“4S 店的报价跟中介报价一样，但在 4S 店置换可以等新车到手才把旧车交给 4S 店，还是挺方便的。”

据统计，活动首日成功置换了 8 辆车，而该店本次活动月的目标为成功置换 30 辆以上。

2. 近年业务无大起色

记者走访市场发现，江门大大小小的 4S 店近 50 家，近九成 4S 店开展了二手车置换业务。如东风日产正在举办的“0 首付置换天籁”，一汽马自达“感恩十年 · 幸福升级”二手车置换活动，一汽大众的二手车置换全新迈腾即享 8 000 元现金购车优惠等。其中，不少 4S 店开展该业务已有四五年的时间，部分厂家要求 4S 店每月的成交量为新车销量的 6%～8%。但大部分 4S 店多年来成绩并不理想，每月成交量常在个位数徘徊。

“店内一直都有二手车置换业务，一个月成交一二辆，有时候多的就五六辆。”江门市大河汽车销售服务有限公司市场经理何宝华告诉记者。江门市新大昌汽车贸易有限公司市场部谭海燕说：“一年才有两三辆车成交。”江门市众顺力帆汽车贸易有限公司市场部负责人梁银好说：“2011 年开始推出二手车置换业务，成交量平均每个月不到 1 辆。”江门日月星海马 4S 店每月最多成交十几辆。

记者采访了 10 多家 4S 店，“成交还可以”的只有江门合胜别克汽车销售服务有限公司和江门利泰东风日产 4S 店。合胜别克市场部经理邹东泉说：“每月二手车置换数量占每月总成交 15%左右。”江门利泰东风日产 4S 店二手车经理李健强表示：“基本上每月能完成厂家下达的任务。”而为了进一步拓展二手车置换业务，东风日产二手车展厅正火热筹建中，预计 5 月建成。“展厅面积 300 多平方米，在我们店购买 5 年 10 公里内的本品牌的二手车，还可获 1.2 万公里的有限度保修服务。”

3. 探因二手车置换为何火不起来

曾在中山等地从事二手车置换业务的东风本田江门怡诚 4S 店二手车评估师郑秋本告诉记者：“在中山、珠海 4S 店每月的二手车置换的最高纪录可达 100 辆以上，每天成交七八辆是很正常的。”为何江门二手车置换成交那么少？

长安铃木江门天泰 4S 店市场部经理陈国华表示：“换车的人比较少，1 个月才二三辆，我们没有当重点业务开展，只是现在很多厂家过于强调而已。”据了解，包括华通丰田、东风日产、东风本田、上海大众、一汽大众等众多品牌在内，开展二手车置换业务均为厂家要求。仅有广汽丰田海之达店、众顺力帆等少数经销商是自发开展。

不少经销商坦言，现在卖车难，开展二手车置换业务是为了“促进新车销量，提高市场占有率”。但是，无论是厂家还是经销商都以卖更多的新车为终极目标，二手车置换业务只是辅助手段之一，不会力推。“以前推出过二手车置换，成效不大，这个业务可以有助提升多少市场占有率真的不知道。”

此外，客户认为 4S 店报价比二手车中介低也是导致 4S 店二手车置换业务停滞不前的重要原因。“二手车中介主力做这项业务，以赢利为目的，我们肯定做不过他们。”何宝华如是说。一汽大众江门新众 4S 店市场部负责人刘碧珊则表示：“我们会有相应的购车优惠，有厂家支持，综合来说，报价跟二手中介差不多，手续更便利，但需要更多的宣传。”

而记者走访市场了解到，报价的确是车主卖车最看重的因素，不少车主坦言“谁报价高就卖给谁”。此外，由于4S店宣传力度不足，很多客户都不知道4S店有该项服务，也是导致4S店二手车置换业务停滞的原因。

4. 预测新车市场火爆必带旺二手车

尽管目前二手车置换成绩一般，但业内人士对江门二手车置换市场颇为看好。何宝华认为：“这几年新车市场这么火，几年后二手车市场必定会跟着火起来，这条链是相连的。”

江门中运斯巴鲁市场主管邝彩霞说：“二手车置换业务是一个趋势，当我们品牌在江门地区形成一定的影响力的时候就可以着重推广二手车置换业务。”她认为，要做好二手车置换业务，首先把消费者的观念改变过来，二手车的市场活跃起来，才能推动置换的业务。江门的二手车市场相对于周边的城市是要差一些，这跟经济也有一定的关系。

而据记者了解，东本怡诚、合胜别克、众顺力帆等多个品牌表示有计划今年着力推广该项业务。

“二手车置换价格并没有一个统一的标准，不同的经营者自成体系，而二手车置换业绩的好坏，跟汽车品牌、保有量、市场环境甚至车主心情都密切相关。”东风本田江门怡诚4S店二手车评估师郑秋本认为。“目前一些厂家的做法值得仿效，比如：厂家直接对二手车置换客户进行数千元的现金补贴；加大宣传力度，培育潜在客户群；建立一个统一的二手车置换标准等。”据了解，东本怡诚店目前正计划对二手车置换业务进行一个全面的推广。郑秋本表示：“我们将有统一的LOGO，统一的服务口号等对外宣传，并确保对每一位到店的客户都主动推介我们的二手车置换业务。”

此外，有业内人士看好二手车置换“4S店”式的经营模式，如江门利泰东风日产计划于5月建成的二手车展厅，若可提供完善的售前售后服务，则有望跟二手中介公司分庭抗礼，不失为一个对江门二手车置换市场的新探索。至于成效如何，还有待市场验证。

（案例素材来源：南方日报）

7.6.1 4S店二手车置换业务发展

1. 4S店二手车置换业务的优势

（1）有品牌车源支撑的优势

4S店按照厂家要求收购顾客的二手车，收购对象涵盖所有品牌及车型。对于消费者而言，4S店所提的车都是汽车厂商直供销售的，没有任何中间商，车况、车质让车主安心，消除了不懂车不知道怎么挑车的疑虑。

（2）具有品牌形象的优势

消费者对4S店的信任，会让一大批违规操作的组织或个人在这个领域没有立足之地。以汽车厂商为主导的品牌二手车置换模式，将打破二手车市场“自由散漫”的传统，重新构建全国二手车交易新的游戏规则。4S店可以提供从旧车定价、过户手续，到新车贷款、购买、保险、牌照等过程全部由授权经销商完成，保证效率和服务水准。

（3）售后服务的优势

4S店依托其完善的部门设置和效率的业务分工及品牌的售后业务能够提供包括保险、救援、替换车、异地租车等服务。有的还提供更加个性化的车辆保值回购计划，解除顾客后顾之忧。

2．二手车业务部在销售服务商整体架构中的位置

伴随汽车行业产生和发展的二手车业务在汽车经营企业中并不是一个很新鲜的行为。美国等发达国家二手车行业的蓬勃发展一度成为汽车经营企业的未来方向。而对于处于汽车增长期并向汽车强国大跨越发展的中国，二手车业务才刚刚步入正轨。同时，由于中国汽车行业发展时间短，跨越大的现状也使得中国的二手车市场大多本能地依托市场结构的优势主体4S 店，以置换的形式形成地域特色的发展途径。所以，在中国，二手车置换业务就成为了4S 店的经营项目之一。

从图 7-1 所示中不难看出，二手车置换业务的目的依然在于销售或再销售。这也使得二手车置换的利润必然集中于差价、服务和再装潢。所以二手车部门的构成（如图 7-2 所示）必然不同于新车营销部。

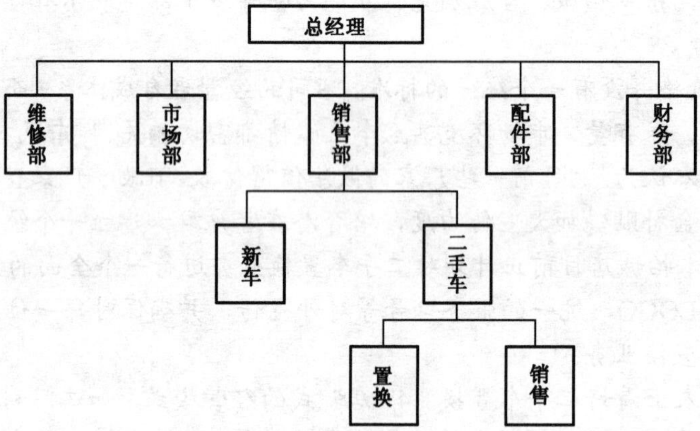

图 7-1　二手车业务部在销售服务商整体架构中的位置

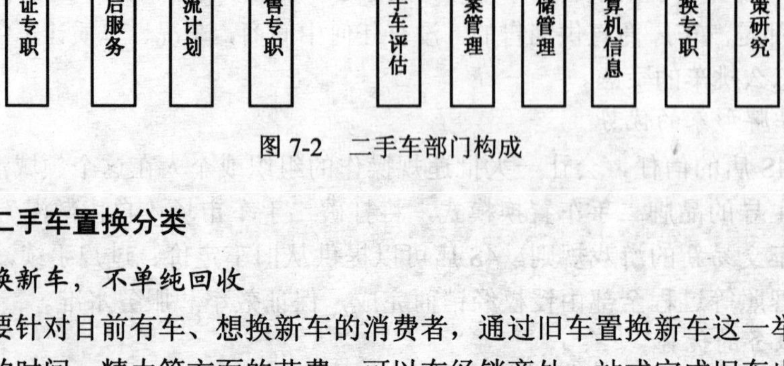

图 7-2　二手车部门构成

3．4S 店二手车置换分类

（1）只置换新车，不单纯回收

经销商主要针对目前有车、想换新车的消费者，通过旧车置换新车这一举措，减少消费者在处理旧车的时间、精力等方面的花费，可以在经销商处一站式完成旧车出售新车买入两个行为，最大优势就是节省了时间，但是并不提供单纯的旧车回收服务。

（2）置换新车，单纯回收均可

经销商在提供置换新车业务的同时，也开展单纯的旧车回收业务，这样可以提供给有出售旧车的朋友一个新的交易平台。

需要注意的是，由于很多经销商对于车辆归属地（如必须为所在省市或所在省市牌照车辆）、车辆品牌（如必须为本品牌车型）等有不同的要求，在交易之前消费者需要特别咨询。

7.6.2 二手车置换业务运作流程

不同的经销商对二手车置换言的动作有不同的规定，一般的二手车置换业务运作流程，如图 7-3 所示。

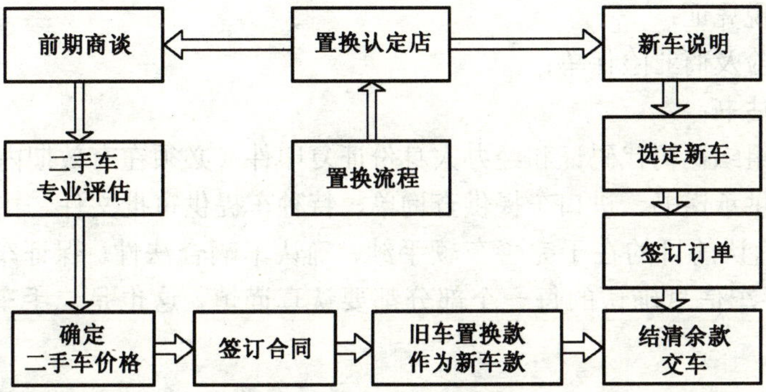

图 7-3 二手车置换业务流程图

1. 二手车的信息确认

（1）车辆合法性确认

① 检查车辆识别码、发动机号是否与车辆行车执照记载吻合，厂牌、型号、发动机功率、出厂日期是否与行车执照一致。

② 检查车辆有无登记证书；有无行车证，行车证是否按规定已经进行年检；车辆有无购置附加税证。

③ 检查车辆保险单及保险到期时间。

④ 检查车辆是否安装 ETC 及 ETC 状态。

⑤ 车辆是否领取环保标。

⑥ 查询车辆是否有违章记录。

（2）车辆车况确认

① 外观确认：包括检查车辆是否发生碰撞受损、车门是否平整、油漆脱落情况和车辆的金属锈蚀程度；轮胎、玻璃的磨损程度及更换状况。

② 内饰确认：检查车厢内部，要查看座位的新旧程度、座椅是否下凹、座椅能否正常调节；车窗玻璃升降是否灵活；仪表是否原装；踏板是否有弹性。

③ 发动机底盘确认：检查发动机，包括观察发动机的外部状况，看气缸外有无油迹；检查发动机油量、抽出机油量度尺查看机油是否混浊不堪或起水泡；揭开水箱看风扇皮带是否松紧合理等；检查车辆前后椅、车架、钢板弹簧、传动轴中间轴承等；检查车底部漏水、漏油情况。

④ 电气及附属装置确认：检查灯光、空调、反光镜、收音机、CD 机、随车工具等。

（3）车辆手续检查及手续

①《机动车登记证书》、《机动车行驶证》、《机动车登记表副表》；

② 车辆标准照片 2 张；

③ 机动车转移登记申请表（水性笔或钢笔填写，不得涂改）；

④ 来历证明：二手车销售统一发票；

⑤ 机动车所有人身份证明（个人：身份证复印件、户口本复印件；单位：组织机构代码证复印件）；

⑥ 机动车所有人一寸照片；

⑦《机动车登记业务流程记录单》（封袋）；

⑧ 车船税纳税凭证；

⑨ 交通强制险及商业险保单；

⑩ 机动车评估书；

⑪ 经办公司组织机构代码证和经办人身份证复印件（必须在有效期内）；

⑫ 改装车提供承诺书、进口车提供查询单、特种车提供审批文件。

二手车信息确认的目的在于完善车辆手续，确认车辆合法性。保证车辆置换程序正常进行。所以，二手车信息确认的每一个部分都要认真谨慎，这也是二手车置换业务的基础保证。

2．二手车的评估

① 与客户预约对二手车的评估时间。

② 由专业评估师对二手车进行评估，并填写《二手车评估表》，如表 7-4 所示。

表 7-4　二手车鉴定评估登记表

______________汽车贸易有限公司

二手车鉴定评估登记表

众合力鉴定评估（1）编号：No.000100

厂牌型号			上牌日期		行驶里程	
基本配置						
排　量			客户名		联系电话	
原购价格			重购价格		评估价格	
静态评估	车　身	护罩前后围板□　前后四翼子板□　车门□　车门密封条□　车顶、顶边、ABC 柱□　防撞条□　油箱□　引擎盖□　行李厢盖□　前后灯□　油漆□　钣金平整度□　玻璃□　雨刮□				
	发动机舱	怠速□　异响□　皮带□　运转平稳性□　渗漏□　缸盖垫□　分火线□　冷却液□　散热器盖□　刹车油□　管路□　线路□　两号□　前围/前纵梁□　悬挂座□　翼子板□　润滑油□　前幅下挡沙板□　电池□　铭牌□　空气滤清器□				
	驾驶舱	仪表及信号□　灯光□　音响□　空调□　安全带□　气囊□　离合器□　刹车□　油门踏板□　换档□　座椅□　内饰□　锁止机构□　电动门窗和天窗□　车门锁拉手□　车内饰顶/内饰板/遮阳板/储物箱□				
	行李厢	备胎盖饰板□　备胎□　胶垫层□　型槽□　厢板夹缝胶□　翼子板内侧□　厢盖音箱及线路□　内饰板□　灭火器和危险标志□　随车工具□				
	轮　胎	散胎□　轮毂□　轮毂罩□　挡泥板□				
	底　盘	排气管路□　油箱及汽油管路□　制动管路□　悬挂防尘套及渗油□　万向节防尘套□　转向系统□　驱动轴□　横拉杆□　主要螺栓、螺母□　大梁□　排气孔□　废气□				

续表

动态评估	起 动	难易程度□ 熄火□			
	怠 速	转速□ 噪声□ 稳定性□ 提速□			
	离合器	分离不彻底□ 打滑□ 接合不平稳□			
	传动装置	异响□ 跳动□			
	驱动桥	异响□ 发咬□			
	悬 架	异响□ 刚度□ 高度□			
	转向系	转向沉重□ 方向发抖□ 异响□ 转向角□			
	制动性能	踏板行程□ 制动不足□ 制动平衡□ 拖滞□ 异响□ 驻车□ ABS□			
	动力性能	油门踏板□ 加速性□ 全负荷□			
	操控性能	自动回动□ 跑偏□ 侧滑□			
折旧因素		车型信誉好□/不好□ 市场供需热□/冷 技术状况□ 维护好□/不好□ 制造质量好□/一般□/不好□ 工作性质□ 工作条件□ 变现率□ 使用年限□ 里程□ 故障□ 车型□ 在用状态好□/一般□/不好□ 大修次数□ 油耗超标□ 排放噪声□			
鉴定评估目的		交易□ 转籍或过户□ 置换□ 资产清算□ 拍卖□ 保险□ 法律诉讼□ 抵押贷款□ 担保和典当□			
成新率					
总评结果			评估日期		
评估师签章		客户签章		公司签章	
本公司对上述登记情况的专业性和真实性负责！					

说明：相关鉴定评估的项目在□内打 √，无关或正常项目在□内打○；本结果有效期为 15 天；

联系电话：

③ 根据市场行情与客户商谈二手车置换价格和置换方式。

④ 客户确定购买新车付款方式（一次性付款、向银行申请分期付款等）。

相关链接

车辆评估师分类

车辆评估师大致分为以下三类：

（1）厂家培训评估师。通过本品牌专业培训的车辆评估师，对本品牌车辆非常熟悉，针对车辆有专业的评估流程和评估指标。

（2）驻店评估师。个人并不属于厂商或经销商，而属于二手车交易公司，代理 4S 店的二手车评估业务，同样拥有专业的评估资质。

（3）店内评估师。这类评估师属于经销商内部人员，通过专业的二手车评估培训，在 4S 店负责二手车评估工作。

3. 二手车的收购

（1）在正式与客户签订置换协议前，须再次确认置换的二手车手续是否齐全，相关税费是否按期缴纳等。二手车置换协议书，如表 7-5 所示。

② 向客户收取置换所需的二手车相关资料，并办理车辆文件移交手续，由客户填写置换车辆办证材料移交确认书。

③ 开具旧车收购发票或凭证。

④ 与客户共同签署车辆入库确认文件。

表 7-5　二手车置换协议

二手车置换协议
甲方：　　　　　　　　　　乙方：__________汽车销售服务有限公司
一、甲方将自有的，二手车车架号________，发动机号_________；初登日期；车牌号置换乙方；新车、二手车转让价；新车价________；
二、甲乙双方签订协议之日起，该车以前所发生的一切交通违章及经济纠纷等均由甲方承担，该车以后的一切交通违章及经济纠纷由乙方承担；
三、乙方收到甲方________等证件；
四、甲方应无偿提供办理此车所有权变更登记、转籍等业务的所有手续，由于甲方未提供此车的所有合法齐全手续及甲方未解决该车所涉及的经济纠纷和交通违章导致此车不能过户所产生的一切经济损失由甲方承担，乙方无条件退车；
五、甲方务必在自协议生效之日起七天内处理好此车所有交通违章及经济纠纷等；
六、本协议一式两份，甲乙双方各执一份，自签订之日起生效；
七、备注____
甲方代表：　乙方代表： 联系方式：　联系方式： 日期：　　　日期：

4．二手车的办证

① 仔细核对档案资料（包括旧车资料、新车上牌所需资料、转籍资料、过户资料）。如有不符之处，尽快与相关人员联系，并督促更换。

② 资料完备后，及时办理相关手续（退牌、退养路费、旧车查验等）。

③ 客户购买新车后，如要求一条龙服务的，在收集相关上牌所需资料后，及时提供上牌服务。

5．仓储管理

协议签订后，根据协议载明车辆信息，进行新旧车辆出入库管理，车辆出入库一律凭入库、出库单进行转移，并建好出入车辆台帐。同时，对库存车辆实行标签化管理，车辆入库时，要在规定的位置贴上醒目标签。库存旧车要在旧车专区存放。新车按照规定进行信息确认和 PDI 检测。

6．车辆档案管理

① 仔细核对客户资料（包括旧车资料、新车上牌所需资料、转籍资料、过户资料）。

② 整理置换、销售（转籍、过户）所需的二手车相关资料，并为每位成交客户单独设立一个档案。

③ 及时为办证人员提供齐全有效的档案材料。

④ 收验办证结束后所移交的车辆档案材料。

⑤ 将成交客户档案，按月分类保管。

7．二手车的销售

对于置换来得旧机动车辆要做好销售准备。

① 由于各地车管政策的不同差异，部分地区限制营运车或二手车辆转籍入户，因此销售时应予以注意。一般的过户流程如图 7-4 所示。

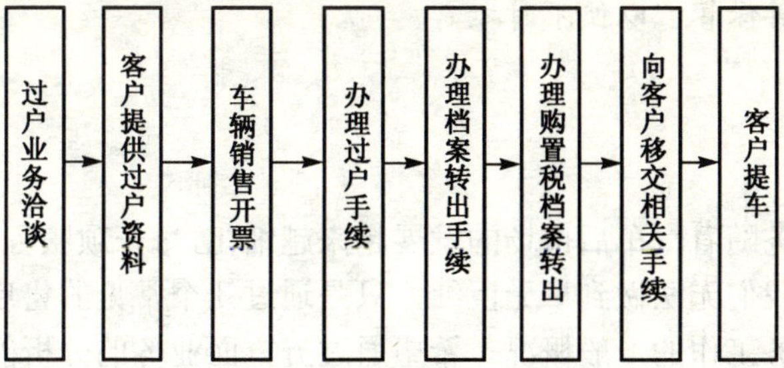

图 7-4 过户流程图

② 收验客户所提供的过户、转籍材料，为档案管理提供所需的齐全有效的档案材料，同时开出旧车销售发票和交易费发票。

相关链接

二手车置换风险防范

1. 了解二手车价格

在置换前不妨多参考一些评估价格，既不能过低估计自己车辆的价格，更不能过高估计，最好直接将车开到有一定品牌知名度和实力的二手车经纪公司实际评估一下。

2. 掌握新车优惠情况

不但要了解二手车价格，还要了解准备置换的新车价格及近期优惠促销情况。

3. 以旧看新

在了解自己车辆的实际收购价格后，就可以参照旧车收购价格来考虑新车理想的优惠幅度了。一般来说，无二手车经营项目的新车经销商，在置换收购旧车时对二手车价格定位不是很有信心，旧车的收购价格都会比经纪公司直接收购略低。但不要着急，一定要再看看新车的优惠幅度。

如果新车价格优惠幅度没有达到预想的程度，也可以在旧车上再与经销商洽谈。一般说来，在置换中新车的优惠幅度可商量的余地不大，旧车价格的调整余地还是有的，车主可以在此做些文章，但这些文章也不会偏离市场总体交易行情很远。

4. 手续为重

不管是直接卖车还是置换新车，二手车的过户手续都是至关重要的。在正式成交后的过户阶段，车主可要求经销商提供过户后的交易票复印件、登记证书复印件、保险过户的复印件，或者在买卖交易的时候签定协议书（一般 4S 店在诚信方面还是比较有保障的）。

5. 贷款置换

如果旧车贷款尚未还清，可由经销商垫付还清贷款，款项算入新车需交钱款。另外，新车也可选择分期付款等购车方式。

改装车辆要注意如果车辆进行过改装，如不少车主改装了轮毂，加装了大包围，氙灯等情况，需要提供原装已被换下的配件，如果不能提供，那需要在评估价上相应减少改装费用，这一点需要特别注意，一些 4S 店回收的车辆需要还原最初的销售状态，改装车辆非但不能提高自己的评估价，反而还要扣除相应的费用用以改回最初状态，所以车辆有过改动的朋友，建议将原厂的配件妥善保管，以便不时之需。

本章小结

汽车售后服务业务随着汽车后市场的发展越来越细化，每一项服务的要求也越来越具体，在本章的讲述过程中我们无法做到事无巨细，只是通过几个常见的售后服务业务的简单了解帮助大家了解售后服务工作的一般概况。希望通过五方面业务的分析能够帮助大家形成售后服务工作的思维理念。

案例分析

新速腾最高现金直降 8 000 元　置换另享 6 500 元补贴

2012 年 3 月 7 日，一汽一大众备受关注的全新速腾正式上市。此次上市的新车为全新换代产品，不仅采用了大众新一代外观设计，同时还配备了更多的高端配置，为其注入了更加人性化的驾乘体验。近日，笔者从一汽一大众北京天达 4S 店处获悉，新速腾现车充足，置换购车最高可优惠 1.45 万元。具体如下：

车型（北京报价）	指导价（万）	4s 店价格（万）	价格变化（万）	备注
速腾 1.6 MT 时尚型 2012 款	13.18	12.88	↓0.30	置换补贴 6 500 元
速腾 1.6 MT 舒适型 2012 款	13.88	13.58	↓0.30	置换补贴 6 500 元
速腾 1.6 AT 时尚型 2012 款	14.38	14.08	↓0.30	置换补贴 6 500 元
速腾 1.6 AT 舒适型 2012 款	15.08	14.78	↓0.30	置换补贴 6 500 元
速腾 1.4TSI MT 豪华型 2012 款	15.38	15.08	↓0.30	置换补贴 6 500 元
速腾 1.4TSI DSG 豪华型 2012 款	16.78	16.48	↓0.30	置换补贴 6 500 元
速腾 1.8TSI DSG 旗舰版 2012 款	18.58	17.78	↓0.80	置换补贴 6 500 元

据天达 4S 店销售人员介绍，目前新速腾全系现车充足，颜色可选。售价方面，近期购车即可享受 3 000～8 000 元的车价优惠，置换客户还可额外获赠 6 500 元的厂家补贴。其中，1.6L 手动时尚版惠后仅售 12.88 万元。

全新速腾采用了大众新一代的外观设计，整体造型浑然一体犹如天成，完美传承了包豪斯艺术理念，气质上也向全新拍萨特与全新迈腾等“大哥”车型靠拢。在车身尺寸上，全新速腾长宽高为 4 644mm × 1 778mm × 1 482mm，轴距为 2 651mm。与老款车型相比，全新速腾的长宽高均有所增加，轴距则更是加长了 73mm，让全新速腾的后排可以提供更加舒适的腿部空间。

全新速腾的内饰让人非常熟悉，在国内上市的几款大众新车型都采用相同的设计理念。全黑运动内饰的应用使整车在商务车中散发出少有的年轻和运动气息。整体设计风格与外型相统一，线条流畅大气，仪表板的横向造型使得内饰空间在宽度感觉上大大增强。

全新速腾还为消费者提供了丰富的动力选择，发动机拥有 1.8TSI、1.4TSI 和 1.6L 三款，与之配合的变速器也有7速DSG、6速Tiptronic手自一体和全新的5速手动变速器。其中，1.4T和1.8T的双离合变速器款动力充足，起步较快，提速有力；1.6L发动机相对在动力输出方面偏弱，相应的价位也最低。

（案例素材来源：网上车市）

请问：

1. 速腾一直都是市场上的紧俏车型，而现在经销商以置换购车优惠活动来吸引消费者，大打置换牌，以此分析二手车置换业务的发展前景。

2. 旧车评估价格被做低一直是消费者心中的隐痛，你认为二手车置换业务发展中应如何解决这一问题？

营销实训

实训项目一：汽车维修接待实境实训

1. 实训目的

掌握维修接待的流程，了解维修接待的相关专业知识。

2. 实训内容和要求

（1）内容：根据汽车维修接待模拟软件进行相应操作。

（2）要求：按照汽车4S店各项标准化要求进行实训。

3. 实训组织

把全班分成4～6人一组，以组为单位完成实训任务。

4. 实训操作步骤

（1）以组为单位，由教师分配相应角色、完成实训软件中相应的任务。

（2）每一位组员都必须互换角色进行实训。

5. 实训考核

考核流程的完整性及单据的正确性。

实训项目二：车辆查勘理赔估损模拟实训

1. 实训目的

掌握车辆查勘理赔估损的流程，了解车辆查勘理赔估损的相关专业知识。

2. 实训内容和要求

（1）内容：根据车辆查勘理赔估损模拟进行相应操作。

（2）要求：按照汽车保险公司各项标准化要求进行实训。

3．实训组织

把全班分成4～6人一组，以组为单位完成实训任务。

4．实训操作步骤

（1）以组为单位，由教师分配相应角色、完成实训软件中相应的任务。

（2）每一位组员都必须互换角色进行实训。

5．实训考核

考核流程的完整性及单据的正确性。

参 考 文 献

[1] 菲利普·科特勒（Philip Kotler）、加里·阿姆斯特朗（Gary Armstrong）、楼尊. 市场营销原理（第 13 版）. 北京：中国人民大学出版社，2010.

[2] 菲利普·科特勒（Philip Kotler）、凯文·莱恩·凯勒（Kevin Lane Keller）. 营销管理（第 13 版）. 北京：清华大学出版社，2011.

[3] J. 保罗·彼得（J. Paul Peter）、杰里·C. 奥尔森（Jerry C. Olson）、 王欣双. 消费者行为与营销战略（第 9 版）. 大连：东北财经大学出版社，2010.

[4] 罗杰·J. 贝斯特（Roger J. Best）. 营销管理：提升顾客价值和利润增长的战略（第 5 版）. 北京：清华大学出版社，2010.

[5] 张晓、王丽丽. 市场营销策划：理论、实务、案例、实训. 大连：东北财经大学出版社，2012.

[6] 董大海. 营销管理. 北京：清华大学出版社，2010.

[7] 陈永革. 汽车市场营销. 北京：高等教育出版社，2008.

[8] 王琪. 汽车市场营销. 北京：机械工业出版社，2009.

[9] 李晓霞、 刘剑. 消费心理学（第 2 版）. 北京：清华大学出版社，2010.

[10] 刘军、 王砥. 消费心理学. 北京：机械工业出版社，2009.

[11] 李世嘉. 国际市场营销理论与实务（第 2 版）. 北京：高等教育出版社，2008.

[12] 李育锡. 汽车概论. 北京：机械工业出版社，2010.

[13] 张世荣. 汽车概论. 北京：清华大学出版社，2010.

[14] 翟文明. 世界上最伟大的推销员. 北京：中国华侨出版社，2010.

[15] 贺爱忠. 品牌自主创新机制研究. 北京：经济科学出版社，2008.

[16] 周爱学. 品牌密码：透视汽车品牌传播的奥秘. 北京：机械工业出版社，2011.

[17] 孙路弘. 汽车销售的第一本书. 北京:中国人民大学出版社，2008.

[18] 李江天. 汽车销售实务. 北京:人民交通出版社，2008.

[19] 程言昌. 汽车销售与售后服务. 北京:北京理工大学出版社，2009.

[20] 宓亚光. 汽车售后服务管理. 北京:机械工业出版社，2009.

[21] 吴敬静. 如何做好汽车售后服务. 北京:机械工业出版社，2009.

[22] 石虹，胡伟. 汽车营销礼仪. 北京:北京理工大学出版社，2010.

[23] 何爱华，张学娟. 实用商务礼仪. 北京:人民邮电出版社，2011.

[24] 龚荒. 商务谈判与推销技巧. 北京:清华大学出版社，2010.

[25] 安贺新. 推销与谈判技巧. 北京:中国人民大学出版社，2010.

[26] 许速. 信息化：汽车营销的新方向[J]. 成功营销，2007.

[27] 世贵. 汽车产业发展环境及走势[J]. 汽车工业研究，2006.

[28] 孟静，李桂陵. 21 世纪中国汽车营销体系的战略构想[J]. 行政事业资产与财务，2012.

[29] 刘一昕. 中国汽车营销渠道的现状与发展趋势[J]. 上海汽车，2009.

[30] 陈永革，张琳. 入世后中国汽车营销新体系[J]. 同济大学学报（社会科学版），2004.

反侵权盗版声明